Informatik-Fachberichte

Herausgegeben von W. Brauer
im Auftrag der Gesellschaft für Informatik (G

38

Datenverarbeitung im Marketing

Heidelberg, 9. – 10. Oktober 1980

Herausgegeben von R. Thome

Springer-Verlag
Berlin Heidelberg New York 1981

Herausgeber
Prof. Dr. R. Thome
Betriebswirtschaftslehre und
Angewandte Informatik
Universität Heidelberg
Alfred Weber Institut
Grabengasse 14
6900 Heidelberg 1

AMS Subject Classifications (1979): 68 K 05
CR Subject Classifications (1979): 3.31, 3.55

ISBN-13: 978-3-540-10555-8 e-ISBN-13: 978-3-642-67953-7
DOI: 10.1007/978-3-642-67953-7

Meinem verehrten Lehrer

Prof. Dr. rer. pol. Adolf Angermann

zum sechzigsten Geburtstag

Heidelberg, den 5. September 1980

PROGRAMMKOMITEE

E. Cabus, Düsseldorf
E. Dichtl, Mannheim
K. Heinzelbecker, Mannheim
J. Niedereichholz, Frankfurt
W. Pistorius, Ludwigshafen
A. W. Scheer, Saarbrücken
R. Thome, Heidelberg
K. Wenke, Bremen

ORGANISATORISCHE DURCHFÜHRUNG

Universität Heidelberg
Betriebswirtschaftslehre und
Angewandte Informatik
Prof. Dr. R. Thome
Grabengasse 14
6900 Heidelberg 1

J. Egeln
K. Hildebrand
M. Karcher
R. Kaspar
B. Maier
P. Michel

VORWORT

Die Kenntnis der Wirkung hängt
von der Kenntnis der Ursache ab
und schließt diese in sich ein

B. Spinoza

Für Marketingmaßnahmen werden allein in der Bundesrepublik Deutschland jährlich etwa 25 Mrd. DM verausgabt. Darin sind noch nicht die mit dem Absatz verbundenen Aufgaben der Lagerbestandsführung und der Auftragsbearbeitung einbezogen. In einer freien Marktwirtschaft hat die Marktbeobachtung und die Anpassung an Marktbewegungen für alle Beteiligten äußerste Priorität. Trotzdem ist der Einsatz informationsverarbeitender Maschinen in diesem Bereich noch gering. Auch in der Literatur wird nur wenig auf die Möglichkeiten des Zusammenwirkens eingegangen.

Der Fachausschuß 12 ("Betriebliche Anwendungen") der Gesellschaft für Informatik e.V. und die Wissenschaftliche Kommission "Betriebsinformatik" im Verband der Hochschullehrer für Betriebswirtschaft e.V. hatten daher beschlossen, in Verbindung mit der Kommission "Marketing", diesem Themenbereich ein Anwendergespräch zu widmen, das die Situation aus der Praxis und der Forschung darstellen sollte.

Angesprochen waren zwei Bereiche der Unternehmensorganisation; die Marketingabteilung mit Vertrieb einerseits und die Datenverarbeitung andererseits.

Dabei war beabsichtigt, einen Informationsaustausch nicht nur zwischen diesen beiden aufeinander angewiesenen Bereichen sondern auch zwischen verschiedenen Unternehmungen herbeizuführen, genau wie zwischen Forschung und Praxis.

Der vorliegende Tagungsband enthält alle Vorträge. Einige Manuskripte wurden nach dem Anwendergespräch auf Grund der Diskussionen nochmals überarbeitet.

Heidelberg, November 1980 Rainer Thome

INHALTSVERZEICHNIS

5 JAHRE BRIDGE
ERFAHRUNGEN MIT DEM VERTRIEBSINFORMATIONSSYSTEM DER IBM DEUTSCHLAND GMBH

D. SCHMIDTMANN

1. AUSGANGSSITUATION

2. ANFORDERUNGEN

   a) Datenqualität

   b) Endbenutzerkonzept

   c) Aktualität

   d) Planungssystem

   e) Hard- und Software-Einsatz

   f) Organisatorisches Umfeld

   g) Netzwerk

   h) Verfügbarkeit und Antwortzeitverhalten

3. ERFAHRUNGEN

4. ZUKUNFTSASPEKTE

1. AUSGANGSSITUATION

Die IBM Deutschland wickelte vor Einführung von BRIDGE die Auftragsbearbeitung mit einem System ab, dessen Teilsysteme/ Verfahren in den Jahren 1963 - 1968 entwickelt wurden (Stapelverarbeitung). Dieses historisch gewachsene System entsprach nicht mehr den veränderten und geforderten Ansprüchen an Informationsaktualität und -qualität.

Die IBM Deutschland entschied sich daher 1973 zur Entwicklung eines Vertriebsinformationssystems, genannt BRIDGE, das die in den nachfolgenden Kapiteln geforderten Anforderungen erfüllen mußte.

2. ANFORDERUNGEN

a) Datenqualität

Die Datenqualität wurde durch folgende Kriterien erreicht:

- durch Konsolidierung aller Auftrags- und Bestandsdaten in eine gemeinsame integrierte Datenbank

- logische Verknüpfungen dieser Daten und Sicherstellung einer zentralen Pflege dieser Datenbank durch das BRIDGE-System

- Versorgung aller nachgelagerten Systeme mit Daten aus dieser Datenbank mit dem Ziel, daß überall gleiche Daten verwendet werden

b) Endbenutzerkonzept

durch die Realisierung als Echtzeitsystem wurde eine weitgehende Dezentralisierung der Verantwortung durchgeführt, da die Verarbeitung der Daten im direkten Dialog zwischen Endbenutzer und System geschieht.

Das System sollte dem Benutzer im Dialogverkehr führen und unterstützen und ihn in die Lage versetzen, am Bildschirm alle Probleme und Aufgaben im Rahmen der entwickelten Anwendungen lösen zu können.

Dies führte zu bestimmten

- Dialogabläufen
- Bildschirmdesign
- Eingabetechnik
- Fehleranzeige und Bereinigung
- Hilfsfunktionen
- Schulungsmöglichkeiten
- Revisionsfähige Dokumentation der Eingabe

Dialogabläufe

Beim Dialogablauf mußte sichergestellt werden, daß mit dem geringstmöglichen Aufwand von der Eingabe her sowohl der geübte als auch ungeübte Benutzer die Möglichkeit hat, seinen Dialog für sich selbst optimal führen zu können, d. h. daß die Möglichkeit vorgesehen werden mußte, für geübte Benutzer bestimmte Dialogschritte überspringen zu können (Screen bypass), um somit den unterschiedlichen Ausbildungsstand der Mitarbeiter Rechnung zu tragen.

Bildschirmdesign

Der Bildschirmdesign wurde generell aufgegliedert in eine standardisierte Kopfinformation, einen Datenteil und einen Fortsetzungsteil im unteren Bereich des Bildschirms.

Eingabetechnik

Im Design wurde entschieden, daß innerhalb des BRIDGE Vertriebsinformationssystems die "Einfülltechnik" (Fill in the blanks) verwendet wird. D. h. daß alle vom Benutzer abverlangten Datenfelder erläutert, jedoch nicht als Auswahlkriterien vorgegeben sind. Die Daten werden sondern aufgrund seiner Unterlagen und seines Wissens eingegeben. Erst im Falle einer fehlerhaften Eingabe wird der Benutzer darauf hingewiesen und entsprechende Korrekturmöglichkeiten angeboten. Diese Technik hat den Vorteil, daß der geübte Benutzer sein Wissen und Können voll anwenden kann.

Fehleranzeige und Bereinigung

Der Benutzer sollte durch die Fehlerverarbeitung in die Lage versetzt werden am Bildschirm alle fehlerhaften Eingaben bereinigen zu können, ohne fremde Hilfsmittel, z. B. Listen.

Jeder Fehler war zu klassifizieren:

- o Vollfehler
  (muß zur Dialofortführung bereinigt werden)
- o Teilfehler
  (kann bereinigt werden, beeinträchtigt jedoch die Dialogfortführung nicht).
- o Hinweis/Information

Für jeden Fehler wurden zwei Zeilen eines Bildschirmes vorgesehen, wobei die Möglichkeit besteht über Parameter Daten aus den benutzten Datenbanken mit anzuzeigen, wenn sie für die Bereinigung der Fehlersituation notwendig werden.

Hilfsfunktionen

Für jeden aufgezeigten Fehler besteht die Möglichkeit zusätzliche Informationen bis zum Umfang eines Bildschirms bereitzustellen und auf Anforderung des Benutzers auszugeben. Mit dieser Hilfsfunktion besteht die Möglichkeit einen in stichworten aufgezeigten Fehler im Detail zu erläutern und Korrekturmöglichkeiten vorzuschlagen.

Schulungsmöglichkeiten

Es sollte für den Benutzer ein Schulungssystem bereitgestellt werden, daß ihn in die Lage versetzt jederzeit unter Produktionsbedingungen sich an dem System BRIDGE schulen zu können.

Dies wurde dadurch erreicht, daß innerhalb des Produktionssystems der Benutzer mit seiner Identifikation sich als Schulungsteilnehmer anmeldet und mit den Daten, für die er zugriffsberechtigt ist, Schulungsbeispiele eingeben kann. In diesen Fällen wird ein Verändern der Datenbanken unterbunden.

Revisionsfähige Dokumentation der Eingabe

Alle Datenbank-Veränderungen des Benutzers müssen revisionsfähig dokumentiert sein. Hierunter ist nicht zu verstehen die Datenspeicherung, z. B. auf einem Logtape vom IMS, sondern die Ausgabe eines Dokumentes auf einem Online-Drucker, auf dem alle notwendigen Spezifikationen enthalten sind, so daß die verantwortlichen Stellen dieses Dokument abzeichnen können, wie z. der B. Geschäftsstellenleiter.

c) Aktualität

Sie sollte erreicht werden durch eine rationellere Aufgabenverteilung zwischen den Niederlassungen und Zentralstellen mittels Nutzung der Möglichkeiten einer Echtzeitverarbeitung (Realtime-Systeme).

Durch die Beseitigung von Doppelfunktionen (Endbenutzerkonzept) und durch die Reduzierung der Durchlaufzeiten einschließlich der Einsparung von Postwegen mit Hilfe der Datenfernverarbeitung (Verbindung Endbenutzer zur Fabrik). Außerdem sollten die Monatsabschlußarbeiten, die bisher bis zu 10 Tagen in Anspruch nahmen, durch die aktuellen Datenbanken auf einen Tag reduziert werden können.

d) Einsatz als Planungssystem:

- o Mit einem Angebotssystem sollte dem Außendienst die notwendige Angebotsunterstützung gegeben werden, und zwar durch den Zugriff auf alle hierfür notwendigen Daten (Kundendaten, Verkaufsdaten, Bestandsdaten).

- o Durch die Realisierung eines Planungssystems für den Auftragseingang und der geplanten Installationen.

- o Über die Realisierung einer Anwendung, die den Vertrieb der IBM in die Lage versetzt täglich einen Vergleich der Vertriebsergebnisse auf der Basis Soll/Ist vornehmen zu können. Für alle Berichtsebenen (z. B. Vertriebsbeauftragte, Geschäftsstelle, Distrikt, Gesamtergebnis IBM Deutschland).

e) Verwendung der IBM Standard Hard- und Software

Hiermit wurde sichergestellt, daß innerhalb der IBM Deutschland ausschließlich IBM Hard- und Software verwendet wird und damit sichergestellt ist, daß eine Migration auf neue Software/Hardware jederzeit möglich ist und keine Abhängigkeiten dadurch entstehen, daß Software "selber gestrickt" wurde.

f) Berücksichtigung der besonderen Gegebenheiten

Der Design mußte die folgenden erschwerenden Kriterien berücksichtigen:

- dezentralisierte Vertriebseinheiten
- umfangreiche Produktpalette (alle Maschinen und Software-Produkte, die innerhalb der IBM Deutschland bzw. bei ihren Kunden im Einsatz sind, müssen berücksichtigt werden)
- Produktionsstätten in Deutschland, Europa und Übersee
- unterschiedliche, den Markterfordernissen entsprechende Verträge
- dezentralisierte Vertrags- und Vertriebsverwaltung.

g) Netzwerk

Das Netzwerk mußte alle Niederlassungen der IBM erfassen, wobei im Falle eines Ausfalls von Leitungen bzw. Niederlassungen entsprechende Alternativen zu erarbeiten waren.

h) Verfügbarkeit

Alle Anwendungen des Systems sollten zwischen 8.00 und 17.00 Uhr täglich verfügbar sein, mit Ausnahme des Monatsabschlusses, der sich über einen Tag erstreckte, da hierfür die Datenbanken benötigt wurden.

i) Antwortzeitverhalten

50 % aller Antworten sollten	$\leq$ 6	Sek.
75 %	$\leq$ 8	Sek.
90 %	$\leq$ 12,5	Sek.

betragen.

3. ERFAHRUNGEN

Das Vertriebsinformationssystem BRIDGE ist der Kommunikationsträger für folgende Funktionen:

- Fabriken und Programmcenter
- Stabsfunktionen
- Vertrieb
- Technischer Außendienst
- Warenverteilungszentrum (Lager)

In den vergangenen 5 Jahren wurden stufenweise das Anwendungsspektrum in BRIDGE erweitert, wobei drei Arten von Informationssystemen bereitgestellt wurden:

- Auftragsverarbeitungs- und Bestandsverwaltungssysteme wie:
  - o Auftragseingangsverarbeitung
  - o Lieferterminverschiebungen
  - o Installationen und Abbauten
  - o Bestandsumbuchungen
  - o Kundenadresswesen
  - o Verkaufshandbuch
- Informationssysteme wie:
  - o Auftrags- und Bestandsabfragen
  - o Abfragen von Fabrikinformationen
  - o Vertriebsergebnisse und das dazugehörende Berichtswesen
- und Planungssysteme wie:
  - o Auftragseingangsplanung
  - o integriertes Angebotssystem

Eine wesentliche Verbesserung der Durchlaufzeiten wurde erreicht zu

- Kunden
- Fabriken
- Warenverteilungszentrum
- Program-Centers
- Nachgelagerte Verfahren, wie z. B. Miete und Rechnungsschreibung, Quotenabrechnung und internationalen Berichtssystemen
- der Reduzierung des Monatsabschlusses auf einen Tag für alle BRIDGE Anwendungen.

Die gesetzten Ziele bezüglich der Verfügbarkeit und des Antwortzeitverhaltens wurden realisiert und durch maschinelle Verfahren täglich überprüft.

Die Verarbeitung des gesteigerten Verarbeitungsvolumens wurde möglich unter Einhaltung der vorgegebenen Ziele, wobei eine Steigerung zwischen 1977 und 1979 von ca. 300 % vorlag.

Die technischen und organisatorischen Voraussetzungen dafür, daß die Aufgaben der Niederlassungsverwaltung erweitert werden konnten, schufen die Datenfernverarbeitung mit Bildschirmterminals am Arbeitsplatz und großen zentralen Datenbanken, die einen direkten sekundenschnellen Dialog (Online Realtime) zwischen dem Mitarbeiter und dem System möglich machen. Gleichzeitig wurden organisatorische Änderungen notwendig, weil die teils zentrale, teils dezentrale Auftragsbearbeitung sich mehr und mehr als unzweckmäßig erwies. Zu sehr ist die Anzahl der Aufträge, der verfügbaren Produkte und deren Kombinationsmöglichkeiten sowie der verschiedenen Vertragsformen gestiegen. Zu lang - mit der Folge vieler Rückfragen - wurden die Wege zwischen der Geschäftsstelle, der Verwaltung und Zentrale und zu groß wurden die Reibungsverluste in der Zusammenarbeit zwischen der Verwaltung und der Geschäftsstelle bzw. den Vertriebsbeauftragen. Das Ziel der organisatorischen Maßnahmen - Einführung von BRIDGE und vollständige Dezentralisierung der Auftragsbearbeitung - war es, die Aufträge schneller und noch genauer abzuwickeln und zu steuern als früher. "Rationalisierung" hieß auch hier: Zweckmäßigerer Einsatz von Mitarbeitern und Verbesserung der von ihnen benutzten Arbeitsmittel. Management und Organisatoren waren dabei von der Überlegung ausgegangen, die Aufgaben der Auftragsbearbeitung und die damit verbundene Verantwortung dorthin zu bringen, wo die Aufträge entstehen. Hier, in der Geschäftsstelle, sozusagen "vor Ort", ist der direkte Kontakt zwischen dem Vertrieb und der Verwaltung gegeben; hier können jetzt auftretende Unklarheiten am schnellsten bereinigt werden. Diese Neuordnung hat die Zuständigkeit der Verwaltung, der Auftragsbearbeitung, der Budget- und Berichts-Mitarbeiter wesentlich erweitert. Außerdem wurden zentrale Stellen wesentlich entlastet, ihnen obliegt heute Aufgaben der Gesamtplanung, der Koordination und Beratung.

Der Nutzen all dieser Änderungen für das Unternehmen liegt auf der Hand. Eine wesentlich rationellere und schnellere Auftragsabwicklung, die sinnvoll ist für die IBM und den Kunden und außerdem hat das Unternehmen den gestiegenen Anforderungen und dadurch erforderlichen höheren Qualifikation der Auftragssachbearbeiter Rechnung getragen.

Bedingt durch die implementierten Realtime-Anwendungen ist es möglich dem Management aktuelle Informationen über die Geschäftssituation jederzeit zur Verfügung zu stellen.

In dem Vertriebsinformationssystem BRIDGE sind inzwischen 19 Online-Anwendungen mit 17 IMS-Datenbanken, 1.600 Benutzern realisiert worden.

Allen Anforderungen des Datenschutzes und der Datensicherheit wurde durch einer separaten Anwendung Rechnung getragen, die Art und Umfang der Benutzung des Systems regelt.

Die in BRIDGE benutzte Hardware und Software:

/168 MP, 16 Megabyte, IMS, PL1, MVS/SE.

4. ZUKUNFT

Die Zukunft des Vertriebsinformationssystems BRIDGE wird gekennzeichnet sein durch die weitere Steigerung von Transaktionen, der weiteren Integration des Vertriebsinformationssystems BRIDGE mit nachgelagerten Verfahren und einer notwendingen Erweiterung der Angebotsunterstützung für den Vertrieb.

Aufgrund dieser Anforderungen werden zur Zeit Designüberlegungen angestellt, um über verteilte Datenverarbeitung (Distributed Data Processing) das erhöhte Transaktionsvolumen als auch die Verfügbarkeit weiter zu verbessern.

Die hohen Netzwerkkosten für ein zentrales System können außerdem über verteilte Datenverarbeitung wesentlich reduziert werden.

Generell ist ein Vertriebsinformationssystem hohen Änderungen unterworfen, da es sich permanent der sich ändernden Geschäftslogik, die sich nach den Markterfordernissen orientiert, anpassen muß.

Anwendungen und Benutzer

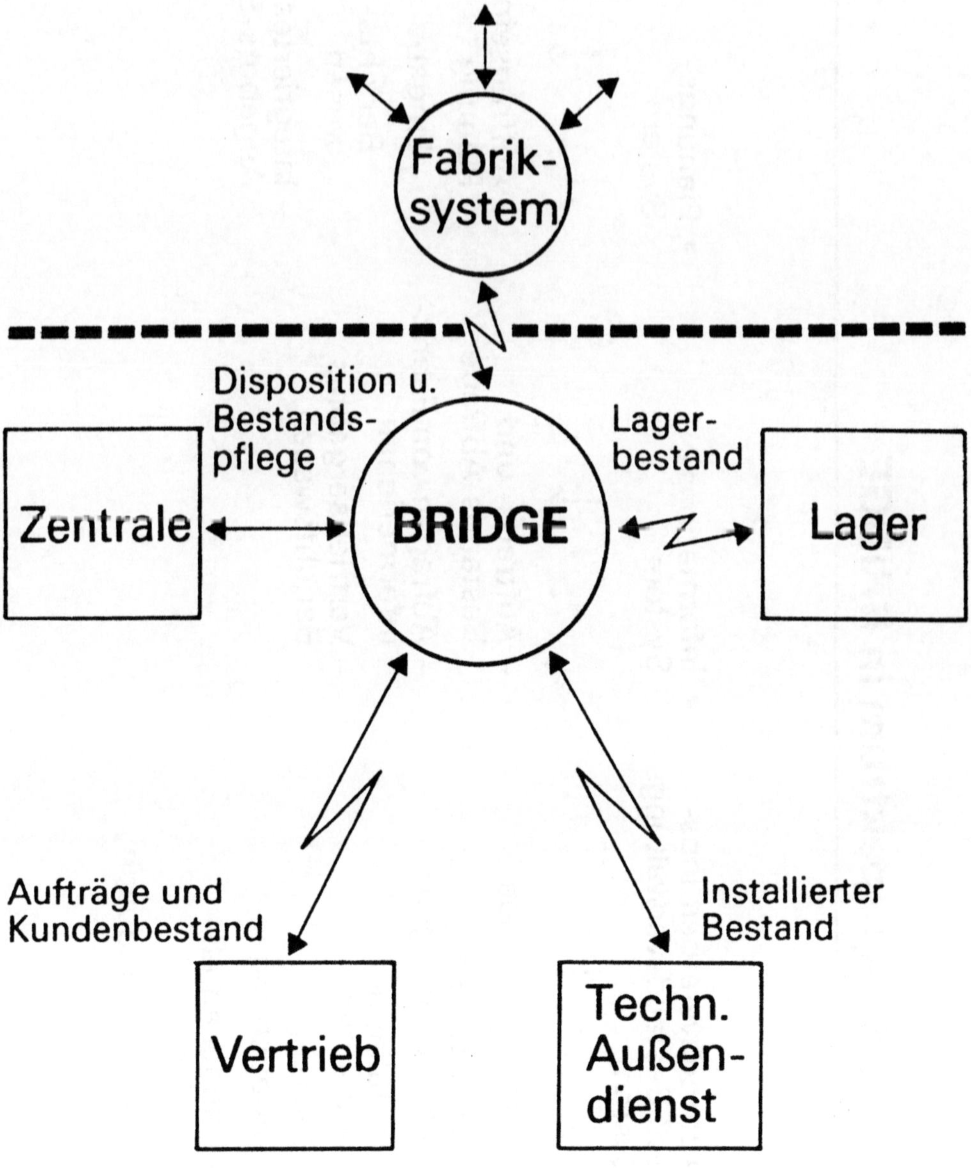

Anwendungsspektrum in BRIDGE

- Auftragsverarbeitungs- und Bestandsverwaltungs-System
  ↓
  - Auftragseingabe
  - Liefertermin-Verschiebungen
  - Installation/Abbauten
  - Bestands-umbuchungen
  - Kundenadreß-wesen
  - Verkaufshandbuch

- Informations-System
  ↓
  - Auftrags- und Bestands-Abfragen
  - Abfragen von Fabrik-informationen
  - Vertriebsergebnis Berichtswesen

- Planungs-System
  ↓
  - Auftragseingangs-Planung
    Eingabe
    Berichts-wesen
  - Integriertes Angebots-System

BRIDGE-Leitungsnetz

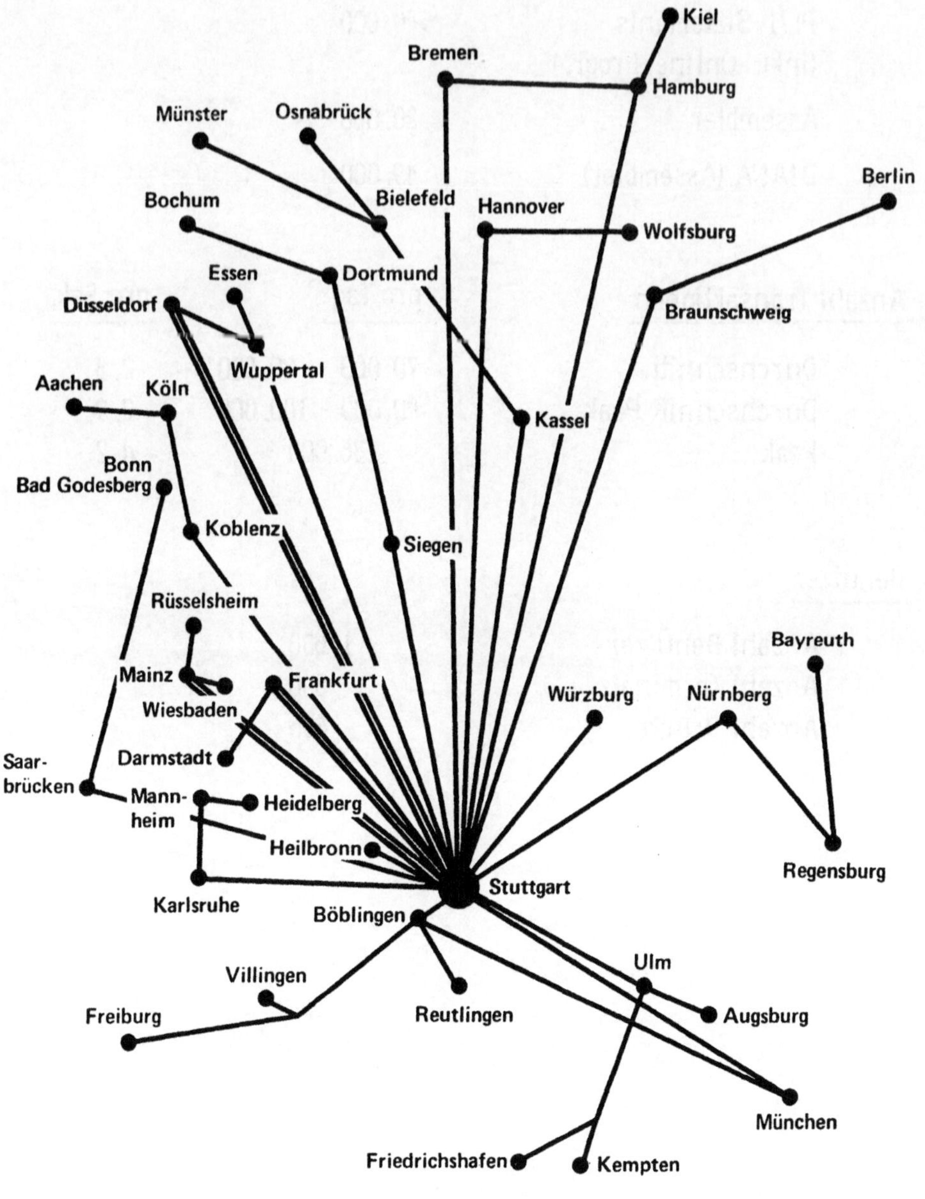

Programmierung

PL/1-Statements (inkl. Online-Progr.)	540.000
Assembler	20.000
DIANA (Assembler)	49.000

Anzahl Transaktionen

	pro Tag	pro Sek.
Durchschnitt	70.000 - 80.000	2,3
Durchschnitt Peak	90.000 - 100.000	2,9
Peak	136.000	4,2

Benutzer

Anzahl Benutzer	1.600
Anzahl Terminals	800
Anzahl Drucker	400

IBM

Entwicklung der Arbeitsvorgänge am Bildschirm (unterschiedliche Verwaltungs- und Anzeige-Transaktionen) in der Kundenauftragsbearbeitung der IBM Deutschland

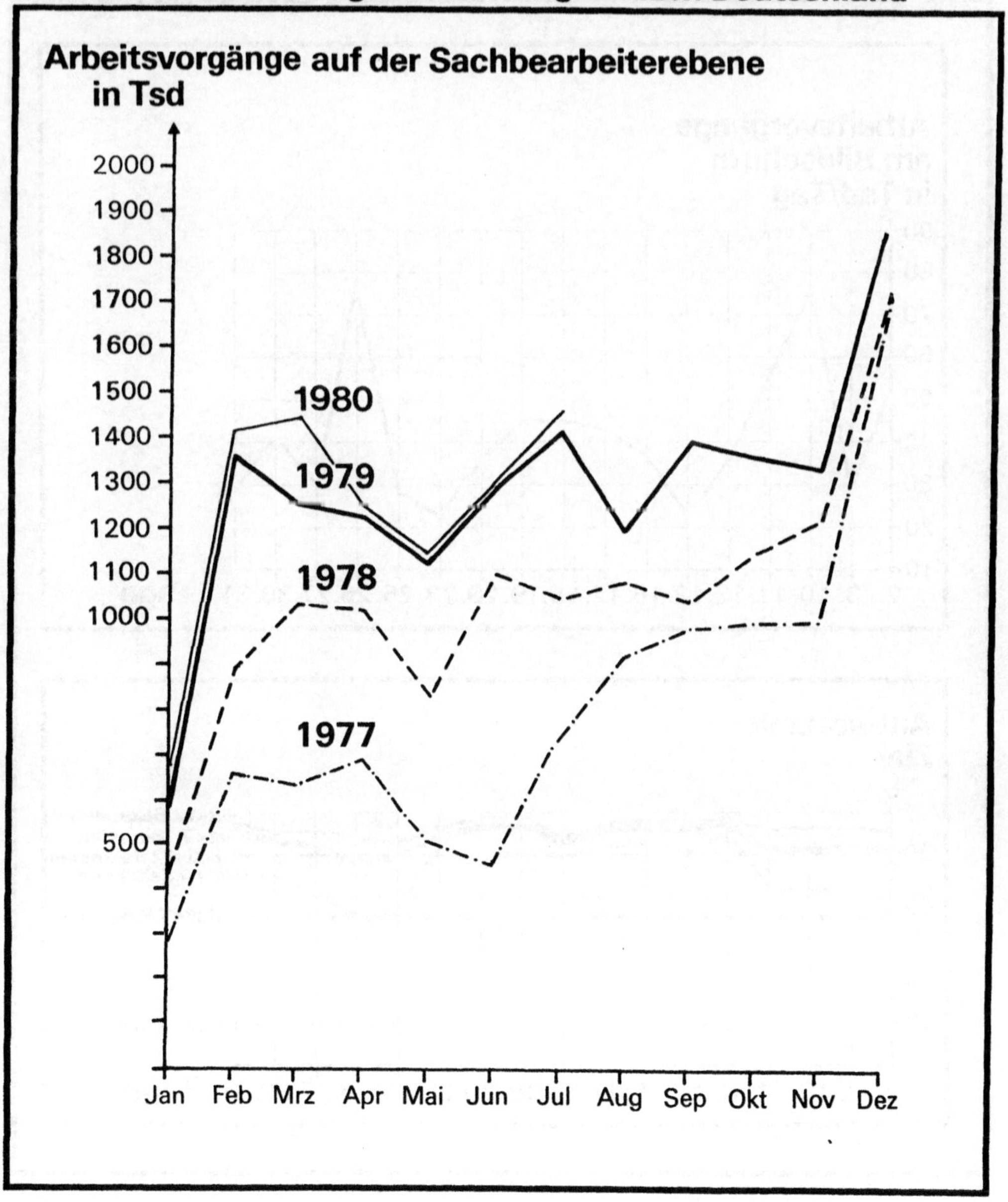

Geplantes und tatsächliches Antwortzeitverhalten
Monat: Januar '78

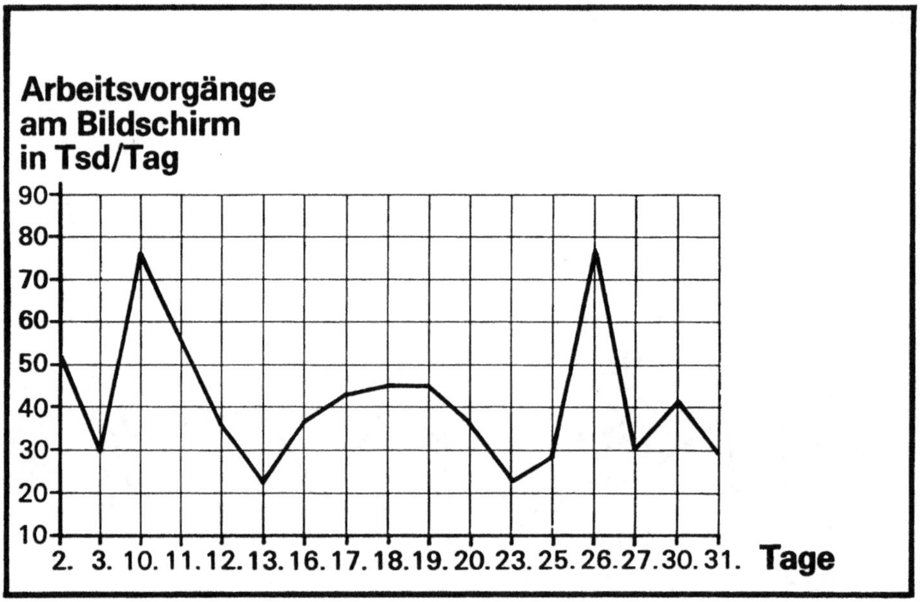

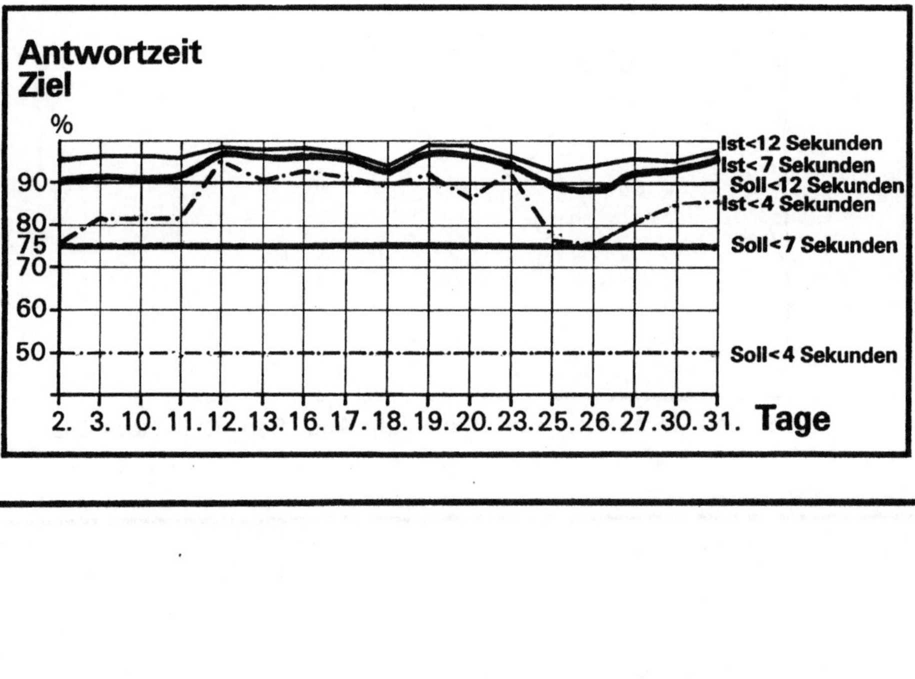

IBM

Geplantes Antwortzeitverhalten (Planung auf der Basis von 6 Spitzentagen)

	Antwortzeit
50% aller Arbeitsvorgänge am Bildschirm	< 6 Sekunden
75% aller Arbeitsvorgänge am Bildschirm	< 8 Sekunden
90% aller Arbeitsvorgänge am Bildschirm	< 12,5 Sekunden

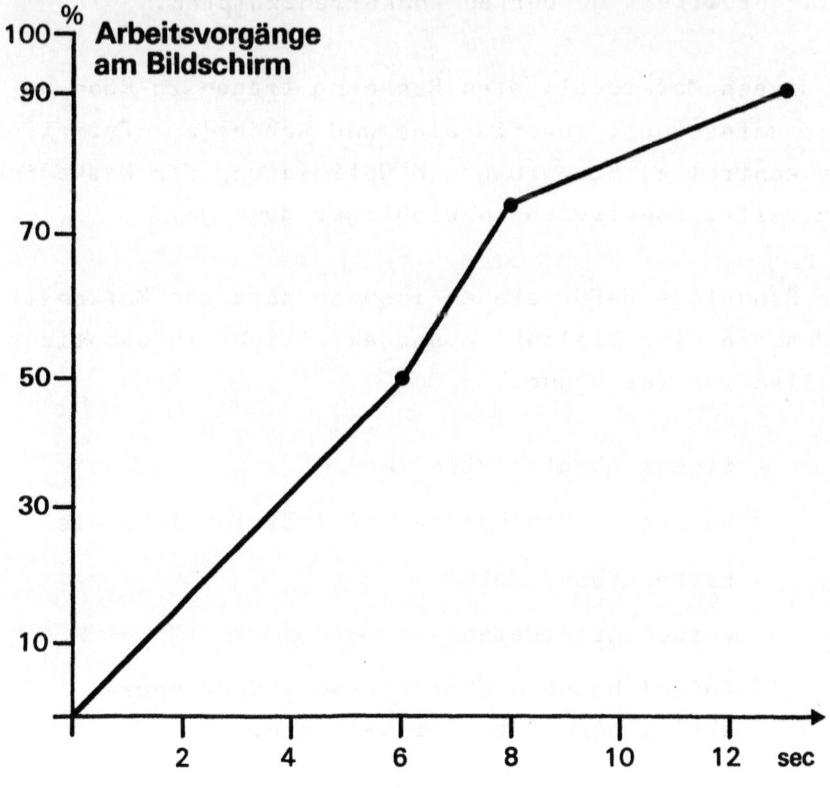

Hinter den auf den ersten Blick relativ langen Antwortzeiten stehen umfangreiche Prüfungen und Rechenabläufe, beispielsweise die gesamte Konfigurationsüberprüfung.

EINSATZMÖGLICHKEITEN EINES DIALOGORIENTIERTEN MARKETING-INFORMATIONSSYSTEMS, DARGESTELLT AM SYSTEM EXPRESS

K.J. BECKER/L. BIRK

Der Konzentrationsprozeß im Handel und in der Industrie geht unvermindertweiter. Stagnierende oder gar rückläufige Märkte führen in immer mehr Bereichen zu teilweise erbittert geführten Konkurrenzkämpfen.

Um diesen Marktrealitäten Rechnung tragen zu können, sind umfassende, zuverlässige und schnelle Informationen zur Kontrolle, Steuerung und Optimierung der Marketing- und Vertriebsaktivitäten wichtiger denn je.

Als Grundlage dafür stehen insbesondere der Markenartikel-Industrie eine Vielzahl aussagekräftiger Informationsquellen zur Verfügung:

- Eigene Absatzstatistiken
- Handels-, Haushalts- und Individual-Panels
- Werbeaufwandsdaten
- Werbemonitordaten
- Aufzeichnungen über Verkaufsförderungsaktivitäten (Promotions), etc.

Dennoch müssen Entscheidungen über den Einsatz oft sehr bedeutender Mittel im Marketing- und Vertriebsbereich heute häufig noch getroffen werden, ohne daß es möglich ist, alle erforderlichen Detailinformationen als Basis heranzuziehen.

Dabei mangelt es in aller Regel nicht an Daten, die als Grundlage solcher Überlegungen dienen können, sondern man ist nicht in der Lage, innerhalb kurzer Frist die relevanten Daten zu selektieren, zu verrechnen, zu verknüpfen und zu bewerten. Die Frage ist daher, wie man aus verschiedenen Datenpools mit bis zu siebenstelligen Einzelinformationen innerhalb kürzester Frist genau die Daten finden und aufbereiten kann, die man dringend für die Planung einer erfolgreichen Aktivität benötigt?

Hier ist der Ansatzpunkt für den Einsatz dialogorientierter Marketing-Informationssysteme. Bei der Auswahl eines solchen Systems spielen neben den Kosten eine Reihe anderer Gesichtspunkte eine entscheidende Rolle im Hinblick auf den Nutzeffekt. Diese Gesichtspunkte lassen sich in drei Hauptforderungen zusammenfassen:

1. Einfache Handhabung auch für Computer-Laien

2. Möglichst unbegrenzte Arbeitsmöglichkeiten

3. Systemflexibilität im Hinblick auf Systemaufbau, Strukturmodifikation und -Ausbau

ad 1. Nach kurzer Schulung der Mitarbeiter (2 bis 3 Tage) sind diese in der Lage, Auflistungen und Kombinationen von Daten (auch verschiedener Datenquellen!), Verrechnungen von Daten und den Abruf vorprogrammierter Standard-Reports sofort und eigenständig durchzuführen.

Dies ist dadurch gewährleistet, weil EXPRESS mit sehr einfachen Befehlen arbeitet, und der Benutzer die Namen der Datenvariablen in seiner eigenen Terminologie festlegen kann. Alle anderen Entscheidungen wie Formatierung, Skalierung und Darstellung von Tabellen und Grafiken erfolgen, falls keine Angaben vorgegeben werden, automatisch in der jeweils optimalen Form.

ad 2. Hierunter sind alle Optionen von einfachen Datenauflistungen aus einer oder mehreren Datenquellen über komplexe Analysen (Plausibilitätskontrollen von Eingabedaten, Standard-Analysen der Markt- und Markenentwicklung, Ursachen-Analysen, Entwicklung von Handelsargumentationen) bis hin zur Benutzung aller relevanten Statistikroutinen [1] und deren Umsetzung in eine optimierte Planung (Marketing-Mix-Optimierung) zu verstehen.

ad 3. Bedingt durch die durchdachte Konzeption von EXPRESS und seiner übergreifend einfachen Befehlssprache sind Aufbau und Strukturierung sowie Änderungen und Erweiterungen von Datenbanksystemen im Vergleich zu normalen EDV-üblichen Verhältnissen extrem einfach und in kürzester Zeit durchzuführen.

Wir sind sicher, mit "EXPRESS", das von Prof. Liddle am Massachusetts Institute of Technology entwickelt wurde, ein Produkt vorstellen zu können, das diese wesentlichen Grundforderungen ohne Einschränkungen erfüllt und damit auch kritischen Nutzen-/Kosten-Analysen standhält.

Diese Systemauslegung macht es möglich, EXPRESS auch in anderen Unternehmensbereichen erfolgreich einzusetzen. Neben der Anwendung im Marketing- und Vertriebsbereich wird EXPRESS für folgende Aufgabenstellungen eingesetzt:

---

1) EXPRESS-STATISTIKROUTINEN: Trend Fitting, Moving Average/ Moving Total, Extrapolation, S-Curve-Fitting, Difference/ Percent Difference, Monthly Adjustment, Exponential Smoothing, Quarterly Adjustment, Forecast Accuracy Measurement, Growth Triangles, Accufor, Box Jenkins, Lag/Lead, Interpolation Comulativetotals, Multiple Linear Regression, Correlation, Correlationmatrix, Cluster Analysis, Factor Analysis, Monanova, T-Test

I. Unternehmensplanung

- Langfristplanung
- Return on Investment-Analysen
- Simulationsmodelle

II. Finanzmanagement

- Budgetierung
- Konsolidierende Berichtssysteme
- Cash Flow Analysen
- Financial Modelling

III. Betriebswirtschaftliche Lenkungsinstrumente

- Kostenplanung und -kontrolle
- Abrechnungsanalysen

IV. Sonstige Aufgabenstellungen

- Lineare Programmierung
- Netzwerktechniken
- Personalinformationssysteme
- Mathematische Analysen
- Prognosetechniken

Der Einsatz dialogorientierter Software-Systeme im "Timesharing" bietet dem Anwender bei geringen Eigeninvestitionen den Zugang zu hochentwickelten und zukunftssicheren Systemen.

Die wichtigsten Leistungen der Taylorix-Tymshare Organisation umfassen:

- ca. 5o Computer-Einheiten in vier US-Rechenzentren
- ein weltweites Datennetz "TYMNET", das in der BRD über 4 Knoten in Düsseldorf, Frankfurt, Hamburg und Stuttgart erreichbar ist

- Mietmöglichkeit von Terminals verschiedener Hersteller
- leistungsfähige Software-Systeme oder Einzelpakete
- technische Beratung
- Anwendungsberatung

Marketing-Daten-Analysen mit EXPRESS umfassen ein breites Spektrum von Anwendungen, die von einfachen Datenzusammenstellungen über Datenverknüpfungen, -verrechnungen, statistischen Analysen bis zum Modelling reichen.

Anwendungsbeispiele:

1. Plausibilitätskontrollen von Eingabedaten
(Das Ergebnis kann nur so gut wie die Basisdaten sein!)
z.B. Coverage-Kontrolle Panel- zu "ex-factory"-Daten, Überprüfung von Distributionsanschlüssen, Kontrolle der Lagermengenanschlüsse zur Vorperiode, etc.

2. Kontinuierliche Standard-Analyse
(Was hat sich wann, wo, in welchem Ausmaß ereignet?)
z.B. Standard-Analyse einer Marktentwicklung unter Hinzuziehung verschiedener externer und interner Datenquellen mit Schwerpunkt Handelspanel-Berichtserstattung

   a. Gesamtmarktentwicklung zur Vorjahres- ggfs. Vorperiode evtl. auch kumulativ für BGWB, Gebiete und Organisationsformen des Handels.

   b. Entwicklung der eigenen Marken, Packungsgrößen,etc. im Vergleich zum Gesamtmarkt, zur Vorjahres- ggfs. Vorperiode evtl. auch kumulativ für BGWB, Gebiete und Organisationsformen des Handels zur Schwachstellen-Lokalisierung.

   c. Feststellung der Marktanteils-Entwicklung in den für unsere Marken etc. unterproportionalen Marktsegmente.

d. Haben wir dort Marktanteile verloren, wieviel und gegen wen?

e. Waren Verschiebungen im Preisgefüge (bedingt durch erfolgreiche Wettbewerber-Aktionen!?) in welchem Ausmaß gegeben?

3. Ursachen-Analyse
(Was waren die Auslösefaktoren von Marktbewegungen?)
z.B. Analyse der primären Auslösefaktoren (Distribution und Durchschnittsabsatz pro Monat und führendes Geschäft) und Versuch der Bestimmung von Hintergrundfakten z.B. Vorratslücken-Einfluß auf Ø Absatzentwicklungen, etc.

4. Erkenntnisgewinnung und -umsetzung in die Marketing- und Vertriebspraxis

   - Ableitung von Folgemaßnahmen zur aktiven Beeinflußung des Marktgeschehens (Marketing-Mix-Optimierung)
   - Argumentation zur Handelsbeeinflussung.

   Z.B. Errechnung des "wahren" Marktanteils = Marktanteil in führenden Geschäften, Darstellung der Distributionsqualität = (Verhältnis von numerischer und gewichteter Distribution), Darstellung vergleichbarer Absatzmengen = (Absatz pro Punkt gewichteter Distribution), Distributionsausnutzungsgrad, Analyse möglicher Umsatzverluste durch <u>überhöhte</u> Vorratslücken, Untersuchung der Lagerrentabilität, Zweitplacierungsanalyse mit Preisdifferenz-Darstellung.

5. Mathematisch statistische Routinen

   - Analyse von Wirkungszusammenhängen und die Bewertung von Marketing-Mix-Faktoren und darauf aufbauend

   z.B. Feststellung des Einflußgrades einzelner Marketing-Mix-Faktoren im Hinblick auf Marktanteilsveränderungen (multiple lineare Regression) und diese Ergebnisse als Grundlage für "Forecasting"-Modelle verwenden.

6. Erstellung von Budgets/Revised Budgets sowie

7. Soll/Ist-Vergleich

Wie ist EXPRESS zu benutzen?

Die unkomplizierte Benutzung von EXPRESS möchten wir an einem einfachen Beispiel darlegen.

Nach Inbetriebnahme des Systems durch Eingabe

- der Terminal-Identifikation
- der Benutzernummer
- des Passwortes sowie
- des Projektcodes

schaltet man sich durch die Eingabe der Kennung

- EXPRESS DSS MAFO

in das Arbeitssystem ein.

Die im System befindlichen verschiedenen Marktdaten sind z.B. nach folgenden Strukturgesichtspunkten geordnet:

Marke/Produkt

Periode

Gebiete

Handelsformen

Die einzelnen Daten, auch Variable genannt, sind mit Kurznamen in der Terminologie des Benutzers versehen. Z.B. ABS.POM = Fabrikabsatz lt. Hausstatistik für Perioden, Organisationsform, Marke.

Diese sog. Variablen werden nun mit Befehlen manipuliert. Zwei Grundbefehle reichen aus, um die Masse der Manipulationen abzuwickeln.

1. TBL

Dieser Befehl veranlaßt das Tabellieren der angesprochenen Variablen; er verknüpft verschiedene Variable unterschiedlicher Datenquellen bzw. verrechnet sie durch die Benutzung der entsprechenden mathematischen Operatoren.

2. PLOT

Dieser Befehl bewirkt die automatische Erstellung der angesprochenen Variablen in Form mehrfarbiger grafischer Darstellungen (Trendcharts, "Bar"-Charts, etc.)

Die Realisierung komplexer mathematisch-statistischer Routinen ist bezüglich ihres Ablaufs denkbar einfach. Dies sei am Beispiel der Durchführung einer "multiplen linearen Regression" aufgezeigt.

1. Include Regress = Programmaufruf
2. Regress = Initiierung des Programmes

Danach fragt das Programm alle folgenden Arbeitsschritte ab und gibt dem Benutzer die gewünschten Alternativen vor, die dann mit der jeweiligen Kennzahl vom Benutzer eingegeben wird.

Dies gilt auch für den Namen der Regression, abhängige und unabhängige Variable, etc.

Diese enge Führung bezüglich der Ablauffolge und der Bestimmung der Variablen macht die Abwicklung solcher Routinen absolut narrensicher und ermöglicht die volle Konzentration auf die eigentliche Aufgabe.

Nach Eingabe aller erforderlichen Einzelinformationen (auch in Form mathematischer Verknüpfungen) kann das Ergebnis in kurzer, mittlerer oder ausführlicher Form ausgedruckt, grafisch dargestellt und/oder zur Ergänzung oder Änderung abgespeichert werden

Ergebnisse liegen innerhalb weniger Minuten vor.

Zusammenfassend kann man feststellen, daß EXPRESS ein System ohne Kompromisse ist, das hervorragend zur Lösung von ad-hoc-Aufgabenstellungen auf der Basis großer Datenmengen und verschiedenster Datenquellen geeignet ist. Seine einfache Bedienbarkeit, eine Flexibilität und umfassenden Arbeitsmöglichkeiten erlauben es den Fachabteilungen, die Durchführung aller erforderlichen Datenmanipulationen ohne Programmieraufwand unmittelbar vorzunehmen.

STRATEGISCHES MARKETING. EIN VORSCHLAG FÜR EIN COMPUTERGESTÜTZTES MARKETING-SUPPORT-SYSTEM IN DEN 80ER JAHREN

H.GANSERA/W. RÖSKE

1. Das vorliegende Papier beschreibt einen Weg zur Verbesserung desjenigen Teils der Marketingarbeit, der sich mit der Erweiterung und Anwendung des Wissens über die Marketing-Mix-Faktoren befaßt:

2. Wie wirken Produktqualität und Preis, Werbung und Promotions bei einer Marke?

   Unterliegt die Marke einem Trend; ist sie saisonabhängig?

   Wie stark bestimmen diese und ähnliche Faktoren die Marktanteile und wie sind die Substitutionsverhältnisse?

3. Hypothesen zu diesen Fragen sind Basis einer jeden Marketingaktion.

   Die hier vorgeschlagene Vorgehensweise soll das Wissen in diesem, für professionelles Marketing überaus wichtigen Bereich verbessern.

4. Der Weg führt zu einem Lernprozeß im Marketing, der durch ein computerisiertes Management-Support-System und durch Markenmodelle unterstützt wird.

5. Das Ziel ist eine Verbesserung und Beschleunigung der Brand-Marketing-Entscheidungsprozesse.

6. Alle Ausführungen basieren auf Erfahrungen und Daten aus dem deutschen Margarinemarkt und können daher nicht in allen Punkten unverändert verallgemeinert werden.

7. Hinweise, daß die beschriebene Arbeitsweise auf anderen Produktfeldern weniger erfolgreich sein könnte, liegen allerdings nicht vor.

   Wir haben im Febrauar 1980 mit dem Aufbau einer Datenbank für Speiseöl begonnen.

   Die bisherigen Erfahrungen sind positiv.

1. Einleitung

Die wachsenden Schwierigkeiten des Markenartikelgeschäftes zeigen sich deutlich seit Mitte der siebziger Jahre.

Dabei werden diejenigen Unilever-Companies, deren Produktions-, Verkaufs- und Kostenstrukturen von oft mehr als fünf Jahrzehnten Historie belastet sind, durch die raschen Veränderungen der Absatzbedingungen besonders stark betroffen. *)

Durch die abrupt steigenden Rohstoff- und Energiepreise bemerkten wir die sich ständig kumulierende und gegenseitig verstärkende Wirkung einiger anderer Entwicklungen besonders deutlich:

Die Konzentration und die Entwicklung neuer Formen im Handel, stagnierender Pro-Kopf-Verbrauch in vielen Produktfeldern gemeinsam mit nachlassendem Bevölkerungswachstum sowie die Zunahme und Verschärfung von Gesetzen und Verordnungen mit der Tendenz, den Marketing-Spielraum einzuschränken.

Dieses sind nur einige - wenn auch wesentliche - Teile einer Gesamtentwicklung, deren Auswirkung die Marketingarbeit erheblich erschwert haben und deren Ende heute noch nicht abzusehen ist.

Im folgenden werden die Auswirkungen auf das Marketing knapp dargestellt und ein Weg skizziert, der in UNION Deutsche Lebensmittelwerke GmbH während dieser Zeit konsequent beschritten wurde, um der geschilderten Entwicklung zukünftig durch verbesserte Marketingarbeit erfolgreicher entgegentreten zu können.

Dabei werden nicht die operationalen und politischen Aspekte der Marketingaktivitäten, sondern nur Verbesserungen der Informations-Basis und des strategischen Bereichs behandelt.

---

*) Weil diese Strukturen auf größere Mengen pro Artikel, steigende Märkte, diversifizierten Kundenkreis, konstanteren Entwicklungen u.ä. ausgelegt sind.

Eine weitere Einschränkung bildet die Konzentration auf

- Markt-, Verbraucher- und Handelsinformationen.

Die beiden anderen wichtigen Informationsquellen

- interne Kostenstruktur und Entwicklung
- Informationen über Kunden und Konkurrenten

werden nur teilweise berücksichtigt. Deren Integration sollte der kommenden Generation von Informationssystemen vorbehalten bleiben (M.I.S.).
(Vergl. auch Seite 63; Fußnote 2)

2. Strategisches Marketing

Der Begriff Marketing wird heute derartig umfassend gebraucht,

- daß er eine Vielzahl von Definitionen zuläßt und
- unterschiedliche Lehrmeinungen zusammenfaßt,
- was in der täglichen Praxis dazu führt, daß die Arbeit in vielen Marketingabteilungen fast ausschließlich von der persönlichen Auffassung und "Erfahrung" einzelner Manager bestimmt wird.

In unterschiedlichen Abteilungen gleicher Unilever-Companies herrschen daher oft sehr voneinander abweichende Meinungen über die Vorgehensweise bei

- Zielsetzung
- Steuerung und Kontrolle
- und Dokumentation

im Marketing vor, die nicht allein durch verschiedene Marktverhältnisse erklärt werden können.

Daher und wegen der bedeutenden Personalfluktuation - besonders im Marketing - ist es nicht möglich, spezielle Marketingerfahrungen*) zu akkumulieren, zu dokumentieren und weiterzugeben.

Eine zunehmende Professionalisierung der Marketingarbeit ist daher auch nur selten anzutreffen und Feststellungen wie z.B. "Ich weiß zwar, daß ich die Hälfte meiner Werbeaufwendungen aus dem Fenster werfe, ich weiß nur nicht welche!" werden oft mit dem gleichen naiven Selbstbewußtsein geäußert, wie vor 30 Jahren.

Aber schon heute dürfte nur die Marketingarbeit anerkannt werden, bei der alle die Fortschritte berücksichtigt werden, die in letzter Zeit bei der Messung der Wirkung der Marketing-Mix-Faktoren (einschl. Werbung) gemacht wurden, will man morgen nicht zu den Marktanteilsverlierern gehören.

Die Professionalität der Marketingarbeit steigt mit Zunahme der Kenntnis über die Wirkung ihres Instrumentariums!

---

*) Unter speziellen Marketingerfahrungen verstehen wir quantifizierbares Wissen über Wirkungsparameter des Marketing-Mix:

Wie wirkt der Preis für Marke A? Wie substituieren sich die Marken A, B, C und D? Wie hoch ist die Werbeelastizität der Marke A.
Wie ändern sich diese Größen über die Zeit? usw.

Grafik 1

MARKETING (eine Definition)

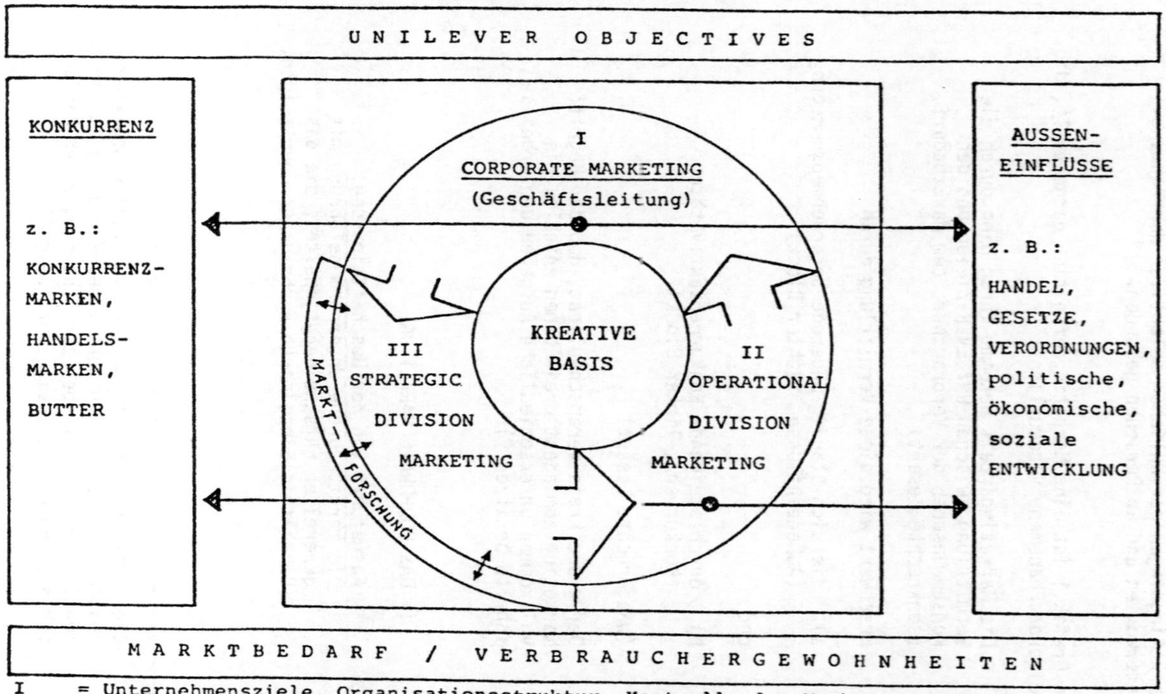

I = Unternehmensziele, Organisationsstruktur, Kontrolle der Marketing Objectives, Hauptentscheidungen
II = Marketingziele; Entwicklung, Einsatz, Koordination und Administration des Marketing-Mix
III = Akkumulation von Wissen über die Wirkung der Mix-Faktoren und des Marketing-Mix, Kontrolle der Action Standards; Brand Marketing Strategie.
⊕ = Pfeile sollen wachsenden Zeitbedarf durch Außeneinflüsse und Konkurrenz verdeutlichen

Die Erweiterung dieser Kenntnis kann nur dann erfolgen, wenn im Marketing ein KONTINUIERLICHER SYSTEMATISCHER LERNPROZESS eingeleitet und die Lernergebnisse DOKUMENTIERT werden.

Anderenfalls bleibt die Sammlung von "Erfahrung" in Marketingdingen persönlicher selektiver Wahrnehmung unterworfen und an Personen gebunden.

In Grafik 1 ist eine Marketingdefinition dargestellt, die folgende Phänomene verdeutlicht:

- Die Marketingarbeit bekommt ihren Sinn durch die Vermittlung zwischen UNILEVER-Zielen und den Konsumwünschen der Verbraucher, dem Marktbedarf. (senkrechte Lesart)

- Erschwert wird diese Vermittlung durch

  a) die sich ständig ändernde Unternehmensumgebung (Außeneinflüsse, rechter Block)

  und

  b) durch steigende Konkurrenzaktivitäten (Konkurrenz, linker Block)

  (waagerechte Lesart)

- Der große Kreis veranschaulicht, daß der Begriff Marketing zumindest drei Ebenen enthält, die vollkommen unterschiedliche Aufgaben und Arbeitsinhalte besitzen *):

  I DAS CORPORATE MARKETING

  <u>Ausgeführt von der Geschäftsleitung:</u>
  <u>Die marktbezogene Unternehmensführung</u> mit generellen Entscheidungsinhalten, die das Verhältnis Einzelmarke/Verbraucher übersteigen.

---

*) Diese Darstellung ist nur eine von vielen Möglichkeiten, die Mehrschichtigkeit des Marketing zu verdeutlichen; sie ist aber zur Schaffung einer Basis für das behandelte Thema sehr geeignet.

II DAS OPERATIONALE DIVISION MARKETING

Ausgeführt von den Marketingabteilungen:
Alle Marketingarbeiten, die sich - vorwiegend auf Marken bezogen - mit dem praktischen Einsatz der Marketing-Mix-Faktoren befassen: z.B. Einschaltung von Werbung, Durchsetzen von Promotions; einschließlich aller administrativen, koordinierenden und politischen Aktivitäten.

III DAS STRATEGISCHE DIVISION MARKETING

Ausgeführt von den Marketingabteilungen und der Marktforschung:
Die Akkumulation von Wissen über die Wirkungsweise der einzelnen Mix-Faktoren

1. Produkt
2. Verpackung
3. Werbung
4. Distribution
5. Name
6. Preis
7. Promotion

und des gesamten Mix, als Basis für Entscheidungen in den Marketingbereichen I und II sowie für die Formulierung von Strategien, z.B. Brand Marketing Strategies.

Die drei großen Pfeile in dem Mittelkreis deuten an, daß in der täglichen Praxis alle drei Bereiche sich stark beeinflussen und nicht immer klar definierbare Grenzen besitzen.

Daß der Erfolg in allen drei dargestellten Bereichen zu einem großen Teil von der Kreativität der beteiligten Mitarbeiter abhängt, wird als selbstverständlich vorausgesetzt.

In Grafik 1 (Mitte) wird diese kreative Basis jedoch erwähnt, weil Vertreter des konservativen "intuitiven" Marketing professionelles, quantitatives Vorgehen oft als kreativitätshemmend ablehnen. Das Gegenteil trifft jedoch zu:

Das in diesem Papier beschriebene Vorgehen ermöglicht einen weit zuverlässigeren Nachweis vorhandener oder mangelnder Kreativität in Marketingprozessen als bisher möglich und ist daher eher geeignet, kreative Prozesse zu fördern und nach ihrer Wirksamkeit zu beurteilen (siehe Seite 37, letzter Absatz).

Die vier aus den Bereichen I und II von jeweils einem Punkt nach links und rechts weisenden Pfeile sollen auf eine zunehmende zeitliche Belastung dieser beiden Bereiche

- durch Konkurrenz
- und Umwelt

hindeuten, wodurch die Zeit für die Bearbeitung der Probleme des STRATEGISCHEN MARKETING stark eingeschränkt wird.

Die drei kleinen Pfeile zwischen dem Bereich III (Strategisches Division Marketing) und der Marktforschung weisen auf die sich zukünftig noch stärker auflösenden Grenzen zwischen diesen beiden Arbeitsgebieten hin.

Die nun folgenden Ausführungen befassen sich <u>nicht</u> mit den beiden Bereichen

- CORPORATE MARKETING

  und

- OPERATIONALEM DIVISION MARKETING.

Es werden ausschließlich Verbesserungsmöglichkeiten im

- STRATEGISCHEN DIVISION MARKETING

behandelt; dem Teil der Marketingarbeit also, der sich mit den Fragen befaßt, wie das Marketing-Instrumentarium in bestimmten Märkten und bei bestimmten Marken wirkt und welche Veränderungen zur Optimierung des Unternehmenserfolges notwendig wären (einschließlich der Formulierung der Brand Marketing Strategies).

Man könnte diesen Bereich auch als den <u>diagnostischen Teil</u> der Marketingarbeit bezeichnen, während die <u>Therapie</u> durch das <u>operationale</u> Division Marketing und das Corporate Marketing erfolgt.

Grafik 2

DER LERNPROZESS IM MARKETING

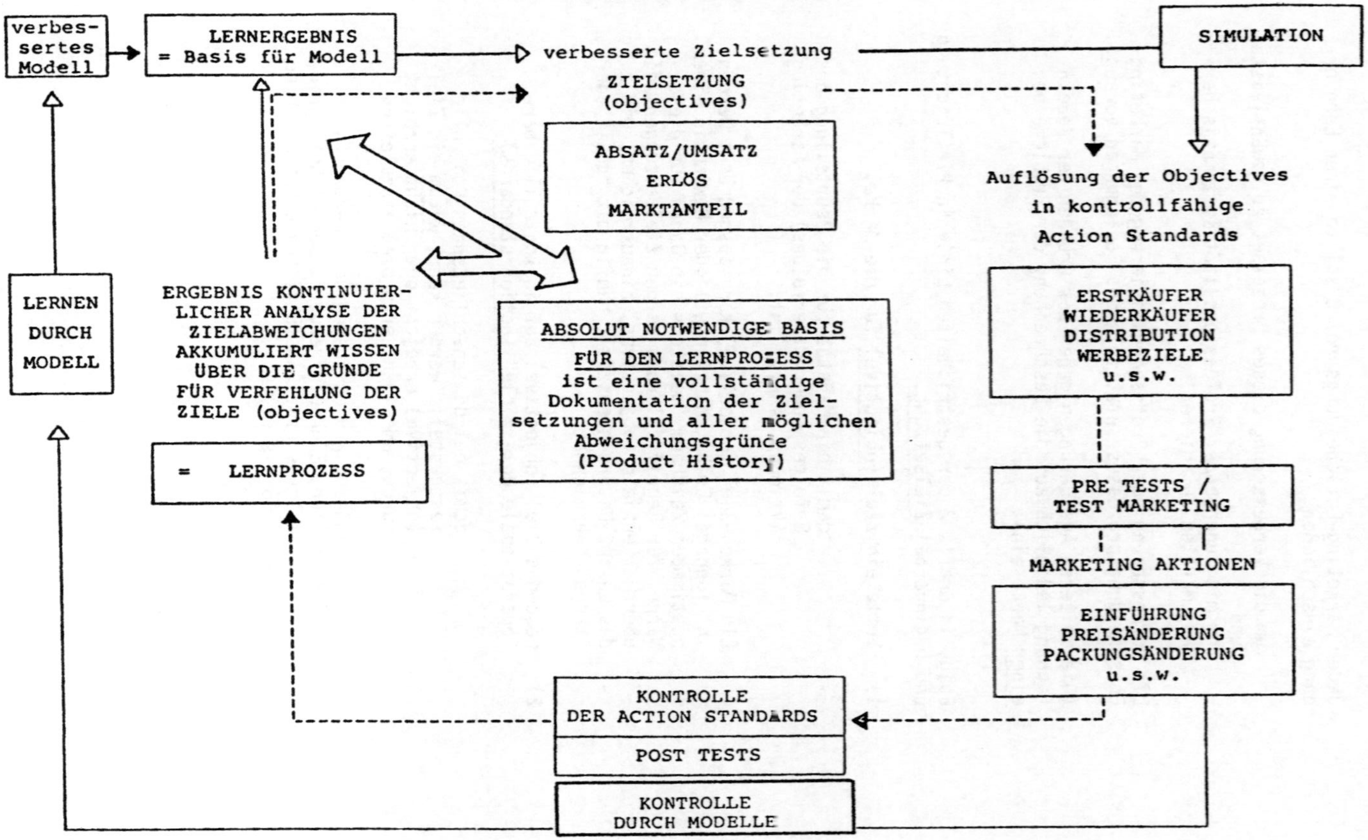

3. Der Lernprozeß im Marketing

Jeder Marketing-Entscheidungsprozeß sollte einen Lernvorgang einschließen,

- um die Verbesserung dieses Prozesses zu gewährleisten und
- um mit zunehmender Professionalität systematischer auf Märkten zu agieren.

Die Verbesserung oder Professionalisierung des Marketing-Entscheidungsprozesses setzt folgende Bedingungen voraus:

(Die weiteren Ausführungen gehen aus Gründen der Vereinfachung lediglich auf die Beschreibung der Probleme bei einer Marke ein).

Folge in Grafik 2 der gestrichelten Linie in Pfeilrichtung und beginne bei Zielsetzung.

1) Setze ein Ziel (objective) für die Marke,

   damit ein Maßstab für die Beurteilung des Erfolges (oder Mißerfolges) der Marketing-Aktionen gesetzt ist.

   Ein Marken-Ziel (objective) kann ausgedrückt werden in: Tonnage, Erlös, Marktanteil oder Gewinn in einem bestimmten Zeitraum (meistens ein Jahr) für diese Marke. Zur Begriffsklärung werden Zielsetzungen, die über Markenziele (objectives) hinausreichen, wie z.B. das Gesamt-Unternehmensziel, häufig mit "goal" oder "target" bezeichnet.

2) Löse das Ziel (objective) auf in kontrollierbare "operationale Unterziele" (action standards),

   damit bei der anschließenden Kontrolle festgestellt werden kann, warum ein Ziel (objective) erreicht oder nicht erreicht wurde, um einen Lernprozeß einzuleiten.

   Action standards können ausgedrückt werden in: Käuferanteilen, Einkaufsfrequenz, Bekanntheitsgrad, gewünschtem Image usw. (Ausführlichere Beschreibung siehe Seite 56 bis 61).

3) Nach den Pre-Tests, bei denen nach Möglichkeit festgestellt werden soll, ob die entwickelten Marketing-Mix-Faktoren die action standards erfüllen können, werden die Marketing-Aktionen realisiert (operationales Division Marketing).

4) Die nun im Markt folgende Kontrolle mit der Fragestellung: "Werden die gesetzten action standards im Markt erreicht?" leitet den Lernprozeß ein, der im Zeitverlauf zu einer verbesserten Kenntnis des Marktmechanismus der betreffenden Marke führt.

5) Dieser Lernprozeß führt zur Beantwortung von Fragen folgender Art:

- Wie ist die Hierarchie der Marketing-Mix-Faktoren in der Marktanteilsbeeinflussung und wie groß sind die Elastizitäten meiner Marke gegenüber

  Preis
  Distribution
  Werbung
  Promotion

  Die Wirkung der Marketing-Mix-Faktoren Produktqualität, Name und Verpackung (Material, Form, Gestaltung) auf die Marktanteile ist wesentlich schwerer zu bestimmen, da sie sich nur in sehr großen Zeitabständen verändern. Ihre Bedeutung im Marketing-Mix kann meistens nur qualitativ ermittelt werden.

- Welchen externen Einflüssen unterliegt der Marktanteil meiner Marke?

  z.B. Trend
  Saison
  Preis eines Substitutionsproduktes

- Erfüllt das Markenkonzept die Ansprüche im kreativen Bereich? (Image)

  usw.

6) Diese Kenntnisse bilden die Basis für das operationale Division Marketing. Sie geben Auskunft über notwendige operationale Aktionen.

Eine Voraussetzung für diesen Lernprozeß ist der Aufbau und die Pflege einer vollständigen Markendokumentation (product history)*), die alle marktanteilsbestimmenden Faktoren und ihre Veränderungen enthält, wie z.B.

- Kompositionsänderungen
- Preise
- Verpackungsänderungen
- Kampagnenänderungen
- Werbeaufwand
- Promotions
- externe Einflüsse usw.

Bei computergestützter Modellbildung sind die notwendigen Datenbänke ein wesentlicher Teil dieser Dokumentation. Daher die zweiseitige Pfeilrichtung zwischen Modell und Dokumentation in Grafik 2.

Diese in Grafik 2 skizzierte Vorgehensweise wurde durch Computerisierung in den vergangenen Jahren wesentlich verbessert. Sie ist durch die durchgezogenen Pfeile mit den hellen Köpfen gekennzeichnet und enthält zwei neue Elemente:

1. Markenmodelle (Grafik 2 links oben) und die Möglichkeit, auf Basis der Modelle

2. Marketingstrategien zu simulieren (Grafik 2, rechts oben).

Die hier zu beschreibende Vorgehensweise befaßt sich mit diesen neuen, computergestützten Möglichkeiten

- den Lernprozeß im Marketing zu verbessern und zu beschleunigen.

- Dadurch werden eine Reihe qualifizierter Betrachtungen des Marktmechanismus überhaupt erst ermöglicht.

- Das strategische Marketing - und damit das gesamte Marketing - gewinnt durch neue Dimensionen erheblich an Professionalität.

- Diese Möglichkeiten werden durch eine gründliche Dokumentation unterstützt.

- Der bisherige Datenwust wird durch gezielt und schnell abrufbare, selektierte, verknüpfte und operationale Informationen ersetzt.

- Im Marketing wird erheblicher Arbeitsaufwand eingespart.

---

*) Diese Dokumentation wird wegen ihrer Vielschichtigkeit aus mehreren Darstellungsarten bestehen: z.B. Anzeigen in Werbemappen, Funkspots auf Magnetbändern, Preise und Promotionaufwendungen in numerischen und grafischen Zeitreihen, zeitliche Auflistung aller Aktionen. Beispiel 3 in Kap. 8 zeigt eine computergespeicherte textliche Dokumentation für die Marke Rama (Auszug).

4. Das MARKETING SUPPORT SYSTEM

Das Computersystem "Express" - der Kern unseres Support Systems - besteht aus dem Verbund eines umfangreichen hard- und software-Angebotes in den USA.

Die u.a. auf Marketingprobleme anwendbare software wurde von einem Mitarbeiterstab am M.I.T. Boston entwickelt und wird dort laufend verbessert. Im Augenblick befindet sich die Express-Version Nr. 2 auf dem Markt.

Die Verbindung mit Express wird über ein weltweites Netz im Dialogverkehr aufrechterhalten, das in Deutschland von Taylorix Tymshare, Stuttgart, vermietet wird.

Die Kommunikation erfolgt "on line" via Bildschirm und Drucker, mit dem auch gezeichnet werden kann (beides ohne Zeitverzug).

Die Vorteile gegenüber der bisherigen Verarbeitung von internen (z.B. Margen) und externen Informationen (z.B. Endverbraucherpreise) sind:

- Verbesserung und Beschleunigung der ad hoc Informationen für Marketing und Verkauf.

- Schaffung der Voraussetzungen für Markenmodelle und deren Erstellung.

- Verbesserung der Möglichkeiten für die Marketing-Dokumentation.

Diese drei Bereiche - verknüpft mit anderen Datenverarbeitungssystemen - bezeichnen wir als MARKETING SUPPORT SYSTEM.

Grafik 3 stellt die Quellen der Daten dar, die, beginnend mit Januar 1976, monatlich bzw. 2-monatlich (NIELSEN) im Express-System der UNION Deutsche Lebensmittelwerke GmbH gespeichert sind.

Grafik 3

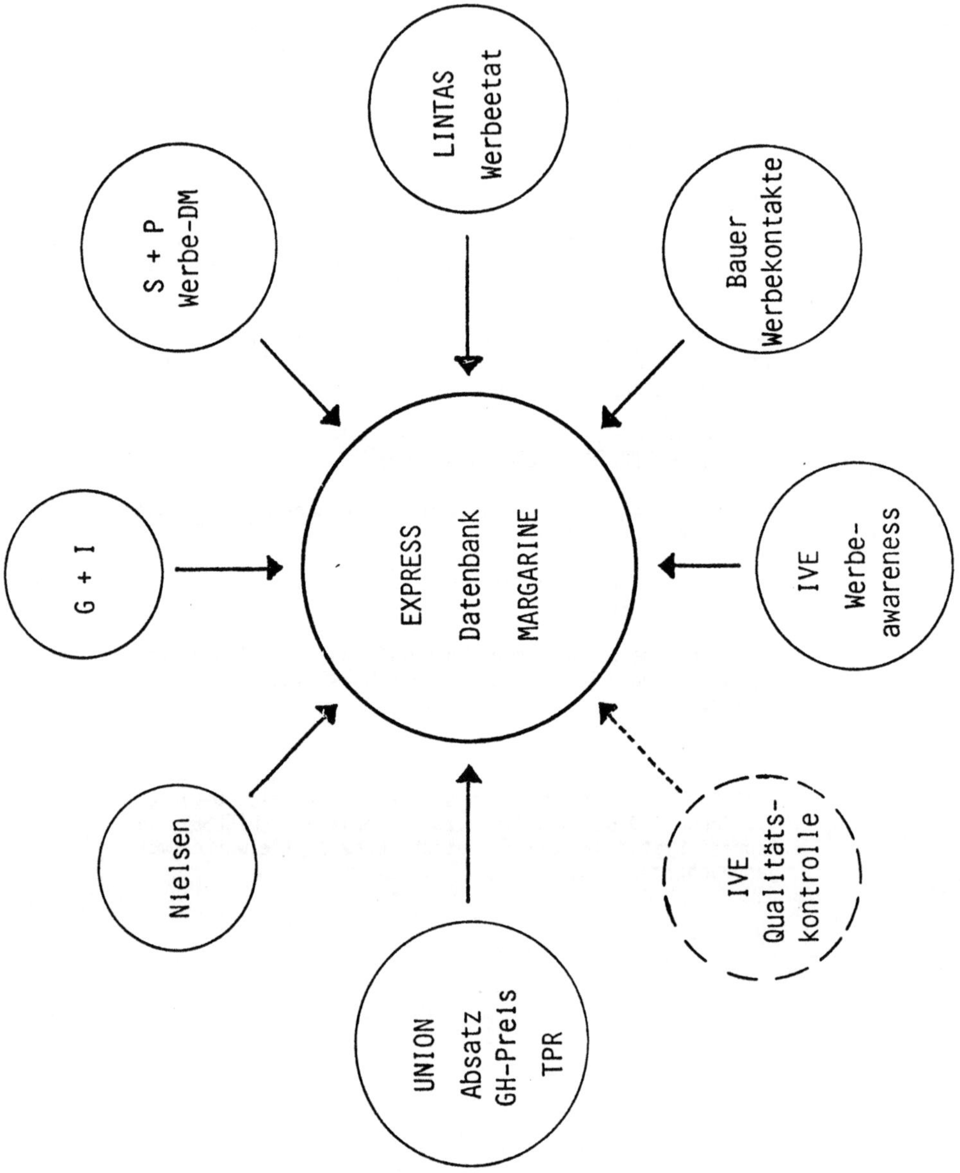
EXPRESS
Datenbank
MARGARINE
G + I
S + P
Werbe-DM
LINTAS
Werbeetat
Bauer
Werbekontakte
IVE
Werbe-
awareness
IVE
Qualitäts-
kontrolle
UNION
Absatz
GH-Preis
TPR
Nielsen

Im folgenden wird in drei Schritten über

1 die Verbesserung der ad hoc Informationen durch EXPRESS

2 über die Entwicklung von Markenmodellen

3 über erweiterte Ansätze für Marketing Support

berichtet.

Es wird darauf verzichtet, auf die DOKUMENTATION gesondert einzugehen, da diese sich aus den behandelten Schritten folgerichtig ergibt.

Der sich in Zukunft verstärkende Zwang zur Integration des Handelsmarketing in unser (Hersteller-) Marketing ist bekannt und wird bei unserer Arbeit soweit wie möglich berücksichtigt. Um die folgenden Ausführungen zu vereinfachen, wird dieses Problem bewußt ausgeklammert.

4.1 Eine Kurzbeschreibung des EXPRESS-Systems

Das EXPRESS-System erfüllt seine Aufgabe - als Teil des Marketing Support Systems - durch Behandlung von aggregierten quantitativen Marktdaten.

EXPRESS besteht aus einem umfangreichen EDV-Softwareprogramm, welches Daten in Zeitreihenform speichert, verwaltet, direkt abrufbar macht und mittels mathematisch-statistischer Verfahren analysieren kann.

Im direkten Dialog (time-sharing-Technik) bietet das System die größtmögliche Unterstützung, indem davon ausgegangen wird, daß der Nutzer kein EDV-Spezialist ist. Die Art der Kommunikation ist vergleichbar mit der Company-internen Sprache in der Marktforschung und im Marketing. In der Phase des Datenbankaufbaus kann individuell auf den Sprachgebrauch der Company eingegangen werden.

Die Eleganz des Systems soll an den beiden folgenden Beispielen (Tabelle 1 und Grafik 4) demonstriert werden.

Tabelle 1 zeigt Ein- und Ausgabe von Informationen. (Das Beispiel beinhaltet übrigens auch ein Zusammentragen von Daten aus verschiedenen Quellen, hier G+I und S+P-Daten)

TABELLE 1

Abruf von Informationen

Eingabe per Express:

MARKE X

MONAT NOV 77 BIS FEB 78

GEBIET BUND

TABELLIERE MARKTANTEIL PREIS WERBEETAT

Ausgabe per Express:

MARKTFORSCHUNGS-INFORMATIONSSYSTEM EXPRESS

MARKE	NGEB	ZEIT	MARKTANTEIL	PREIS	WERBEETAT
X	BUND	NOV77	2.2 %	2.42 DM/KG	0.00 TDM
		DEZ77	2.1 %	2.45 DM/KG	0.00 TDM
		JAN78	2.9 %	2.34 DM/KG	0.84 TDM
		FEB78	2.8 %	2.28 DM/KG	1.87 TDM

Der einfache Befehl TABELLIERE bewirkt die intelligente Reaktion des Systems, den Tabellenaufbau - unabhängig von der Menge der abgefragten Informationen - optimal vorzunehmen.

Grafik 4 stellt eine Fortführung der Informationsaufbereitung aus Tabelle 1 dar, die vom System allein durch die Befehlseingabe:

ZEICHNE

produziert wird.

Grafik 4

Eingabe: ZEICHNE MARKTANTEIL PREIS WERBEETAT (IN BALKEN)

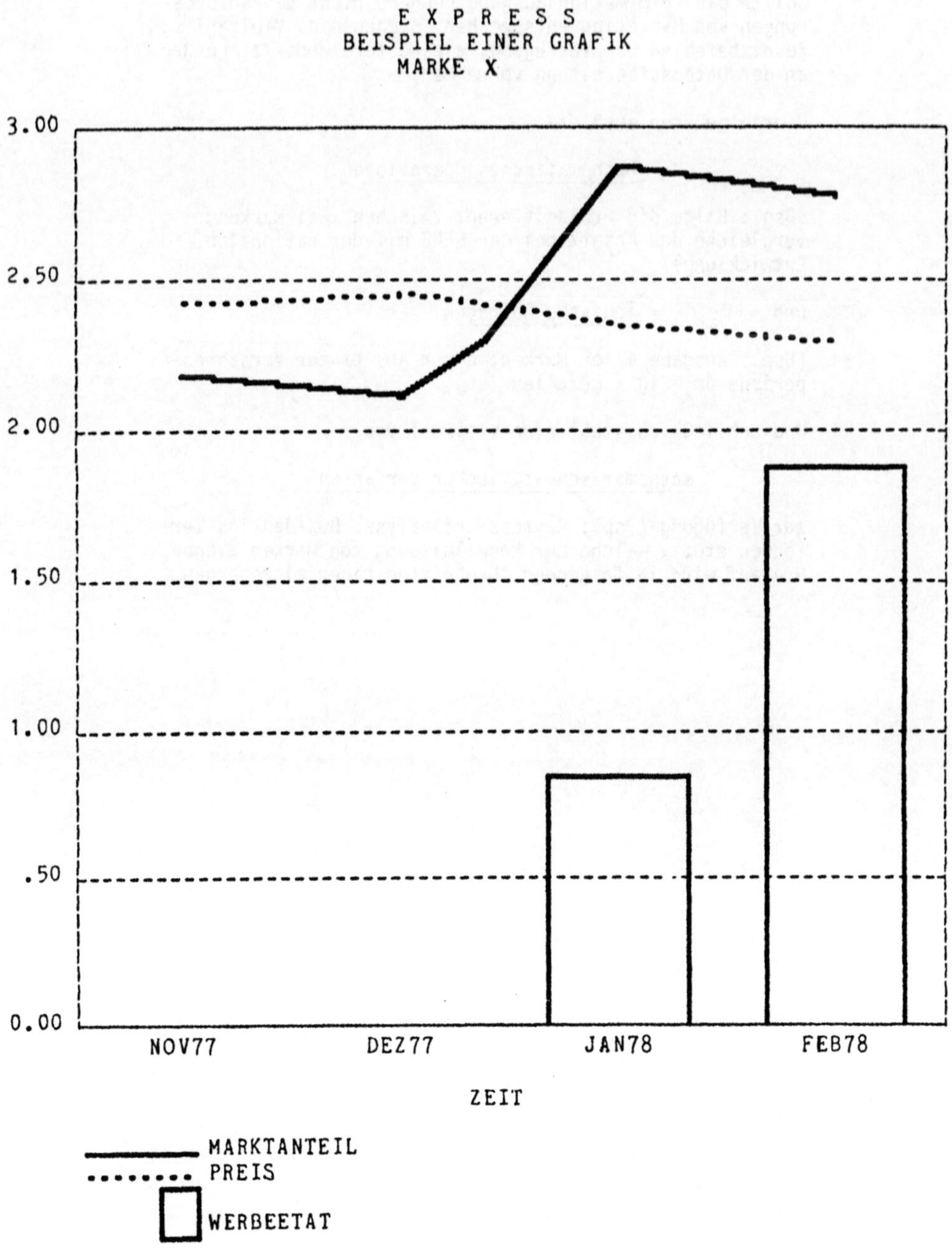

Das System "denkt mit". Die Grafiken werden in kürzester Zeit (Grafik 4 ca. 2 min.) in präsentationsreifer Darstellung vom Drucker produziert.

Ein Vergleich der Kosten einer Grafik mit dem bisherigen Weg mittels einer Zeichnerin wird auf Seite 45 durchgeführt.

Sollte die Informationsausgabe dennoch nicht den Anforderungen von Marketing entsprechen, stehen eine Vielzahl von Zusatzbefehlen zur Verfügung, die weitere Modifizierungen an der Datenaufbereitung vornehmen.

Hierzu gehören auch die

<u>mathematischen Operationen</u>.

(Bsp.: Bilde die Preisdifferenz zwischen zwei Marken, vergleiche den Absatz bei der REWE mit der nationalen Entwicklung)

und <u>logische Abfragen</u>.

(Bsp.: Ausgabe aller Marken, deren Absatz zur Vorjahresperiode um - 10 % gefallen ist)

Und schließlich steht eine Vielzahl von

<u>mathematisch-statischen Verfahren</u>

zur Verfügung (Bsp.: Regressionsanalyse, BOX-Jenkins-Verfahren etc.), welche zur Modellbildung von Marken dienen. Hierauf wird in folgenden Abschnitten näher eingegangen.

5. Ad hoc Informationsverbesserung durch EXPRESS

Der erste Schritt beim Aufbau eines Marketing-Support-Systems ist der Aufbau einer Datenbank mit dem Ziel,

- sämtliche Wirkungsgrößen, die den Marktanteil der zu beobachtenden Marken beeinflussen (Parameter) - sowie die Marktanteilsentwicklungen selbst - über einen für Untersuchungszwecke ausreichenden Zeitraum zu speichern.

Die folgende Seite zeigt, aus welchen Datenquellen bei der Union Deutsche Lebensmittelwerke GmbH seit Beginn 1976 Zeitreihen in diesem Sinn gespeichert wurden.

Aus diesen Zeitreihen und deren Verknüpfungen ergab sich durch die flexiblen Verarbeitungs- und die gezielten Abrufmöglichkeiten von EXPRESS der erste Teil der Informationsverbesserung für Marketing und Verkauf:

Ca. 80 % der EXPRESS-Nutzung bezieht sich auf die täglich anfallende Nutzung derartiger ad hoc Abfragen, die ohne Datenbank entweder gar nicht oder nur unter vielfachem Kostenaufwand möglich wären.

5.1 Der Inhalt der EXPRESS-Datenbank Margarine im Mai 1980

Im obigen Titel wird schon angedeutet, daß die Datenbankstruktur beim Aufbau nicht endgültig festzuliegen hat. Ausgehend von einer Teildatenbank (z.B. Nielsendaten) kann mit der EDV-technischen Speicherung der Daten begonnen werden. Die Institute liefern dazu die Magnetbänder.

Die Auswahl weiterer Datenquellen (G+I, eigene Umsätze etc.) richtet sich nach den zukünftigen Anforderungen und dem bereitgestellten Etat beim Systemnutzer.

Neue Marken aufzunehmen oder Strukturen zu verändern bereiten dem EXPRESS-System keine Probleme.

Die Datenbänke werden somit in den einzelnen Companies unterschiedlich aussehen.

Hier nun die derzeitig gespeicherten Informationen für Margarine:

Institut:	Zeitreihen:
Nielsen	Tonnage Preis Distribution Lagerbestand Verkäufe Zweitplätze
G+I	Käuferhaushalte Menge Wert
S+P	Werbe-DM pro Medium
Lintas	Werbe-DM (effektiv) der eigenen Marken
Bauer	Werbekontakte pro Medium
IVE	Awarenessdaten aus dem Werbemonitor Imagedaten
UNION	Absatz eigener Marken Großhandelspreise Rabattmitteleinsatz

Alle Daten sind abrufbar ab Januar 1976. Je nach Datenquelle sind Details bis zu 60 Marken und bis zu 30 Breaks (Bund, Nielsengebiete, Organisationsformen, Einkaufsstättentypen, Verkaufsgebiete) möglich.

Das Speichervolumen beläuft sich zur Zeit auf rd. 1,5 Mio Informationseinheiten.

Hierbei handelt es sich lediglich um Basisinformationen, wie z.B. monatliche Menge einer Marke und monatliche Gesamtmarktmenge. Daraus errechnet das System in Bruchteilen von Sekunden den Marktanteil aufgrund eines einfachen Befehls.

Da per Befehl jede sinnvolle Art von Verknüpfung machbar ist, steht dem Nutzer eine nahezu unendlich große Fülle von ad hoc Informationen zur Verfügung.

Hier kann ein Computer den Vorteil des schnellen Suchens von Information und der Rechengeschwindigkeit voll einsetzen.

5.2 Beispiele für ad hoc Informationsverbesserung

Die traditionelle Methode in der Analyse von Paneldaten beschränkte sich auf die Beschreibung von Marktentwicklungen mittels einer standardisierten Form.

Eine Präsentation von Nielsen spielt sich beispielsweise dergestalt ab, daß Marktanteilsvergleiche zur Vorperiode und zur Vorjahresperiode gezeigt werden.

Längerfristige zusammenhängende Entwicklungen werden nur zum Teil grafisch aufbereitet.

Der Vorjahresvergleich unterstellt methodisch, daß der Vorjahreswert als Maßstab (Norm) gilt, um das Marktgeschehen der aktuellen Periode zu beurteilen. Diese Voraussetzung ist jedoch z.B. dann nicht erfüllt, wenn im Vorjahr besondere Aktivitäten im Markt stattfanden.

Eine Lösungsmöglichkeit bieten Ansätze wie:

- Periodenmittel der letzten 3 Jahre
- Jahresmittel
- Vergleich der letzten 6 Perioden mit entsprechenden Vorjahreswerten
- kumulative Kenngrößen usw.

Diese Ansätze sind ohne Zweifel methodisch besser, jedoch bedeuten sie einen größeren Arbeitsaufwand, der generell nicht ohne EDV-Support auskommt (besonders wenn derartiges für 60 Marken in 30 Breaks periodisch aufbereitet werden soll).

Schließlich interessieren auch nur die Marken mit signifikanten Veränderungen in ihren Marktdaten.

Solche Entscheidungskriterien können dem EXPRESS-System übertragen werden.

Eine weitere historische Standardisierung in den Marktdaten besteht in der Definition der Variablen:

Marktanteile	beziehen sich i.a. auf den Gesamtmarkt (nicht auf Teilmärkte)
Mengen	(bei G+I) auf die berichtenden Haushalte (nicht Käuferhaushalte)
Verkäufe	pro führendem Geschäft berücksichtigen keine Versorgungslücken bzw. die Distributionsqualität (Verhältnis zwischen gewichteter und numerischer Distribution)

Wegen des direkten feed backs mit dem EXPRESS-System gelingt es, durch Verknüpfung von Daten bessere Informationen zu gewinnen:

Bsp. 1: Marktanteilszerlegung mit G+I-Daten

Die Fragestellung dabei ist, wie sich eine Marktanteilsveränderung (%) durch Veränderung der Anzahl der Käufer und/oder durch Veränderung der Menge pro kaufendem Haushalt erklären läßt, um entsprechende Marketingaktivitäten einzuleiten.

Dabei sollen auch Gesamtmarktveränderungen (Trends) berücksichtigt werden.

Tabelle 2 zeigt die Formel, die dafür im EXPRESS-System gespeichert ist. Der Aufruf geschieht lediglich mit dem Befehl Käuferfaktor und dem Befehl Intensitätsfaktor.

TABELLE 2

G&I

MARKTANTEILSZERLEGUNG

Marktanteil:

$$M_{Ma} = \frac{Menge_{Ma} \cdot 100}{Menge_{G}} = \frac{(K_{Ma} \cdot M/K_{Ma}) \cdot 100}{(K_{G} \cdot M/K_{G})}$$

Veränderungsrate von 2 Marktanteilen in zeitlicher Folge:

$$V_{\frac{M\,t_2}{M\,t_1}} = \frac{\frac{(K_{Ma\,t_2} \cdot M/K_{Ma\,t_2}) \cdot 100}{(K_{G\,t_2} \cdot M/K_{G\,t_2})} \cdot 100}{\frac{(K_{Ma\,t_1} \cdot M/K_{Ma\,t_1}) \cdot 100}{(K_{G\,t_1} \cdot M/K_{G\,t_1})}}$$

$$= \frac{\frac{K_{Ma\,t_2}}{K_{G\,t_2}}}{\frac{K_{Ma\,t_1}}{K_{G\,t_1}}} \cdot \frac{\frac{M/K_{Ma\,t_2}}{M/K_{G\,t_2}}}{\frac{M/K_{Ma\,t_1}}{M/K_{G\,t_1}}} \cdot 100 = \underbrace{\frac{\frac{K_{Ma\,t_2}}{K_{Ma\,t_1}}}{\frac{K_{G\,t_2}}{K_{G\,t_1}}}}_{\text{Käufer-faktor}} \cdot \underbrace{\frac{\frac{M/K_{Ma\,t_2}}{M/K_{Ma\,t_1}}}{\frac{M/K_{G\,t_2}}{M/K_{G\,t_1}}}}_{\text{Intensitäts-faktor}} \cdot 100$$

Abkürzungen:

M = Marktanteil
K = Käuferanteil pro 100 ber. Haushalte
M/K = Menge pro Käufer
M_a = Marke
G = Gesamt der Warengruppe
V = Veränderungsrate (Vorzeitraum = 100)

Bsp. 2: Kenndaten aus Nielsen-Informationen zur Argumentation mit dem Handelspartner

Ursprünglich beschränkte sich das Handelsgespräch auf die Beurteilung der durchschnittlichen Verkäufe pro führendem Geschäft.

1. Bei einer schlecht distribuierten hochpreisigen Marke sollte eher der

   - wertmäßige Marktanteil pro vorrätigem Geschäft

   angeführt werden.

2. Bei einem Vergleich zweier Marken muß der

   - Durchschnittsabsatz

   um die Distributionsqualität (= gewichtete Distribution / numerische Distribution) bereinigt werden.

3. Schließlich gilt zu überprüfen, ob

   - der Umsatz pro Einheit Lagermenge

     (= Lagerrentabilität)

   ein Kriterium des Handels für die Wahl zwischen zwei Marken sein kann (vgl. Bsp. 8.1: sales folder RAMA).

Zur Zeit erstellt die Marktforschung einen umfangreichen Katalog von derartigen Kenndaten.

Der Vorteil des EXPRESS-Systems liegt hier in der Einfachheit zum Definieren von Formeln zur Errechnung derartiger Kenngrößen.

Außerdem wird die Kreativität des Marktforschers beim "Erfinden neuer Kenngrößen" nicht durch zeitraubende manuelle Tätigkeit (Heraussuchen der Daten, Berechnungen, Grafiken) gehemmt.

5.3 Der Anwenderkreis von ad hoc Informationen durch EXPRESS

1979 wurde die Datenbank von EXPRESS rd. 600 Stunden für ad hoc Informationsabrufe genutzt.

Marketing verbrauchte 50 % der Zeit, der Verkauf 35 %, sonstige Abteilungen 15 %.

Eine Strukturierung der Anfragen ergab folgende Themenbereiche:

Marketing

- Schnellinformation über Einzeldaten
- zeitliche Entwicklungen bestimmter Marken in Teilbereichen
- Schwachstellenanalysen
- Daten für die Brand Marketing Strategy
- Zielgruppenbeschreibung für das Media-Briefing
- Festlegung von action standards
- Aktionskontrolle
- Relaunchkontrolle

Verkauf

- Daten für allgemeine Information der Sales Force
- Bestimmung von Zieldistributionswerten
- Information für sales folder
- Regionalinformationen für Gebietsverkaufsdirektionen
- Regional- und Handelsanalysen
- Argumentationshilfen für Verkaufsgespräche
- Aktionskontrolle

Geschäftsleitung

- Konkurrenzanalysen bzgl. Preis- und Mediastrategien
- Gesamtmarktentwicklungen und Trendanalysen

Allgemein läßt sich sagen, daß Marketing - wegen seines Aufgabenbereichs - volumenmäßig immer die meisten ad hoc Anfragen an das System haben wird.

Für die Geschäftsleitung sind eher die Ergebnisse der Markenmodellforschung (vgl. folgende Abschnitte) von großer Bedeutung.

Die Vielzahl der angeführten Themenbereiche geben einen Einblick in die notwendige Flexibilität des EXPRESS-Systems.

Im Gegensatz zur traditionellen EDV begnügt sich EXPRESS nicht nur mit dem Entwurf von Standardtabellen.

Jede Marke, jedes Gebiet, jede Organisationsform hat eine spezifische Problematik, und nur diese will der Systemnutzer aus den Daten herausgefiltert haben. Dabei hilft EXPRESS.

Für einen EDV-Spezialisten mag der folgende Kostenvergleich interessant sein:

Das Informationssystem EXPRESS hat nur 2 % Anteil an den Gesamtkosten für EDV-Einsatz in der UNION.

6. Der Weg zu Markenmodellen

Unter einem Modell versteht man eine vereinfachte Abbildung der Realität. Die Vereinfachung richtet sich dabei nach dem zu betrachtenden Ausschnitt aus der Wirklichkeit.

Zwei Aspekte rechtfertigen diese Vereinfachung:

i.) das menschliche Unvermögen, komplexe Zusammenhänge als Ganzes zu erfassen

ii.) Wichtiges vom Unwichtigen zu trennen

Schließlich muß Marketing sich mit der Erkenntnis begnügen, daß die Realität des Marktgeschehens niemals bis ins letzte Detail erfaßt werden kann.
Hier müssen Hilfsmittel eingesetzt werden, die den Markt nur unvollkommen abbilden, nämlich die Panels. Der reale Haushalt wird z.B. komprimiert auf 10 wichtige Eigenschaften seiner Soziodemographie (Einkommensklasse, Anzahl Kinder etc.).
Beobachtet wird nur das Einkaufsverhalten gemäß den Fragen: Wo, wann, was, wieviel wurde gekauft?

Trotzdem gehen auch mit dieser Beschränkung von Informationen noch rd. 200.000 Daten über den Markt pro Monat beim Institut ein.

Deswegen wird noch eine weitere Vereinfachung der Daten getroffen: Kumulation und Mittelwertbildung.
Soweit der methodische und technische Service der Panelinstitute.

Das Management der Company geht einen weiteren Schritt der Vereinfachung:

Es fragt nach Kennziffern, die Entscheidungsvorbereitungen "handlich" machen.

6.1 Beispiele für Marktkennziffern:

1. Um die Markenbewegung von den Markttrends (Konsumgewohnheiten etc.) zu trennen, werden nicht Mengen (Tonnage), sondern Marktanteilsveränderungen betrachtet.

2. Die Realisierung einer Preismaßnahme wird am nationalen Durchschnittspreis (lt. Panel) gemessen (= Preisindex).

3. Eine entsprechende Konkurrenzbeobachtung geschieht durch die Bestimmung des Preisabstandes (UNION zu A/A).

4. Versorgungslücken werden an der führend gewichteten Distribution gemessen: relative Versorgungslücke.

Methodisch bedeutet dies, aus zwei Faktoren - durch Prozentuierung oder Differenzenbildung - eine neue wichtige Information zu gewinnen.

Um nichts anderes geht es im Prinzip bei der Modellbildung:

Die schnelle Reduzierung einer Vielzahl von Informationen auf einfache, die Steuerung des Unternehmens unterstützende Formulierungen.

Folgerung:

Das Management denkt in Modellen (Marktanteile, Preisabstände etc.)

Modelle sind notwendig zur Strukturierung eines Problems.

Ihre besondere Stärke zeigt sich, wenn Zusammenhänge im Marketing-Mix aufgezeigt werden. Wir definieren solche Modelle als Erklärungsmodelle.

6.2 Einfache Erklärungsmodelle

Es genügt nicht, wenn die Marktforschung mittels der diskutierten Kennziffern eine Marktbeschreibung vornimmt. Für eine Entscheidungsvorbereitung im Management stellt sich immer noch die anfangs beschriebene Frage:

Welche Wirkung hat eine Änderung meiner Marketing-Mix-Variablen auf den Absatz des Produktes?

Diese Frage enthält die Suche nach prognostischen Fähigkeiten. Prognosen aber sind bekanntermaßen ein "heißes Eisen".

Prognostische Verfahren lassen sich zwar in physikalischen Prozessen gut anwenden, jedoch nur, weil dort bei Experimenten die Umweltbedingungen konstant gehalten werden können.

In der Einleitung wurde aber schon festgestellt, welche Probleme im strategischen Marketing durch Konkurrenzaktivitäten u.ä. auftreten.

Die Fragestellung muß somit in einem bescheideneren Rahmen gefaßt werden.

Prognose sehen wir daher nur im Sinne von

WENN → DANN Aussagen.

(Bsp.: Wenn die Versorgungslücke um X % geschlossen werden kann, dann steigt der Absatz um Y %).

Erfahrungswerte über solche Beziehungen (teilweise als Elastizitäten bezeichnet) lassen sich aus den Marktdaten (bzw. den Kennziffern) gewinnen. Notwendig ist hierfür eine ausreichend große Fallzahl von Informationen (Bsp. Marktanteile, Preise, Distributionswerte etc.) und der Einsatz mathematischer Verfahren, um Gesetzmäßigkeiten aus den Marktdaten abzuleiten.

6.3 Das Preiselastizitätenmodell

Bei der Bestimmung der Preiselastizität für eine Margarinemarke geht man vom Ansatz aus, wie er in der Betriebswirtschaftslehre eingehend abgehandelt wird:

Der Faktor Preiselastizität prognostiziert die Absatzänderung (in %) bei Änderung des Preises (in %).

Zu Kenntnissen über die Existenz und Größe eines derartigen Faktors kommt man durch eine ex-post Analyse, wobei monatliche Preise und Abverkäufe verglichen werden. (Technik: Trage Absatz und Preis - periodenweise - in einer Grafik gegeneinander auf und berechne das Steigungsmaß).

EXPRESS bietet für diesen Bereich

- den schnellen Datenzugriff
- die grafische Aufbereitung
- die mathematischen Verfahren (z.B. Regression)

Der klassische Ansatz bedarf jedoch in der Praxis einer Modifikation: Auf dem Margarinemarkt zeigten sich die Preiselastizitäten erst nach einer mathematischen Behandlung der Daten (Transformation).
Statt Absatz werden Marktanteile beobachtet und statt des absoluten Endverbraucherpreises, der relative Preis.
(relativer Preis = Preis einer Marke / Preis der Warengruppe)

Erst die beidseitige Relativierung legt die Gesetzmäßigkeit des Preiseinflusses im Margarinemarkt offen.

Die Vorgehensweise der Modellforschung wird so offensichtlich:
Ausgehend von einem theoretisch logischen Konzept wird versucht, durch Variation der Ansätze (Bildung von Indexwerten, komplexeren Formeln etc.) eine Art Marktmechanik zu messen.

Die Stärke von EXPRESS liegt hier in der Bereitstellung von Befehlen, die den Weg vom Ansatz bis zum Ergebnis deutlich verkürzen.

Grafik 5 zeigt ein Resultat.

Deutlich ist die Abhängigkeit der Marktanteile vom relativen Preis zu erkennen.

Grafik 5

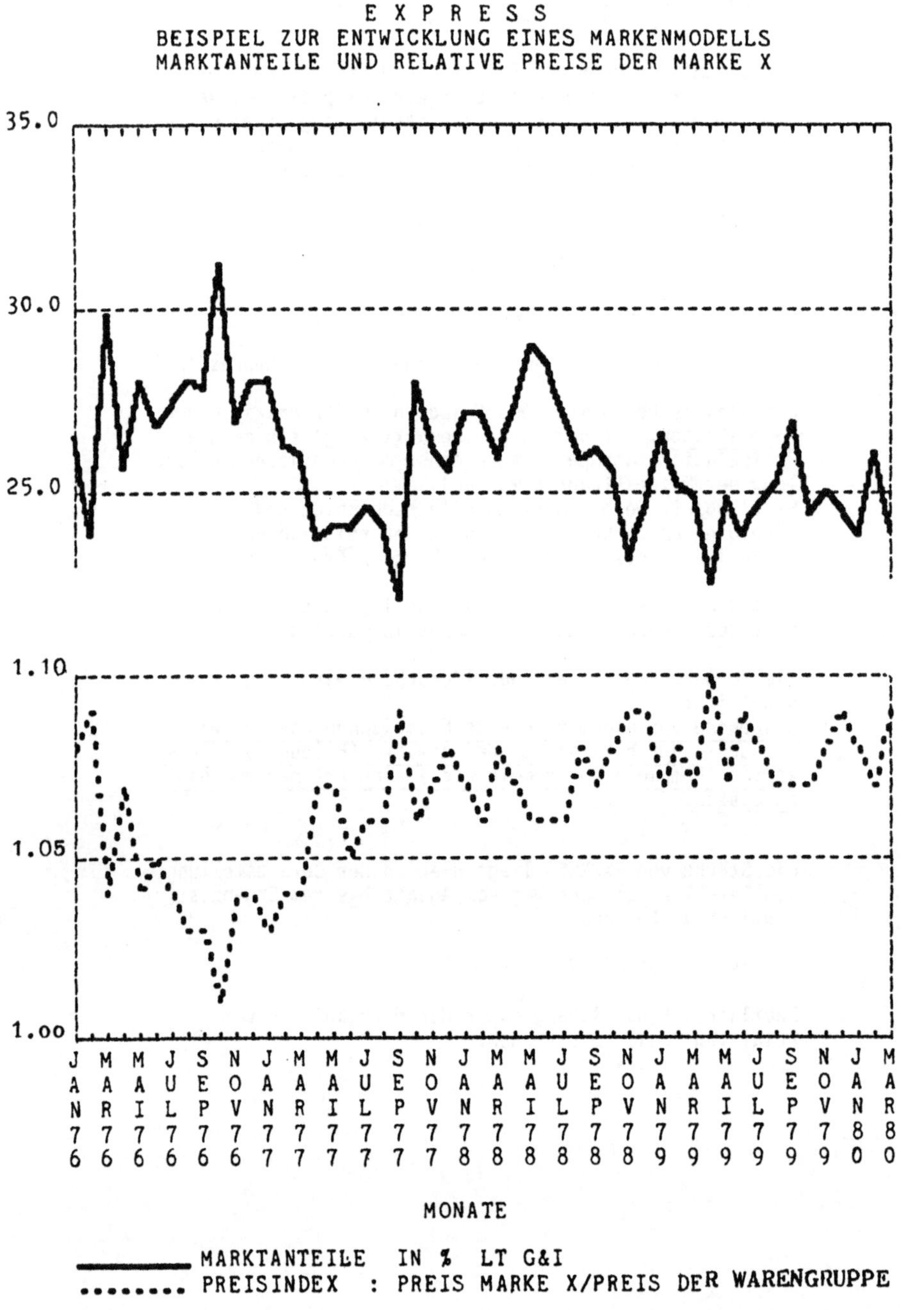
E X P R E S S
BEISPIEL ZUR ENTWICKLUNG EINES MARKENMODELLS
MARKTANTEILE UND RELATIVE PREISE DER MARKE X
35.0
30.0
25.0
1.10
1.05
1.00
JAN76 MAR76 MAI76 JUL76 SEP76 NOV76 JAN77 MAR77 MAI77 JUL77 SEP77 NOV77 JAN78 MAR78 MAI78 JUL78 SEP78 NOV78 JAN79 MAR79 MAI79 JUL79 SEP79 NOV79 JAN80 MAR80
MONATE
MARKTANTEILE IN % LT G&I
PREISINDEX : PREIS MARKE X/PREIS DER WARENGRUPPE

6.4 Analytische Preisstrategie mit COMPASS

Die Messung von Preiselastizitäten ist nur der erste Schritt zur Entwicklung von Preisstrategien. Die Wirkungsfaktoren können sich zeitlich ändern und sind im übrigen markenspezifisch.

Für eine Umsetzung der Kenntnisse in praktische Empfehlungen zur Bestimmung eines optimalen Preismix muß erneut die EDV eingesetzt werden:

Marketing Division, London, entwickelte auf dem Timesharing-System ein Simulationsprogramm (COMPASS), welches alternative Preisstrategien finanziell bewerten kann.

Die notwendigen Eingabedaten sind:

- Preiselastizitäten der Marken
- Handelsspannen
- Kosten und Margen
- Marktanteile
- Bewertungen von Konkurrenzstrategien

Bei Vorgabe von Preisstrategien werden Absatz und Profit für die UNION-Marken prognostiziert. Umgekehrt werden Preismixempfehlungen ausgedruckt, wenn ein Profitziel für die Company insgesamt formuliert wird.

Die Umsetzung solcher Kalkulationen in praktische Managemententscheidung geschieht in zweifacher Weise:

i.) Es lassen sich allgemeine Regeln aufstellen, wie defensive oder offensive Preispolitik realisiert werden kann.*)

ii.) Eine aktuell geplante Preisänderung - verursacht durch steigende Kosten etc. - kann unter Risikominimierung im Preismix der Marken abgestimmt werden.

---

*) Zu i.) Grafik 6 zeigt die Existenz von gemessenen Preiselastizitäten in verschiedenen Preissegmenten. Die realen Ergebnisse wurden dabei so vereinfacht, daß Grundprinzipien erkennbar wurden.

Grafik 6

Vereinfachte Theorie:

Existenz von Preiselastizitäten in Preissegmenten

Preiselastizitäten Margarine

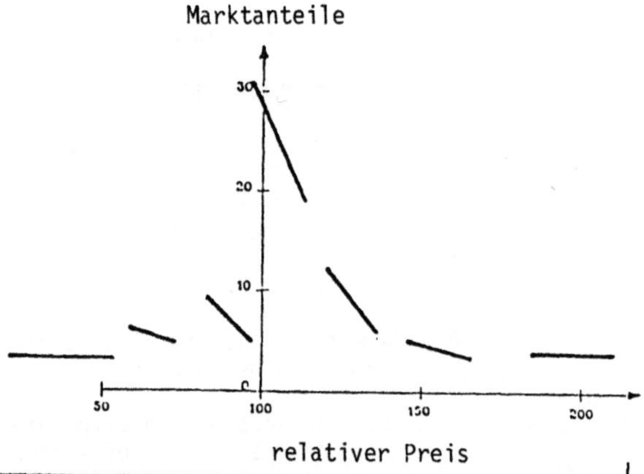

Preiselastizität:	keine	mittel	hoch	mittel	keine

Die Linien in der Grafik stellen Verhaltensmuster unterschiedlicher Margarinemarken dar. Vereinfachende Feststellung:

Extrem teuere und extrem billige Marken mit geringen Marktanteilen sind weniger preiselastisch als Marken um den Durchschnittspreis mit höheren Marktanteilen.

6.5 Multidimensionale Markenmodelle

Der Faktor Preis ist nur eine Wirkungsgröße, welche Marktanteile beeinflussen kann.

Dank der Dokumentation von Marktdaten in der EXPRESS-Datenbank bietet sich der nächste Schritt an, Mehrfachbeziehungen zu überprüfen.

(Bsp.: Wirkung von Preis und Distribution)

Hierzu wird es notwendig, aufwendigere mathematisch-statistische Verfahren anzuwenden.

Die Endstufe ist ein Markenmixmodell, das schließlich die meßbar gemachte Information enthält, welche Mix-Faktoren für den Absatz der Marke von Bedeutung sind und welche Veränderungen sie im Absatz bewirken (können).

Die Genauigkeit eines Gesamtmodells kann durch eine ex-post Prognose überprüft werden (Validierung).

Die Validierungen der Markenmodelle für unsere sieben Margarinemarken ergaben einen durchschnittlichen Erklärungswert von ca. 85 % (!).
Eine Marke, die allerdings auch als ausgesprochene Aktionsmarke konzipiert ist (Blauband), kann in ihren Marktanteilsbewegungen vom Modell bisher nur zu 70 % erklärt werden.

Zieht man jedoch die qualitativen Aspekte aus den Product Histories hinzu, ist die Bewegung jeder Marke zu über 90 % erklärbar.

Grafik 7 zeigt, wie nach Messung von Preis-, Distributions- und Werbeelastizitäten und unter Berücksichtigung von Sondereinflüssen (Butteraktionen, Relaunch, Saison) die Anteilsentwicklung nachvollzogen werden kann.

Grafik 7

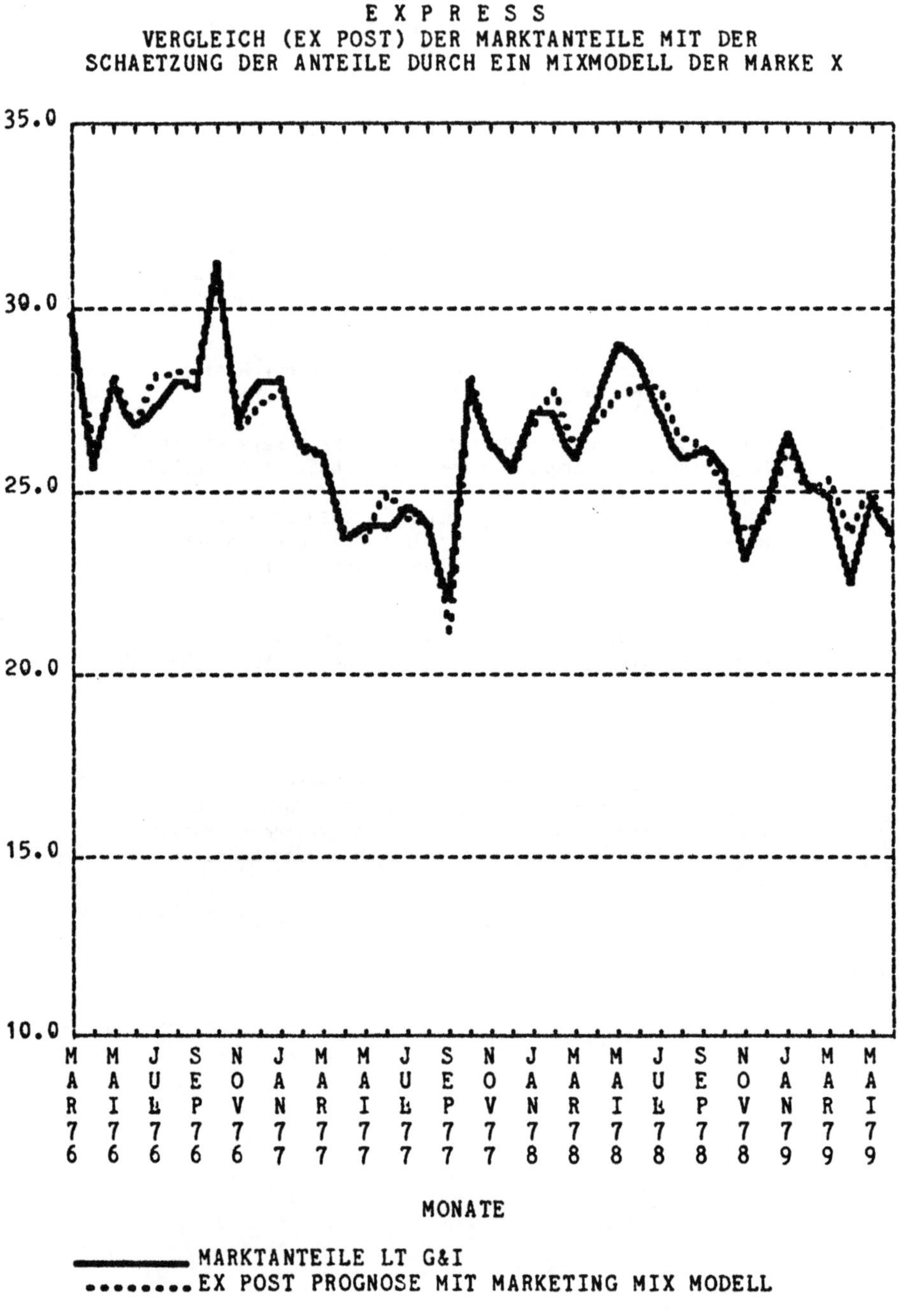
E X P R E S S
VERGLEICH (EX POST) DER MARKTANTEILE MIT DER
SCHAETZUNG DER ANTEILE DURCH EIN MIXMODELL DER MARKE X
35.0
30.0
25.0
20.0
15.0
10.0
MAR76
MAI76
JUL76
SEP76
NOV76
JAN77
MAR77
MAI77
JUL77
SEP77
NOV77
JAN78
MAR78
MAI78
JUL78
SEP78
NOV78
JAN79
MAR79
MAI79
MONATE
MARKTANTEILE LT G&I
EX POST PROGNOSE MIT MARKETING MIX MODELL

Die dem Markenmixmodell zugrunde liegende Formel ist markenabhängig. Vereinfacht beinhaltet sie folgende Variablen (gilt nur für diese Marke!):

Nicht beeinflußbare Variable

- Trend: die Marke verliert pro Jahr - 1,2 % Anteil
- Butterpreis: sinkt der Butterpreis um - 1 DM/kg, so verliert Marke X - 0,8 % Anteile

Sondereinflüsse

- Relaunch: der im Oktober 1977 durchgeführte Relaunch brachte eine Marktanteilsniveauverschiebung um + 3,5 %

Veränderbare Marketing Mix Variable

- Relativer Preis Änderung des Preisindex um + 1 % führt zu Anteilsverlust von - 0,7 %
- TPR Einsatz von Rabattmitteln in Höhe von + 1 Mio DM steigert die Anteile um + 1,4 %
- Werbekontaktanteile Durch Erhöhung der Werbeanteile um + 10 % erreicht Marke X + 0,3 % Marktanteile
- Distribution Einfluß unbekannt, da während des Zeitraums keine Änderung der Distribution eintrat

Die sich zwischen realem Marktanteil und ex post-Prognose auf Basis dieser Faktoren (in Grafik 7 gepunktet) ergebenden Abweichungen sind mit Hilfe der Product History zu erklären: z.B. ist die positive Abweichung im Mai 1978 auf die außerordentliche Qualität einer Promotion zurückzuführen (Kreativitätskontrolle).

Die Nützlichkeit dieser Teilformeln zeigt sich besonders bei Anwendung von

WENN ⟶ DANN Formulierungen (Simulationen).

Indem so die Marktmechanik in den Vergangenheitsdaten erhellt wird, ist es leichter, realistische Ziele für zukünftige Marketingaktivitäten zu setzen.

Die Modelle dienen also weniger zu einer exakten Prognose, aber sie helfen bei der Entwicklung und Ausarbeitung von Marketingstrategien.

7. Erweiterte Ansätze für Marketing Support

Trotz der umfangreichen Beschreibung von "EXPRESS" soll noch einmal erwähnt werden, daß dieses System nur einen Teil im Gesamtkomplex Marketing Support übernimmt.

Zeitlich parallel wird in der UNION an weiteren Aufgabenbereichen gearbeitet, um Entscheidungsvorbereitungen im Management noch besser zu unterstützen.

A. Aufbau eines Datenbanksystems, welches Panelrohdaten für z.B. Käuferwanderungs- und Markentreueanalyse verarbeitet (System RAMIS)

B. Aufbau von Monitorsystemen (Werbemonitor), die - per Interview - auch qualitative Informationen aus dem Markt notieren (Bsp.: Werbeslogankenntnisse)

C. Erstellung und Pflege einer dokumentarischen Sammlung von Anzeigen, Werbespots, Kampagnen, PR-Aktionen

Die Grundprinzipien aller Systeme beinhalten:

- Kontinuierliches Sammeln von Information
- Personalunabhängige Wissensspeicherung
- Zeitsparende Informationsaufbereitung
- (Möglichst) Input für die Markenmodelle zu liefern
- Sinnvolle Eingliederungsmöglichkeit in das Marketing Support System

Im folgenden Kapitel werden Beispiele aufgeführt, die den Einsatz von EXPRESS bei verschiedenen Entscheidungsvorbereitungen für das Management aufzeigen.

8. Beispiele von EXPRESS-Anwendungen

Rund 80 % der Nutzung der Datenbank (Margarine) bezieht sich auf täglich anfallende ad hoc-Abfragen von Marketing und Verkauf.
Die Bediener des Systems setzen dabei die täglichen Probleme in marktforscherisch lösbare Fragestellung um.

Wegen der Time-sharing-Technik können unmittelbar Lösungen angeboten werden.

Dieses Vorgehen steigert den Nutzungsgrad der Daten enorm.

Das schnelle Problemlösen führte übrigens dazu, daß heute mehr Fragestellungen mit der Marktforschung diskutiert werden.
Der Marktforscher ist, als Systembediener, durch das System nicht ersetzbar geworden, er steigert vielmehr den Nutzungsgrad der Paneldaten durch Entwicklung neuer methodischer Analysemethoden.

Beispiel 8.1:

Grafische

Information an den Handel

(sales folder)

zur Unterstützung einer

Aktivität mit Rama

Aufgabe: Suche nach einem Kriterium, das eine "all purpose Marke" mit hoher Absatzbedeutung für den Handel besonders attraktiv macht.

Lösung: In Annäherung an den Bruttogewinn wird der finanzielle Umsatz pro Tonne Lagerbestand von Rama mit sonstigen Marken verglichen.

Die per EXPRESS produzierte Grafik wird in einen sales folder übertragen.

Die großen Rama-Aktionen der letzten Zeit: "Ein Erfolg für Sie"

Für Sie wichtig!

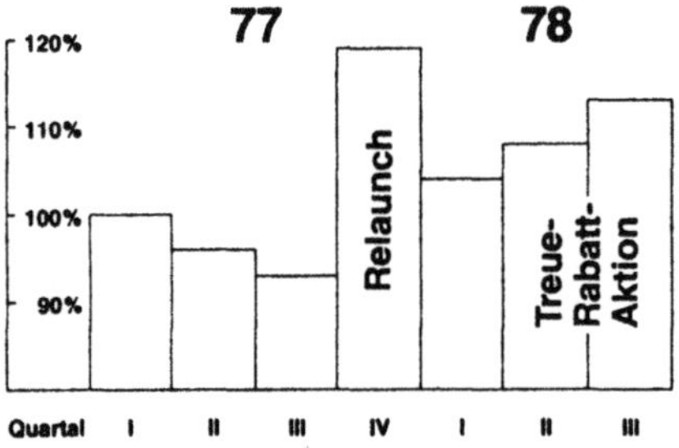

1/77 - Basis 100% UNION Absatz-Statistik

Bei Rama-Aktivitäten steigt der Rama-Absatz zusätzlich.

Ihr Nutzen

Ständig steigende Absatzhäufigkeit sichert Ihnen einen erheblichen Bruttogewinn.

Wie die Tabelle zeigt, erzielte der Handel mit Rama pro Tonne Lagerbestand einen wertmäßigen Absatz von über 10 Tausend DM – also 4 Tausend DM\ Mon mehr als mit allen anderen Nicht-UNION-Margarine-Marken.

Rama hilft also sparen. Durch schnelleren Abverkauf belastet Rama Ihr Lager weit weniger als andere Marken.

- **Das spart Lagerkosten.**
- **Das spart Kapitalzinsen.**
- **Das sichert Liquidität.**

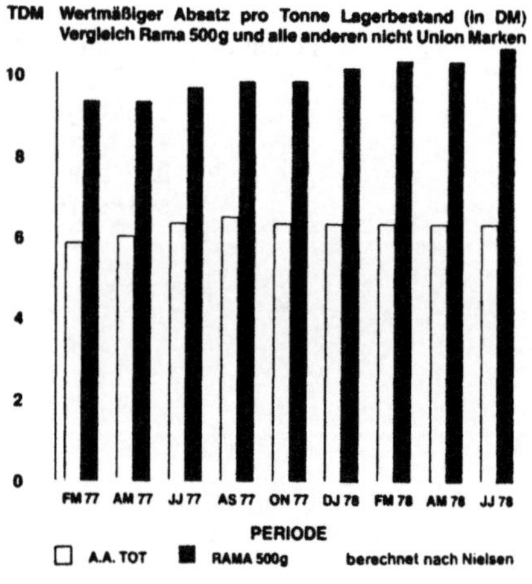

Kurz: Rama steigert Ihren Bruttoertrag

Beispiel 8.2:

Auszug

aus einer Analyse über

Einkaufsstättentypen bzgl. UNION-Marken

und

Kostenvergleich

Aufgabe: Die Company verlor in bestimmten Einkaufsstättentypen Marktanteile. Es galt, nach Ursachen zu suchen. (Bsp.: Preisentwicklung, Konkurrenzaktivitäten, Handelsmaßnahmen)

Lösungsansatz:

Bei der Berechnung der Sortimentsbreite (= durchschnittliche Anzahl Packungsgrößen pro führendem Geschäft) zeigten die Discounter ihre Policy, das UNION-Sortiment zu reduzieren.

Lesebeispiel zur folgenden Grafik:

Discounter in Febr./März 76: 7 Packungsgrößen
in Febr./März 80: 6 Packungsgrößen

Grafik 8

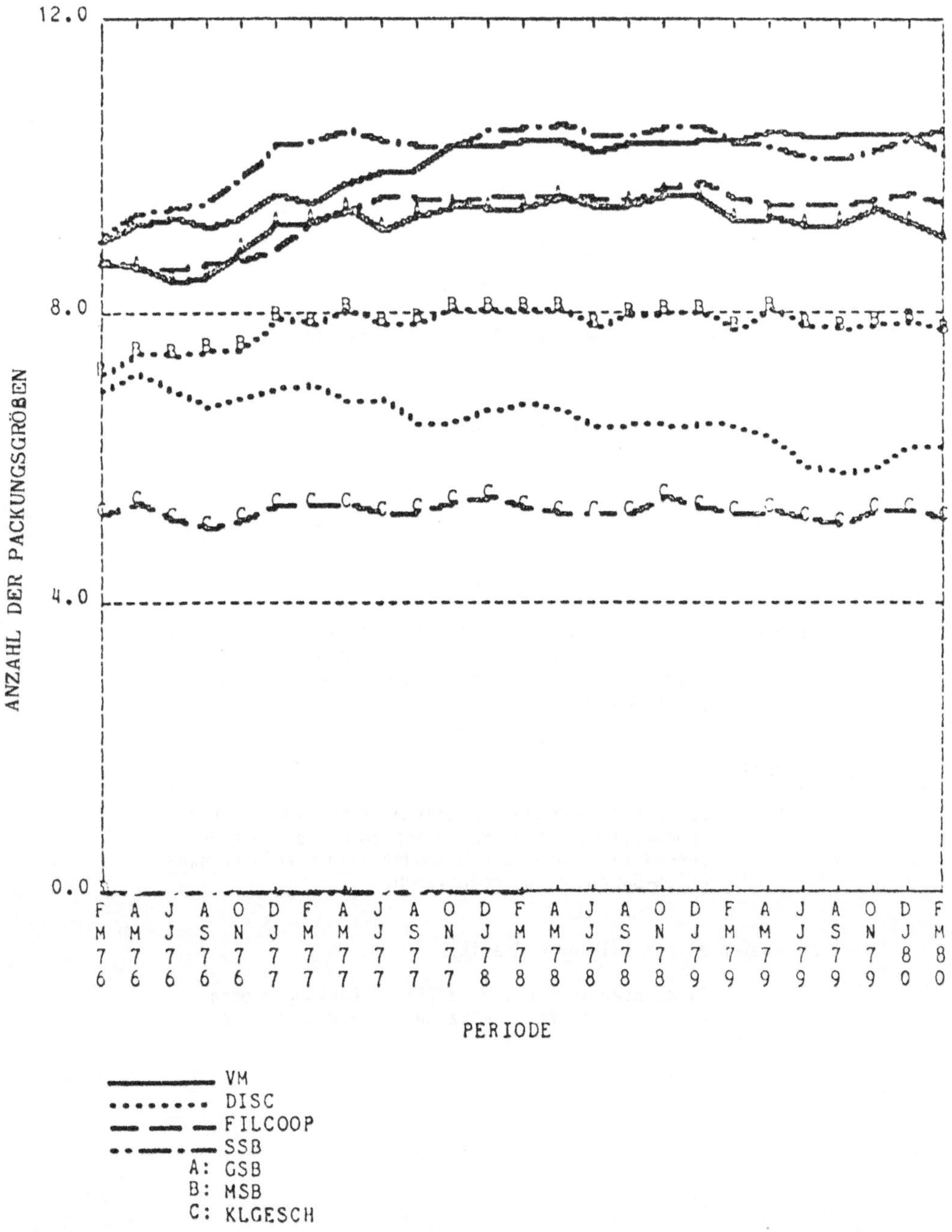
12.0
8.0
4.0
0.0
ANZAHL DER PACKUNGSGRÖßEN
F M 7 6
A M 7 6
J J 7 6
A S 7 6
O N 7 6
D J 7 7
F M 7 7
A M 7 7
J J 7 7
A S 7 7
O N 7 7
D J 7 8
F M 7 8
A M 7 8
J J 7 8
A S 7 8
O N 7 8
D J 7 9
F M 7 9
A M 7 9
J J 7 9
A S 7 9
O N 7 9
D J 8 0
F M 8 0
PERIODE
VM
DISC
FILCOOP
SSB
A: GSB
B: MSB
C: KLGESCH

Der formale Aufwand für die Betrachtung der Sortimentsbreite (Summe der Einzeldistributionen von 15 Größen / Distribution von UNION-total pro Typ und Marke) besteht aus den Tätigkeiten:

1. Suche aus 25 Berichtsperioden jeweils 15 Distributionswerte für jeden der 7 verschiedenen Typen.

2. Kalkuliere pro Typ und Periode die Sortimentsbreite.

3. Zeichne diese Informationen gemäß ihrer Entwicklung.

Kostenvergleich zur Aufbereitung der Grafik 8

A. Ohne EXPRESS-Einsatz:

Traditionelle Kosten per Hilfskraft

bei Monatsverdienst (Brutto):	2.800,-- DM	(= 100 %)
plus Sozialleistungen:	2.240,-- DM	(+ 80 %)
plus Kosten des Arbeitsplatzes:	1.400,-- DM	(+ 50 %)
TOTAL:	6.440,-- DM/Monat	
ergibt sich ein Stundenlohn von:	40,25 DM/h	

Ohne EXPRESS wäre ein personeller Arbeitsaufwand von

mindestens 4 St. = ca. 161,-- DM
=========

erforderlich gewesen.

B. Mit EXPRESS-Einsatz:

Durchschnittliche Einlogkosten: (= Einschaltkosten)	15,-- DM
plus 5 min. Rechenzeitkosten:	20,-- DM
plus Lohn für 15 min. personellen Arbeitsaufwand (Arbeitsvorbereitung, Systembedienung)	20,-- DM
ergibt:	55,-- DM

========

Beispiel 8.3:

Informationen

über

kurzfristige Aktivitäten

von Rama

(Teil der Product History)

Aufruf in EXPRESS:

History RAMA

MONAT JAN 76 BIS MAR 80

Die gespeicherte Kurzinformation dient als Indexverzeichnis. Sie erweist sich besonders nützlich bei der Markenmodellerstellung.

Weitere qualitative Einzelheiten über Aktivitäten finden sich in einem von der Marktforschung aufgebauten Archiv.

TABELLE 3

BRAND MARKETING HISTORY

RAMA

JAN76	
FEB76	
MAR76	TPR PROMOTION
APR76	PZ KINDERHAUSVERLOSUNG 1000 HAEUSER E.S.30.4
MAI76	
JUN76	
JUL76	
AUG76	
SEP76	PZ FUER SIE EINKAUFSQUIZ VERLOSUNG 1 FIAT
OKT76	PZ TV RUBBEL AKTION
NOV76	SIEHE OKT
DEZ76	PZ RAMA HAUSFRAUEN BEFRAGUNG
JAN77	
FEB77	
MAR77	
APR77	
MAI77	
JUN77	
JUL77	
AUG77	PZ VERLOSUNG 1 WOCHENENDHAUS
SEP77	PLANUNG RELAUNCH
OKT77	BEGINN RAMA RELAUNCH
NOV77	SIEHE OKT77 VGL AKTIVITAETEN WERBUNG TPR
DEZ77	
JAN78	
FEB78	
MAR78	
APR78	
MAI78	RAMA TREUE RABATT AKTION
JUN78	SIEHE MAI
JUL78	SIEHE MAI
AUG78	
SEP78	
OKT78	
NOV78	
DEZ78	
JAN79	
FEB79	
MAR79	PZ RUBBELN MIT RAMA URLAUBSGELD (10*10000 DM)
APR79	SIEHE MAR
MAI79	
JUN79	
JUL79	
AUG79	
SEP79	BEGINN RAMA 25 JAHRE JUBILEUMSAKTION
OKT79	SIEHE SEP79
NOV79	SIEHE SEP79
DEZ79	ENDE RAMA 25 JAHRE JUB. AKTION
JAN80	
FEB80	
MAR80	

Beispiel 8.4:

Der Einfluß der Distribution auf den Marktanteil bei der Marke W

In der folgenden Grafik ist für die Marke W im Einkaufsstättentyp Verbrauchermärkte

a) die Marktanteilsentwicklung (0 - 4 %)

und

b) die Veränderung der gewichteten Nettodistribution (0 - 40 %)

dargestellt.

Mittels einer Regressionsanalyse ergibt sich die Formel:

Änderung der Distribution um + 10 % bedeutet einen Marktanteilsgewinn von + 1 %.

Folgerung:

Bei einer maximalen Distributionsausweitung auf 100 % könnte die Marke W eine Marktanteilsbedeutung von 10 % erreichen.

Grafik 9

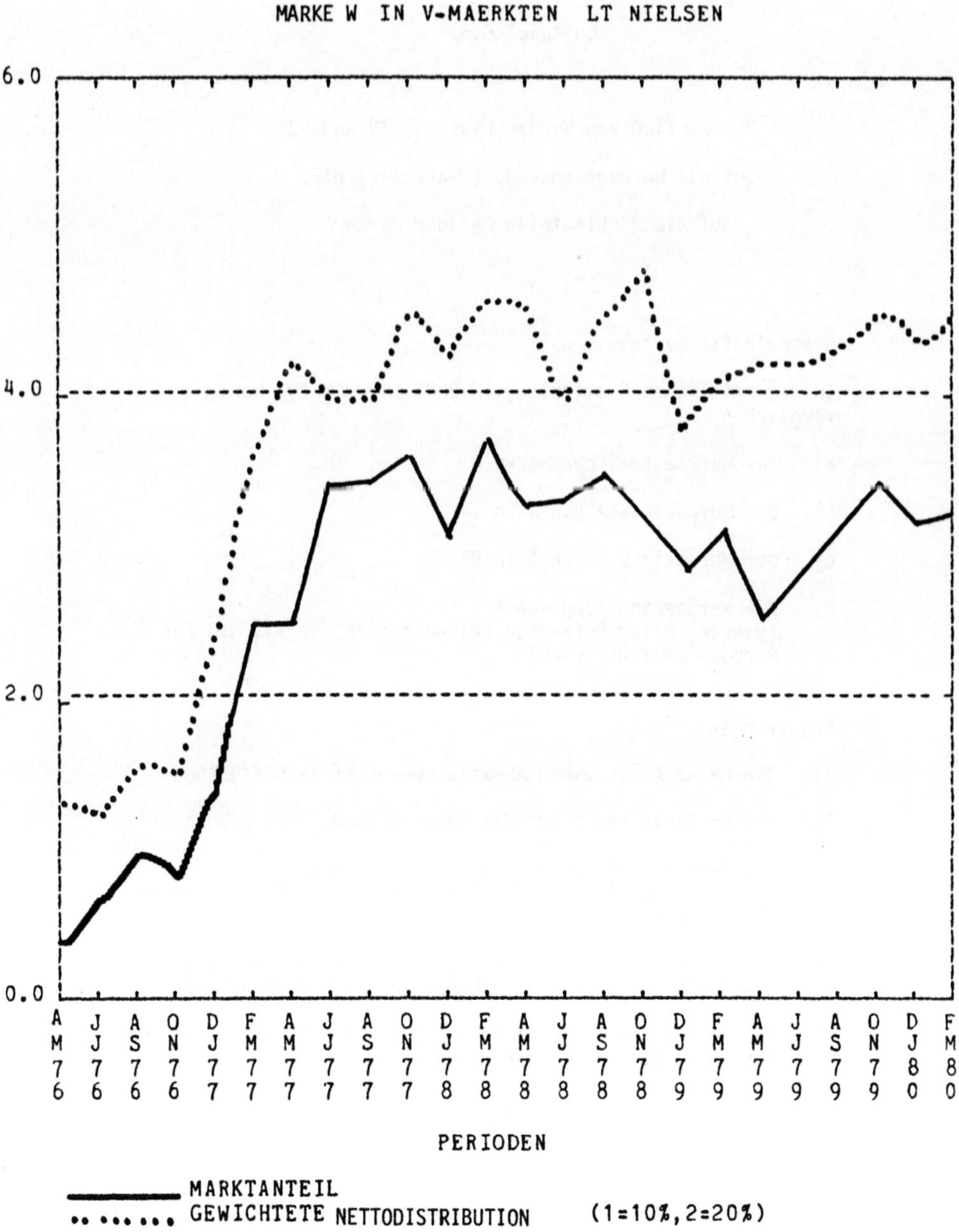
MARKE W IN V-MAERKTEN LT NIELSEN
6.0
4.0
2.0
0.0
A M 7 6
J J 7 6
A S 7 6
O N 7 6
D J 7 7
F M 7 7
A M 7 7
J J 7 7
A S 7 7
O N 7 7
D J 7 8
F M 7 8
A M 7 8
J J 7 8
A S 7 8
O N 7 8
D J 7 9
F M 7 9
A M 7 9
J J 7 9
A S 7 9
O N 7 9
D J 8 0
F M 8 0
PERIODEN
MARKTANTEIL
GEWICHTETE NETTODISTRIBUTION (1=10%, 2=20%)

Beispiel 8.5:

Der Einfluß von Werbeeinsatz in TV und PZ
auf die Werbeerinnerung (Awareness) bzw.
auf die Marktanteile bei der Marke A

Siehe Grafik Seite 51.

In der zeitlichen Entwicklung (FEB 78 bis JAN 80) wurden verglichen

a) der Marktanteil der Marke A

b) der Werbeeinsatz von A in TV

c) der Werbeeinsatz von A in PZ

d) die Werbeerinnerung von A
(wieviel aller Befragten erinnern sich (in %), daß für A Werbung gemacht wurde)

Folgerungen:

1) Die Marke A hat einen Absatzschwerpunkt im NOV/DEZ.

2) Die Mediastrategie für die Marke A wurde 1979 geändert:

   Der Werbeeinsatz in TV ist verstärkt worden.
   Der Schwerpunkt des Werbeeinsatzes wurde zeitlich auf den SEP/OKT/NOV vorgezogen.

3) Die Änderung der Mediastrategie ergab höhere Awareness-Werte (teilweise um einen Monat zeitlich verzögert).

4) Der konzentrierte Werbeeinsatz Ende 1979 trug zum sichtbar höheren Absatzerfolg der Marke A bei.

Grafik 10

E X P R E S S
MARKE A AWARENESS UND WERBEEINSATZ IM BUND

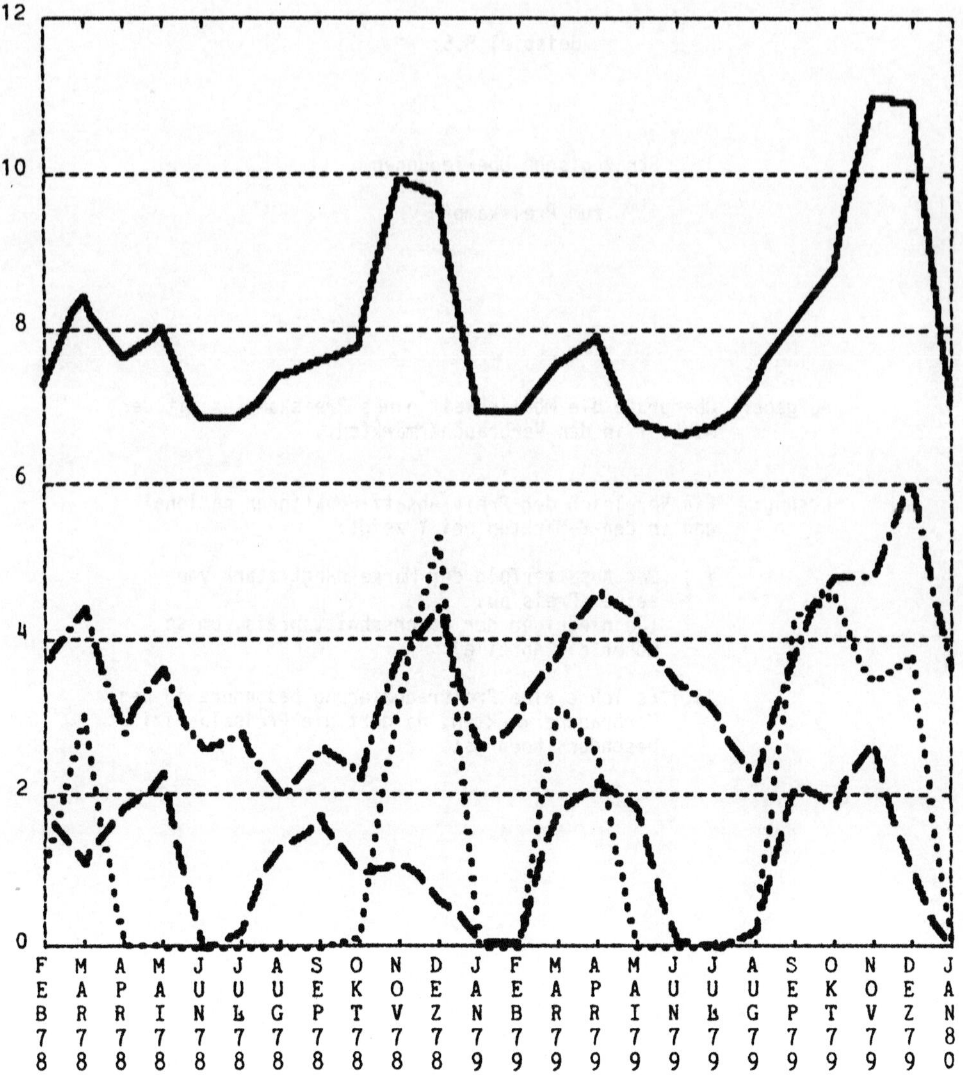

MONATE

MARKTANTEIL LT. G+I IN %
WERBEEINSATZ IN TV (1 = 100.000 DM)
WERBEEINSATZ IN PZ (1 = 100.000 DM)
AWARENESS LT. MONITOR IN % (2=10% , 4=20%)

Beispiel 8.6:

Strategische Überlegungen zum Preiskampf

Aufgabe: Überprüfe die Möglichkeit eines Preiskampfes mit der Marke Y in den Verbrauchermärkten.

Lösung: Ein Vergleich der Preis-Absatz-Funktionen national und in den V-Märkten bei Y zeigt:

i.) Der Absatzerfolg der Marke hängt stark von seinem Preis ab.
(Je niedriger der Durchschnittspreis, um so höher die Anteile)

ii.) Es lohnt eine Preisreduzierung besonders in den Verbrauchermärkten, da dort die Preiselastizität besonders hoch ist.

Grafik 11

Y– PREISABSATZFUNKTION IN V MAERKTEN LT G+I

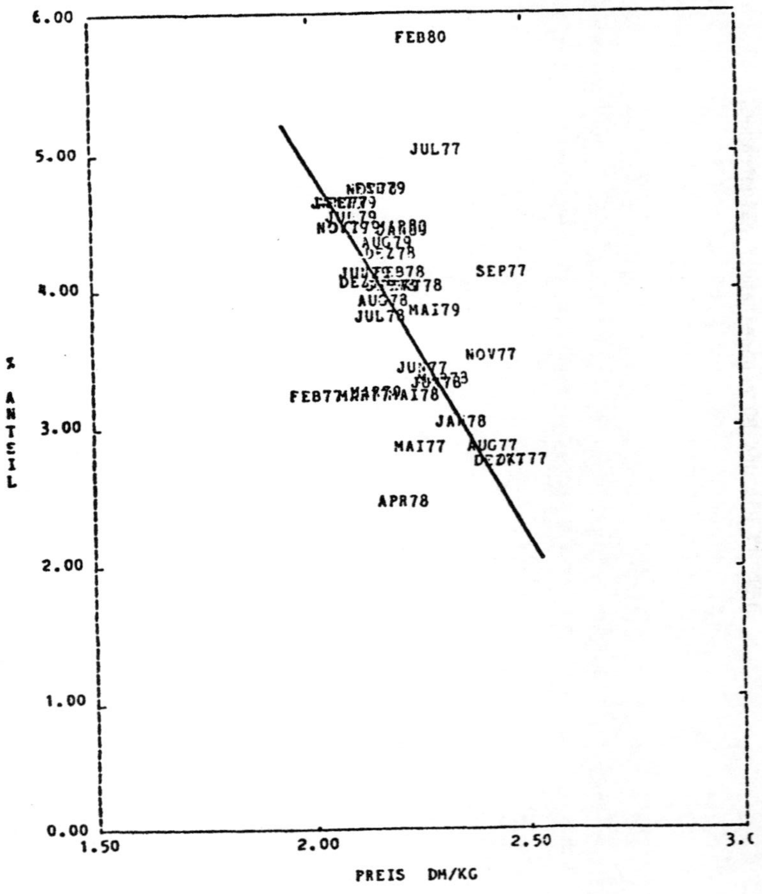

Y – PREIS ABSATZFUNKTION IM BUND G+I DATEN

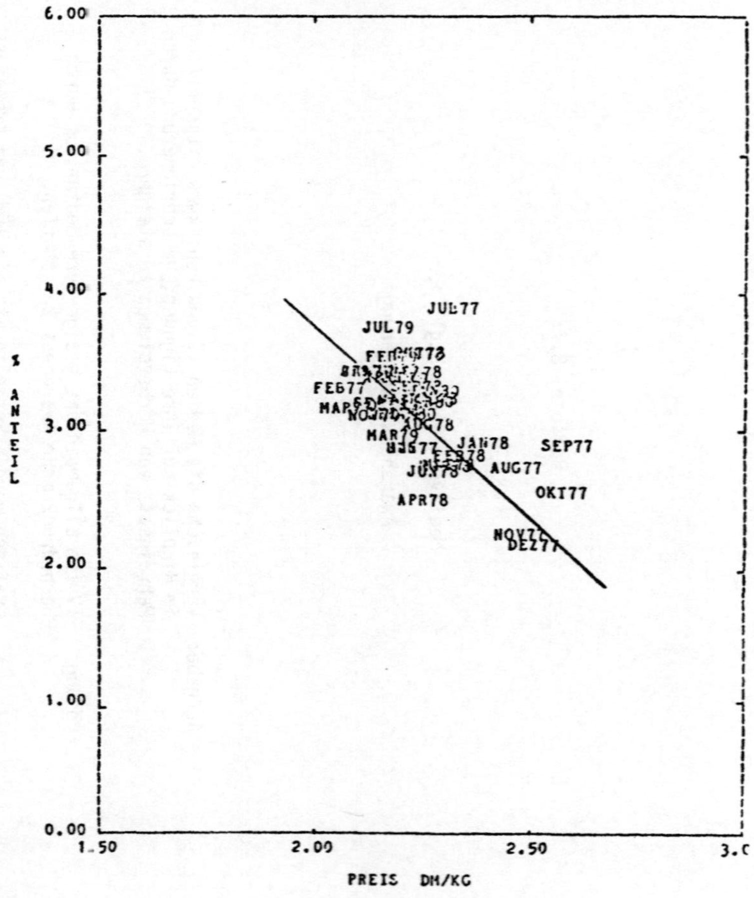

Beispiel 8.7:

Mediavergleiche bzgl. der

Awareness-Steigerung

Aufgabe: Vergleiche die Medien TV und Publikumszeitschriften im Hinblick auf ihre Eignung, Werbeerinnerung durch Mehreinsatz von Werbevolumen zu steigern.

Lösung: TV ist allgemein das geeignetere Medium, um durch Werbedruck mehr Awareness zu schaffen.

Grafisch wurden Werbeeinsatz (in TDM) und Awareness pro Medium von den Margarinemarken im Zeitraum JUNI 77 bis JAN 80 gegeneinander aufgetragen.

Grafik 12

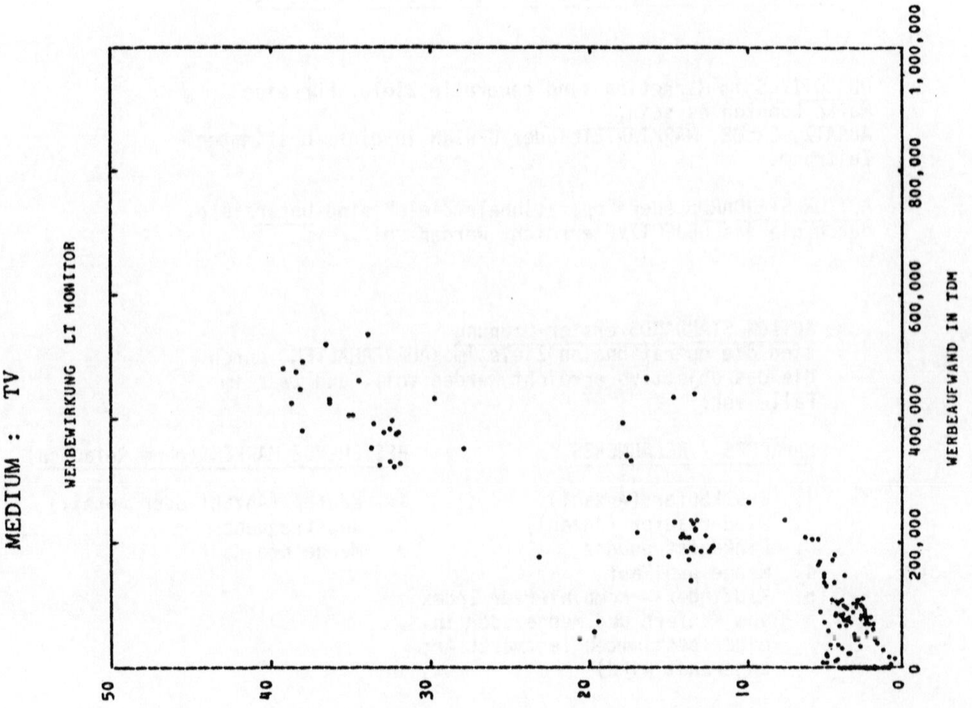
MEDIUM : TV
WERBEWIRKUNG LT MONITOR
WERBEAUFWAND IN TDM
0
10
20
30
40
50
200,000
400,000
600,000
800,000
1,000,000

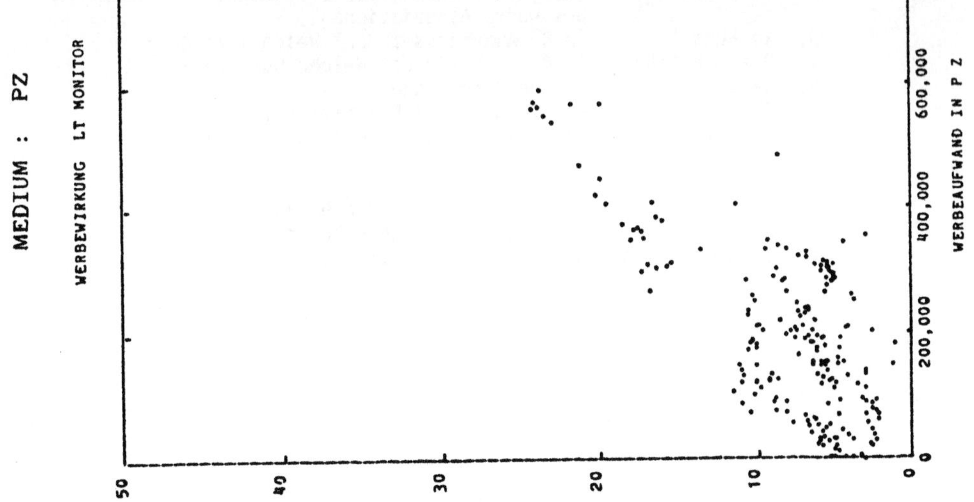
MEDIUM : PZ
WERBEWIRKUNG LT MONITOR
WERBEAUFWAND IN P Z
AWARENESS IN PZ
0
10
20
30
40
50
200,000
400,000
600,000
800,000
1,000,000

9. Objectives und Action Standards im Division Marketing

OBJECTIVES im Marketing sind generelle Ziele. Für eine Marke könnten es sein:
ABSATZ, ERLÖS, MARKTANTEIL oder GEWINN in einem bestimmten Zeitraum.

ACTION STANDARDS oder "operationale Ziele" sind Unterziele, durch die das OBJECTIVE erreicht werden soll.

ACTION STANDARDS erster Ordnung sind die operationalen Ziele im KAUFVERHALTEN, durch die das objective erreicht werden soll, und zwar im Falle von:

LAUNCHES / RELAUNCHES

1. Erstkäufer (Anzahl)
2. Wiederkäufer (Anzahl)
3. Einkaufsfrequenz
4. Menge pro Kauf
(5. Kaufindex = kombinierter Index von Käufern und Menge, der in einer bestimmten Testmarkt-Art angewandt wird)

BESTEHENDE MARKEN (ohne Relaunch)

1. Käufer (Anzahl oder Anteil)
2. Kauffrequenz
3. Menge pro Kauf

ACTION STANDARDS zweiter Ordnung sind die Bedingungen, welche durch die folgenden MARKETING MIX FAKTOREN erreicht werden müssen. Sie bilden die Voraussetzung zur Erreichung der ACTION STANDARDS erster Ordnung und damit des OBJECTIVES:

1.	Produkt	(z.B. In welchem Maß besser als ein Konkurrent?)
2.	Verpackung	(z.B. Welchen Einfluß auf Image? Besondere Assoziationen?)
3.	Werbung	(z.B. Awareness-Index? Welches Image?)
4.	Distribution	(z.B. Wieviel? Wo? Welche Qualität?)
5.	Name	(siehe Verpackung)
6.	Preis	(z.B. Funktion? Elastizität?)
7.	Promotion	(z.B. Neue Käufer? Welche Menge?)

Aus Gründen der Vereinfachung haben wir in diesem Papier auf eine weitere - in der Praxis notwendige - Unterteilung der Marketing-Mix-Faktoren verzichtet, z.B.:

Klassische Werbung: Aufmerksamkeit, Inhalt, Verteilung auf Medien, Verteilung über die Zeit.

Distribution: numerische Distribution, gewichtete Distribution, Stellplatz, Stellbreite.

Über die Bezeichnungen der einzelnen Elemente in einem (Marketing-) Zielsystem besteht keine Einigkeit; daher haben wir folgende englische Worte aus der Literatur übernommen:

goal oder target	für Unternehmenszielsetzung (Corporate Marketing)
objective	für Gesamtzielsetzung für eine/mehrere Marken (Division Marketing)
action standards	für operationale Ziele für eine/mehrere Marken (Division Marketing)

Markenzielsysteme mit den Elementen objectives und action standards sind auch dann zur Aufrechterhaltung bzw. Einführung eines Lernprozesses im Marketing erforderlich, wenn keine EDV-Unterstützung verfügbar ist. Ihre konsequente Anwendung hilft auch zu erkennen, ob und in welcher Form eine Computerisierung sinnvoll ist.

Der schwierigste Schritt bei der Formulierung von action standards ist deren Bestimmung in den Fällen, in denen für die betroffene Warengruppe noch keine formulierbaren Lernergebnisse vorliegen; d.h. wo der Lernprozess erst eingeleitet werden muß.

Das ist häufig auf dem Gebiet der Werbung anzutreffen. In diesem Fall müssen die action standards auf der Basis von Hypothesen über Werbewirkung gesetzt werden: z.B. mit DM 1 Mio TV-Aufwand pro Monat sollen 70 % ungestützte Aufmerksamkeit erreicht werden.

Der Kontrollprozess ermöglicht dann eine Annäherung dieser Hypothesen an die Wirklichkeit (= lernen).

9.1 Formulierung eines Action Standards (Auszug)

Zur Aufmerksamkeitsstärke der aktuellen B-Kampagne *):

Aufmerksamkeitsstärke ist eine Grundvoraussetzung für den Erfolg einer Kampagne; denn nur eine Kampagne, die vom Leser bemerkt wird, kann auf das Image einer Marke Einfluß nehmen.

"Die aktuelle B-Kampagne erzielt im Vergleich zu anderen nur unterdurchschnittliche Aufmerksamkeit. Sicher soll die B-Kampagne zurückhaltend, seriös und informativ sein, um den Verbraucher von B in seinem Kaufentscheid zu bestätigen; doch auch unter Berücksichtigung dieser konzeptionellen Anlage sind m.E. 2 % Awareness pro 100 TDM monatlicher Werbeausgaben nicht genug.

Für die neue Folgekampagne, die im Herbst d.J. startet, sollten 3,5 % Awareness pro 100 TDM monatlicher Werbeausgaben zu erzielen sein.
Dieser Action Standard sollte erfüllbar sein, denn allein der größere Packshot mit dem hervorstechenden Markenlogo läßt die Zuordnung der Marke zur Kampagne in wesentlich stärkerem Maße zu."

---

*) Auszug aus einem Mediabriefing.
Die hier vorliegende Hintergrundinformation stammt aus unserem Werbemonitor und der Verarbeitung dessen Werte in EXPRESS: 2 % Awareness für DM 100.000 pro Monat ist ein unterdurchschnittlicher Wert auf dem deutschen Margarinemarkt.

9.2 Action Standards für einen Testmarkt (Auszug)

Das objective für die einzuführende Frischkäsemarke "Bressot" war 600 tons (= 10 % Marktanteil) im 1. Jahr, bei einem Gesamtmarkt von 6.000 tons.

Die folgende Entscheidungstabelle für Bressot zeigt die vorbereitende Arbeit zur Findung von action standards:

Der angestrebte Marktanteil von 10 % kann durch unterschiedliche Kombinationen von Erstkäuferanteil, Wiederkäuferanteil und gekaufter Menge zustande kommen. (Diese Möglichkeiten sind auf der folgenden Tabelle gekennzeichnet: zwei Linien, die alle auftretenden 10 % Werte kennzeichnen)

Diese Kenntnis, kombiniert mit Markterfahrung, gestattet die Formulierung von action standards (Beispiel auf Seite 61) und gibt die Möglichkeit, abzuschätzen, ob das objective überhaupt zu erreichen ist oder nicht.

Entscheidungstabelle "Bressot"

Franz. Frischkäsemarkt p.a.: 6.000 tons. Haushalte Total: 20 Mio.

Wieder-käufer-anteil 1)	gekaufte Menge 2)	Erstkäuferkumulation													
		10 %		12 %		14 %		16 %		18 %		20 %		22 %	
		'000 kg	% 3)	'000 kg	%	'000 kg	%	'000 kg	%	'000 kg	%	'000 kg	%	'000 kg	%
10 %	8 (500g)	100	1,7	120	2,0	140	2,3	160	2,7	180	3,0	200	3,3	220	3,7
	10 (625g)	125	2,1	150	2,5	175	2,9	200	3,3	225	3,8	250	4,2	275	4,6
	12 (750g)	150	2,5	180	3,0	210	3,5	240	4,0	270	4,5	300	5,0	330	5,5
20 %	8	200	3,3	240	4,0	280	4,7	320	5,3	360	6,0	400	6,7	440	7,3
	10	250	4,2	300	5,0	350	5,8	400	6,7	450	7,5	500	8,3	550	9,2
	12	300	5,0	360	6,0	420	7,0	480	8,0	540	9,0	600	10,0	660	11,0
30 %	8	300	5,0	360	6,0	420	7,0	480	8,0	540	9,0	600	10,0	660	11,0
	10	375	6,3	450	7,5	525	8,8	600	10,0	675	11,3	750	12,5	825	13,8
	12	450	7,5	540	9,0	630	10,0	720	12,0	810	13,5	900	15,0	990	16,5
40 %	8	400	6,7	480	8,0	560	9,3	640	10,0	720	12,0	800	13,3	880	14,7
	10	500	8,3	600	10,0	700	11,7	800	13,3	900	15,0	1000	16,7	1100	18,3
	12	600	10,0	720	12,0	840	14,0	960	16,0	1080	18,0	1200	20,0	1320	22,0

1) Wiederkäuferanteil an Erstkäuferkumulation prozentuiert auf Haushalte Total
2) Menge pro Käuferhaushalt in 62,5-g-Packungen pro Jahr
3) Marktanteil an franz. Frischkäse
Errechnung der kg-Mengen: Erstkäuferkumulation x Wiederkäuferanteil x 20 Mio. Haushalte x gekaufte Menge

Testmarketing Bressot

(Beispiel)

Objective: 10 % Marktanteil am franz. Frischkäsemarkt innerhalb von 5 Monaten, spätestens nach einem Jahr.

Action Standards (erster Ordnung)

Erstkäuferkumulation	:	20 %
Wiederkäufer (in % von Erstkäufern)	:	30 %
Das entspricht einem stabilisierten Verwenderanteil von	:	6 % = (20 % x 30 %)
Angestrebte Menge pro Käuferhaushalt pro Jahr	:	500 g (= 8 Pckg. a 62.5 g)
Marktanteil	:	ca. 10 % (500 g x 1,2 mio H/H = 600 tons)

Action Standards (zweiter Ordnung)

Bekanntheitsgrad bei franz. Frischkäseverwendern	:	30 % (gestützt)
Preisabstand zu Tartare	:	$\pm$ 0
Distribution	:	30/60
Produkt blind	:	mind. gleich zu Tartar, Konsistenz besser
usw.		

10. GRUNDSÄTZE für die Einführung eines computergestützten Marketing Support Systems auf der Basis von EXPRESS

1. Wichtige Voraussetzung ist die Anerkennung der Tatsache, daß die Akkumulation von Wissen darüber, "wie die Marketing-Mix-Faktoren arbeiten", ein wichtiger Teil der Marketingarbeit ist.

1.1 Erkenne, daß die Marketing-Entscheidungen einen Lernprozeß einschließen müssen, um Punkt 1. zu realisieren.

1.2 Marken-Modelle spielen in diesem Lernprozeß eine wichtige Rolle. Sie vereinfachen den Prozeß, und oft ermöglichen sie ihn überhaupt erst.

2. Das operierende Marketing muß so früh wie möglich und intensiv am Aufbau des Support-Systems beteiligt werden.

3. BEGINNE SO EINFACH WIE MÖGLICH.
(Nielsen-Daten, eigene Absätze und Werbeaufwendungen bilden eine gute Basis für die tägliche Unterstützung von Marketing und Verkauf.)

4. Beim Aufbau von Marken-Modellen sollten folgende Bedingungen geschaffen und folgende Reihenfolge eingehalten werden:

   - Sichere Manpower/Know How.
   - Beschaffe die notwendigen Zeitreihen (Nielsen, G+I, eigener Absatz, Margen, T.P.R.s, Werbeaufwand usw.)
   - Sichere EDV-Kapazität und Programme (EXPRESS).
   - Baue Dokumentation auf (Product Histories).
   - Bilde Hypothesen.
   - Beginne mit der Modellarbeit.
   - Validiere Modelle.
   - Ändere Modelle.

5. Man sollte erkennen, daß Marken-Modelle nur auf den ersten Blick rein mechanisch erscheinen.
Richtig angewandt sind sie gegenüber kreativen Elementen jedoch immer offen und lassen vorhandene oder fehlende Kreativität von Konzepten sogar besser erkennen, als es ohne Modell möglich ist.

11. Kostenschätzung für das Informationssystem EXPRESS

Die Kosten für EXPRESS gliedern sich in drei Bereiche:

I. Aufbaukosten

II. Laufende Fixkosten pro Jahr

III. Variable Nutzungskosten pro Jahr

In erster Linie hängen diese Kostenarten von der Fülle der Daten ab, die auf der Datenbank kontinuierlich gesammelt werden. Die Größe einer Datenbank bestimmt den Nutzungsgrad der Informationen entscheidend mit.
(Die Messung des Umfangs einer Datenbank erfolgt in sog. Cylindern; 1 Cyl = 50.000 Worte = 50.000 Informationen)

Beispiel für die Berechnung der Cylinder:
(Nielsen-Informationen)

Bei

30 Marken,
30 Breaks (Gebiete, Geschäftstypen, ...) und
10 Informationen (Menge, Wert, ...)

gilt

30 x 30 x 10 = 9.000 Worte pro Periode

Ein weiterer Kostenfaktor ist die Art der Nutzung dieser Daten. EXPRESS zeigt seine Stärke im Bilden von Informationsverknüpfungen, sei es durch einfache mathematische Operationen oder komplexe statistische Verfahren.

EXPRESS ist also eine Art Kommunikationsmittel, mit dessen Hilfe Daten analysiert werden.

An dieser Stelle muß davor gewarnt werden, EXPRESS einzig als "Standardtabellenproduzierprogramm" einzusetzen.

Diese traditionelle Methode der EDV läßt sich mit anderen Software-Paketen preiswerter ausführen.

Erläuterungen zu

I. Aufbaukosten

Das EXPRESS-Programm ist zwar nahezu universell einsetzbar, es bedarf jedoch eines Zuschnittes auf die Belange der Company. Diese anwenderbezogene Einrichtung des Systems (Customization) erfordert EDV-technisches Know How und Kenntnis der marktforscherischen Materie.

Eine Programmiergruppe (MIND-SKS) hat sich auf diese Prozedur spezialisiert, um mit minimalen Testkosten und geringstem Zeitaufwand den Aufbau von EXPRESS vorzunehmen.

Hinzu kommen die Kosten für den Kauf von back-data und das Einspeichern dieser Daten.

II. Laufende Fixkosten pro Jahr

Dieses Kostenminimum (pro Jahr) gliedert sich auf in

- Hardwarekosten (= Miete eines Terminals)
- Speicherkosten der Daten
- Ankauf von Institutsdaten
- Einspeichern der Daten.

III. Variable Nutzungskosten pro Jahr

Die Art der Analysen per EXPRESS hängt von der Datenbankstruktur und den Fähigkeiten des USERS ab.

Das reine Aufrufen einer Information bedeutet für die EDV-Anlage einen geringeren Aufwand - und damit Kosten - als die Anwendung von statischen Verfahren.

Zu den Nutzungskosten pro Stunde Anschaltzeit lassen sich deshalb nur Richtwerte - durch Vergleich einzelner Companies - angeben.

Die Computerkosten schwanken nach diesen Erfahrungen zwischen

100 DM/h und 300 DM/h.

Eine intensive Session mit 300 DM/h ist bei den Companies gegeben, die mehrjährige Erfahrungen mit EXPRESS besitzen.

Hier führt das wachsende Know How einer Datenanalyse zu zeitsparenden, aber hochqualifizierten Fragestellungen an das System.

Entsprechend den oben genannten Faktoren ist EXPRESS in den Companies unterschiedlich kostenintensiv. Die Bandbreite bei den UNILEVER-Companies bzgl. der Kosten pro Jahr besteht von

12.000 DM/Jahr (Walls Meat) bis 200.000 DM/Jahr (UDL)

Beispiele für Kostenschätzungen zur Installation plus laufende Kosten von EXPRESS auf den folgenden Seiten.

Beispiel A: nur Nielsen-Daten

Datenvolumen:
ca. 30 Marken, Größen
ca. 30 Breaks
ca. 10 Grundinformationen (Menge, Wert, ...)

Beispiel B:
Nielsen
S+P (Werbeaufwendungen)
G+I
Werbemonitor
eigene Sales

bis zu 100 Marken, Größen
bis zu 30 Breaks
ca. 20 Grundinformationen

Bei Beurteilung dieser Kosten sind zwei Punkte zu beachten.

1. Bei Beteiligung mehrerer Unilever-Companies an EXPRESS wäre nicht für jedes Unternehmen ein Terminal erforderlich. Mehrere Companies könnten ein Terminal gemeinsam nutzen.

2. Bei einer Steigerung des Vertragsvolumens mit Tylorix Tymshare würden die Unilever-Rabatte zunehmen.

Beispiel A

Kostenschätzung für das Informationssystem
EXPRESS
gemäß Anforderungen der Companies
Company: H
Warengruppe: D

O. Annahme: Beginn Januar 1981
Datensammlung ab Januar 1980

I. Aufbau (Einmalige Kosten)	Institut	an: Taylorix	MIND-SKS	
- Datenbänder (Nielsen) (Perioden FM 80 - DJ 81) (bei 300 DM/Periode)	1.800			
- Einspeichern der Datenbänder (ca. 300 DM/Periode)		1.800		
- Programmierung Einleseprogramm				
- Programmierkosten			4.000	
- Rechenzeitkosten		2.000		
- Programmierung Datenbankstruktur (Anwenderbezogene Einrichtung des Datenbanksystems = Customization)				
- Programmierkosten			4.000	
- Rechenzeitkosten (Tests)		2.000		
Summe:	1.800	5.800	8.000	
Aufbaukosten total:				15.600 =======

	Institut	Taylorix	MIND-SKS	
II. Laufende Fix-Kosten pro Jahr				
- Hardware Diablo-Drucker Akustik-Koppler		7.000		
- Speicherkosten (Daten) (2 Cyl)		3.000		
- Datenbänder (Nielsen)	1.800			
- Aktualisierung (Einlesen)		1.800		
	1.800	11.800		
TOTAL pro Jahr				13.600 ======
III. Variable Nutzungskosten pro Jahr				
Annahme: Auswertung Nielsendaten pro Periode ca. 16 h bzw. 100 h/Jahr				
bei Anschaltkosten von 38,-- DM/h		3.800		
und bei Computerkosten von ca. 100,-- DM/h		10.000		
138,-- DM/h ============				
		13.800		
TOTAL pro Jahr				13.800 ======

IV. Gesamtkosten pro Jahr: 27.400 DM
=========

<u>Beispiel B</u>

Kostenschätzung für das Informationssystem
EXPRESS
gemäß Anforderungen der Companies

Company: L
Warengruppe: F

O. Annahme: Beginn Januar 1981
Datensammlung ab Januar 1979

I. Aufbau (Einmalige Kosten)

	Institut (incl. Datenerfassung)	Taylorix	MIND-SKS	
- Dateneingabe				
(ohne Magnetband)				
Image-Monitor	1.000			
G + I (monatl.; national)	1.500			
eigene Umsätze				
- Datenbänder				
Nielsen (300 DM/Periode)	3.600			
S + P (200 DM/Monat)	4.800			
- Einspeichern (Computerkosten)				
Nielsen		8.000		
S + P		7.200		
eigene Umsätze		2.400		
G + I (national)		1.500		
MONITOR-Daten		1.000		
- Programmierung Einleseprogramm				
-Programmierkosten für				
Nielsen			5.000	
S + P			2.500	
eigene Umsätze	1.500		500	
G + I (national)			500	
Werbe-Monitor			2.000	

	Institut (incl. Datenerfassung)	Taylorix	MIND-SKS	
- Rechenzeitkosten für Entwicklung der Einleseprogramme				
Nielsen		2.500		
S + P		1.300		
eigene Umsätze		300		
G + I (national)		300		
Werbe-Monitor		1.000		
- Programmierung der Datenbankstruktur (Anwenderbezogene Einrichtung des Systems = Customization)				
- Programmierkosten			10.000	
- Rechenzeitkosten (Tests)		10.000		
Summe:	12.400	35.500	20.500	
Aufbaukosten total:				68.400 DM ==========
II. Laufende Fixkosten pro Jahr				
- Hardware (Diablo-Drucker)		7.000		
- Speicherkosten (Daten) (10 Cyl)		15.000		
- Datenbänder				
Nielsen	1.800			
S + P	2.400			
- Aktualisierung (Einlesen)				
Nielsen		4.000		
S + P		3.600		
eigene Umsätze		1.200		
G + I	800	800		
Monitor	500	500		
Summe:	5.500	32.100		
TOTAL pro Jahr				37.600 DM =========

	Institut (incl. Datenerfassung)	Taylorix	MIND-SKS	
III. Variable Nutzungskosten pro Jahr <u>Annahme:</u> Auswertung der Daten pro Monat ca. 16 h (= 200 h/Jahr) bei				
Anschaltkosten von 38 DM/h		7.600		
und intensiver Computernutzung von 300 DM/h		60.000		
338 DM/h				
TOTAL pro Jahr		67.600 DM		

IV. Gesamtkostenschätzung pro Jahr: 105.200 DM

12. Zusammenfassung und Ausblick

Veränderungen der Umwelt, besonders im Handel, belasten den operationalen Teil des Marketing in zunehmendem Maß. Dabei entsteht die Gefahr der Vernachlässigung der strategischen Komponente (Akkumulation von Wissen über die Wirkung der Marketing-Mix-Faktoren).

Systematische Zielsetzung und Kontrolle über den Weg von action standards sollen daher im Marketing eine Verbesserung und Vereinfachung des Lernprozesses einleiten.

Zielsetzung und Kontrolle erfordern sachliche Voraussetzungen, für die wir mit dem Aufbau eines Marketing Support Systems die Grundlagen geschaffen haben.

Als Basis oder Kernsystem für Marketing-Support besitzt EXPRESS nach unseren Erfahrungen optimale Eigenschaften.

Soweit wie möglich sollten Markenmodelle entscheidende Teile des Support Systems bilden, da sie durch neue Dimensionen die Marketingarbeit wesentlich verbessern helfen.

Wir sind der Meinung, daß eine - die bisherigen Kenntnisse auf dem deutschen Margarinemarkt nutzende - Weiterentwicklung des Marketing-Support im wesentlichen durch Verbesserung des Input zu erzielen ist.

Dabei denken wir in erster Linie in Richtung einer generell empfängerorientierten Marktforschung *), an Verbesserungen von pre- und post-Tests der Werbung, deren Kombination und an die verstärkte Verknüpfung interner und externer Informationen **).

---

*) Vergl. P.D. Mac Lean: The Triune Concept of the Brain and Behaviour.
Edition: T.J. Boag und O. Campbell, Toronto 1973.
Eine gute, auf Marketing bezogene Ableitung in: G+J Schriftenreihe, Bd. 26 (Das Biogramm, von Schirm und Hofmann) Gruner + Jahr AG u. Co., Hamburg, Mai 1978.

**) Damit ist eine direkte Verbindung von in der UNION außerhalb des Marketing bestehenden Informationssystemen (Administration, Verkauf) mit Marketing Support gemeint.

DATENBANKKONZEPTE FÜR MARKETINGINFORMATIONSSYSTEME

W. KÖNIG

Zusammenfassung: Der Aufbau schlagkräftiger Marketinginformationssysteme erwies sich in der Vergangenheit aufgrund anwendungsspezifischer Komplexitäten als recht schwierig. In diesem Beitrag wird dargestellt, welche Rolle Datenbanksysteme zur Designunterstützung von Marketinginformationssystemen übernehmen können. Für einzelne Konzepte werden "Preis"-erwägungen (z.B. Hardwarebelastung, Antwortzeitverhalten, Softwarekosten, Einschränkung der Strukturflexibilität) den Leistungsvorteilen gegenübergestellt. Dies betrifft beispielsweise die Strukturierung von Daten, die Auswahl der "besten" Zugriffsform je Datengruppe (somit auch die Strukturierung und Normierung der Datenverwaltung), die Verfügbarkeit verschiedener Benutzerschnittstellen (beispielsweise auch die Ausgestaltung des Mehrbenutzerzugriffs, des Batch- oder On-Line-Betriebs von Datenbanken, des Distributed Processing von Datenbanken), die Sicherung der Datenintegrität (beispielsweise Restartmaßnahmen nach dem Auftreten von Hardwarefehlern), die Ausgestaltung des Berichtswesens über sowohl die Datenbank als auch das Datenbanksystem (beispielsweise Data Dictionary, Software Status Reports).

1 Einführung

Aufgrund hauptsächlich marktpolitischer Notwendigkeiten setzen mehr und mehr Unternehmen die EDV zum Aufbau und Betrieb von Marketinginformationssystemen (MAIS) ein (vergl. z. B. anwenderspezifische Lösungsvorschläge in diesem Tagungsband). Die Anwendungsfunktion Marketing, die die qualitativen und quantitativen Anforderungen an EDV-Leistung definiert, ist sehr komplex strukturiert, so daß der Aufbau und Betrieb rechnergestützter MAIS einige Schwierigkeiten aufweist /Nieschlag et al., 404/.

Die Komplexität der Anwendungsfunktion bezieht sich auf mehrere Dimensionen. Beispielsweise bauen funktional gesehen auf der reinen Informationsfunktion Planung-, Abwicklungs- und Kontrollsysteme auf, deren mengen- und strukturmäßig definierter Bedarf an Methoden und entsprechenden Daten sehr variabel sein kann /Grochla, 357 - 421/. Andere Beiträge klassifizieren diese aufbauenden Funktionen unter dem Erkenntnisobjekt "Entscheidungssystem", das als Grundlage ein Informationssystem mit Datenbank, statistischer Methodenbank, Modellbank und Ein- und Ausgabesystem benutzt /Montgomery, 711/. Inhaltlich gesehen sind die verschiedenartigsten Methoden der Informationsgewinnung, der Informationsverarbeitung und der Informationsausgabe gefordert. Hinsichtlich der Stabilität der Anwendungsstrukturen macht sich erschwerend bemerkbar, daß die oftmals starke Marktorientierung der Marketingfunktion entsprechende Anpassungen an Änderungen bedingt. Weiterhin werden die Grundlagen wissenschaftlich fundierter Marketingmethoden erweitert, die somit Anpassungsnotwendigkeiten der Datenbasis nach sich ziehen.

Weitgehend unabhängig von eventuellen Kontroversen der Abgrenzung der obigen Globalbegriffe läßt sich festhalten, daß die rechnergestützte Anwendungsfunktion Marketing hohe qualitative und quantitative Leistungsanforderungen an die Datenverwaltung stellt. Gerade die qualitativen Anforderungen bedingen den Unterschied eines Datenverwaltungssystems zu einem Datenbanksystem. Sie beschreiben eine Vielzahl von Strukturdeterminanten, z.B. Datenstrukturen, Kontrollstrukturen, Integritätsstrukturen, Berichtstrukturen, Anwendungsstrukturen, Verarbeitungsstrukturen, etc., die gemeinsam Unterstützungsmöglichkeiten und -grenzen zum Entwurf von Anwendungssystemen bieten /Niedereichholz, 24-26/. Die mengenmäßigen Besetzungszahlen dieser "Strukturen" (z.B. Anzahl der Datensätze, Anzahl der Benutzerzugriffe, etc.) ergeben originäre quantitative Anforderungen an Rechnerleistungen.

Nun ist jedoch festzustellen, daß klassische Rechner, d.h. die verarbeitungstechnische Basis der qualitativen und quantitativen Leistungserstellung, selbst hardwaremäßig nur schwach strukturiert ist. Somit sind die sogenannten "High Level" Anwendungsstrukturen auf die einfachen Hardwarestrukturen abzubilden, was i.d.R. durch eine schrittweise Strukturvereinfachung (z.B. per Interpretation) geschieht. Je höher dimensioniert die Anwendungsstrukturen vorliegen, umso mehr Verarbeitungsleistung wird durch die Strukturtransposition zusätzlich zu den originären Anforderungen benötigt.Umgekehrt erlaubt dieser universelle Verarbeitungsansatz, beliebig komplexe Anwendungsstrukturen EDV-mäßig auszuführen, soweit genügend Rechnerleistung zur Verfügung steht.

Diese globale Preis-/Leistungsbetrachtung soll nun für verschiedene ausgewählte Datenbankkonzepte zur Unterstützung eines MAIS durchgeführt werden. Die Ausführungen orientieren sich an Datenbanksystemen, die heute gängigerweise angeboten werden, und beziehen sich vornehmlich auf die Benutzerschnittstelle. Die Auswahl der Beispiele erfolgt nach der Wichtigkeit eines Konzepts für MAIS sowie an der Beispielhaftigkeit einzelner Ausführungen für weitere Anwendungsstrukturen. Wir diskutieren demnach die Funktion des qualitativen und quantitativen Angebots von Daten, die der Benutzer zur Ausführung von Methoden und Modellen zur Erfüllung der Marketingfunktion benötigt.

2 Strukturierung der Daten

Eine anwenderspezifische Zusammenstellung der Marketingmethoden und der hierzu notwendigen Daten erbringt grundsätzlich eine Menge von Tupeln "Attributname, Attributwert", die verwaltet und verarbeitet werden sollen (z.B. "Verkaufspreis, DM 26,75"). Bereits aus der manuellen Datenverwaltung kennen wir die Kombination der Attributwerte verschiedener Attribute (Attributnamen) in einer vorformatierten Datenverwaltungseinheit (z.B. Kundendatenblatt mit Kundenname als Sortierkriterium, Kundennummer, Rabattkonditionen, Versandbestimmungen, Umsätze (Zeitpunkt, Menge, Wert)). Als Beispiele seien Karteien (oder Dateien) über Kunden, Umsätze, Werbeinformationen, Außendienst, Auftragsbearbeitung, Lager, Lieferungen, Artikelinformationen, Marktdateninformationen usw., genannt.

Somit besteht grundsätzlich die Situation, daß oftmals ein Attributwert eines Attributs aufgrund seiner mehrfachen Verwendung in verschiedenen Methoden mehrfach verwaltet werden müßte. Dies sind anwendungsspezifische Datenstrukturen, die auf dem EDV-System abzubilden sind. Hierbei zielt die Forderung nach Redundanzverringerung darauf ab, die Aktualisierung eines derartigen Attributwerts zu vereinfachen. Etwas geringeres Gewicht besitzt gerade für kleinere Datensammlungen die Möglichkeit der Einsparung von Speicherplatz.

Klassische Datenbanksysteme bieten zur Unterstützung einer anwendungsspezifischen Datenstruktur sogenannte Datenmodelle an, d.h. sie bieten vordefinierte Datenverwaltungsfunktionen, die modellmäßigen Vorstellungen über Benutzerdatenstrukturen folgen (siehe Tabelle 1).

Tabelle 1

Typ	*Beschreibung*	*Vorteile*	*Nachteile*
FILE PROCESSING	*File als Summe evt. sortierter Datensaetze* *z.T. Moeglichkeit der satzinternen Strukturierung nach dem Baummodell*	*relativ einfache Software* *somit auch relativ geringe Hardwarebelastung* *vorteilhaft fuer Koenner, die nicht zu viel Flexibilitaet verlieren wollen*	*nur einfache Benutzerdatenstrukturen abbildbar (naemlich Files)* *Baum- und Netzwerkdatenstrukturen werden nicht unterstuetzt* *andere Benutzerstrukturen (z.B. Integritaetsunterstuetzung) werden nicht unterstuetzt - sie liegen in der Verantwortung des Benutzers*
MULTI LEVEL TREE PROCESSING	*eine Datengruppe darf mehrere Soehne haben, aber nur einen Vater* *die generelle Zugriffsrichtung ist "von der Wurzel zu den Blaettern"*	*baumartige Benutzerdatenstrukturen leicht abbildbar* *gute Basis fuer andere Benutzerstrukturen, die auf Baumstrukturen bezogen werden koennen*	*hoeherer Softwareplatzbedarf als bei File Processing* *Netzwerkstrukturen werden nicht unterstuetzt* *zu gering strukturierende Basis fuer weitergehende Benutzerstrukturanforderungen*
MULTI LEVEL HIERARCHICAL NETWORK PROCESSING	*eine Datengruppe darf sowohl mehrere Soehne als auch mehrere Vaeter haben* *normierte Zugriffsrichtung*	*Netzwerk-Benutzerdatenstrukturen leicht abbildbar* *gute Basis fuer andere Benutzerstrukturen*	*hohe Softwarekomplexitaet* *tendenziell hoehere Laufzeitanforderungen*

Neben diesen idealtypischen Datenmodellen sind natürlich Zwischenausprägungen möglich (z.B. 2 Level Chained Network Processing). Ingesamt erkennt man die Gegenläufigkeit von Strukturierungsleistung und Preis für die Leistungserstellung. Die Strukturierungsleistung schlägt sich bei Datenbankanfragen in entsprechender Leistungsbereitschaft nieder.

Nun wird jedoch der unbefangene Anwender bei der Abschätzung seiner Datenverwaltungserfordernisse wohl nahezu immer auf Netzwerk-Benutzerdatenstrukturen als Anforderung stoßen. Darüber hinaus besteht die Gefahr, daß durch die Hierarchisierung ursprünglich "assoziativer" Benutzerdatenstrukturen die Anzahl der Hierarchiestufen sehr hoch werden kann. Ohne zusätzliche Zugriffswege in eine hierarchisch strukturierte Datenbank erscheint es beispielsweise wenig sinnvoll, oft im Zugriff stehende Datengruppen auf die vierte oder fünfte Hierarchiestufe zu plazieren. Im Zuge dieser Überlegungen sollte auch die Auswahlentscheidung des Datenmodells diskutiert werden. Das Baumdatenmodell ist wesentlich einfacher und effizienter handhabbar als das Netzwerkdatenmodell. Allerdings gibt es bisweilen essentielle Benutzerdatenstrukturen, die das Netzwerkdatenmodell erfordern (z.B. Abbildung von Stücklistenstrukturen mit analytischer und synthetischer Blickrichtung).

Zwei MAIS-orientierte Beispiele sollen diese Grundaussagen erläutern. Abb. 1 zeigt ein Beispiel einer 2 Level Chained Network-Datenstruktur eines Absatzinformationssystems.

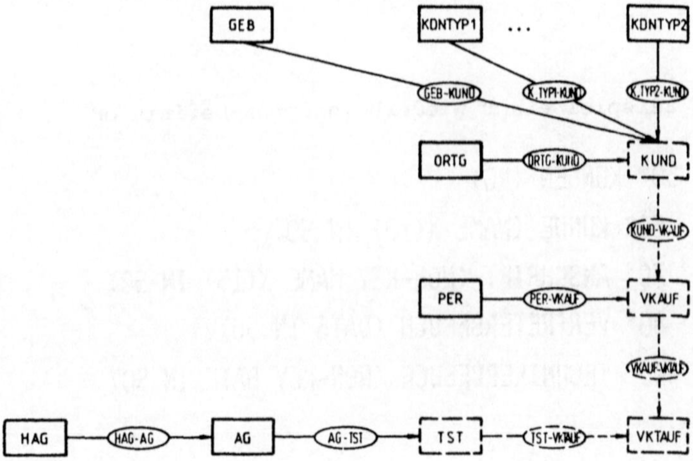

Satztypen:

HAG	Hauptartikelgruppe
AG	Artikelgruppe
PER	Periode
GEB	Gebiet
ORTG	Ortsgröße
KDNTYP	Kundentypisierung

Kettenklassen:

HAG-AG	verbindet alle Artikelgruppensätze einer Hauptartikelgruppe
AG-TST	verbindet alle Artikelsätze (TST-Sätze) einer Artikelgruppe.
ORTG-KUND	verbindet alle Kundensätze derjenigen Kunden, deren Wohnsitz in einem Ort bestimmter Größe liegt.
GEB-KUND	verbindet alle Kundensätze derjenigen Kunden, die in einem bestimmten Gebiet wohnen.
KDNTYP-KUND	verbindet alle Kundensätze derjenigen Kunden, die einer bestimmten Ausprägung der Typisierung (z.B. Familiengröße) angehören. Entsprechende Ketten werden auch für die weiteren Kundentypisierungen (z.B. Familieneinkommen, soziale Schicht) angelegt .
PER-VKAUF	Verbindet alle (Vergangenheits-)Kundenaufträge einer bestimmten Periode der Auftragsannahme.

Abb. 1: Beispiel einer 2 Level Chained Network-Datenstruktur eines Absatzinformationssystems /Scheer,260/

Abb. 2 zeigt ein Beispiel einer Multi Level Hierarchical Tree-Datenstruktur eines Vertriebsinformationssystems.

Beispiel einer Wiederholgruppen-Definition

```
50* KUNDEN (RG)
 60* KUNDE (NAME X(10) IN 50)
 70* ANSCHRIFT (NON-KEY NAME X(15) IN 50)
 80* VERTRETERBESUCH (DATE IN 50)
 90* TECHNIKERBESUCH (NON-KEY DATE IN 50)
 :
```

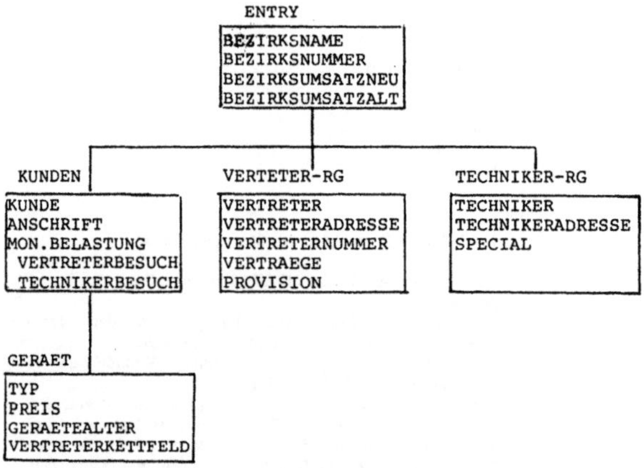

Abb. 2: Beispiel einer Multi Level Hierarchical Tree-Datenstruktur eines Vertriebsinformationssystems /GMD,58/

3 Strukturierung der Zugriffswege

Eine wichtige Zielsetzung der Strukturierung der Zugriffswege ist die Systemstrukturierung und aufbauend die (Teil-)Systemnormierung für Datenzugriffsfunktionen, d.h. also Nutzung von Organisations- und Arbeitshilfsmitteln in der Organisations- und Programmierphase. Darüber hinaus bieten zusätzliche Zugriffswege in die Datenbank die Möglichkeit, trotz Strukturierung der Daten auf einzelne Datengruppen unabhängig von ihrer Strukturpositionierung direkt zuzugreifen. Tabelle 2 zeigt die Vor- und Nachteile einiger grundlegender Typen.

Tabelle 2

Typ	*Beschreibung*	*Vorteile*	*Nachteile*
PHYSISCHE NACHBARSCHAFT	*sequentielle Datenorganisation*	*einfache Software* *unterstuetzt sequentielle Verarbeitungen*	*recht inflexibel bei Aktualisierungen* *lange mittlere Zugriffszeiten* *Sortierungen sind beim Laden durchzufuehren;nur ein Sortierkriterium ist moeglich*
LOGISCHE NACHBARSCHAFT	*Adressverkettung verstreuter Eintraege in eindimensionaler Sortierfolge*	*flexibler als physische Nachbarschaft* *unterstuetzt sequentielle Verarbeitung (wenn auch in reduziertem Masse)*	*Zugriffszeiten werden durch Streuung laenger*
GESTREUTE SPEICHERUNG	*Zugriff durch Schluesseltransformation*	*einfache Software* *schneller Datenzugriff*	*Problem der Speicherbelegungsquote* *Auswahl der Umrechnungsmethodik* *Laufzeitverlaengerungen bei sequentiellen Verarbeitungen*
INDEXSEQUENTIELLE ORGANISATION	*sequentiell sortierte Organisation der Primaerdaten* *Zugriffsmoeglichkeit ueber Index-Sekundaerdaten via Adressverkettung*	*weite Verbreitung* *versucht Mischung aus sequentieller Verarbeitung und schnellem Zugriff auf Einzeldaten*	*relativ inflexibel* *Indizes koennen sehr umfangreich werden* *bisweilen koennen harte On-Line-Anforderungen fuer Zugriffszeit nicht eingehalten werden*
INVERTED FILE	*Invertierung mehrerer Attribute der Primaerdaten* *je ein Indexeintrag pro Benutzerdatensatz und Attribut* *hinsichtlich eines Sortierkriteriums ist Indexsequentielle Organisation moeglich*	*sehr flexible Benutzerzugriffsmoeglichkeiten*	*umfangreiche Sekundaerdaten* *Schwierigkeiten bei sequentiellen Verarbeitungen* *wachsende Probleme bei On-Line-Aktualisierungen mit der Zahl der Indizes*
MULTI LEVEL CHAINED FILES	*mehrdimensionale "logisch" sequentielle Datenordnung durch Adressverkettung* *evt. Auslagerung der Folgeadressdefinitionen in eigene Strukturdateien*	*(weniger) flexible Zugriffsmoeglichkeiten*	*umfangreiche Strukturdaten* *langsamere sequentielle Verarbeitung* *On-Line-Probleme bei starker Hierarchisierung*

Auch hier sieht man deutlich die "Preissteigerung" für komplexere Systemstrukturen, zumal die Sekundärdaten bisweilen so umfangreich werden, daß sie selbst Gegenstand von Strukturierungsüberlegungen werden. Darüber hinaus erkennt man das gegenseitige Ausschließen von sehr schnellem Zugriff auf einzelne Datengruppen und optimalen Zugriffsbedingungen für sequentielle Verarbeitungsprozesse, die die Primärdaten sortiert verarbeiten.Beispielsweise betrifft dies den Einsatz von Programmierungsmethoden zur Lösung komplexerer Marketingfunktionen (z.B. dynamische Programmierung zur Auswertung von Verkaufsstatistiken /Meyer et al.,125-137/) die Primärdaten stückweise sequentiell verarbeiten, die jedoch auch im Interaktivzugriff dem Benutzer am Terminal zur Verfügung stehen sollen.

Im Zusammenhang mit der Datenstrukturierung sind folgende Aussagen interessant: Je höher die Datenstrukturierung gewählt wird, umso tendenziell höher werden die Zugriffswege zu strukturieren sein. Beispielsweise können Bäume zwar "noch" durch physische Nachbarschaft dargestellt werden, doch werden die generellen Nachteile dieses Zugriffsverfahrens wesentlich verstärkt. Netzwerke hingegen sind nicht mehr allein durch physische Nachbarschaft aufzubauen. Mindestens ein weiterer Zugriffsweg ist durch Streuung oder Indizierung einzuführen, so daß Laufzeitprobleme bei entsprechenden sequentiellen Verarbeitungsprozessen auftreten, und/ oder durch Verkettung zu realisieren, was Laufzeitprobleme bei stark hierarchisch strukturierten Daten bedingt.

Abb. 3 zeigt das Zusammenwirken von Datenstrukturierung und Zugriffsstrukturierung für eine Marktdatenbank. Abb. 4 zeigt den gleichen Sachverhalt für ein Warenwirtschaftssystem, wobei "C" für Calculated (gestreute Speicherung/Zugriff) steht.

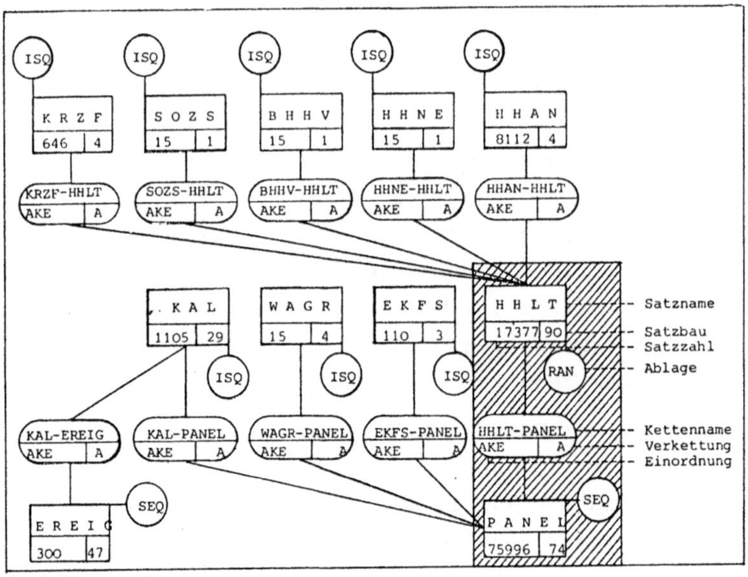

Legende:

KRZF = Kreisziffer
SOZS = Soziale Schicht
BHHV = Beruf des Haushaltsvorstandes
HHNE = Haushaltsnettoeinkommen
HHAN = Haushaltsanker
HHLT = Haushalt
KAL = Kalender
WAGR = Warengruppe
EKFS = Einkaufsstätte
EREIG = Ereignis
PANEL = Einkauf
AKE = Einordnung am Kettenende
A = Ankerverkettung
ISQ = Index-sequentielle Speicherung
RAN = Random-Speicherung
SEQ = Sequentielle Speicherung

Abb. 3: Zusammenwirken von Datenstrukturierung und Zugriffsstrukturierung am Beispiel einer Marktdatenbank /Mertens et al., 293/

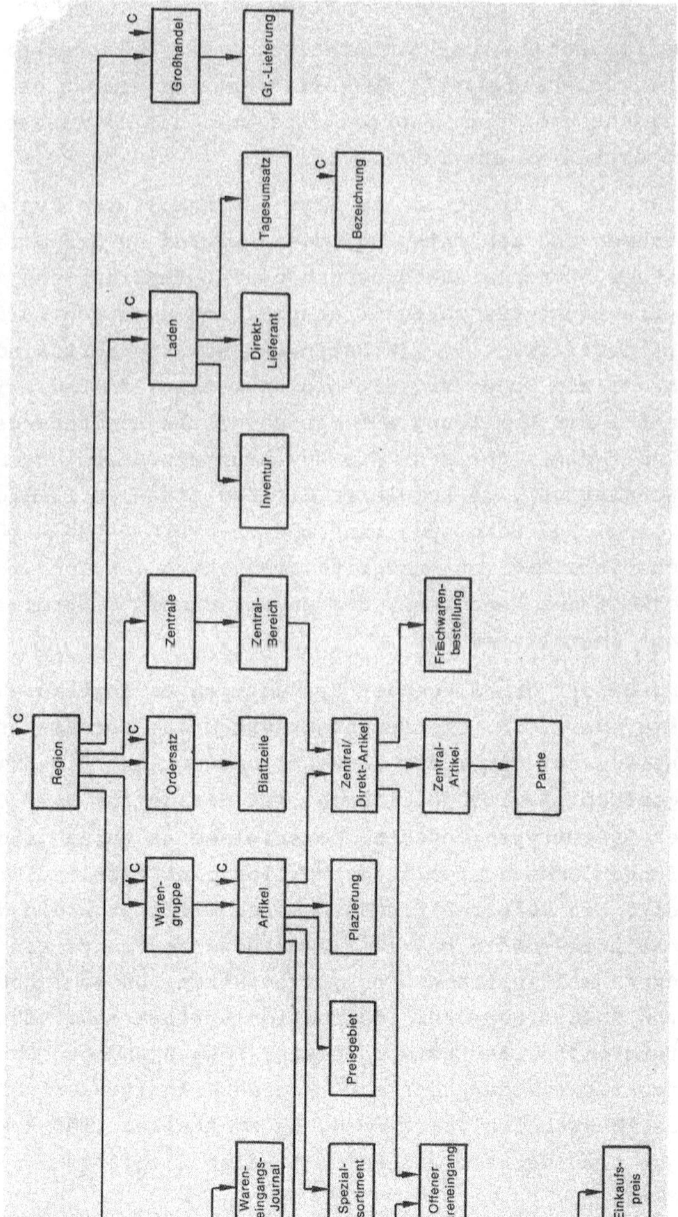

Abb. 4: Zusammenwirken von Datenstrukturierung und Zugriffsstrukturierung am Beispiel eines Warenbewirtschaftungssystems /Honeywell Bull, 22/

4 Strukturierung der Sprachschnittstellen

Eine wichtige Zielsetzung der Strukturierung der Sprachschnittstellen besteht darin, verschiedenartig EDV-erfahrenen Anwendern den Zugang zur MAIS-Datenbasis zu eröffnen. Hierbei sind zwei idealtypische Extrempositionen zu beobachten (siehe Tabelle 3).

Auch hier erkennt man die generelle Gegenläufigkeit von Systemstrukturierungsleistungen und dem entsprechenden Aufwand an Software, Hauptspeicherbelastung, Durchsatzanforderung usw. . Im Einzelnen ist festzuhalten, daß die Benutzerstruktur-Transposition umso schwieriger wird, je einfacher die Zugriffswege in die Datenbank strukturiert sind. Hier ist hauptsächlich auf die Schwierigkeiten hinzuweisen, die relationale Anfragesprachen bei der Umsetzung auf die physische Ausführungsebene bedingen. Umgekehrt gestaltet sich die systemunterstützte Datenbankmanipulation umso schwieriger, je komplexer die Zugriffswege in die Datenbank strukturiert sind. Bei Benutzung einfacherer Systemstrukturen hingegen fällt die Sicherstellung von Integritätsmaßnahmen mehr und mehr in die Verantwortlichkeit des Benutzers, der entsprechende Kontrollstrukturen implizit selbst auszuführen hat.

Die Verbindung beider grundlegender Systemtypen bedingt zur Zeit noch einige Probleme, da i.d.R. ein Datenbanksystem aus der Historie seiner Entwicklung heraus auf einem der Konzepte basiert und die Erweiterung oftmals "aufgepfropft" wird. Gleichwohl ist gerade für MAIS die Notwendigkeit beider Systemtypen gegeben. Beispielsweise werden i.d.R. die häufig ablaufenden Umsatzverwaltungsfunktionen batchorientiert prozedural abgewickelt. Ein weiterer Einsatzbereich wird durch die Notwendigkeit prozeduraler Ablaufelemente bei komplexen Benutzerfunktionen definiert, z.B. beim Einsatz multivariater Analyseverfahren. Demgegenüber erscheint der Einsatz von Predefined User Instruction Strings sehr vorteilhaft, um gerade im Interaktivbetrieb beispielsweise EDV-unkundigen Benutzern reine Informationsfunktionen oder aber auch kleinere Analyseverfahren (z.B. Kundenanalyse) per Makrobefehl zur Verfügung zu stellen. Für komplexere MAIS-Umgebungen sind demnach das Angebot aller Grundformen nebeneinander häufig erforderlich.

5 Strukturierung des Mehrbenutzerzugriffs

Wir wollen in diesem Kapitel den Mehrbenutzerzugriff auf eine Marketingdatenbank nur aus der Anwendersicht sehen. Ziel dieser Maßnahmen ist die Ermöglichung eines (logisch) gleichzeitigen Zugriffs mehrer Benutzer in

Tabelle 3

Typ	*Beschreibung*	*Vorteile*	*Nachteile*
PROCEDURAL LANGUAGE INTERFACE	*prozedurale Beschreibung der Datenbankmanipulation (z.B. COBOL-aehnlich)* *Datenstrukturkontext wird i.d.R. durch Positionierung innerhalb der Datenbankstruktur definiert*	*relativ "maschinennahe" prozedurale Vorgehensweise* *Eignung fuer Anwendungsprogrammierer* *vorteilhaft bei Verarbeitung groesserer Datenmengen (Batchorientierung)*	*fuer den "Casual User" nicht geeignet* *fuer Interaktivarbeiten weniger geeignet (implizite Festschreibung der Benutzeranfragestruktur)* *setzt eine gewisse Hierarchisierung der Datenbank voraus (oder verlangt vom Benutzer eigene Massnahmen zur Integritaetssicherung)* *Benutzer muss die vorgegebenen Strukturdeterminanten "beherrschen"*
QUERY LANGUAGE CONCEPT	*Beschreibung der Datenbankmanipulation in einer Englisch-aehnlichen Makrosprache* *Datenstrukturkontext wird i.d.R. durch Mengenalgebra beschrieben*	*Eignung fuer EDV-unerfahrene und EDV-erfahrene Anwender* *vorteilhafter fuer Interaktivarbeiten (erlaubt relativ hohe Variabilitaet der Benutzeranfragestrukturen)*	*Transposition der Benutzerstrukturen durch Softwarehierarchie* *oftmals Probleme bei Verarbeitung groesserer Datenmengen (weniger Batch-geeignet)* *setzt ein gewisses Mass an Invertierung voraus* *Anwender muss das Normalisierungskonzept beherrschen*
PREDEFINED USER STRINGS	*Vorstrukturierung der Benutzer-Anfragestrukturen in beschraenkender oder erweiternder Weise* *Nutzung der obigen Konzepte*	*plandender Eingriff in Benutzer-Zugriffsstrukturen* *Nutzung der jeweiligen Vorteile*	*Realisation der jeweiligen Nachteile* *"zentrale" Anpassungsnotwendigkeiten bei Strukturaenderungen*

Batch- und Interaktivumgebung auf die Datenbank, so daß die Vorteile der logischen Zentralisierung von Datenstruktur und Zugriffsverfahren nicht zu Nachteilen in der vielfältigen Benutzbarkeit der Daten führen (siehe Tabelle 4).

Tabelle 4

yp	*Beschreibung*	*Vorteile*	*Nachteile*
[NGLE USER	*zu einem Zeitpunkt kann genau ein Benutzer in der Datenbank arbeiten*	*einfache Software* *automatische Integritaetssicherung zum "naechsten (bzw. vorhergehenden)" Benutzer*	*geringer Nutzungsgrad der Datenbank realisierbar*
JLTI USER *HARED*	*mehrere Benutzer koennen gleichzeitig in der Datenbank "abfragen"*	*hoeherer Nutzungsgrad der Datenbank fuer Abfragefaelle moeglich*	*komplexere Software (z.B. Benutzerverwaltung, Integritaetssicherung der Strukturpositionierung)* *Datenbankaktualisierungen nicht moeglich*
JLTI USER	*mehrere Benutzer koennen gleichzeitig in der Datenbank arbeiten* *bei Aktualisierungsprozessen uebernimmt das System die Sperrung der betroffenen Daten bis zum Ende des Prozesses*	*hoher Nutzungsgrad der Datenbank moeglich*	*sehr komplexe Software* *umfangreiche Arbeiten z.B. zur Integritaetssicherung notwendig (z.B. Strukturpositionierung der einzelnen Benutzer, Struktursicherung der Datenbank, etc.)*

Auch hier gilt die generelle Aussage des steigenden Leistungsbedarfs bei Ausführung höher strukturierender Funktionen, die jedoch verstärkt wird, je komplexer Datenmodelle, Zugriffsverfahren und Benutzerschnittstellen gewählt werden. Dies sei beispielhaft für den Multi User-Betrieb einer Netzwerkdatenbank erörtert. Falls ein Benutzer eine untergeordnete Datengruppe ändern will, so sind alle anderen Benutzer auf den verschiedenen Zugriffswegen unter Sicherstellung ihrer jeweiligen Kontextbedingungen ihres Datenzugriffs zu sperren. Weiterhin müssen Verklemmungen erkannt und behoben werden, besser noch vorausschauend verhindert werden. Bei Löschungen beispielsweise ist sicherzustellen, daß untergeordnete Datengruppen nicht automatisch mitgelöscht werden. Die Lösung all dieser beispielhaften Probleme im On-Line-Betrieb birgt einige Schwierigkeiten in sich.

Je stärker die Benutzer die logische Zentralisierung der Daten fordern, umso mehr müßte aufgrund der vielfältigen Aktualitätserfordernisse der Marketingfunktion der Multi User-Betrieb gefordert werden. Reine Informationsfunktionen des Multi User Shared-Betriebs sind wohl verteilhaft, aber viele Verarbeitungsprozesse bedingen Aktualisierungen - speziell in den oft im Zugriff stehenden "Top"-Datengruppen (sei es der Einstieg in die Datenstruktur oder im Nahbereich eines zusätzlichen Zugriffswegs in die Datenbank).

6 Strukturierung der Benutzerkontrolle der Datenbankverwaltung

Das Äquivalent zum Mehrbenutzerzugriff auf eine Datenbank ist die Benutzerkontrolle mehrerer Datenbanken. Im Multi User-Betrieb wird diese Frage umso wichtiger, je stärker die logische Zentralisation aufgrund der Bedarfsüberlegungen zur qualitativen und quantitativen Verarbeitungsleistung reduziert wird. Sie ist allerdings auch innerhalb einer Datenbankstruktur relevant, soweit der Benutzer Kontrollmechanismen auf datenbankinterne Teilstrukturen erhält.

Es handelt sich um die Prüfung von Zugriffsberechtigungen für Lesen, Schreiben, Lesen und Schreiben sowie um Funktionen zur benutzerkontrollierten Überwachung von logisch gleichzeitigen Updates in verschiedenen Datenbanken bzw. verschiedenen Teildatenbanken (Tabelle 5).

Es gilt, wie bereits mehrfach ausgeführt, die These der steigenden Verarbeitungsanforderungen für höher strukturierte Anwendungsfunktionen, wobei diese Aussage verstärkt wird bei der Wahl stärker strukturierter Konzepte für die Datenmodelldefinition, die Zugriffsverfahren, die Sprachschnittstellen und den Mehrbenutzerzugriff.

Andererseits ist es jedoch notwendig, eine Benutzerdatenstruktur auf mehrere Datenbanken aufzuteilen, wenn die Verarbeitungsanforderungen für eine einheitliche Datenbankverwaltung zu hoch werden. Gerade für MAIS ist dies für die vielfältigen Anwendungsstrukturen der Fall, z.B. mehrdimensional sequentielle Verarbeitung von Massendaten bei multivariaten Analyseverfahren, Einbindung in ein On-Line-Buchungssystem für die Geschäftsbuchhaltung mit Einzeldatenzugriff, Notwendigkeit verschiedener Benutzerschnittstellen aufgrund der harten Marktorientierung mit entsprechenden Ansprüchen an die Reaktionsfähigkeit, Mehrbenutzerzugriff auf eine Vielzahl einzelner Daten mit den verschiedensten Verfahren, usw. . Daraus ergibt sich allerdings umgekehrt auch ein hoher qualitativer Anspruch an Benutzerkontrollstrukturen, die nun ihrerseits die Leistungsanforderungen erhöhen. Eine zu

Tabelle 5

Typ	Beschreibung	Vorteile	Nachteile
ZUGANGSKONTROLLE	statische oder dynamische Passwortkontrolle am Terminal oder im Benutzerprogramm	einfach	relativ geringe Sicherheit zu grobe Rasterung der Ausschlussdefinition fuer weitergehende Ansprueche
ZUGRIFFSKONTROLLE			
1. Datenbankebene	Lese-, Schreibkontrollen fuer alle Primaerdaten und Sekundaerdaten einer Datenbank evt. Moeglichkeit der Kontrolle mehrerer Datenbanken	relativ einfach	zu grob fuer weitergehende Ansprueche
2. Dateienebene	L/S-Kontrollen fuer Dateien und zugehoerige Sekundaerdaten	schwieriger realisierbar	zu grob fuer weitergehende Ansprueche aufwendigere Software
3. Datengruppenebene	L/S-Kontrolle fuer Datengruppen und zugehoerige Sekundaerdaten	beachtliche Rasterung der Benutzerkontrollstrukturen	komplexe Software Laufzeiterfordernisse
4. Satzebene	L/S-Kontrolle fuer Saetze und zugehoerige Sekundaerdaten oftmals mit Schluesselattributwertpruefungen der erhaltenen Saetze	komplexe Rasterung fuer Benutzerkontrollstrukturen	sehr komplexe Software Laufzeiterfordernisse
5. Attributebene	L/S-Kontrolle fuer Attribute und zugehoerige Sekundaerdaten oftmals mit Attributwertpruefungen der erhaltenen Attribute	sehr fein ausgestaltet	sehr komplexe Software Laufzeiterfordernisse

geringe Rasterung der systemmäßigen Strukturen führt zu entsprechend groben Kontrollmodellen, die die Nutzungsfähigkeit der Datenbanken sehr beschränken und/oder die Anwender zu systemexternen Kontrollmechanismen zwingen - mit allen Folgen für Datenintegrität, Ablaufsicherheit, etc. Dies betrifft sowohl die Zugriffsfunktionen und deren Sicherung als auch die Kontrolle mehrerer Teildatenbestände durch einen Benutzer.

7 Strukturierung der Verteilung der Datenbankverwaltung

Ziel entsprechender Maßnahmen ist die Anpassung der Datenbankverwaltung an regional unterschiedliche Leistungsanforderungen durch den Benutzer sowie die Entflechtung zentraler Verarbeitungsanforderungen. Auch hier sollen Anwendungsnachteile der physischen Zentralisierung der Daten vermieden werden. Weiterhin erscheint es wünschenswert, mehrere Datenbanksysteme im Verarbeitungsprozeß zu kombinieren (Tabelle 6).

Tabelle 6

Typ	*Beschreibung*	*Vorteile*	*Nachteile*
DISTRIBUTING DATA BASES	*Verteilung kompletter Datenbanken auf verschiedene Rechner* *keine Unterstuetzung der Datenbanksystemverknuepfung*	*Entflechtung zentraler Verarbeitungsanforderungen*	*nur "komplette" Datenbanken verteilbar, nicht jedoch eine grosse Datenbank aufteilbar* *Verantwortlichkeit fuer Systemintegritaet und Ablaufsicherheit der Datenbanksystemverknuepfung lastet auf dem Anwender* *Data Dictionary als Basis notwendig* *komplexe Software*
DISTRIBUTED DATA BASES	*Verteilung auch einzelner Datenbankteile moeglich* *evt. Unterstuetzung der Datenbanksystemverknuepfung (d.h. Angebot automatischer Konversionsmechanismen)*	*Entflechtung zentraler Verarbeitungsanforderungen* *evt. Unterstuetzung der Datenbanksystemverknuepfung*	*sehr komplexe Software* *sehr schwierige Prozessinterkommunikation (fuer komplexeStrukturumgebung noch nicht allgemein geloest)* *Beschraenkung der Konversionsmoeglichkeiten auf das "kleineste gemeinsame Vielfache" der beteiligten Systemstrukturen*

Gerade die qualitative Vielfalt der in einem weitergehend ausgebauten MAIS zu verwaltenden Daten bedingt häufig die Notwendigkeit des Zugriffs auf verschiedene Datenquellen. Sowie diese im Zuge jüngerer Entwicklungstendenzen stärker dezentralisiert gehalten und verarbeitet werden, wächst die Notwendigkeit der logischen Gesamtsicht physisch getrennter Datenbestände (z.B. Kundendatenbank, Werbedatenbank, Auftragsbearbeitungsdatenbank, usw.). Die Koordination verschiedener Installationen führt dann oftmals zum Konversionsproblem verschiedener Datenbanktypen, was sich umso schwieriger gestaltet, je komplexer die Grundmodelle ausgelegt sind. Häufig ergibt sich dann aus verarbeitungstechnischen und organisatorischen Gründen die Notwendigkeit, bei Systemkommunikationen gut strukturierte Teilaspekte "herunterzutransformieren", was wiederum die oben genannten Probleme der mangelnden Systemstrukturierung nach sich zieht.

8 Strukturierung der Datenintegritätssicherung

Ziel dieser Maßnahmen ist die automatische Erhaltung der Datenintegrität bei Verklemmungen bzw. bei ungeplanten Ausfällen (von Teilen) des Verarbeitungssystems. Je stärker das Anwendungssystem strukturiert wird, umso stärker ergibt sich die Möglichkeit von Deadlocks, und umso komplexer wird die Lösung einer Ausfallsituation. Alle nicht systemmäßig gelösten Probleme bleiben in der Verantwortung des Benutzers. Insofern fassen wir hier alle oben genannten Teilbereiche zusammen (Tabelle 7).

In der Zusammensicht ist nunmehr deutlich zu erkennen, daß die Umsetzung von qualitativen Anwendungserfordernissen in quantitative Leistungsanforderungen verfügbarer Verarbeitungssysteme nicht unbegrenzt vonstatten gehen kann. Mit wachsenden Strukturanforderungen wächst die Leistungsanforderung überproportional, wobei die sich dann tendenziell vergrößernde Massenbasis an zu verwaltenden Daten noch hinzukommt.Gerade die häufig beschriebene "logische Zentralstellung" des Marketing z.B. als Konzentrator von Materialbewirtschaftungs-, Produktions-, Verkaufs- und Distributionsinformationen führt zu diesen Problemen.

9 Strukturierung der Berichtsgestaltung

Ziel dieser Maßnahmen ist die Erhaltung der Übersicht über verschiedene Strukturdeterminanten der Datenverwaltung. Die Berichte dienen somit als Unterlagen der Strukturierungs- und Normierungsaktivitäten hinsichtlich der Datenverwaltungsschnittstelle von Anwendungssystemen (Tabelle 8).

Tabelle 7

Typ	*Beschreibung*	*Vorteile*	*Nachteile*
DEADLOCK DETECTION AND RESOLUTION	*Erkennung der Situation, dass sich n Prozesse sperren* *Aufhebung des Deadlocks durch Zuruecksetzen von mindestens n-1 Prozessen*	*realtiv einfache und billige Vorgehensweise*	*sehr grobe Methodik* *bisweilen Laufzeitprobleme bis zur Erkennung und Aufhebung des Deadlocks, hauptsaechlich in komplexer Strukturumgebung*
DEADLOCK PREVENTION	*geplante Verhinderung von Deadlocks durch vorsichernde Massnahmen*	*im Falle einer Deadlockgefahr schnellere Loesung moeglich*	*sehr schwierige und somit teure Softwareloesung* *sehr laufzeitaufwendig im laufenden Betrieb*
RESTART			
1. Duplizieren	*zwei (oder mehrere) Kopien der Datenbank gleichzeitig verwalten*	*bei Maschinenfehlern einfaches Kopieren der unbeschaedigten Datenbank* *sehr sicher hinsichtlich Speicherausfaellen*	*Speicherplatzbedarf* *loest nicht allgemein die Problematik des Prozessorausfalls*
2. Logging	*Fuehren von Loginformationen fuer Transaktionen und Datenbankimages* *Wiederanlauf nach Maschinenfehlern auf der Basis der Loginformationen*	*geschlossene Absicherung des Datenbankbetriebs moeglich*	*hohes Mass an laufenden Logarbeiten im Vorgriff auf den Fehlerfall* *speziell im On-Line-Betrieb kann es zu Durchsatzproblemen bei komplexer Strukturumgebung kommen* *Log Accumulation sinnvoll*

Tabelle 8

Typ	*Beschreibung*	*Vorteile*	*Nachteile*
REPORT GENERATOR	*Verfuegbarkeit einer Makrosprache zur Ausgabe von Datenbankinhalten* *mehr oder weniger gefaellige Datenaufbereitung*	*Moeglichkeit der Einsparung entsprechender Organisations- und Arbeitsaktivitaeten* *als "kleine" Loesung relativ billig*	*Beschraenkung der Aussagefaehigkeit i.d. R. auf den Datenbankinhalt* *Anwender muss eigenstaendig entsprechende Struktureueberwachungen konzipieren und einsetzen*
DATA DICTIONARY	*Verfuegbarkeit eines Softwarepakets zur Verwaltung jedweder Strukturen (Strukturauspraegungen)*	*zusaetzliche Moeglichkeiten der Einsparung entsprechender Organisations- und Arbeitsaktivitaeten* *automatische Verwaltung und Beschreibung von z.B.* *- den Datengruppen der Datenbank(en),* *- den Strukturbeziehungen,* *- den Zugriffswegen in die Datenbank(en),* *- den Sprachschnittstellen,* *- den Kontext verschiedener Datenbanken,* *- den Kontext verschiedener mitbeteiligter Rechner,* *- den Berichtsstrukturen* *usw.*	*in komplexen Strukturumgebungen bisweilen umfangreiche Verwaltungsarbeiten notwendig* *zusaetzliche Software*

Die bereits ausgeführte logische Zentralsicht der Marketingfunktion erfordert in entsprechendem Maß derartige Berichtsfunktionen, die umso komplexer zu realisieren sind, je mehr Strukturierungsleistung wir dem System aufbürden. Umgekehrt gilt allerdings, daß alle nicht-systemmäßig gelösten Probleme in der Verantwortung des Benutzers liegen.

Als weiteres grundlegendes Problem erweist sich nun die "relative Instabilität" der Anwendungsstrukturen von MAIS, die entsprechende Anpassungsaktivitäten der einzelnen Datenbankrealisationen bedingt. Die Änderung von Strukturdeterminanten ist i.d.R. mit großen verarbeitungstechnischen und organisatorischen Aufwendungen verbunden, so daß diese Aktivitäten nur vorsichtig und unter Vorausblick der wichtigsten Folgen der Umstellung durchzuführen sind.

10 Zusammenfassung

Es erscheint erforderlich, den Entwurf komplexer MAIS stärker unter dem Aspekt der Datenverwaltungsschnittstelle als sowohl z.T. theoretisch als auch praktisch limitierenden Faktor der Entwurfsvielfalt zu betrachten. Die in dem vorliegenden Beitrag erläuterten Probleme der originären quantitativen Leistungsanforderungen an Verarbeitungssysteme sowie die zusätzlichen Leistungsanforderungen aufgrund der Umsetzung vielfältiger Strukturanforderungen bedingen eine derartige Betrachtung.

Am Beispiel des allgemeinen Layout eines Marketinginformations- und -entscheidungssystems /Montgomery,711/ zeigt sich der Umfang der Unterstützung durch Datenbankkonzepte (siehe Abb. 5).

Im Datenbankteil ist - wie wir gesehen haben - mit einigen Schwierigkeiten bei der Auswahl komplexer Strukturdeterminanten zu rechnen. Einfache Strukturdeterminanten hingegen verlagern die Problematik in die Verantwortlichkeit des Benutzers mit entsprechenden Rückwirkungen auf Systemintegrität, Ablaufstabilität usw.. Oftmals sind auch zu einem Strukturierungsaspekt gleichzeitig verschiedene Lösungsmöglichkeiten notwendig, was den Softwareumfang (und mithin z.B. die Softwarekomplexität, die Ablaufsicherheit usw.) beeinflußt.

Für den Modellbankteil ist noch keine ähnliche und umfassendere Standardisierung und Festschreibung von Strukturtypen zu sehen, die dem Angebot der verschiedenen Datenbanksysteme entspricht,und wo entsprechende Benutzererfahrungen verfügbar sind. Allerdings ist die Annahme begründet, daß eine derartige Ausgestaltung von Strukturtypen ähnliche Schwierigkeiten des Preis-/Leistungsverhältnisses schafft.

Der Methodenbankteil hingegen erscheint auf den ersten Blick leichter strukturierbar, zumal in der vorliegenden Quelle nur statistische Methoden angesprochen werden. Bei Ausweitung des Methodenangebots im Zuge der logischen Zentralsicht des Marketing (siehe Kap. 8) sind jedoch auch hier zusätzliche Schwierigkeiten der Systemrealisation und des Systemablaufs zu erwarten.

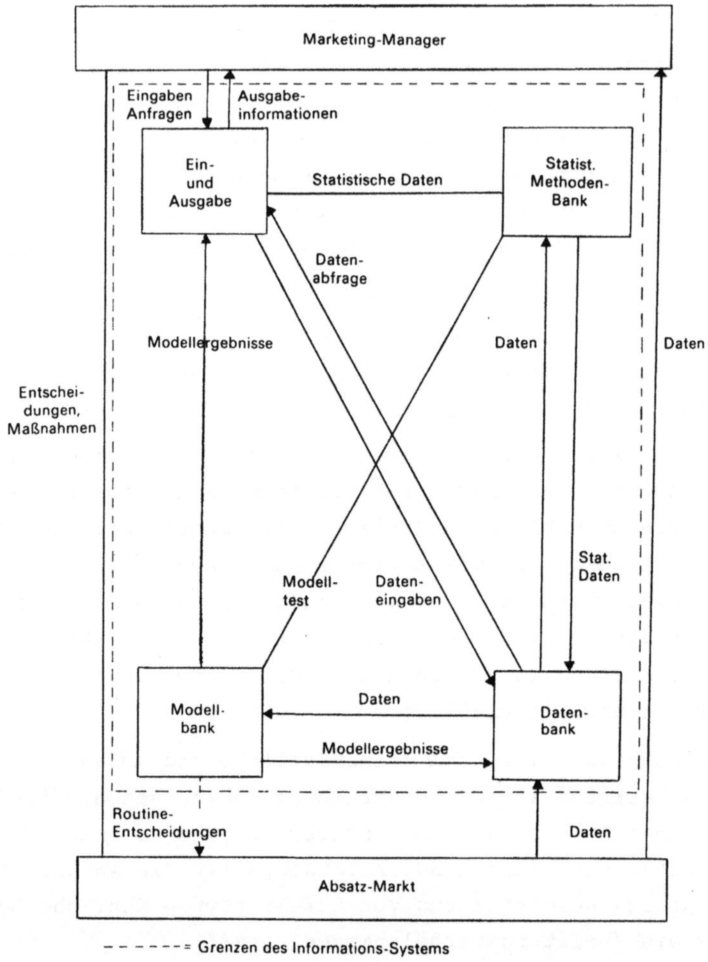

Abb. 5: Struktur des Marketinginformations- und -entscheidungssystems /Montgomery, 711/

11 Literatur

Robert Nieschlag, Erwin Dichtl und Hans Hörschgen:
Marketing, 10 Aufl., Berlin, 1979

Erwin Grochla:
Integrierte Gesamtmodelle der Datenverarbeitung, München/Wien, 1974

D.B. Montgomery:
Perspektiven der Entwicklung von computergestützten Marketing-Informationssystemen und Marketing-Modellen in den 70er Jahren, in:
H.R. Hansen (Hrsg.): Computergestützte Marketing-Planung, München, 1974, Seiten 705 - 726

Joachim Niedereichholz:
Datenbanksysteme - Aufbau und Einsatz, Würzburg/Wien, 1979

August-Wilhelm Scheer:
Wirtschafts- und Betriebsinformatik, München, 1978

Honeywell Bull (Hrsg.):
Das Datenbanksystem IDS, 1976

Carl W. Meyer und Hans R. Hansen:
Vertriebsinformatik, Berlin/New York, 1973

Gesellschaft für Mathematik und Datenverarbeitung (Hrsg.):
System 2000, Bericht Nr. 124, München/Wien, 1979

Peter Mertens, Wolfgang Neuwirth und Werner Schmitt:
Verknüpfung von Daten- und Methodenbanken, dargestellt am Beispiel der Analyse von Markforschungsdaten, in:
Lecture Notes in Computer Science No. 49, Interactive Systems,Proceedings 6th Informatik Symposium, Berlin/Heidelberg/New York, 1977, Seiten 273 - 313

ENTWICKLUNG UND EINFÜHRUNG EINES EDV-GESTÜTZTEN MARKETING-INFORMATIONSSYSTEMS FÜR DEN MINERALÖLHANDEL DER DEUTSCHEN BP AG

F.N. STOCKEBRAND

1. **Die Organisation des Ressorts Mineralölmarketing der Deutsche BP AG.**

2. **Die Bedeutung der MVG'en im BP-Marketingkonzept.**

3. **Anforderungen an ein EDV-Konzept für den Mineralölhandel.**
   - **3.1 Aus Sicht der Anwender abgeleitete Anforderungen.**
   - **3.2 Aus Sicht des Bereiches ORG/DV abgeleitete Anforderungen.**
     - **3.2.1 Anforderungen an die Hardware und die Basissoftware incl. Programmiersprache.**
     - **3.2.2 Anforderungen an das Softwaresystem.**
     - **3.2.3 Grundsätzliche Anforderungen.**
   - **3.3 Zu beachtende Restriktionen.**

4. **Auf dem Markt für Hardware und Standardsoftware zum Zeitpunkt der Entscheidung angebotene Alternativen.**
   - **4.1 Kurze Darstellung der Vorgehensweise bei der Auswahl.**
   - **4.2 Ergebnis der Bewertung der Alternativen und Entscheidung.**

5. **Grobes Realisierungskonzept.**

6. **Darstellung der einzelnen Komponenten des Realisierungskonzeptes für das Steuerungs- und Informationssystem.**

7. **Gegenwärtiger Stand der Realisierung.**

8. **Welche Schlüsse müssen wir aus welchen Fehlern ziehen.**

8.1 Schulung.

8.2 Betreuung während der Einführung/Anlaufphase.

8.3 Anforderungen hinsichtlich Ablaufsicherheit der Programme, Qualität der Datensicherung und Intensität der Bedienerführung.

8.4 Möglichkeiten der Ferndiagnose und des Ferneingriffes.

8.5 Verträge mit Hardware-Lieferanten.

8.6 Planung des Projektes und "laufende" Überwachung auf Planeinhaltung.

8.7 Last but not least ein Appell an die Nutzer aus dem Mund eines Nutzers.

Anlage 1
Anlage 2
Anlage 3

1. Die Organisation des Ressorts Mineralölmarketing der Deutsche BP AG

Beim Mineralölmarketing der Deutsche BP AG werden folgende Absatzwege benutzt:

- Vermarktung von Vergaserkraftstoffen, Dieselkraftstoff und Markenschmierstoffen an den Endverbraucher durch Tankstellen.
- Verkauf von Kraft-, Brenn- und Schmierstoffen und sonstiger Produkte durch Verkaufsniederlassungen
  - . direkt an den Endverbraucher
  - . über Absatzmittler (Kommissionäre)
  - . an den unabhängigen Handel
- Verkauf von flüssigen und festen Brennstoffen, von Schmierstoffen und Dieselkraftstoff durch Tochtergesellschaften, die organisatorisch den Verkaufsniederlassungen zugeordnet sind und von diesen gesteuert werden. Die Tochtergesellschaften werden im folgenden Mineralölvertriebsgesellschaften / MVG'en genannt.
- Verkauf von bestimmten Produkten (z.B. Bitumen, Flüssiggas, Bunkerölen, Flugkraftstoffen) durch in der Zentrale "aufgehängte" Abteilungen.

Im folgenden beschäftigen wir uns mit dem Mineralölmarketing der Mineralölvertriebsgesellschaften.

2. Die Bedeutung der MVG'en im BP-Marketingkonzept

Mit der Gründung von Tochtergesellschaften in der Rechtsform der GmbH werden folgende Ziele verfolgt:

- Vergrößerung des im Vergleich zu anderen Absatzkanälen profitableren Endverbrauchergeschäftes.
- Ergebnisverbesserung durch günstigere Kostenstrukturen als innerhalb der BP.

- Erreichung einer hohen Absatzsicherheit bei Aufrechterhaltung der notwendigen Flexibilität.
- Schaffung der Voraussetzungen, günstige Beschaffungsgelegenheiten auf dem freien Markt auszunutzen.

Insgesamt kann gesagt werden, daß die Gründung der Mineralölvertriebsgesellschaften eines der wesentlichen Elemente der BP-Marketingstrategie der letzten 2-3 Jahre gewesen ist.

Das Ziel dieses Referates besteht darin, sowohl für den EDV-interessierten Marketer als auch den Marketing-interessierten EDV'er Aussagen zu machen über unsere Erfahrungen im Zusammenhang mit der Planung, Entwicklung und Einführung eines EDV-gestützten Informationssystems für das Netz unserer ca. 40 MVG'en.

3. Anforderungen an ein EDV-Konzept für den Mineralölhandel

Im Frühjahr 1979 erging der Auftrag an den Bereich ORG/DV, für die MVG'en ein EDV-System zu konzipieren und zu realisieren.

Im folgenden wird dargestellt, welche Anforderungen an das zu entwickelnde System gestellt wurden, bevor mit dem eigentlichen Systemdesign begonnen wurde.

Für den EDV-Interessierten sei an dieser Stelle vermerkt, daß die Entwicklung neuer EDV-Systeme im Hause BP in einem stufenweisen Prozeß erfolgt:

1. Stufe: Feasibility Study
   - Herausarbeitung der Problemstellung
   - Erarbeitung der an das System zu stellenden Anforderungen
   - Erarbeitung des groben Lösungskonzeptes
   - Durchführung einer Kosten-/Nutzenanalyse
   - Abgabe einer Empfehlung einschl. Realisierungsplan.

   Die erste Stufe schließt mit der vom Auftraggeber vor dem Hintergrund der Untersuchungsergebnisse zu fällenden Entscheidung, ob ein Realisierungsauftrag an den Bereich ORG/DV erteilt werden soll.

2. Stufe: Systemrealisierung

- Erarbeitung des Detailkonzeptes
  - Programmsystem
  - Dateisystem
  - Definition der Schnittstellen zu anderen Systemen
- Programmierung
- Test
- Anwenderschulung
- Implementierung

Im folgenden beschäftigen wir uns zunächst mit dem Punkt "Erarbeitung der an das System zu stellenden Anforderungen".

3.1 Aus Sicht der Anwender abgeleitete Anforderungen

Als Anwender definieren wir die MVG'en, die regionalen Marketing Center und die Zentralebereiche Marketing-Koordination, Rechnungswesen und Betriebswirtschaft/Finanzen/Controlling.

Bei der Konzeption soll versucht werden, folgenden Anwenderforderungen bezüglich des Softwarekonzeptes Genüge zu leisten:

- Aktive Verkaufsunterstützung durch Bereitstellung entscheidungsrelevanter Informationen für den Verkäufer.
  Unter aktiv verstehen wir:
  - Bereitstellung der Informationen in dem Augenblick, in dem der Verkäufer aktiv ist:
    entweder ruft ihn der Kunde an oder er nimmt zum Kunden Kontakt auf.
  - Das System stellt alle über den Kunden gespeicherten Daten zur Verfügung - in einer Form aufbereitet, die auf die Belange des Verkäufers zugeschnitten ist
  - Die Informationen sind umfassend:
    beginnend bei den in der Vergangenheit getätigten Verkäufen bis hin zum Stand des Kundenkontos, dem Kreditlimit und dem theoretischen Bestand an Heizöl, der laufend auf Basis des Temperaturverlaufes fortgerechnet wird.
  - Das System soll aktivierend wirken:
    der Verkäufer soll durch im System gespeicherte Termine und vom System verwaltete Kundenkenngrößen aktiviert werden (sobald der im System fortgerechnete, theoretische Heizölbestand

ein bestimmtes Limit erreicht hat, wird eine Nachricht an den verantwortlichen Verkäufer generiert).

- Arbeitserleichterung durch die maschinelle Erstellung aller Papiere (Auftragsbestätigungen, Lieferscheine, Rechnungen, Mahnungen, Briefe, Systemprotokolle, Tourenlisten, Abrechnungen, Statistiken u.ä.m.).
- Optimale Einbeziehung auch der relevanten Buchhaltungsdaten für das Verkaufsgeschäft (Kundenbonität, Stand und Einzelposten des Kundenkontos).
- Reduzierung des manuell eingegebenen Informationsvolumens durch Schaffung eines integrierten Systems bestehend aus:
  - Finanzbuchhaltung
  - Auftragserfassung
  - Fakturierung
  - Verkaufsinformationssystem
  - Lohn und Gehalt
  - Konzernberichterstattung
- Reduzierung der bislang manuell zu erstellenden Informationen für Controlling-Zwecke.
- Verbesserung der MVG-internen Kontrollmöglichkeiten für alle Lagerbewegungen und Warenbestände durch permanente maschinelle Sollbestandsrechnung.
- Erhöhung der Wirtschaftlichkeit des Betriebes durch Bereitstellung spezieller Ertrags- und Wirtschaftlichkeitsanalysen bezogen auf:
  - Einzelartikel, Artikelgruppen
  - Verkäufer
  - Kunden
  - Transportmittel.
- Erhöhung der Termin- und Sachsicherheit des Informationssystems.
- Verbesserung der Überwachung und Steuerung der Geldmittelflüsse

Soweit die Anforderungen, die bezüglich der vom EDV-System bereitzustellenden Informationen gestellt wurden.

An das Hardwaresystem selber wurden folgende Anforderungen gestellt:

- Preiswert
- Einfach zu bedienen
- Zuverlässig

- Platzbedarf möglichst gering
- Ausbaubar
- Möglichst geringe bauliche Veränderungen
- Geringe Lärmbelästigung
- Möglichst keine Klimatisierung.

Soweit die Darstellung der aus Anwendersicht gestellten Anforderungen an das System.

3.2 Aus Sicht des Bereiches ORG/DV abgeleitete Anforderungen

Der Bereich ORG/DV ist zuständig für die Entwicklung und Implementierung neuer und die laufende Ausgestaltung in Routine befindlicher EDV-Systeme für die Deutsche BP AG und ihre "Töchter".

Bis zur Erteilung des Auftrages über die Entwicklung des hier behandelten EDV-Systems hatte der Bereich mit eindeutigem Schwerpunkt bei Großrechnersystemen gearbeitet. Insofern stellte die neue Aufgabe schon alleine eine besondere Herausforderung an Fachwissen und Organisation.

Erschwerend ist die Tatsache, zu beurteilen, daß das System in mindestens 40 MVG'en - verteilt über die gesamte BRD - und gegebenenfalls zusätzlich bei BP-Kommissionären und unabhängigen Mineralölhändlern implementiert werden soll. Deshalb erfolgte für die ersten Schritte Einbeziehung von SCS, einem maßgeblichen deutschen Softwarehaus, das eine 100 %ige Tochter der Deutsche BP AG ist und mit Systemen dieser Größenordnung umfangreiche Erfahrungen hat.

Abgeleitet aus den Erfahrungen mit Großrechnersystemen und den besonderen Gegebenheiten des in Frage stehenden Systems wurden folgende Anforderungen aus Sicht des Bereiches ORG/DV definiert:

3.2.1 Anforderungen an die Hardware und die Basissoftware incl. Programmiersprache

- Das auszuwählende Hardwaresystem muß von der Kapazität her nach oben ausweitbar sein.
- Das System muß nach oben voll konpatibel sein.

- Das System muß dialogfähig sein.
- An die Basissoftware müssen gewisse Mindestanforderungen gestellt werden.
- Die Programmiersprache muß leicht erlernbar und auf Kleinrechnern möglichst universell nutzbar sein.
- Nach Möglichkeit soll es ein universell einsetzbares Hardwaresystem sein, so daß die bei der Realisierung gemachten Erfahrungen auch späteren Projekten zugute kommen können.

3.2.2 Anforderungen an das Softwaresystem

- Die Verfügbarkeit vorhandener, bereits breit eingesetzter Standardsoftware erhielt einen großen Stellenwert insbesondere wegen der knappen Personalkapazität im Bereich ORG/DV und wegen der Priorität, die diesem Vorhaben gegeben wurde.
- Nach Möglichkeit Hard- und Standardsoftware aus einer Hand wegen negativer anderweitiger Erfahrungen in der Vergangenheit.
- Wegen des Einsatzes der Systeme an Stellen des Unternehmens, die bislang keine oder nur sehr geringe Erfahrungen mit der EDV gesammelt haben erhielten
  - Ablaufsicherheit der Programme
  - Zuverlässigkeit des Gesamtsystems
  - Bedienerführung
  - Qualität der Datensicherung
  - Möglichkeiten der Ferndiagnose und des Ferneingriffes und
  - Ausbaubarkeit

  die höchste Priorität.

3.2.3 Grundsätzliche Anforderungen

Durch die Realisierung des Projektes sollte die "Kleinrechnerphilosophie" in den Bereich ORG/DV und damit die BP getragen werden. Damit erhielt das Projekt neben der rein sachlichen Bedeutung eine zusätzliche Dimension, die eher grundsätzlicher Art war:
- das Projekt dient als Pilotprojekt für die Beantwortung der Frage: "Können wir unsere bei der Entwicklung, Realisierung, Einführung und Pflege von Großrechnersystemen gemachten Erfahrungen einfach auf Kleinrechnersysteme übertragen?"

- das Projekt dient als Pilotprojekt für die Beantwortung der Frage: "Bieten Kleinrechnersysteme in Wirklichkeit die gleiche Mächtigkeit wie Großrechnersysteme verbunden aber mit dem Vorteil der gezielten Bereitstellung von maschineller Intelligenz vor Ort?"

Weiterhin muß berücksichtigt werden, daß bislang kein anderes unserer Systeme 40 Mal verteilt über die BRD implementiert ist - und daß in aller Regel an Stellen, die bislang keine oder nur wenig Erfahrung mit der Datenverarbeitung gemacht haben. Aus diesen Fakten erwuchsen zusätzliche Anforderungen, die über das normale Ausmaß hinausgingen:

- Im Bereich ORG/DV muß in Zukunft ein hohes Ausmaß an Service-Bereitschaft bezüglich der Software bereitgehalten werden. Während Großrechnersysteme in Routineeinsatz in den meisten Fällen von nur einem verantwortlichen Mitarbeiter gewartet werden, wird in dem vorliegenden Fall die Wartung in Zukunft durch zwei Mitarbeiter erfolgen.
- Da die Mitarbeiter in den Tochtergesellschaften nur in Ausnahmefällen über EDV-Know-how verfügen, wurden an die Auswahl des Realisierungsteams des Bereiches ORG/DV besondere Anforderungen an
  . Allgemeinverständlichkeit des Ausdruckes
  . Pädagogische Fähigkeiten im Zusammenhang mit der Schulung und Einführung
  . Geduld bei der Diskussion von aufgetretenen Problemen

  gestellt.
- Die Gesamtlaufzeit des Projektes von der Feasibility-Studie bis zum Abschluß der Einführung wird voraussichtlich ca. drei Jahre betragen. Dieser Zeitraum stellt ebenfalls erhebliche Anforderungen an das Engagement der Mitarbeiter des Bereiches ORG/DV.
- Die Auftraggeber für die Entwicklung des Systems sind nicht die Tochtergesellschaften sondern der Bereich Marketing-Koordination. Die zuständige Abteilung des Bereiches verfügt nur über wenig Erfahrung bezüglich der Mitwirkung bei der Entwicklung von EDV-Systemen. Auch durch diese Tatsache ergaben sich spezifische Anforderungen an die Realisierung.

3.3 Zu beachtende Restriktionen

Das zu realisierende Konzept muß so flexibel sein, daß es sich auch für die Vermarktung an BP-Kommissionäre und unabhängige Mineralölhändler eignet. Ob die Vermarktung an Dritte über die BP, über SCS oder über das Softwarehaus, mit dem zusammen die Entwicklung erfolgt, abgewickelt werden soll, bleibt noch zu entscheiden. Wir planen jedenfalls, noch in 1980 bis zu fünf Installationen bei BP-Kommissionären vorzunehmen.

4. Auf dem Markt für Hardware und Standardsoftware zum Zeitpunkt der Entscheidung angebotene Alternativen

Vor dem Hintergrund der im vorhergehenden Gliederungspunkt geschilderten Anforderungen erfolgte eine Analyse des Hard- und Softwaremarktes.

In die engere Auswahl wurden nach der im März 1979 zusammen mit SCS erfolgten Vorauswahl folgende Hersteller einbezogen:

		vorhandene Anwendersoftware "Steuerungs- und Informationssystem"
IBM	Serie/1	-
ICL	System TEN/220	BLAI
KIENZLE	MCS 6100-8/9066	KIMEN
NIXDORF	SYSTEM 8870/1	PROTHERM
PHILIPS	SYSTEM P430	-
WANG	SYSTEM 2200T	-

4.1 Kurze Darstellung der Vorgehensweise bei der Auswahl

Vom Verkauf/bestimmten MVG'en wurde ein für das MVG-Netz repräsentatives Mengengerüst zur Verfügung gestellt (Anzahl Kunden, Anzahl Artikel, Anzahl Ablieferungen, Anzahl Lieferscheine, Anzahl Mahnungen, Umfang des Fuhrparkes etc.). Durch dieses Mengengerüst wurden die wichtigsten quantitativen Anforderungen an die zu installierenden Systeme definiert, wobei von vornherein gewisse Größenklassen der MVG'en definiert wurden. Auf Basis dieses repräsentativen Zahlenmaterials erfolgte eine Hochrechnung auf alle 40 MVG'en. Als Ergebnis lag damit eine nach Größenklassen und Anzahl der MVG'en pro Klasse differenzierte Struktur der quantitiativen Anforderungen an die Hardware-Konfiguration vor.

Außerdem wurde versucht, eine Aussage über die voraussichtliche Entwicklung der Kenngrößen pro Gruppe zu machen.

Auf Basis dieser Struktur wurden dann die reinen Hardwarekosten der alternativen Anbieter ermittelt, wobei sich relativ früh herauskristallisierte, daß aus grundsätzlichen, hier nicht zu diskutierenden Gründen, nur die Variante Kauf in Frage käme.

Zusätzlich wurden die einmaligen Einführungskosten und die Hardware-Wartungskosten - kapitalisiert über einen Zeitraum von 72 Monaten - berücksichtigt.

Im nächsten Schritt wurde versucht, das Problem der Software in den Griff zu bekommen. Die oben angedeuteten Alternativen unterscheiden sich dadurch voneinander, daß für drei Rechnersysteme Standardpakete, die z.T. erheblich anzupassen wären, angeboten wurden, während für zwei Systeme keine Standardsoftware angeboten wurde (wir beziehen uns an dieser Stelle nur auf die Software für das Steuerungs- und Informationssystem und nicht auf die Finanzbuchhaltung oder das System Lohn/Gehalt, die natürlich auch in die Bewertung eingingen). Deshalb mußten zusätzlich zu den Kaufpreisen Schätzungen über den notwendigen Anpassungsaufwand bzw. über die Kosten der Eigenentwicklung bzw. Kosten der Erstellung durch ein Softwarehaus in den Entscheidungsprozeß eingehen. Im letzten, rein quantitativen Step, wurden schließlich Aussagen über die zu erwartenden Beträge aus der Vermarktung des Systems an Kommissionäre erarbeitet.

4.2 Ergebnis der Bewertung der Alternativen und Entscheidung

Aus dem Saldo aus den über einen Zeitraum von 72 Monaten für 40 Installationen kapitalisierten Gesamtkosten und den Vermarktungserträgen ergab sich folgende anonymisierte Rangfolge:

A	4,533	Mio DM
B	4,606	Mio DM
C	4,782	Mio DM
D	5,220	Mio DM

Zwei der zunächst in die engere Auswahl einbezogenen Anbieter wurden bereits während des eben geschilderten Bewertungsprozesses ausgeschlossen.

Im nächsten Schritt erfolgte die Bewertung der nicht direkt quantifizierbaren Auswahlkriterien:

- Hardware-Ausbaufähigkeit
- Datensicherung
- Betriebssystem
- Progr. Sprache
- Qualität der angebotenen Standardsoftware
    - Finanzbuchhaltung
    - Lohn und Gehalt
    - Steuerungs- und Informationssystem
- Qualität des Wartungsservice
- Erfahrungen, die BP/SCS bereits mit dem Anbieter gemacht haben
- Vermarktungschancen auf dem Drittmarkt
- Verwendbarkeit der Hardware als Standardkonzept für Kleinrechnerlösungen für die BP und ihre Töchter.

Am Schluß dieses Bewertungsschrittes ergab sich für die vier Anbieter folgende Rangfolge:

A	2140	Punkte
B	2085	Punkte
D	1965	Punkte
C	1905	Punkte

Bemerkenswert ist u.E., daß sowohl die quantitative Bewertung als auch die nicht direkt quantifizierbare Beurteilung zu einer sehr engen Rangfolge führte. Interessehalber sei auch angemerkt, daß bei nicht eindeutiger Führung die Rangfolge der nicht direkt quantifizierbaren Kriterien den Ausschlag gegeben hätte.

Damit lag der Anbieter A sowohl im Hinblick auf die rein kostenmäßige Betrachtung als auch die nicht direkt quantifizierbare Bewertung an der Spitze.

Das bedeutet gleichzeitig, daß das Steuerungs- und Informationssystem selbst zu entwickeln ist - es handelt sich im übrigen um das WANG SYSTEM 2200T.

Während des hier geschilderten Entwicklungsprozesses kristallisierte sich die Erkenntnis heraus, daß im Falle einer erforderlichen Eigenentwicklung ein Softwarehaus aktiv beteiligt werden würde, weil der Bereich ORG/DV weder kapazitativ in der Lage war, die volle Last zu tragen noch sich ausreichend qualifiziert fühlte, dieses Großprojekt ohne sachverständige fremde Hilfe erfolgreich durchzuführen (dieses war immerhin unser erstes großes Kleinrechnerprojekt und würde insofern in jedem Fall eine gewisse Signalwirkung haben).

5. Grobes Realisierungskonzept

Eingangs wurde bereits kurz auf die einzelnen Komponenten des Gesamtkonzeptes eingegangen. An dieser Stelle soll nur ein grober Überblick gegeben werden, wobei schon jetzt darauf hingewiesen wird, daß der Schwerpunkt des Referates bei dem Steuerungs- und Informationssystem liegt.

- Bei dem Subsystem Finanzbuchhaltung soll es sich gemäß der Anforderungen um ein dialogorientiertes, mandantenfähiges und auf der Warenseite auf die spezifischen Anforderungen des Artikelprogrammes der Mineralölvertriebsgesellschaften zugeschnittenes System handeln. Weiterhin sind besondere Anforderungen im Hinblick auf die Konzernberichterstattung für die Erstellung der konsolidierten Bilanz sowohl bei der Deutsche BP AG als auch bei der 'The British Petroleum Company Ltd.' zu erfüllen.

  Da im Zusammenhang mit der Realisierung eines vergleichbaren Buchhaltungssystems für die Deutsche BP Chemie GmbH schon entsprechende Erfahrungen und ein komplettes Konzept vorlagen, bestand in diesem Bereich bereits eine ideale Ausgangslage.

- Bei dem Subsystem Lohn/Gehalt soll es sich um ein mandantenfähiges ordinäres Abrechnungssystem handeln. Auf eine Ausgestaltung in Richtung Personalinformationssystem wurde kein Wert gelegt. Das Subsystem Lohn/Gehalt ist als ein unabhängiges Subsystem zu entwickeln, da es nicht bei allen Mineralölvertriebsgesellschaften implementiert werden soll (lohnt sich erst ab ca. 5 Mitarbeiter).

- Das Subsystem Auftragserfassung/Fakturierung ist das Bindeglied zwischen dem Steuerungs- und Informationssystem und dem Finanzbuchhaltungssystem, wobei es vom Systemkonzept her wahrscheinlich richtiger wäre, die Auftragserfassung/Fakturierung (incl. Lieferscheinschreibung und -verarbeitung) als Modul des Steuerungs- und Informationssystems anzusehen. Die besonderen Merkmale des Subsystems bestehen darin, daß

  . die Auftragserfassung im Dialog am Bildschirm während des Telefongespräches mit dem Kunden erfolgt,
  . dem Verkäufer für den Dialog mit dem Kunden umfangreiche Informationen über den Kunden
    - bezüglich seines Kaufverhaltens (was, wie oft, zu welchen Preisen, mit welchen Deckungsbeiträgen)
    - bezüglich seines Zahlungsverhaltens (gewährtes Kreditlimit, Kennziffer Zahlungsverhalten, Ausnutzung des Kreditlimits)
    - und über die Bestandssituation der einzelnen Sorten

    am Bildschirm zur Verfügung gestellt werden.

  Lieferscheinschreibung und Fakturierung erfolgen als Batch-Läufe.

- Das Subsystem Steuerungs- und Informationssystem (incl. Wareneinganserfassung und Bestandsverwaltung) soll - grob - folgende Anforderungen erfüllen:

  . schnelle, gezielte Information über Bildschirmabrufe
  . umfangreiche detaillierte Informationen über Listen-Output aus Batch-Läufen

  auf den Ebenen

  . einzelner Kunde
  . Kundengruppen (nicht über Bildschirm)

- Artikel
- Artikelgruppen (nicht über Bildschirm)
- Fahrzeuge (nicht über Bildschirm)
- Läger.

Auf den Ebenen "Kundengruppe" und "Artikelgruppe" werden sowohl Plan- als auch Istzahlen und Abweichungskenngrößen gegeben.

Informationen über Kostenarten und Kostenstellen werden aus dem Finanzbuchhaltungssystem bereitgestellt.

6. Darstellung der einzelnen Komponenten des Realisierungskonzeptes für das Steuerungs- und Informationssystem

Gedankliche Grundlage des gesamten Softwarekonzeptes des MVG-Systems ist die Menütechnik. Sie beruht im wesentlichen in der Schaffung der im Hinblick auf die Programmsteuerung erforderlichen Voraussetzungen für einen stufenweisen Auswahlprozeß, der durch den Nutzer am Bildschirm gesteuert wird und der in den einzelnen Bausteinen möglichst eng auf eine ganz bestimmte Aufgabe, die der Nutzer zu erfüllen hat, abgestellt ist. So besteht das gesamte Softwarekonzept aus den Hauptmenüs:

- Steuerungs- und Informationssystem[1)]
- Finanzbuchhaltung
- Lohn / Gehalt

Jedes Hauptmenü zeichnet sich nun dadurch aus, daß es aus Untermenüs besteht. Dieser Zusammenhang ist beispielhaft für das Hauptmenü "Steuerungs- und Informationssystem" und die Untermenüs "Kundenübersicht" und "Verkaufsstatistiken" auf der Folgeseite dargestellt.

[1)] Auftragserfassung/Fakturierung sind Teile des Steuerungs- und Informationssystems.

H A U P T D I A L O G E

CODE	BEZEICHNUNG	CODE	BEZEICHNUNG	
Steuerungs- und Informationssystem:				
1	PFLEGE TAGESWERTE (GRADTAGE/FAKTOR)			
2	KUNDENÜBERSICHT →	O	OFFENE POSTEN	)
3		T	TERMINE/NOTIZEN	) Bild-
4	AUFTRAGSVERWALTUNG	N	PFLEGE TERMINE/NOTIZEN	)
5	LIEFERSCHEINE	W	WARENEMPFANGSSTELLEN	) schirm-
6	FAKTURIERUNG	E	ERFASSEN KURZAUFTRAG	)
7	ARTIKELVERWALTUNG	L	ABLIEFER-SÄTZE ODER	) pro-
8	LAGERVERWALTUNG		ARTIKEL-NR.	) gramme
	WARENEINGANG	G	GRUPPENÜBERSICHT	)
9		K	NÄCHSTER KUNDE	)
10	HEIZÖLVORRATSÜBERWACHUNG	A	AUFTRAG ERFASSEN	)
11	TKW-VERWALTUNG			
12	SONDERPROGRAMME			
13	EDV-SYSTEMVERWALTUNG			
14	STATISTIKEN →	CODE	BEZEICHNUNG	
15				
16	MONATS-/JAHRES-ABSCHLUSS	1	ERLÖSE NACH PRODUKTGRUPPEN	)
17		2	KUNDEN-ARTIKELGRUPPEN	)
18	KUNDEN-ÜBERSICHT	3	ERLÖSE JE ABNEHMERGRUPPE	) Batch-
Buchhaltung:		5	ERLÖSE NACH PARTIENGRUPPEN	)
		6	VERTRETER/VERKÄUFERSTATISTIKEN	) pro-
		8	MANAGEMENT INFO	) gramme
Lohn / Gehalt:		12	PRODUKTÜBERSICHT ARTIKEL	)
		14	TAGES-ERLÖSÜBERSICHT	)

Ruft z.B. ein Kunde in der MVG an, wird sich der Verkäufer auf seinem Bildschirm zunächst die Kundenübersicht anzeigen lassen. Dafür hat er, wenn er sich im Hauptmenü "Steuerungs- und Informationssystem befindet, Code 2 einzugeben. Im nächsten Schritt wird der Verkäufer aufgefordert, die Kundennummer für einen direkten Zugriff einzugeben. Sollte das dem Verkäufer nicht möglich sein, kann er sich über einen Zwischenschritt durch Eingabe eines Alpha-Kurztextes alle Kunden anzeigen, auf die dieses Kriterium zutrifft. Durch Eingabe der richtigen laufenden Nummer erhält er dann die richtige Kundenübersicht.

Die einzelnen Schritte zum Aufruf der Kundenübersicht - wie oben dargestellt - werden in Anlage 1 anhand des dokumentierten Bildschirmdialoges gezeigt.

Wie der Name sagt, dient die Kundenübersicht dazu, dem Verkäufer auf einen Blick die wichtigsten Informationen mitzuteilen:

Kundenname/-anschrift
Kreditlimit (K-Limit)
Nicht ausgeschöpfter Kreditspielraum (L-Rest)
Zahlungsverhalten (Zahl-Vh.)
Vertragsart (Vertr.)
Beistellung von Leihgebinden (Leihg.)
Kundenspezifische Notizen (Notiz)
Zahlungsplan (Zahlpl.)
Zahlungsbedingungen (Zahl-B)
Bankenverrechnungsverfahren (BVV)
Tankvolumen (Tank-Gr.)
Tankfreiraum (frei)
Hinweis auf mehrere Warenempfangsstellen (WEST)

Die übrigen Bezeichnungen sprechen für sich.

Die Kundenübersicht eines hypothetischen Kunden ist in Anlage 2 dargestellt.

In Anlage 3 werden schließlich die übrigen direkt über den Bildschirm aufrufbaren Kundenauswertungen anhand von Testdaten dargestellt.

Zum Schluß verzweigt der Verkäufer in unserem hypothetischen Beispiel in das Menü "Statistiken"/Code 14. Wir halten es nun nicht für erforderlich, auf die einzelnen Auswertungen dieses Blockes näher einzugehen, da jeder Marketer mit den Bezeichnungen gewisse Vorstellungen verbindet. Es geht uns vielmehr darum, darzustellen, wie flexibel ein derartig gestaltetes Steuerungs- und Informationssystem auf unterschiedliche Anforderungen reagiert. Es muß allerdings darauf hingewiesen werden, daß diese Anforderungen von den Marketern zum Zeitpunkt der Systemkonzeption vorgedacht werden müssen, denn sie werden in der Realisierungsphase in am Bildschirm aufrufbare Programme umgesetzt. Die Qualität eines derartigen Systems hängt damit ganz wesentlich davon ab, was und wie gut der Anwender seine späteren Anforderungen vorgedacht hat - insbesondere bei einem System wie dem vorgestellten, weil

- das Nutzerpersonal auch langfristig nur über das absolute Minimum an EDV-Know-how verfügen soll und damit eine Selbsthilfe bei ad hoc auftretenden zusätzlichen Informationsbedürfnissen praktisch ausgeschlossen ist;
- die sachverständigen Datenverarbeiter in aller Regel weit entfernt sitzen und das System auch in Zukunft ein einheitliches Konzept ohne individuelle Lösungen bleiben soll und schließlich
- nicht daran gedacht wird - eventuell auch erst zu einem späteren Zeitpunkt - einen Anwender-gesteuerten Report-Generator zur Erzeugung von individuellen Auswertungen bereitzustellen.

7. Gegenwärtiger Stand der Realisierung

Die Realisierung des EDV-Konzeptes ist in den wesentlichen Punkten abgeschlossen.

Das Hardwaresystem ist gegenwärtig bei 18 MVG'en installiert mit den Subsystemen Finanzbuchhaltung, Lohn/Gehalt und Auftragserfassung/Fakturierung.

Der Test des Steuerungs- und Informationssystem läuft gegenwärtig bei einer Hamburger MVG. Die bisherigen Testergebnisse sind positiv, so daß noch im Oktober mit der Routineeinführung begonnen werden kann.

Bei der Hardware hat sich insofern eine Änderung ergeben, als die 2200T von WANG nicht mehr offiziell angeboten wird. WANG wäre aber in der Lage, die restlichen der 40 vertraglich vereinbarten Systeme zu liefern. Vor diesem Hintergrund haben wir uns entschieden, keine weiteren 2200T zu installieren, sondern für Einplatzsysteme (ein Bildschirmarbeitsplatz - wird nur bei den kleinen MVG'en installiert) die VP und Mehrplatzsysteme die MVP zu installieren.

8. Welche Schlüsse müssen wir aus welchen Fehlern ziehen

8.1 Schulung

Obwohl wir der Schulung eine große Bedeutung gegeben hatten - ursprünglich waren drei Tage pro MVG geplant - wurden wir von der Realität überholt. Wir rechnen jetzt mit fünf Tagen pro Installation, die wir auf zwei bis drei Besuche aufteilen.

Im nachhinein muß man feststellen, daß wir automatisch unsere Großrechnererfahrungen als Schätzwerte angesetzt hatten. Das mußte falsch sein, weil

- dort der Anwender in aller Regel bereits in der Vergangenheit EDV-Erfahrungen gesammelt hat
- und weil trotz der starken Ausrichtung auf die Bedürfnisse des Anwenders durch die starke Einbindung des ungeübten Anwenders der Aufwand - auch zur Überwindung psychologischer Hemmnisse - außerordentlich hoch ist.

Vor dem Hintergrund dieser Erfahrungen können wir die allgemein bekannte und immer wieder vernachlässigte Tatsache, daß eine gute Anwenderschulung die "halbe Miete" ist, nur bestätigen.

8.2 Betreuung während der Einführung/Anlaufphase

Auch nach der Intensivierung der Schulungsaktivitäten hatte die allgemein bekannte und immer wieder vernachlässigte Tatsache, daß eine verständnisvolle, individuelle und schlagkräftige Unterstützung bei unweigerlich vor Ort auftretenden Problemen die "zweite Hälfte der Miete" ist.

Neben der intensiven Einbeziehung des späteren Nutzers in den ganzen Entwicklungsprozeß sind gerade die Phasen "Schulung" und "Einführungsbetreuung" von außerordentlich großer Bedeutung für die Akzeptanz bei den Nutzern. Durch Nachlässigkeiten kann hier ein kaum behebbarer Schaden angerichtet werden.

8.3 Anforderungen hinsichtlich Ablaufsicherheit der Programme, Qualität der Datensicherung und Intensität der Bedienerführung

Obwohl bei der Konzeption des Systems gerade auf diese Gesichtspunkte großer Wert gelegt wurde, mußten wir noch während der Realisierungsphase Verbesserungen hinsichtlich dieser Punkte einbauen. Wir sind der Auffassung, daß wir heute über ein "wasserdichtes" System verfügen, daß auch von dem DV-Neuling nicht mehr "auf's Kreuz" gelegt werden kann.

8.4 Möglichkeiten der Ferndiagnose und des Ferneingriffes

Durch eine umfassende Ablaufdokumentation haben wir die Möglichkeit einer einfachen Rekonstruktion von Fehlerzuständen auf dem Testsystem in Hamburg durch telefonische Kommunikation geschaffen. Von ähnlicher Bedeutung ist ein Programmbibliotheksverwaltungssystem, das auch individuelle Programmversionen für bestimmte Anwender unterstützt.

Auch diese beiden Komplexe wurden erst während der Realisierung erkannt. Es ist beachtenswert, daß wir auf diese Gefahrenquellen auch nicht durch die recht intensive Beschäftigung mit Standardpaketen während der Auswahlphase gestoßen sind bzw. wurden. Oder mit weniger vorsichtigen Worten: diese Gesichtspunkte spielen auf dem Standardsoftwaremarkt eine zu wenig ausgeprägte Rolle.

8.5 Verträge mit Hardware-Lieferanten

Obwohl wir uns im Hinblick auf die Vertragsgestaltung für recht erfahren hielten, wurden wir z.B. von der Tatsache überrascht, daß die von uns ausgewählte Rechnerfamilie plötzlich aus der Produktionspalette gestrichen wurde und nur eine Rahmenklausel im Vertrag bewahrte uns davor, plötzlich anspruchslos dazustehen.

8.6 Planung des Projektes und "laufende" Überwachung auf Planeinhaltung

Obwohl wir uns nach unserer Auffassung recht intensiv mit der Planung der Realisierung beschäftigt haben und wir über ein recht komplexes hausgemachtes Zeiterfassung- und Auswertungssystem verfügen, müssen wir im nachhinein feststellen, daß wir nicht genügend Intensität auf die Planung des Systems verwand haben.

8.7 Last but not least ein Appell an die Nutzer aus dem Mund eines Nutzers

Wir sollten nicht nur auf die Datenverarbeiter mit ihrem EDV-Chinesisch schimpfen und uns über mangelndes Verständis für unsere Wünsche und Schwierigkeiten beklagen, sondern auch bereit sein, Verständnis für die Schwierigkeiten der Datenverarbeiter aufzubringen, die mit einer "ganz kleinen Änderung" unserer Anforderungen verbunden sind.

Letztendlich ist ein EDV-Marketing-Projekt nur dann ein erfolgreiches EDV-Projekt, wenn ORG/DV und Marketing geschlossen über die letzte Hürde gegangen sind.

Anlage 1

```
Bu: 11.09.80      V I A M - P R O G R A M M E     Ta: 11.09.80
                    TESTFIRMA 2 / MAND: 2

          PRG-NR    CODE         BEZEICHNUNG
            1             TAGESWERTE (GRADTAG/FAKTOR)
            2             KUNDENUEBERSICHT
            4             * AUFTRAGS - VERWALTUNG
            5             * LIEFERSCHEINE
            6             * FAKTURIERUNG
            7             * ARTIKEL - VERWALTUNG
            8             * LAGERVERWALTUNG/WARENEING
           10             * H V UE  /  ZAHLPLAN
           11             * TKW - VERWALTUNG

                          EINGABE PRG-NR.:?
```

Hauptmenü Steuerungs- und Informationssystem

Teil 1

```
Bu: 11.09.80      V I A M - P R O G R A M M E     Ta: 11.09.80
                    TESTFIRMA 2 / MAND: 2

          PRG-NR    CODE         BEZEICHNUNG
           12             * SONDERPROGRAMME
           13             * EDV-SYSTEMVERWALTUNG
           14             * STATISTIKEN
           16             * MONATS-/JAHRES-ABSCHLUSS
           18             KUNDEN-UEBERSICHT

                          EINGABE PRG-NR.:?
```

Hauptmenü Steuerungs- und Informationssystem

Teil 2

```
Bu: 11.09.80      V I A M - P R O G R A M M E     Ta: 11.09.80
                    TESTFIRMA 2 / MAND: 2

      PRG-NR    CODE        BEZEICHNUNG
        1              TAGESWERTE (GRADTAG/FAKTOR)
        2              KUNDENUEBERSICHT
        4              * AUFTRAGS - VERWALTUNG
        5              * LIEFERSCHEINE
        6              * FAKTURIERUNG
        7              * ARTIKEL - VERWALTUNG
        8              * LAGERVERWALTUNG/WARENEING
       10              * H V UE  /  ZAHLPLAN
       11              * TKW - VERWALTUNG

                       EINGABE PRG-NR.:? 2
```

Auswahl des Untermenüs

"Kundenübersicht" = Code "2"

```
KUNDEN-UEBERSICHT TESTFIRMA 2

Kd.-Nr.? M.....
```

Kundennummer ist nicht bekannt. Verkäufer weiß, daß der Kundenname mit "M" beginnt.

```
KUNDEN-UEBERSICHT TESTFIRMA 2

 1 HERBERT REIMER        1000 BERLIN 30               100003
 2 GERHARD TREIER        2000 HAMBURG 100             100006
 3 JOHANN FRIEDRICH      2000 HAMBURG 73              100008
 4 KARL SCHMIDT          2000M HAMBURG 73             100010
 5 GERHARD FOERSTER      2000 HAMBURG 13              100013
 6 HANS KARGUS           2000                         100014
 7 HANS KARL             2000 HAMBURG 10              100016
 8 MMMMMMMMM             LLLLLL                       100017
 9 HANS MEIER            2000 HAMBURG 54              100001
10 DIETER MITZLAFF GMBH 2070 AHRENSBURG-OST /HEID 100020

NR, S, RET:? 10
```

System zeigt alle Kunden, deren Name mit "M" beginnt.

In diesem Fall sucht der Verkäufer den zehnten Kunden "Dieter Mitzlaff GmbH" und gibt den Schlüssel "10" ein.

```
KUNDEN-UEBERSICHT TESTFIRMA 2

Kd.-Nr.? 100020
```

Dieses ist der alternative Fall - die Kundennummer ist bekannt und wird vom Verkäufer eingegeben.

Anlage 2

```
KUNDEN-UEBERSICHT TESTFIRMA 2                        100020 Kd.-Nr.
----------------------------------------------      -184864 L-Rest
DIETER MITZLAFF GMBH   MASCHINENFABRIK N&K            30000 K-Limit
DORFERPFLASTERSTR. 123 2070 AHRENSBURG-OST /HEID          0 Zahl-Vh
Einkauf: BEATE SCHROE  Ruf: 04410200222            * mehrere WEST *
        VERMERK NAME EINKAEUFER NICHT VOLLSTAEND
                                                          0 Abn-Gr.
Vertr: X  Leihg: J   Notiz: J   Zahlpl: J Zahl-B: 2.0% 10/30 BVV
                S L D V M I K F H X        Rohg.-lfd-J:-157
Kunde bezieht:    x x x                    Rohg.-Vorj.: 0
                                TEXT1 12345        DIESEL
HEL                             Tank-Gr: 10000   frei: 0
Artikel Lf-Datum      Menge     V K P  Marge/Me     E K P
 87850  11,09,80    6666.00      0.00    -44.40     44.40
Wie  weitermachen   (RECALL hilft):? .....
```

Dieses ist die Antwort des Systems - die Kundenübersicht für die Firma Dieter Mitzlaff GmbH. Die Erläuterungen zu den einzelnen Positionen finden Sie im Textteil.

Anlage 3

```
KUNDEN-UEBERSICHT TESTFIRMA 2

Anwahlmoeglichkeiten

O - OFFENE POSTEN
T - TERMINE/NOTIZEN
N - PFLEGE -''-
W - WARENEMPFANGSSTELLEN
E - ERFASSEN KURZAUFTRAEGE
L - ABLIEFER-SAETZE oder
    ARTIKEL NR
G - GRUPPENUEBERSICHT
K - NAECHSTER KUNDE
A - AUFTRAG ERFASSEN

Wie  weitermachen   (RECALL hilft):? .....
```

Dieses sind nun die einzelnen Auswertungsmöglichkeiten des Untermenüs "Kundenübersicht". In diesem Beispiel ist der Start jeweils in der Kundenübersicht.

```
KUNDEN-UEBERSICHT TESTFIRMA 2                     100020 Kd.-Nr.
---------------------------------------------    -184864 L-Rest
DIETER MITZLAFF GMBH   MASCHINENFABRIK N&K          30000 K-Limit
DORFERPFLASTERSTR. 123 2070 AHRENSBURG-OST /HEID        0 Zahl-Vh
Einkauf: BEATE SCHROE  Ruf: 04410200222          * mehrere WEST *
        VERMERK NAME EINKAEUFER NICHT VOLLSTAEND
                                                        0 Abn-Gr.
Vertr: X  Leihg: J   Notiz: J   Zahlpl: J Zahl-B: 2.0% 10/30 BVV
             S L D V M I K F H X        Rohg.-lfd-J:-157
Kunde bezieht:   x x x                  Rohg.-Vorj.: 0
                                   TEXT1 12345       DIESEL
TEXT1 12345         DIESEL        Tank-Gr: 10000   frei: 0
Artikel Lf-Datum      Menge       V K P  Marge/Me     E K P
 12345  11,09,80    4000.00      123.40     31.32     92.08
Wie  weitermachen   (RECALL hilft):? 0....
```

Aufruf Offene Posten

```
KUNDEN-UEBERSICHT TESTFIRMA 2                     100020 KD.-NR.
--------------------------------------------     -214864 Saldo
DIETER MITZLAFF GMBH          MASCHINENFABRIK N&K
DORFERPFLASTERSTR. 123        2070 AHRENSBURG-OST /HEID

Beleg Datum  faellig      Rg-Betrag        gezahlt Text
    1  6,06  5,07,80        5000.00           0.00 RG
 1001  6,06  5,07,80       20340.00           0.00 RGAUSG. FD:310
 1002  6,06  5,07,80          90.40           0.00 RGAUSG. FD:310
 1003  6,06  5,07,80       10170.00           0.00 RGAUSG. FD:310
 1004  6,06  5,07,80          54.24           0.00 RGAUSG. FD:310
 1005  6,06  5,07,80        2538.71           0.00 RGAUSG. FD:310
 1006 12,05 11,06,80       46499.04           0.00 Lf 5008 /3100

'RETURN' oder S=Schluss:? .
```

Offene Posten

```
KUNDEN-UEBERSICHT TESTFIRMA 2                    100020 Kd.-Nr.
----------------------------------------------   -184864 L-Rest
DIETER MITZLAFF GMBH   MASCHINENFABRIK N&K         30000 K-Limit
DORFERPFLASTERSTR. 123 2070 AHRENSBURG-OST /HEID       0 Zahl-Vh
Einkauf: BEATE SCHROE  Ruf: 04410200222       * mehrere WEST *
       VERMERK NAME EINKAEUFER NICHT VOLLSTAENDIG
                                                        0 Abn-Gr.
Vertr: X  Leihg: J   Notiz: J   Zahlpl: J Zahl-B: 2.0% 10/30 BVV
                 S L D V M I K F H X      Rohg.-lfd-J:-157
Kunde bezieht:   x x x                    Rohg.-Vorj.: 0
                                TEXT1 12345          DIESEL
 TEXT1 12345        DIESEL      Tank-Gr: 10000     frei: 0
 Artikel Lf-Datum       Menge    V K P  Marge/Me     E K P
  12345 11,09,80    4000.00    123.40     31.32      92.08
Wie  weitermachen   (RECALL hilft):? T....
```

Aufruf Termine/Notizen

```
KUNDEN-UEBERSICHT TESTFIRMA 2                    100020 KD.-NR.
----------------------------------------------
DIETER MITZLAFF GMBH              MASCHINENFABRIK N&K
DORFERPFLASTERSTR. 123            2070 AHRENSBURG-OST /HEID

 lf-Nr    Datum Kz Text
     1 17,06,80  2 GEBURTSTAG
     2 18,06,80  2 NAMENSTAG
          * Ende *
'RETURN' oder  S=Schluss:?
```

Termine/Notizen

```
KUNDEN-UEBERSICHT TESTFIRMA 2                          100020 Kd.-Nr.
---------------------------------------------         -184864 L-Rest
DIETER MITZLAFF GMBH   MASCHINENFABRIK N&K              30000 K-Limit
DORFERPFLASTERSTR. 123 2070 AHRENSBURG-OST /HEID            0 Zahl-Vh
Einkauf: BEATE SCHROE  Ruf: 04410200222           * mehrere WEST *
        VERMERK NAME EINKAEUFER NICHT VOLLSTAEND
                                                            0 Abn-Gr.
Vertr: X  Leihg: J   Notiz: J   Zahlpl: J Zahl-B: 2.0% 10/30 BVV
            S L D V M I K F H X        Rohg.-lfd-J:-157
Kunde bezieht:   x x x                 Rohg.-Vorj.: 0
                                  TEXT1 12345        DIESEL
TEXT1 12345          DIESEL       Tank-Gr: 10000   frei: 0
Artikel Lf-Datum       Menge      V K P  Marge/Me      E K P
 12345  11,09,80     4000.00     123.40     31.32      92.08
Wie  weitermachen    (RECALL hilft):? N....
```

Aufruf Pflege Termine/Notizen

```
KUNDEN-NOTIZEN-PFLEGE                                   11.09.80
TESTFIRMA 2                                        KD.-NR:  100020

DIETER MITZLAFF GMBH                 2070 AHRENSBURG-OST /HEID

POS      DATUM  KZ   TEXT
 1)  17.06.80  2    GEBURTSTAG
 2)  18.06.80  2    NAMENSTAG

'S'=Schluss, 'N'=Neue Notiz, Kennziffer, 'RETURN':? ..
```

Aktueller Stand der Termine/Notizen.

Jetzt könnte ein neuer Termin/eine neue

Notiz eingegeben werden über Kennziffer "N".

```
KUNDEN-UEBERSICHT TESTFIRMA 2                        100020 Kd.-Nr.
---------------------------------------------       -184864 L-Rest
DIETER MITZLAFF GMBH   MASCHINENFABRIK N&K            30000 K-Limit
DORFERPFLASTERSTR. 123 2070 AHRENSBURG-OST /HEID          0 Zahl-Vh
Einkauf: BEATE SCHROE  Ruf: 04410200222          * mehrere WEST *
        VERMERK NAME EINKAEUFER NICHT VOLLSTAEND
                                                          0 Abn-Gr.
Vertr: X  Leihg: J   Notiz: J   Zahlpl: J Zahl-B: 2.0% 10/30 BVV
              S L D V M I K F H X         Rohg.-lfd-J:-157
Kunde bezieht:   x x x                    Rohg.-Vorj.: 0
                                    TEXT1 12345        DIESEL
TEXT1 12345          DIESEL         Tank-Gr: 10000   frei: 0
Artikel Lf-Datum      Menge         V K P  Marge/Me    E K P
 12345 11,09,80    4000.00      123.40     31.32      92.08
Wie  weitermachen   (RECALL hilft):? W....
```

Aufruf Warenempfangstellen

```
KUNDEN-UEBERSICHT TESTFIRMA 2                        100020 Kd.-Nr.

DIETER MITZLAFF GMBH          MASCHINENFABRIK N&K
DORFERPFLASTERSTR. 123        2070 AHRENSBURG-OST /HEID

    1    2000 HAMBURG BRONX (73 ODER RAHLSTEDT)     010001
    2    BAUSTELLE NORD                             010001
*Ende*
Nr, S:? 2
```

Ausweis von 2 Warenempfangstellen

- für Warenempfangsstelle 2 wird

die Kundenübersicht aufgerufen.

```
KUNDEN-UEBERSICHT TESTFIRMA 2                          100020 Kd.-Nr.
                                                        85135 L-Rest
DIETER MITZLAFF GMBH   MASCHINENFABRIK N&K             300000 K-Limit
DORFERPFLASTERSTR. 123 2070 AHRENSBURG-OST /HEID            0 Zahl-Vh
Ek: BEATE SCHROE                04410200222
    *ENGE EINFAHRT
WE: BAUSTELLE NORD                                          0 A-Gr
V: X        L: J        T: J        Z: J          ZB: 2.0% 10/30 BVV
S L D V M I K F H X                               Rohg- J:-157
  x x x                                           Rohg-VJ: 0

HEL
Artikel  Datum        Menge     V K P      Marge      E K P
87850   11,09,80    6666.00      0.00     -44.40      44.40
? .....
```

Kundenübersicht für die Warenempfangsstelle 2/ Baustelle Nord.

Beachtenswert ist der Hinweis auf die enge Baustelleneinfahrt. Hier könnte z.B. auch angemerkt werden, daß für DK-Anlieferungen ein 20 m langer Schlauch benötigt wird.

```
KUNDEN-UEBERSICHT TESTFIRMA 2                          100020 Kd.-Nr.
-------------------------------------------            -184864 L-Rest
DIETER MITZLAFF GMBH   MASCHINENFABRIK N&K              30000 K-Limit
DORFERPFLASTERSTR. 123 2070 AHRENSBURG-OST /HEID            0 Zahl-Vh
Einkauf: BEATE SCHROE  Ruf: 04410200222          * mehrere WEST *
       VERMERK NAME EINKAEUFER NICHT VOLLSTAEND
                                                            0 Abn-Gr.
Vertr: X  Leihg: J   Notiz: J   Zahlpl: J Zahl-B: 2.0% 10/30 BVV
            S L D V M I K F H X         Rohg.-lfd-J:-157
Kunde bezieht:   x x x                  Rohg.-Vorj.: 0
                                TEXT1 12345         DIESEL
TEXT1 12345       DIESEL        Tank-Gr: 10000   frei: 0
Artikel Lf-Datum     Menge      V K P  Marge/Me     E K P
 12345  11,09,80   4000.00    123.40    31.32      92.08
Wie  weitermachen   (RECALL hilft):? E....
```

Anscheinend hat der Kunde jetzt einen Auftrag plaziert. Der Verkäufer ruft jetzt die Maske für die Auftragserfassung "E" auf.

```
KUNDEN-UEBERSICHT TESTFIRMA 2                       100020 Kd.-Nr.

DIETER MITZLAFF GMBH          MASCHINENFABRIK N&K
DORFERPFLASTERSTR. 123        2070 AHRENSBURG-OST /HEID

Termin: 110980                Zeichen: 11.09.80

WE: 0
Va: VERMERK NAME EINKAEUFER NICHT VOLLSTAEND
Vn: *LANGER SCHLAUCH 40 M
Artikel: 87850       HEL
Menge..: 2340                 Preis:      54.00

OK (J/N) oder SF'16:? J
```

Mit dieser Maske erfolgt jetzt die Auftragserfassung

```
KUNDEN-UEBERSICHT TESTFIRMA 2                        100020 Kd.-Nr.
---------------------------------------------       -184864 L-Rest
DIETER MITZLAFF GMBH   MASCHINENFABRIK N&K            30000 K-Limit
DORFERPFLASTERSTR. 123 2070 AHRENSBURG-OST /HEID          0 Zahl-Vh
Einkauf: BEATE SCHROE  Ruf: 04410200222           * mehrere WEST *
      VERMERK NAME EINKAEUFER NICHT VOLLSTAEND
                                                          0 Abn-Gr.
Vertr: X  Leihg: J   Notiz: J   Zahlpl: J Zahl-B: 2.0% 10/30 BVV
             S L D V M I K F H X        Rohg.-lfd-J:-157
Kunde bezieht:   x x x                  Rohg.-Vorj.: 0
                                  TEXT1 12345        DIESEL
HEL                               Tank-Gr: 10000   frei: 0
Artikel Lf-Datum        Menge     V K P  Marge/Me     E K P
 87850  11,09,80      6666.00      0.00    -44.40     44.40
Wie  weitermachen    (RECALL hilft):? L....
```

Der Verkäufer verlangt jetzt eine Übersicht über die in den letzten 24 Monaten erfolgten Ablieferungen durch Aufruf von "L".

```
KUNDEN-UEBERSICHT TESTFIRMA 2                        100020 KD.-NR.
-----------------------------------------------
DIETER MITZLAFF GMBH        MASCHINENFABRIK N&K
DORFERPFLASTERSTR. 123      2070 AHRENSBURG-OST /HEID

Artikel Lf-Datum       Menge       V K P    Marge/Me       E K P  West
 87850  11,09,80     6666.00       0.00     -44.40        44.40   00
 12345  11,09,80     4000.00      12.34       3.13         9.20   00
 85310  11,09,80     3000.00      95.00       5.00        90.00   00
 87850  11,09,80     2000.00      56.00      11.59        44.41   00
 87850   6,09,80     2000.00     160.00     114.77        45.23   00

* Ende *  Artikel-Nr. oder 'S' = Schluss:? 12345
```

Durch Eingabe der Artikel-Nr. 12345 erfolgt jetzt Aufruf der Kundenübersicht, in der die entsprechende Ablieferung im Zusammenhang mit den übrigen Kundenkenndaten gezeigt wird.

```
KUNDEN-UEBERSICHT TESTFIRMA 2                          100020 Kd.-Nr.
------------------------------------------------      -184864 L-Rest
DIETER MITZLAFF GMBH   MASCHINENFABRIK N&K              30000 K-Limit
DORFERPFLASTERSTR. 123 2070 AHRENSBURG-OST /HEID            0 Zahl-Vh
Einkauf: BEATE SCHROE  Ruf: 04410200222          * mehrere WEST *
         VERMERK NAME EINKAEUFER NICHT VOLLSTAEND
                                                            0 Abn-Gr.
Vertr: X  Leihg: J   Notiz: J   Zahlpl: J Zahl-B: 2.0% 10/30 BVV
               S L D V M I K F H X        Rohg.-lfd-J:-157
Kunde bezieht:    x x x                   Rohg.-Vorj.: 0
                                 TEXT1 12345           DIESEL
TEXT1 12345          DIESEL      Tank-Gr: 10000    frei: 0
Artikel Lf-Datum        Menge     V K P  Marge/Me      E K P
 12345  11,09,80      4000.00    123.40     31.32      92.08
Wie  weitermachen    (RECALL hilft):? .....
```

vgl. Vorbemerkung

```
KUNDEN-UEBERSICHT TESTFIRMA 2                           100020 Kd.-Nr.
---------------------------------------------------    -184864 L-Rest
DIETER MITZLAFF GMBH   MASCHINENFABRIK N&K               30000 K-Limit
DORFERPFLASTERSTR. 123 2070 AHRENSBURG-OST /HEID             0 Zahl-Vh
Einkauf: BEATE SCHROE  Ruf: 04410200222           * mehrere WEST *
         VERMERK NAME EINKAEUFER NICHT VOLLSTAEND
                                                             0 Abn-Gr.
Vertr: X  Leihg: J   Notiz: J   Zahlpl: J Zahl-B: 2.0% 10/30 BVV
               S L D V M I K F H X          Rohg.-lfd-J:-157
Kunde bezieht:   x x x                      Rohg.-Vorj.: 0
                                  TEXT1 12345         DIESEL
HEL                               Tank-Gr: 10000    frei: 0
Artikel Lf-Datum        Menge     V K P  Marge/Me      E K P
 87850  11,09,80      6666.00      0.00    -44.40      44.40
Wie  weitermachen     (RECALL hilft):? 12345
```

Aufruf letzter Stand

```
KUNDEN-UEBERSICHT TESTFIRMA 2                           100020 Kd.-Nr.
---------------------------------------------------    -184864 L-Rest
DIETER MITZLAFF GMBH   MASCHINENFABRIK N&K               30000 K-Limit
DORFERPFLASTERSTR. 123 2070 AHRENSBURG-OST /HEID             0 Zahl-Vh
Einkauf: BEATE SCHROE  Ruf: 04410200222           * mehrere WEST *
         VERMERK NAME EINKAEUFER NICHT VOLLSTAEND
                                                             0 Abn-Gr.
Vertr: X  Leihg: J   Notiz: J   Zahlpl: J Zahl-B: 2.0% 10/30 BVV
               S L D V M I K F H X          Rohg.-lfd-J:-157
Kunde bezieht:   x x x                      Rohg.-Vorj.: 0
                                  TEXT1 12345         DIESEL
TEXT1 12345         DIESEL        Tank-Gr: 10000    frei: 0
Artikel Lf-Datum        Menge     V K P  Marge/Me      E K P
 12345  11,09,80      4000.00    123.40     31.32      92.08
Wie  weitermachen     (RECALL hilft):? .....
```

Nochmals Artikel 12345

```
KUNDEN-UEBERSICHT TESTFIRMA 2                   100020 Kd.-Nr.
-----------------------------------------      -184864 L-Rest
DIETER, MITZLAFF GMBH   MASCHINENFABRIK N&K      30000 K-Limit
DORFERPFLASTERSTR. 123 2070 AHRENSBURG-OST /HEID     0 Zahl-Vh
Einkauf: BEATE SCHROE  Ruf: 04410200222       * mehrere WEST *
     VERMERK NAME EINKAEUFER NICHT VOLLSTAEND
                                                     0 Abn-Gr.
Vertr: X  Leihg: J   Notiz: J   Zahlpl: J Zahl-B: 2.0% 10/30 BVV
           S L D V M I K F H X       Rohg.-lfd-J:-157
Kunde bezieht:  x x x                Rohg.-Vorj.: 0
                              TEXT1 12345          DIESEL
HEL                           Tank-Gr: 10000   frei: 0
Artikel Lf-Datum      Menge   V K P  Marge/Me      E K P
 87850  11,09,80    6666.00   0.00    -44.40       44.40
Wie  weitermachen   (RECALL hilft):? G....
```

Aufruf Gruppenübersicht

```
KUNDEN-UEBERSICHT TESTFIRMA 2                   100020 KD.-NR.
-----------------------------------------

DIETER MITZLAFF GMBH            2070 AHRENSBURG-OST /HEID

A.     lfd. Monat           lfd. Jahr            Vorjahr
Gr    Absatz Rohgewinn    Absatz Rohgewinn     Absatz Rohgewinn
L      10666      -433     10666      -433          0        0
D       4000       125      4000       125          0        0
V       3000       150      3000       150          0        0

'RETURN'=Kundenuebersicht? .
```

Artikelgruppenübersicht

```
KUNDEN-UEBERSICHT TESTFIRMA 2                              100020 Kd.-Nr.
-----------------------------------------------           -184864 L-Rest
 DIETER MITZLAFF GMBH   MASCHINENFABRIK N&K                 30000 K-Limit
DORFERPFLASTERSTR. 123 2070 AHRENSBURG-OST /HEID             0 Zahl-Vh
Einkauf: BEATE SCHROE  Ruf: 04410200222              * mehrere WEST *
         VERMERK NAME EINKAEUFER NICHT VOLLSTAEND
                                                            0 Abn-Gr.
Vertr: X  Leihg: J   Notiz: J   Zahlpl: J Zahl-B: 2.0% 10/30 BVV
                S L D V M I K F H X        Rohg.-lfd-J:-157
Kunde bezieht:   x x x                     Rohg.-Vorj.: 0
                                 TEXT1 12345        DIESEL
TEXT1 12345         DIESEL       Tank-Gr: 10000   frei: 0
Artikel Lf-Datum      Menge      V K P  Marge/Me     E K P
 12345  11,09,80    4000.00     123.40     31.32     92.08
Wie  weitermachen   (RECALL hilft):? A....
```

Aufruf Erfassungsprogramm für

mehrere Aufträge.

```
AUFTRAGSERFASSUNG TESTFIRMA 2                           100020 KD.-NR
DIETER MITZLAFF GMBH 2070 AHRENSBURG-OST /HEID   -184864 L-REST*
09) Termin : 110980                  Ihre Z.: vom 110980
10) Vermerk: VERMERK NAME EINKAEUFER NICHT VOLLSTAEND  GR: 0 <-
11) Tkw/Lg.: 1       bezahlt: N         Mwst: 0       Barz...: N
12) Skonto%  2.0     Tage 10      Netto-Tage: 30     Kost-St: 1
P Art-Nr Artikel                      Menge   Preis/Einh  Lg Zo St
1  85310 BENZIN                    3456.0LT    98.00 100    1  1  4
2
3
4
5
6
7
KENNZ./S/D? S.
```

Eine Bestellung wurde erfaßt.

Anschließend zurück in das

Hauptmenü.

```
Bu: 11.09.80        * STATISTIKEN                        Ta: 11.09.80
                 TESTFIRMA 2 / MAND: 2

      PRG-NR    CODE          BEZEICHNUNG
        1                ERLOESE NACH PRODUKTGRUPPEN      DRUCKER!
        2                KUNDEN-ARTIKELGRUPPEN            DRUCKER!
        3                ERLOESE JE ABNEHMERGRUPPE        DRUCKER!
        5                ERLOESE NACH PARTIEGRUPPEN       DRUCKER!
        6                VERTRETER/VERKAEUFER STATI.      DRUCKER!
        8                MANAGEMENT - INFO
       12                PRODUKTUEBERSICHT ARTIKEL        DRUCKER!
       14                TAGES-ERLOESUEBERSICHT           DRUCKER!

                         EINGABE PRG-NR.:?
```

```
Bu: 11.09.80     V I A M - P R O G R A M M E     Ta: 11.09.80
                 TESTFIRMA 2 / MAND: 2

      PRG-NR    CODE          BEZEICHNUNG
        12               * SONDERPROGRAMME
        13               * EDV-SYSTEMVERWALTUNG
        14               * STATISTIKEN
        16               * MONATS-/JAHRES-ABSCHLUSS
        18               KUNDEN-UEBERSICHT

                         EINGABE PRG-NR.:? 14
```

Aufruf des Untermenüs "Statistiken" durch Eingabe von Code "14".

PDS - PHILIPS DATA SYSTEMS GMBH MARKETINGINFORMATIONSSYSTEM

D. LINSSEN

1. Einleitende Bemerkungen

Die Philips Data Systems GmbH (PDS) - ein Tochterunternehmen des Philips-Konzerns - ist eine Vertriebsorganisation innerhalb der Computerindustrie. Das Angebotsspektrum von PDS umfaßt Bürocomputer, Bankterminals und Systeme für die dezentrale Datenerfassung und -verarbeitung. Diese Produkte werden in Klein- und Mittelbetrieben, aber auch in Großbetrieben eingesetzt.

Die Computerbranche erfreute sich in den vergangenen zwei Jahrzehnten hoher Wachstumsraten, die weit über den durchschnittlichen Zunahmen des Bruttosozialproduktes lagen. Besonders kleinere Computersysteme lagen hierbei auf der Sonnenseite der Konjunktur. Kein Wunder also, daß diese blühende Branche viele "Newcomer" auf den Plan rief. Heute bieten im Bereich von Bürocomputern etwa 50 Hersteller weit über 100 Modelle an. Die Intensität des Wettbewerbs ist hoch und wird noch durch eine allmähliche "Normalisierung" des Wachstumstempos erhöht. Erste Anzeichen eines beginnenden Verdrängungswettbewerbs werden sichtbar.

Vor diesem Hintergrund wird deutlich, daß in Zukunft nur die Unternehmer dieser Branche weiterhin auf Erfolgskurs bleiben können, die mit durchdachten Produkt- und Marketingkonzepten im Markt zu operieren verstehen. Hierzu gehört die möglichst vollständige Information über externe, aber auch interne Vorgänge. Das von PDS für eigene Zwecke entwickelte Marketinginformationssystem soll die Wissenslücken schließen und die Markttransparenz erhöhen helfen.

2. Die Vertriebsstruktur der Philips Data Systems GmbH

PDS versteht sich als "Full-Service"-Vertriebsorganisation: Hardware, Software, Technischer Kundendienst, Beratung, Kunden-Schulung und sonstige Dienstleistungen kommen überwiegend aus einer Hand. Die beim Vertrieb von kleinen Computersystemen notwendige Kundennähe erfordert eine dezentrale Vertriebsstruktur. PDS ist daher dezentral strukturiert und deckt das gesamte Bundesgebiet und West-Berlin ab.

Der Sitz der Hauptverwaltung liegt in Siegen. Von hier aus werden über 4 regionale Vertriebsdirektionen rd. 30 Vertriebsstellen im gesamten Bundesgebiet sowie viele Fachhändler und Generalvertreter, die den direkten Vertriebskörper von PDS ergänzen, gesteuert. Die Vertriebsstellen - eigene und die von Fachhändlern - sind in Verkaufsgebiete untergliedert, denen Verkäufer zugeordnet sind. Die Verkäufer werden in ihrer Tätigkeit durch Systemberater unterstützt.

Hier "vor Ort" spielt sich täglich das Marktgeschehen ab. Hier treffen sich Angebot und Nachfrage. Hier prallen Mitbewerber aufeinander. Hier entstehen Informationen, die für den Vertriebsstellenleiter und für die zentralen Abteilungen der Hauptverwaltung unentbehrlich sind. Es ist daher nicht verwunderlich, daß das Marketinginformationssystem von PDS gerade hier ansetzt.

3. Anforderungsprofil für das Marketinginformationssystem von PDS

Bei der Konzipierung eines maßgeschneiderten Marketinginformationssystems für PDS war von Anfang an klar, daß am bestehenden Berichtswesen, welches auch Marketingdaten für die Vertriebssteuerung liefert, nichts geändert werden sollte. Vielmehr sollte das zu schaffende Marketinginformationssystem das bei Philips eingespielte Planungs- und Berichtswesen ergänzen.

Der Philips-Konzern verfügt bereits seit vielen Jahren über ein auch von Experten anerkanntes Planungs- und Berichtswesen. Auch PDS plant und administriert nach den Vorgaben dieses Systems. Im Mittelpunkt der Planung steht bei Philips die 4-Jahresplanung, die den strategischen Rahmen für die Vorgehensweise in den kommenden vier Jahren abdeckt. Die Aussagen über das erste Planjahr dieser 4-Jahresplanung dienen bereits als eine der Grundlagen für die sog. Aktivitätsplanung oder das Budget für das kommende Jahr.

In der Aktivitätsplanung werden Marktanteile, Produkte, Auftragseingänge, Umsätze, Auftragsbestände, Läger, Personalkapazitäten, Kosten, Investitionen und Ergebnisse für das kommende Geschäftsjahr festgelegt, auf Monate verteilt (Saisonplanung) und auf Vertriebsdirektionen und Vertriebsstellen heruntergebrochen. Diese Daten bilden nach ihrer Verabschiedung die Grundlage für das gesamte Berichtswesen und ermöglichen den kontinuierlich durchgeführten "Soll-Ist-Vergleich". Die aus diesem Berichtswesen resultierenden Daten sind jedoch vergangenheitsbezogen und geben nur Aufschluß über "interne" Vorgänge.

In Ergänzung dieses Berichtswesens mußte also ein Informationssystem geschaffen werden, welches marktnahe Daten liefert, externe Vorgänge registriert und Daten über die Akquisitionsphase zur Verfügung stellt. Die neu zu schaffende Auskunftei sollte Aussagen über

- Interessenten
- Anwender und
- Wettbewerber

zulassen.

4. Darstellung des Marketinginformationssystems

4.1 Allgemeiner Überblick

Im Mittelpunkt des Informationsbedarfs steht der Interessent für einen Philips Computer. Das Marketinginformationssystem setzt daher bei der Erfassung der Interessenten an (Interessentendatei). Nach einer erfolgreichen Bearbeitung kommt es zum Kaufabschluß und aus dem Interessenten wird ein Philips-Anwender (Anwenderdatei). Bei nicht erfolgreicher Bearbeitung durch Philips entscheidet sich der Interessent in der Regel für ein anderes Fabrikat. Die Information über verlorene Aufträge ist von großem Wert für Maßnahmenplanungen oder sogar Strategieänderungen.

Die folgende Abbildung gibt einen schematischen Überblick über das Marketinginformationssystem von PDS.

Nachrichten aus dem Markt-Informations-System

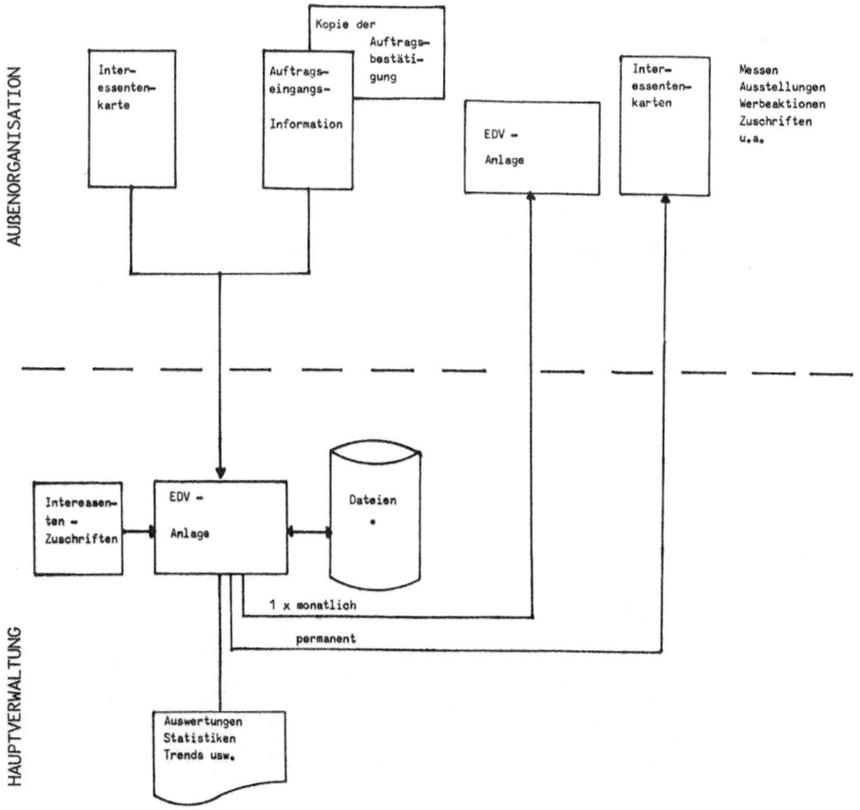

* - Anwender
- Interessenten
- Mitbewerb
- Software
- Hardware

usw.

PHILIPS Data Systems

PHILIPS

4.2 Die Interessentendatei

In diese Datei werden alle Interessenten übernommen, die in irgendeiner Weise Interesse an einem Philips Computer bekundet haben. Interessentenmeldungen können aus regionalen Tätigkeiten des Verkäufers (Akquisitionstätigkeit, regionale Ausstellungen und Seminare usw.) oder aus zentralen Marketingaktivitäten resultieren (Messen, Werbung, Öffentlichkeitsarbeit). Jeder Verkäufer legt von seinen Interessenten sog. Interessentenkarten an, deren Inhalt in wesentlichen Punkten in die zentrale Interessentendatei übernommen werden. Wesentliche Daten sind hierbei: Name und Adresse des Interessenten, die Branche, die gewünschte Hardware-Konfiguration, das Einsatzgebiet für den Computer, die derzeitige Lösung, wie und wann ist es zum Kontakt mit den Interessenten gekommen usw.

Aus der Interessentendatei lassen sich etwa folgende Auswertungen zusammenstellen:

- wieviel Interessenten hat jede Vertriebsdirektion, Vertriebsstelle und jeder Verkäufer?

- wie ist die Verteilung der Interessenten nach Branchen und Hardware-Konfigurationen?

- wie effizient waren Messen und Ausstellungen; Besucherschwerpunkte nach Tagen, Branchen, Konfigurationen?

- Kosten- und Nutzenanalyse bei Werberückläufern nach Motiv, Örtlichkeit, Zeitpunkt und Medium

- Intensität der Interessentenbearbeitung durch den einzelnen Verkäufer

- Prognosen über erwartete Kaufabschlüsse

4.3 Die Anwenderdatei

Führt die Bearbeitung eines Interessenten zum Kaufabschluß, so wird aus dem Interessenten ein Anwender und die Daten aus der Interessentendatei werden zum Teil in die Anwenderdatei übernommen. Die Grundlage für die Übernahme in die Anwenderdatei ist eine sog. "Auftragseingangs-Information", die neben den Daten der Interessentendatei vor allem die Kaufmotive des Anwenders (z.B. Einschätzung der Hardware, der Software, des Services, der Beratung, des Preis-/Leistungsverhältnisses), Daten über die einzusetzende Software (wer erstellt die Software? um welche Software handelt es sich? Kurzbeschreibung der wesentlichen Elemente der Anwendungsprogramme) und eine Übersicht über die Wettbewerber, gegen die der Auftrag gemacht wurde, umfaßt.

Aus dieser Datei lassen sich beispielsweise Aussagen zu folgenden Fragestellungen gewinnen:

- Wie ist die überregionale und die regionale Verteilung der Aufträge nach Branchen, Konfigurationen und Software-Programmen?

- Welche Kaufmotive waren für die Entscheidung für PDS maßgebend?

- Gegen welche Wettbewerber wurde der Auftrag gewonnen?

- Welche Software wurde verkauft und wer liefert die Software: Philips, ein Softwarehaus oder programmiert der Anwender selbst?

- Handelt es sich beim Anwender um einen "Altkunden" oder um einen neuen Kunden?

- Welche Systeme und Anwendungsverfahren wurden beim Anwender ersetzt?

Die in der Anwenderdatei enthaltenen Kunden sind natürlich auch als Interessenten anzusehen. Einmal kommen sie im Laufe des Installationszeitraums ständig für den Kauf von Aufrüstungen (Hardware und Software) in Frage; zum anderen entschließt sich ein zufriedener Philips-Kunde nach einigen Jahren mit großer Wahrscheinlichkeit wieder für ein Philips Computer-System. Die Anwenderdatei erlaubt also die ständige Überwachung des gesamten Kundenbestandes und dient als Instrument der Einsatzsteuerung der Verkäufer.

Ein ganz wesentlicher Nutzen des Marketinginformationssystems liegt in der Speicherung der realisierten Anwenderprogramme. Bürocomputer werden heute überwiegend über das Vorhandensein von Anwendungsprogrammen verkauft. In einer großen Vertriebsorganisation wie der von PDS ist es nicht möglich, alle Verkäufer regelmäßig über alle realisierten Software-Projekte zu informieren. Das Informationssystem schafft hier Abhilfe: jeder Verkäufer kann sich bei Vorliegen eines konkreten Software-Bedarfs über ein Terminal über die bereits realisierten Lösungen bei anderen Anwendern informieren. Möglicherweise kann die bei anderen Anwendern realisierte Software auch in diesem speziellen Falle eingesetzt werden. Das Marketinginformationssystem ist also auch als eine Informationsbörse für den gesamten Außendienst zu benutzen.

4.4 Informationen über den Wettbewerb

Nicht jeder Interessent entscheidet sich für einen Philips Computer. Das Marketinginformationssystem erlaubt die Speicherung der Informationen über verlorene Aufträge. Aus dieser "Verlustdatei" lassen sich z.B. die folgenden Aussagen ableiten:

- An welche Wettbewerber wurden welche Aufträge verloren?

- Wie stellt sich die überregionale, regionale, produktspezifische und softwarespezifische Häufung der verlorenen Aufträge dar?

- Welche Gründe haben zum Verlust von Aufträgen geführt?

Die ständige Analyse des Wettbewerbs und der verlorenen Aufträge zeigt die Stärken und Schwächen des Unternehmens und ermöglicht die rasche Reaktion auf neue Marktgegebenheiten. Müssen Preise angepaßt werden? Sind Korrekturen am Hardware- und Softwareangebot nötig? Gibt es regionale Schwächen in der Vertriebsorganisation?

Das Marketinginformationssystem läßt die unterschiedlichsten Auswertungen nach über 100 Kriterien zu.

5. Erfahrungen mit dem Marketinginformationssystem

Das PDS-Marketinginformationssystem wurde vor rd. 2 Jahren konzipiert. Teile des Systems laufen bereits seit über einem Jahr. Das komplette System ist nunmehr über 6 Monate im Einsatz.

Die Umstellung auf dieses neue System stieß zunächst auf die üblichen Widerstände. Nur durch Fakten und ein funktionsfähiges System konnte die gesamte Vertriebsorganisation vom Nutzen des neuen Instruments überzeugt werden.

Heute gehört das Marketinginformationssystem, das übrigens auf einem Philips Computer der Serie P 400 läuft, zum festen Bestandteil des gesamten Planungs- und Berichtswesens von PDS. Aufgrund der bisherigen Erfahrungen läßt sich sagen, daß wesentliche Verbesserungen in der Planung und Steuerung des Außendienstes erreicht wurden.

Zusammenfassend lassen sich die Vorteile des Systems wie folgt auflisten: Das Marketinginformationssystem

- erhöht die Transparenz über das gesamte vertriebliche Geschehen

- zeigt Stärken und Schwächen im Vertrieb auf

- macht den Erfolg von Marketingkampagnen meßbar

- unterstützt die Steuerung von Vertriebsmitarbeitern

- läßt Prognosen über Vertriebsergebnisse in den kommenden Monaten zu und

- dient als Informationsbörse für die gesamte Vertriebsorganisation

Das ursprünglich auf die Belange von PDS zugeschnittene System ist inzwischen auch bei artverwandten Betrieben der Investitionsgüterindustrie installiert.

MARKETING-INFORMATIONSSYSTEME IN DER INVESTITIONSGÜTERINDUSTRIE

K. HEINZELBECKER

Marketing-Informationssysteme, bei denen man sich der Möglichkeiten der EDV bedient, um das Produkt- und das Vertriebs-Management mit wesentlichen Führungsinformationen zu versorgen, sind heute für viele Unternehmen genauso eine Selbstverständlichkeit, wie der Einsatz der EDV für die Finanzbuchhaltung. [1)]

Der positive Eindruck über die Verbreitung von Marketing-Informationssystemen wird jedoch getrübt, wenn man den Anwendungsstand differenziert nach Industriezweigen betrachtet. Dies läßt sich anhand einer repräsentativen Erhebung bei den deutschen Firmen mit mehr als 1 000 Beschäftigten belegen. [2)]

Während die Konsumgüterindustrie (und dort insbesondere die Verbrauchsgüterindustrie) einen hohen Anwendungsstand aufweist, liegt der Anwendungsstand in der Produktivgüterindustrie (und zwar vor allem im Bereich der Investitionsgüter) deutlich niedriger (Abb. 1). Die geringe Verbreitung von Marketing-Informationssystemen in der Investitionsgüterindustrie betrifft vor allem den Maschinenbau, wo nur 39 % (von insgesamt 62 befragten Unternehmen dieser Branche) bereits über ein Marketing-Informationssystem verfügen.

Woraus resultiert dieser Rückstand und wie lassen sich die hier eventuell vorhandenen Hemmnisse beseitigen? Dieser Frage soll im folgenden nachgegangen werden und es soll am Beispiel der Brown,Boveri & Cie. AG gezeigt werden, welchen Weg ein Unternehmen der Investitionsgüterindustrie (Maschinenbau/Elektrotechnik) eingeschlagen hat.

1. Besonderheiten von Marketing-Informationssystemen in der Investitionsgüterindustrie

Vor allem zwei Hauptfaktoren bilden anscheinend den Grund dafür, daß Marketing-Informationssysteme in der Investitionsgüterindustrie seltener anzutreffen sind, als in anderen Wirtschaftszweigen: [3)]

- Interne und externe Restriktionen verhindern, daß Lösungsansätze aus dem Konsumgüterbereich direkt auf den Investitionsgüterbereich übertragen werden können.

- Die mangelnde Verbreitung des Marketinggedankens in der Investitionsgüterpraxis und die verhältnismäßig geringe Auseinandersetzung der Marketingtheorie mit dem Investitionsgüterbereich haben dazu geführt, daß bisher nur wenige Informationssystemkonzepte für diesen Bereich entwickelt wurden.

Die Übertragbarkeit von Ansätzen aus dem Konsumgüterbereich nimmt mit zunehmender Komplexität der Investitionsgüter ab. Als Beispiel für diese unterschiedliche Komplexität kann das Sortiment der Brown,Boveri & Cie. AG dienen (Abb. 2).

Typische Restriktionen für den Aufbau von Marketing-Informationssystemen ergeben sich aus

- der geringen Anzahl von Einzelkunden mit individuellem, sporadischem Bedarf

- der auftragsbezogenen Einzelfertigung im Vergleich zur Serien- und Massenfertigung

- der Langfristigkeit der Entscheidungs- und Abwicklungsprozesse

Diese Restriktionen gelten sowohl für Informationssysteme zur Unterstützung der Marketingkontrolle, als auch für Informationssysteme zur Unterstützung der Marketingplanung.

1.1 Informationssysteme für die Marketingkontrolle

Marketing-Kontrollinformationssysteme basieren im Konsumgüterbereich in erster Linie auf Umsatzdaten aus der Fakturierung und auf Kosten- und Deckungsbeitragszahlen der Vertriebserfolgsrechnung. Diese Daten werden zumindest monatlich (häufig kurzfristiger) nach vielfältigen Kriterien (wie z. B. nach Produkten bzw. Produktgruppen, Kundengruppen, Verkaufsbezirken, Vertriebswegen usw.) ausgewertet und zu Kennzahlen verdichtet. [4)]

In der Investitionsgüterindustrie sind solche Marketinginformationssysteme ohne allzugroßen Anpassungsaufwand nur für Produkte mit niedriger Komplexität geeignet. Dies zeigt z. B. die bereits in den sechziger Jahren erfolgte Installation des Softwarepaketes MESORT der Firma DSO für die Umsatzstatistik im Bereich der technischen Serienerzeugnisse bei BBC.

Für das Marketing im industriellen Anlagengeschäft haben jedoch Umsatzzahlen und darauf aufbauende Deckungsbeiträge kaum noch eine Aussagekraft, da vom Eingang des Auftrages bis zu seiner endgültigen Abrechnung Monate und häufig auch Jahre vergehen. Für Zwecke der Marketingkontrolle muß deshalb zumindest auf Auftragseingangs- bzw. Auftragsbestandswerte zurückgegriffen werden. Statt von Deckungsbeträgen wird hier von Gewinnfaktoren des Auftragseingangs ausgegangen. Bei BBC wurde für diese Aufgaben Anfang der siebziger Jahre ein Berichtssystem entwickelt, das Auftrags- und Geschäftsstatistik (AGS) genannt wird und den vielfältigen Informationsbedürfnissen der unterschiedlichen Benutzer (Verantwortliche aller Hierarchieebenen aus dem technischen, kaufmännischen und Marketing-Bereich) Rechnung trägt.

Ein effizientes Marketing-Kontrollinformationssystem für das industrielle Anlagengeschäft muß auch in der Lage sein, Sonderprobleme zu berücksichtigen wie z. B. die Erfassung und Bewertung von Engineering-Leistungen, im Laufe der Auftragsabwicklung auftretende Änderungen in der Zusammensetzung der Anlage nach Produkten, Komponenten und Software-Anteilen sowie Änderungen der ursprünglich kalkulierten Werte (z. B. infolge schwankender Rohstoffpreise, Währungskurse usw.).

Soll das Informationssystem darüber hinaus Frühwarninformationen liefern, so muß auf Informationen zurückgegriffen werden, die vor dem Auftragseingang liegen. [5] Dabei handelt es sich um Informationen, die bei der Kundenanfrage und im Rahmen der Angebotserstellung anfallen. Vor allem dann, wenn man auch solche Informationen mit Hilfe von Marketing-Informationssystemen zur Verfügung stellen will, empfiehlt sich die Einrichtung einer Datenbank, auf die im Online-Betrieb zurückgegriffen werden kann. [6]

1.2 Informationssysteme für die operative Marketingplanung

Bei der Marketingplanung kann zwischen operativen und strategischen Aufgaben unterschieden werden. Die strategische Marketingplanung bezieht sich auf langfristig wirkende Marketingstrategien (wie z. B. Sortimentserweiterung, Erschließung neuer Märkte usw.) für größere Produktbereiche (z. B. Geschäftsgebiete) und größere Marktbereiche (z. B. Länder). Die operative Marketingplanung beschränkt sich demgegenüber auf kurzfristig wirksame Maßnahmen (wie z. B. Planung einer Werbekampagne, Bestimmung der Verkaufsbudgets usw.) für kleinere Produktbereiche (z. B. einzelne Produkte) und kleinere Marktbereiche (z. B. Verkaufsbezirke).

Ein wichtiges Informationssystem für die operative Marketingplanung ist im Konsumgüterbereich das Außendienstberichtswesen, das mit Hilfe der EDV permanent Informationen über Kunden, Konkurrenten, Marktpreise sowie über den Einsatz des Vertriebsapparates selbst liefert. Ähnliche Systeme sind auch für das Seriengeschäft bei Investitionsgüterherstellern sinnvoll, wie verschiedene Erfahrungen bei BBC, vor allem im internationalen Bereich, gezeigt haben. Besondere Probleme bereitet hier jedoch häufig die Schätzung des kundenspezifischen Absatzpotentials, das als wichtigste Bezugsgröße des Außendienstberichtswesens dient. [7]

Bei Anlagenherstellern können solche kundenorientierten Informationssysteme für die kurzfristige Marketingplanung jedoch aufgrund des diskontinuierlichen Bedarfs nicht eingesetzt werden. Hier muß der Außendienst projektorientierte Informationen beschaffen, wie z. B. Hinweise auf Investitionsabsichten, Informationen über das spezielle Kundenproblem (technische Anforderungen, Finanzierung, Gegengeschäfte, Betriebspersonal, Instandhaltung usw.), Beurteilung der Konkurrenzsituation usw. Da sich diese Informationen nur schwer standardisieren lassen, verzichtet man hier gewöhnlich auf EDV-gestützte Informationssysteme.

Auch beim Einsatz der EDV für die Versorgung der operativen Marketingplanung mit Marktforschungsinformationen liegt der Schwerpunkt im Bereich des industriellen Seriengeschäftes. Der Aufbau eines solchen Systems bei BBC wird im Anschluß an die grundsätzliche Betrachtung von Informationssystemen für die strategische Marketingplanung erläutert.

1.3 Informationssysteme für die strategische Marketingplanung

Ein wesentliches Hilfsmittel für die strategische Marketingplanung in der Konsumgüterindustrie sind Ergebnisse der Haushalts- und Handelspanelanalysen mit deren Hilfe sich die Entwicklung von Marktanteilen, Penetrationsraten, Distributionsquoten usw.,differenziert nach vielfältigen Kriterien (z. B. Produktmerkmalen, demografischen Merkmalen, absatzwirtschaftlichen Merkmalen usw.), verfolgen läßt. Die mit zunehmender Differenzierung exponentiell ansteigende Zahl von Kombinationsmöglichkeiten legt den Aufbau von Marketingdatenbanken nahe, die den Zugriff zu diesen Informationen entsprechend den planungsrelevanten Auswahlkriterien erleichtern. Ein allgemein bekanntes Beispiel hierfür ist das für die Waschmittelsparte der Firma Henkel entwickelte Datenbanksystem.

Da Marktforschungsinstitute solche Paneldaten über Investitionsgütermärkte bisher nur in vernachlässigbarem Umfang anbieten, scheint auch der Aufbau von Marktforschungsdatenbanken für diesen Sektor ausgeschlossen. Diese Annahme vernachlässigt jedoch die besondere Bedeutung der Sekundär-Marktforschung für Investitionsgüter-Hersteller und unterschätzt sowohl Vielfalt als auch Umfang der hier für die strategische Marketingplanung auswertbaren Daten.

Die Nutzung dieses Informationspotentials wird in zunehmendem Maße durch die Verfügbarkeit von externen Datenbanken erleichtert, auf die mit Hilfe von Timesharing-Netzen zurückgegriffen werden kann.[8)] Besonders groß ist die Zahl der Datenbanken, die zur Beurteilung des US-Marktes angeboten werden, aber auch im europäischen Bereich nimmt das Datenbankangebot rapide zu. [9)] Für den deutschen Markt existiert jedoch als sogenannte faktische Datenbank zur Zeit nur der Datenbestand des IFO-Instituts, auf den über das Netz von CDC zurückgegriffen werden kann. Für die strategische Marketingplanung kann vor allem der Teil dieser Datenbank herangezogen werden, der die Ergebnisse des IFO-Konjunkturtests betrifft (Abb. 3). Die branchenmäßig relativ detaillierte Speicherung dieser Daten gestattet Prognosen über den Konjunkturverlauf unterschiedlicher Abnehmergruppen. Zur Erstellung dieser Prognosen kann auf das in Verbindung mit der Datenbank angebotene Prognosepaket zurückgegriffen werden. [10)]

Als spürbarer Engpaß für die Nutzung sekundärstatistischer Daten erweist sich für die deutsche Investitionsgüterindustrie die Nichtverfügbarkeit wesentlicher Daten der amtlichen Industriestatistik (insbesondere der Produktionsstatistik) in maschinell lesbarer Form. Es ist zu hoffen, daß hier bald eine Änderung eintritt und vielleicht sogar in absehbarer Zeit der Industrie der Zugriff auf das Datenbanksystem des Statistischen Bundesamtes gestattet wird. [11)] Bis dahin muß die Industrie eigene Datenbanksysteme aufbauen und die hierfür erforderlichen Daten manuell erfassen. Eines der folgenden beiden Beispiele wird sich mit einem solchen System bei BBC beschäftigen.

2. Informationssysteme für die Marketingplanung bei BBC

Die besondere Problematik von Informationssystemen in der Investitionsgüterindustrie und vor allem das Fehlen einer auf die Verhältnisse eines Investitionsgüteranbieters übertragbaren Aufbaukonzeption hat dazu geführt, daß man sich Mitte der siebziger Jahre bei BBC Gedanken über einen eigenständigen Lösungsansatz machte. Äußerer Anlaß hierfür war die überall in der Investitionsgüterindustrie zunehmende Zahl stagnierender Märkte, auf denen das Risiko des Verlustes von Marktanteilen und Ergebnissen besonders hoch ist. Da diese Marktsituation besondere Anforderungen an eine systematische Marketingplanung stellt, wurde beschlossen, sich zunächst auf Informationssysteme zur Unterstützung der Marketingplanung zu konzentrieren.

2.1 Der Aufbau planungsorientierter Marketing-Informationssysteme

Bei der Wahl der Aufbaustrategie wurde von folgenden Kriterien, die sich bei einer empirischen Untersuchung als erfolgswirksam herauskristallisiert haben [12]. ausgegangen (Abb. 4):

a) Aufbau partieller Marketing-Informationssysteme statt Entwicklung eines integrierten Gesamtsystems [13]

Statt ein Marketing-Informationssystem zu konzipieren, das geschäftsbereichsspezifische und geschäftsbereichsübergreifende Daten in einer Datenbank verwaltet, wurde - nicht zuletzt aus wirtschaftlichen Gründen und zugunsten der Benutzerfreundlichkeit - zwischen dezentralen, geschäftsbereichsspezifischen Informationssystemen (DIS) und zentralen, geschäftsbereichsübergreifenden Informationssystemen (ZIS) unterschieden (Abb.5).

Statt von vornherein integrierte Systeme zu fordern, wird den unterschiedlichen Informationsarten und den unterschiedlichen Informationsbedürfnissen Rechnung getragen. So wird z. B. (wie wir später noch näher sehen werden) bei zwei zentralen Informationssystemen von unterschiedlichen EDV-Lösungen ausgegangen, obwohl es sich in beiden Fällen um Marktforschungs-Informationssysteme handelt. Der Grund hierfür ist darin zu sehen, daß es sich in dem einen Fall primär um Textinformationen handelt, die gewöhnlich ohne weitere Aufbereitung selektiert werden, während es sich im anderen Fall um Zeitreihen handelt, die zumeist mit Hilfe statistischer Methoden weiterverarbeitet werden.

b) Steuerung der Systementwicklung mit Hilfe eines Rahmenplans, der die Koordination der Teilsysteme sicherstellt

Eine der ersten Fragen, die ein Rahmenplan zu beantworten hat, ist die Abgrenzung des durch die Informationssysteme zu unterstützenden Aufgabenbereichs. [14)]

Bei BBC war diese Frage mit der Entscheidung für das Gebiet Marketingplanung weitgehend vorgeklärt. Durch die Einbeziehung der strategischen und der operativen Planung sowie durch die Berücksichtigung von Anlagen- und Serien-Geschäftsbereichen wurde schließlich auch der Kreis der Informationsverwender (Geschäftsbereichsleitung, Marketingleitung, Produkt-Management, Verkaufs-Management) abgegrenzt.

Kritischer Punkt jedes Rahmenplans ist die Definition der Schnittstellen, die bei der Systementwicklung zu berücksichtigen sind. Der bei BBC erstellte EDV-Rahmenplan berücksichtigt nicht nur die Schnittstellen innerhalb des Marketingbereichs, sondern auch die Verbindungen zu den Bereichen Produktion, Materialwirtschaft, Finanz- und Rechnungswesen, Konstruktion usw. Bei den Schnittstellen innerhalb des Marketingbereichs sind sowohl die Beziehungen zwischen den Basissystemen (wie z. B. Auftragsabwicklung) und den darauf aufbauenden Informationssystemen (wie z. B. Auftragsstatistik) berücksichtigt, als auch die Beziehungen der Informationssysteme untereinander (z. B. zwischen Außendienstberichtswesen und Umsatzstatistik).

c) Durchführung umfassender Informationsanalysen

In der Theorie herrscht seltene Einmütigkeit darüber, daß die Entwicklung von Informationssystemen vom Informations<u>bedarf</u> ausgehen sollte. Die Meinungen gehen allerdings dann völlig auseinander, wenn es um die Methode der Informationsbedarfsanalyse geht. Auf der anderen Seite fällt auf, daß in der Praxis eher von der Fragestellung ausgegangen wird, wie das vorhandene Informations<u>angebot</u> besser organisiert werden kann bzw. welche Informationen überhaupt sinnvollerweise in computerunterstützender Form zur Verfügung gestellt werden sollen.

Die Vorgehensweise bei BBC trägt beiden Gesichtspunkten Rechnung, indem sowohl eine Informationsbedarfs- als auch eine Informationsangebotsanalyse durchgeführt wurde. Die Informationsbedarfsanalyse orientierte sich an den Aufgaben der Marketingplanung, aus denen ein umfassender Informationsbedarfskatalog abgeleitet wurde. Als Spiegelbild zu diesem Informationsbedarfskatalog wurde ein umfassender Informationsangebotskatalog entwickelt, der die zur Deckung des Informationsangebots grundsätzlich verfügbaren Informationsarten und Informationsquellen beinhaltet.[15] Als umfassend sind diese Kataloge vor allem deshalb zu bezeichnen, da sie sich nicht nur auf solche Informationen beschränken, die mit Hilfe von EDV zur Verfügung gestellt werden können.

Mit Hilfe dieser Kataloge konnten dann strukturierte Interviews bei den Informationsempfangenden und den informationsliefernden Stellen durchgeführt werden. Die Ergebnisse dieser Informationsanalysen wurden schließlich im Rahmen einer Abweichungsanalyse ausgewertet und in einer Übersicht der verschiedenen Ansätze zur Verbesserung der Informationsversorgung bei der Marketingplanung zusammengestellt. Diese Übersicht bildete dann die Entscheidungsgrundlage für folgende Fragen:

- Welche vorhandenen Systeme sollen ausgebaut werden, und welche neuen Systeme sollen aufgebaut werden?

- Welche Systeme sollen zentral und welche dezentral (bei den Geschäftsbereichen) installiert werden?

- Welche Systeme bzw. Systemteile sollen mit, welche ohne EDV-Einsatz realisiert werden?

- Welche EDV-Lösung soll bei den jeweiligen Systemen gewählt werden?

In den Fällen, bei denen Unklarheit über die Prioritäten bei den zu realisierenden Systemen herrschte, wurde zusätzlich die Methode der kritischen Entscheidungsfaktoren herangezogen.[16]

d) Organisation der Entwicklungsarbeiten in Projektgruppen und Unterstützung durch das Top-Management

Wie bei der Frage der Informationsbedarfsanalyse ist man sich in Theorie und Praxis weitgehend einig darüber, daß für den Aufbau betrieblicher Informationssysteme Projektgruppen die geeignetste Organisationsform darstellen. [17)]

In dem hier geschilderten Fall war dieses Vorgehen schon weitgehend dadurch festgelegt, daß das Vorhaben mit öffentlichen Mitteln gefördert wurde und zwar unter der Bezeichnung "Planungsorientierte Marketing-Informationssysteme (POM)". [18)] Als Form der Projektorganisation wurde eine Kombination zentraler und dezentraler Projekt-Teams gewählt, die durch eine einheitliche Projektleitung koordiniert und durch ein Projektkomitee kontrolliert wurden.

Die Entscheidung, zentrale und dezentrale Projektteams einzurichten, wurde weitgehend durch die Konzeption bestimmt, sowohl zentrale als auch dezentrale Informationssysteme einzuführen. Außerdem erwies sich diese Struktur unter dem Aspekt einer möglichst weitgehenden Beteiligung der Benutzer am Entwicklungsprozeß als vorteilhaft.

Der Einsatz eines Projekt-Komitees diente als formaler Rahmen für die Unterstützung des Projekts durch das Top-Management, das im Komitee durch den Marketing-Vorstand, den Marketing-Zentralbereichsleiter sowie die betroffenen Geschäftsbereichsleiter vertreten war. Aufgabe des Projekt-Komitees war die Verabschiedung des Rahmenplans, die Bestimmung der Projektleitung und die regelmäßige Begutachtung des Projektfortschritts. Vor allem diese Unterstützung durch das Top-Management kann als Faktor angesehen werden, der am meisten zum Projekterfolg beigetragen hat.

2.2 Beispiele für planungsorientierte Marketing-Informationssysteme

Von den verschiedenen Teilinformationssystemen, die im Rahmen des POM-Projektes bei BBC realisiert wurden, sollen im folgenden zwei zentrale Systeme näher beschrieben werden, die der Unterstützung der Marketingplanung mit Marktinformationen dienen. Dabei handelt es sich zum einen um das Zielgruppen- und Bedarfsanalyse-System (ZBS), das der operativen Marketingplanung dient [19] und zum anderen um das statistische Marktinformations-System (SMS), das primär für die strategische Marketingplanung eingesetzt wird.

a) Das Zielgruppen- und Bedarfsanalyse-System (ZBS)

Im Mittelpunkt der operativen Marketingplanung steht folgende Frage: Wie lassen sich bestimmte Marketingstrategien in konkrete Maßnahmen zur Bearbeitung bestimmter Marktsegmente umsetzen? Da im Investitionsgüterbereich aufgrund der relativ geringen Anzahl von Bedarfsträgern dem Direkt-Marketing (d.h. dem direkten Einsatz von Verkauf, Werbung usw. bei konkret identifizierten Abnehmern) eine besonders große Bedeutung zukommt, schließen sich hieran sofort folgende Fragen an:

- Wie viele Bedarfsträger verbergen sich hinter einem nach bestimmten Kriterien (z. B. Regionen, Branchen usw.) abgegrenzten Marktsegment?

- Wie heißen diese Bedarfsträger?
  (z. B. Adressen von Werkzeugmaschinenherstellern mit Bedarf für bestimmte Elektromotoren)

- Welche Zielgruppen lassen sich aus diesen konkreten Bedarfsträgern herausschälen?
  (z. B. Unternehmen mit einem bestimmten Absatzpotential, gemessen an der Anzahl der Beschäftigten, der Struktur des Produktionsprogramms usw.)

Die Entscheidung, zur Beantwortung solcher Fragestellungen ein EDV-gestütztes Informationssystem zu installieren, wurde vor allem von zwei Faktoren bestimmt:

1. vom Informationsbedarf

   Der große Bedarf an Zielgruppen-Informationen für die operative Marketingplanung konnte nicht in ausreichendem Maße durch ein manuelles System befriedigt werden. Das Suchen von Bedarfsträgern durch Nachschlagen in Adressverzeichnissen und das Zusammenstellen der gewünschten Firmeninformationen erforderte einen zu hohen Zeit- bzw. Personalaufwand. Besondere Schwierigkeiten traten auf, wenn mehrere Selektionskriterien parallel herangezogen werden mußten (z. B. Selektion nach Branchen innerhalb bestimmten Verkaufsbezirke) oder wenn die Selektionskriterien nur unscharf bestimmt werden konnten (zu eng oder zu weit).

2. vom Informationsangebot

Die erforderlichen Informationen wurden von einem Unternehmen (KOMPASS, Freiburg) in maschinenlesbarer Form zusammen mit den erforderlichen EDV-Programmen zur Verfügung gestellt. Zwar entstanden durch die Übernahme der Programme auf die eigene EDV-Anlage und durch interne Anpassungen und Erweiterungen noch zusätzliche Kosten, aber gerade auch diese Erweiterungen haben zu einem günstigen Kosten-Nutzen-Verhältnis beigetragen.

Das System der Firma KOMPASS weist folgende Merkmale auf (Abb. 6):

1. Datenbestand

- o Inhalt
  Informationen über 36.000 Industriefirmen (BRD)

- o Satzaufbau
  Identifikations-Nr., Kurzadresse
  Volladresse, Firmengröße-Code,
  Ortsalpha-Code, Firmenalpha-Code,
  Hauptbranche, Fachbereiche,
  Einzelprodukte, Firmendaten

- o Selektionskriterien
  - Postleitzahlen (ein- bis vierstellig)
  - Ortsnamen (innerhalb der Orte alphabetisch nach Firmen)
  - Firmengröße (8 Beschäftigtengrößenklassen)
  - 20 Hauptbranchen (z. B. Maschinenindustrie)
  - 420 Fachbereiche (z. B. Pumpen)
  - 35.000 Produkte (z. B. Zahnradpumpen)

o Aktualisierung
KOMPASS DEUTSCHLAND

2. Programmbestand

o Selektionsprogramme "Stammdaten" für
- Firmenlisten
- Zähllisten
- Einzeladressen

o Selektionsprogramme "Auswahlkriterien" für
- Einzelselektionen
- kombinierte Selektionen

o Sortprogramme

3. EDV-technische Realisierung

o Anzahl records:	ca. 220.000 (135er)
o Schreibdichte:	1600 bpi
o Programmiersprachen:	COBOL/Assembler
o Organisationsform:	sequentiell (unsortiert), Keye: 8-stell. Ident-Nr.

Zu einem echten Marketing-Informationssystem wird dieses System jedoch erst dann, wenn es mit unternehmensinternen Daten verknüpft ist. Bei BBC wird diese Verknüpfung mit Hilfe einer Nummern-Zuordnungsdatei realisiert, die das Ergebnis des Abgleichs zwischen den BBC-Kundenstammdaten und den Kompass-Adressen darstellt (Abb. 7). Mit Hilfe dieser Zuordnungsdatei können nun folgende Fragen beantwortet werden:

- Welche der identifizierten Bedarfsträger sind bereits Kunden bei BBC?

- Welche Umsätze mit diesen Kunden wurden in der Vergangenheit auf welchen Gebieten erzielt?

- Wie ist das Verhältnis zwischen dem geschätzten Absatzpotential pro Kunde und dem Umsatz in der Vergangenheit?

Vor allem die Beantwortung der letzten Frage erfordert zusätzliche Informationen, die nur vom Außendienst beschafft werden können. Die Verknüpfung des ZBS mit dem Außendienstberichtssystem wird deshalb eine Aufgabe sein, die in Zukunft gelöst werden muß. Weiterhin ist für die Zukunft geplant, zu einer Datenbankorganisation überzugehen.

b) Das Statistische Marketinginformations-System (SMS)

Im Mittelpunkt des Informationsbedarfs für die strategische Marketingplanung stehen die Größen Marktvolumen, Marktwachstum und Marktanteil. Diese Größen lassen sich in der Investitionsgüterindustrie in vielen Fällem mit Hilfe der sekundärstatistischen Marktforschung schätzen. Die wesentlichsten Informationsquellen sind hierbei die amtliche Produktionsstatistik und die amtliche Außenhandelsstatistik (Abb. 8). Zwar gilt grundsätzlich das Schema

  Produktion
- Export
+ Import

= Marktvolumen

aber eine einfache schematische Zusammenfassung dieser Daten ist vor allem aus folgenden Gründen nicht möglich:

- die amtlichen Abgrenzungen der Produktbezeichnungen stimmen nicht mit den Bezeichnungen in der Praxis überein

- die Daten der amtlichen Statistik sind zu stark aggregiert

- neue Produkte werden erst mit relativ großer Verzögerung in die amtliche Statistik aufgenommen.

Bei der Berechnung des Marktwachstums kommen als zusätzliche Erschwernisse Änderungen in der Nomenklatur der amtlichen Statistik hinzu.

Diese Bedingungen lassen den Einsatz traditioneller batch-orientierter Informationssysteme für dieses Anwendungsgebiet wenig sinnvoll erscheinen. Erst durch die modernen Möglichkeiten des Mensch-Maschine-Dialogs lassen sich die Rohdaten der Statistik mit dem know-how des erfahrenen Marktforschers bei folgenden Vorteilen kombinieren:

- schnelles Erstellen und Ändern managementgerechter Tabellen

- Möglichkeit des Einsatzes komplexer statistischer Verfahren

- Vereinfachtes Umsetzen von Ergebnissen in Grafiken

Obwohl die hier zunächst vor allem benötigten Daten der amtlichen Statistik vom Statistischen Bundesamt noch nicht in maschinenlesbarer Form zur Verfügung gestellt werden, haben wir uns bei BBC aus den oben genannten Gründen entschlossen, für dieses Aufgabengebiet ein Informationssystem aufzubauen. Aufgrund der Ergebnisse unserer Informationsanalysen wurden folgende Anforderungen an dieses System gestellt:

1. Datenbanklösung

   Die Organisation der Daten muß eine Verknüpfung nach allen Ordnungskriterien ermöglichen.

   Begründung:
   Es müssen Auswertungen zulässig sein, die nicht von vornherein vorgesehen wurden.

2. Einfache Abfragesprache

   Die Abfrage der Daten muß mit einfachen Anweisungen (Makros) möglich sein, die weitgehend flexibel angeordnet werden können. Diese Sprache sollte jedoch auf einer höherer Programmiersprache aufbauen (host language).

Begründung:
Die Auswertungen müssen durch Nichtprogrammierer möglich sein. Für komplexere Anwendungen sollte jedoch der Einsatz einer höheren Programmiersprache (COBOL oder FORTRAN) möglich sein.

3. Statistische Auswertungen

Die Software sollte nicht nur die Ausgabe von Listen und grafischen Darstellungen (Plotter) ermöglichen, sondern auch die gängigen statistischen Verfahren (Korrelation und Regression usw.) umfassen.

Begründung:
Es müssen insbesondere Prognoserechnungen möglich sein.

4. Freier Datenzugriff

Der Zugriff auf die Daten sollte nicht nur zu festgelegten Zeiten möglich sein, sondern jeweils im Bedarfsfall. (Idealfall: Online/Timesharing-Lösung)

Begründung:
Die Systeme sollten auch die Marktforschungsaufgaben unterstützen, bei denen kurzfristig ein unvorhersehbarer Informationsbedarf zu befriedigen ist.

5. Nutzung externer Datenbanken

Die internen Datenbanken sollten an externe Datenbanken angeschlossen werden können.
(Idealfall: Weltweite Datenverbundnetze)

Begründung:
Die zunehmende Verknüpfung internationaler Datennetze führt zu einem wachsenden Angebot von Datenbanken, die für Marktforschungszwecke genutzt werden können.

Aus diesen Anforderungen ergibt sich, daß als EDV-Lösung nur die Nutzung eines externen Timesharing-Service in Frage kommen konnte.

Eine Analyse des deutschen Timesharing-Marktes zeigte eine überraschend große Anzahl von Anbietern und eine verwirrende Vielfalt von Systemen, die für unsere Fragestellungen geeignet erschienen.[20] Schließlich schälten sich folgende 10 Anbieter heraus:

Anbieter	Angebot
ADP Network Services International GmbH	TSAM
CDC Control Data GmbH Frankfurt	CALL
CSI Computer Science International Deutschland GmbH Frankfurt	MANAGE, FLARES ENCORE
DATEL Gesellschaft für Datenfernverarbeitung mbH Darmstadt	OUTLOOK, RAPPORT SPS
DATEMA Gesellschaft für Datenverarbeitung mbH Frankfurt	BUSTER
General Electric Informations-Service Mannheim	DMS-3, STATSYST, PLOT
IBM Deutschland GmbH Mannheim	APL (ARDS, UPL)
LKS Daten Service AG Eschborn	APL (ATHESA)

Anbieter	Angebot
I.P. Sharp GmbH Düsseldorf	APL (MAGIC, SIFT)
TAYLORIX TYMSHARE GmbH Frankfurt	EXPRESS

Um zu einem realistischen Vergleich dieser Angebote zu kommen, wurde eine Checkliste entwickelt, mit deren Hilfe folgende Aspekte geprüft wurden:

- Datenbank
- Sprachen
- Output-Gestaltung
- Datensicherung
- Statistische Methoden
- Verfügbarkeit
- Kosten
- Service

Mit dieser Checkliste wurde zwar eine Strukturierung der Angebote möglich, aber die beiden Hauptkriterien Benutzerfreundlichkeit und Rechenkosten konnte damit nicht geprüft werden. Es wurde deshalb ein Auswertungsbeispiel formuliert, das typisch für die SMS-Anwendungen ist und anhand dessen sich sowohl die einzelnen Kommandos als auch die Kosten in vergleichbarer Form nachvollziehen lassen. Obwohl unsere Untersuchungen noch nicht vollständig abgeschlossen sind, kann bereits eine Zwischenbilanz gezogen werden:

- Fast alle der oben genannten Firmen waren in der Lage, unsere Probleme zu lösen.

- Die Benutzerfreundlichkeit der einzelnen Systeme variierte allerdings erheblich. Dabei zeigte es sich, daß jedes System spezifische Stärken und Schwächen aufweist.

- Hohe Benutzerfreundlichkeit muß nicht immer gleichbedeutend mit hohen Kosten sein. Bei einzelnen Aufgabenstellungen erwies sich die benutzerfreundlichste Lösung zugleich auch als die kostengünstigste.

- Die Kostenunterschiede zwischen den einzelnen Angeboten waren teilweise beträchtlich.

Bis Ende 1980 werden die ersten SMS-Ausbaustufen mit Hilfe von Timesharing realisiert werden. Dabei handelt es sich im wesentlichen um folgende Daten und Auswertungen:

o Datenbank-Inhalt

  - Zehn Jahreswerte der amtlichen Produktionsstatistik für den Bereich Elektroindustrie (1970-1979)
  - Zehn Jahreswerte der BBC-Produktionsstatistik für den Bereich Elektroindustrie (1970-1979)
  - Kommentar-Texte zu den einzelnen Zeitreihen

o Typische Auswertungen

  - Analyse des Produktionswachstums einzelner Produkte
  - Analyse der Produktionsanteile einzelner Produkte
  - Prognose des Produktionsvolumens

Damit steht für die regelmäßige und vor allem auch für die Ad-hoc-Auswertung von sekundärstatistischen Daten ein Datenvolumen von ca. 60.000 Zeichen zur Verfügung. Geplante Ausbaustufen sind die Erweiterung des Systems um weitere Bereiche der Produktionsstatistik, um den Bereich der Außenhandelsstatistik und um interne Statistiken.

3. Marketing-Informationssysteme in mittelständischen Unternehmen der Investitionsgüterindustrie

Wie eine Untersuchung des RKW nachweist [21], ist gerade in der mittelständischen Investitionsgüterindustrie der Nachholbedarf auf den Gebieten Marketing-Informationssysteme und Marketingplanung besonders groß. Andererseits wird von dieser Seite immer wieder betont, daß anspruchsvolle EDV-gestützte Marketing-Informationssysteme nur von Großunternehmen genutzt werden könnten.

Für die beiden von uns erläuterten Beispiele gilt diese Einschränkung nicht, da zentrale Informationssysteme für die Bereitstellung unternehmensexterner Daten ebensogut bei einer überbetrieblichen Organisation installiert sein könnten. Dabei wäre in erster Linie an die Verbände zu denken, die ihren Mitgliedern über ein Datenfernverarbeitungsnetz Daten der oben genannten Art zur Verfügung stellen und mit Hilfe von Schulungen die Voraussetzungen für die optimale Nutzung dieser Daten schaffen könnten. Zum anderen wäre es wünschenswert, wenn sich die Industrie- und Handelskammern dieser Problmatik annehmen würden und den Unternehmen, die über keinen eigenen Terminalanschluß verfügen, die Nutzung dieser Daten ermöglichen würden. Als Beispiel hierfür kann das IHK-Datenbankterminal der Kammern Rhein-Neckar und Mittlerer Oberrhein herangezogen werden, das den Zugriff auf 5 Datenbanken der in Deutschland im Aufbau befindlichen ca. 20 Fachinformationssysteme gestattet sowie die Nutzung ausländischer Datenbanksysteme (DIALOG von Lockheed, ORBIT von SDC und DIANE von Euronet). [22]

Anmerkungen

1) Vgl. Köhler, R. / Heinzelbecker, K.:
Informationssysteme für die Unternehmensführung
In: Die Betriebswirtschaft, 37 (1977) 2, S. 267 ff.

2) Vgl. Köhler, R. / Uebele, H.:
Planung und Entscheidung im Absatzbereich industrieller Großunternehmen
Aachen 1977

3) Vgl. Uebele, H. / Heinzelbecker, K.:
Der situationsgerechte Aufbau betrieblicher Informationssysteme
In: Zeitschrift für Organisation, Oktober 1980, in Druck

4) Vgl. Heinzelbecker, K.:
Partielle Marketing-Informationssysteme
Frankfurt/Zürich/Thun 1977, S. 74 ff.

5) Vgl. Heinzelbecker, K.:
Frühwarnsysteme für industrielle Absatzmärkte
In: Jahrbuch für Betriebswirte 1981, Stuttgart 1980, in Druck

6) Vgl. Arlt, V. / Backhaus, K.:
Ein Vertriebsinformationssystem für das Anlagengeschäft
In: ZfbF - Kontaktstudium, 1977, S. 31 ff.

7) Vgl. Zahn, E.:
Aufbau und Nutzung von Außendienst-Berichts-Systemen
In: Marketing-Handbuch (Hrsg.: J. Koinecke), Bd. 1, Gernsbach 1978, S. 825 ff.

8) Vgl. Heinzelbecker, K.:
Von der Marktforschung zum Marketing-Informationssystem?
In: Marktforschung
1979, H. 1, S. 17 ff

9) Vgl. Tomberg, Alex (Hrsg.):
Eusidic Database Guide
Oxford/New York 1978

1o) Vgl. Ifo-Datenbanksystem
Institut für Wirtschaftsforschung
München 1977

11) Vgl. Deininger, R.:
Statistische Informationssysteme und Planungsinformationssysteme
In: Statistische Informationssysteme
(Hrsg.: H.-J. Zindler)
Göttingen, 1977

12) Vgl. Heinzelbecker, K.:
MIS. Schlagwort oder Realität
In: Online-adl-Nachrichten
1978, H. 6, S. 490 ff.

13) Vgl. Zu den Vorteilen partieller Informationssysteme
Heinzelbecker, K.:
Marketing-Informationssysteme heute
In: Marketing-Journal
1977, H. 2, S. 133 ff.

14) Vgl. Heinzelbecker, K.:
Ausbaustufen eines EDV-Marketing-Informationssystems
In: Industrielle Organisation 47 (1978) 9, S. 403 ff.

15) Vgl. Heinzelbecker, K.:
Partielle Marketing-Informationssysteme
Zürich/Frankfurt/Thun 1977, Kapitel 2

16) Vgl. Rockart, J. F.:
A New Approach to defining the chief executive's information needs
CISR Working Paper Nr. 37, Cambridge, Ma. 1978

17) Vgl. zum folgenden Köhler, R. / Heinzelbecker, K.:
Informationssysteme für die Unternehmensführung
In: Die Betriebswirtschaft, 37 (1977) 2, S. 276 ff

18) Vgl. Heinzelbecker, K.:
Planungsorientierte Marketing-Informationssysteme für die Investitionsgüterindustrie
Vortrag anläßlich einer Informationsveranstaltung für Mitglieder des VDMA und des ZVEI, Frankfurt 1979

19) Vgl. Boos, J.:
Zielgruppen- und Bedarfsanalyse
Unveröffentlichter ZMS/M-Arbeitsbericht, BBC Mannheim 1979

20) Vgl. ISIS Software Report, 11. Jg. 1980,
Nomina Information Service, München

21) Vgl. Höfner, K.:
Probleme bei der Verwirklichung des Marketingkonzeptes im Investitionsgüterbereich
In: Rationalisierung, 28 (1970) 10, S. 203 ff.

22) Vgl. Schumacher, D.:
Das IHK-Datenbankterminal
In: Die Wirtschaft, 5/79
IHK-Rhein-Neckar, S. 271 ff.

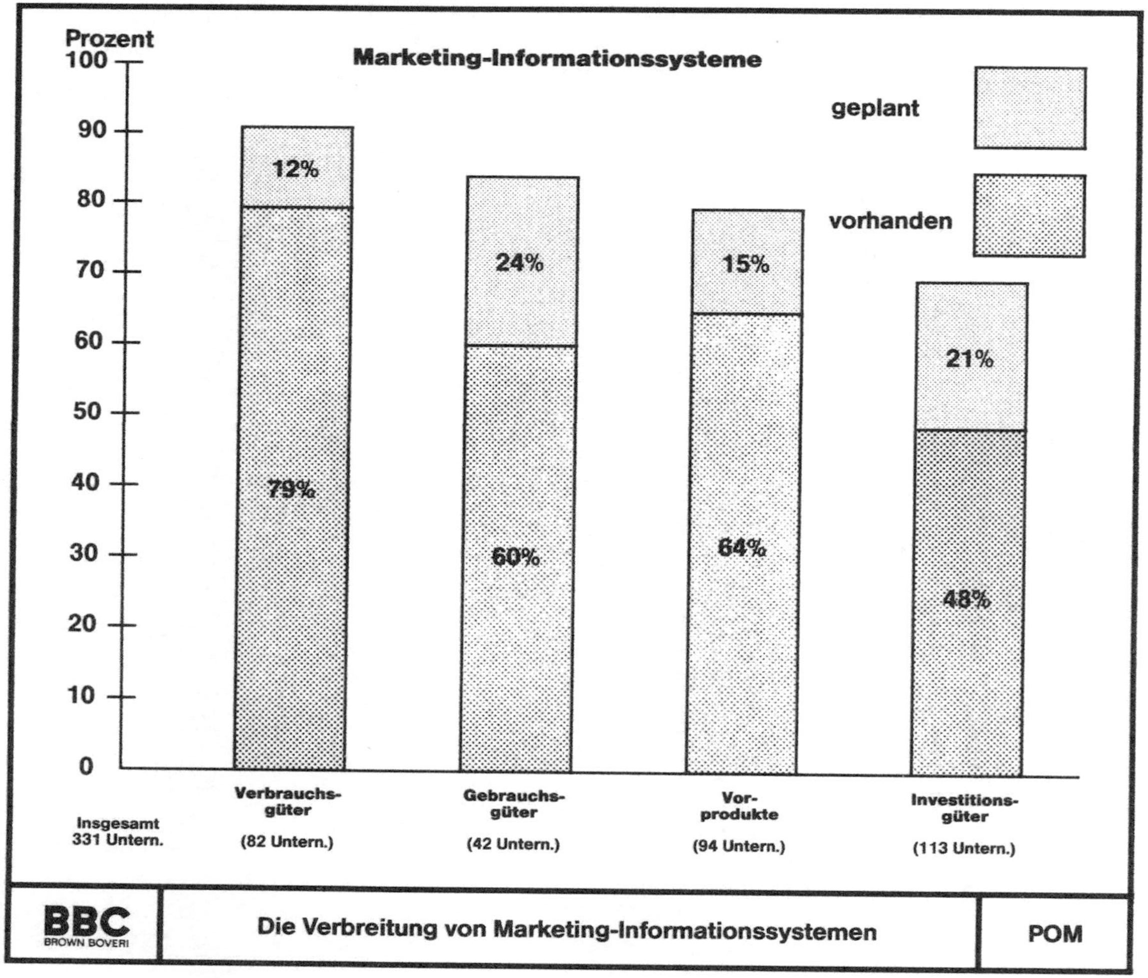
Prozent
100
90
80
70
60
50
40
30
20
10
0
Marketing-Informationssysteme
geplant
vorhanden
12%
79%
24%
60%
15%
64%
21%
48%
Insgesamt 331 Untern.
Verbrauchs-güter (82 Untern.)
Gebrauchs-güter (42 Untern.)
Vor-produkte (94 Untern.)
Investitions-güter (113 Untern.)
BBC BROWN BOVERI
Die Verbreitung von Marketing-Informationssystemen
POM

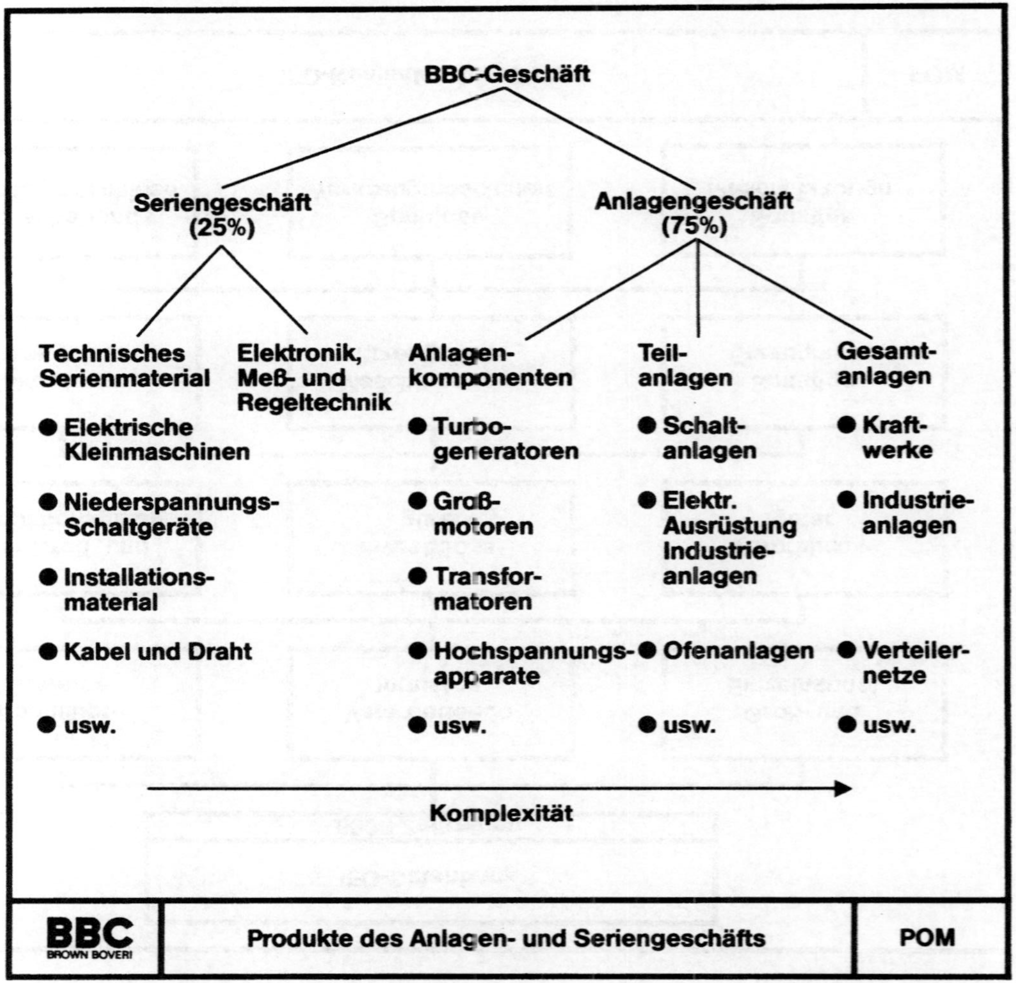

Produkte des Anlagen- und Seriengeschäfts

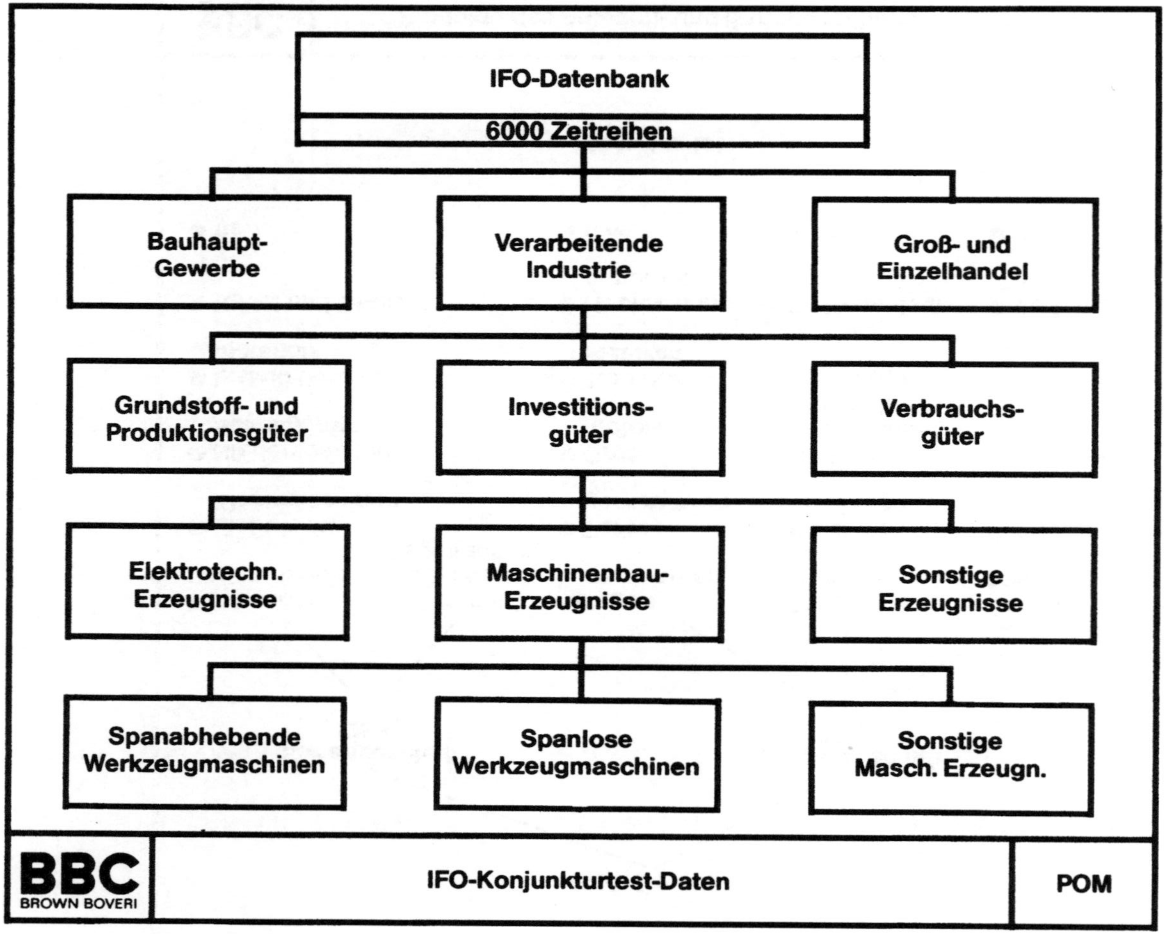
IFO-Datenbank
6000 Zeitreihen
Bauhaupt-Gewerbe
Verarbeitende Industrie
Groß- und Einzelhandel
Grundstoff- und Produktionsgüter
Investitions-güter
Verbrauchs-güter
Elektrotechn. Erzeugnisse
Maschinenbau-Erzeugnisse
Sonstige Erzeugnisse
Spanabhebende Werkzeugmaschinen
Spanlose Werkzeugmaschinen
Sonstige Masch. Erzeugn.
BBC
BROWN BOVERI
IFO-Konjunkturtest-Daten
POM

- Aufbau partieller Informationssysteme statt eines integrierten Gesamtsystems
- Koordination der Teilsysteme mit Hilfe eines Rahmenplans
- Umfassende Informationsanalysen
- Einrichtung von Projektgruppen
- Unterstützung durch das Top Management

BBC BROWN BOVERI	Erfolgsfaktoren für Informationssysteme	POM

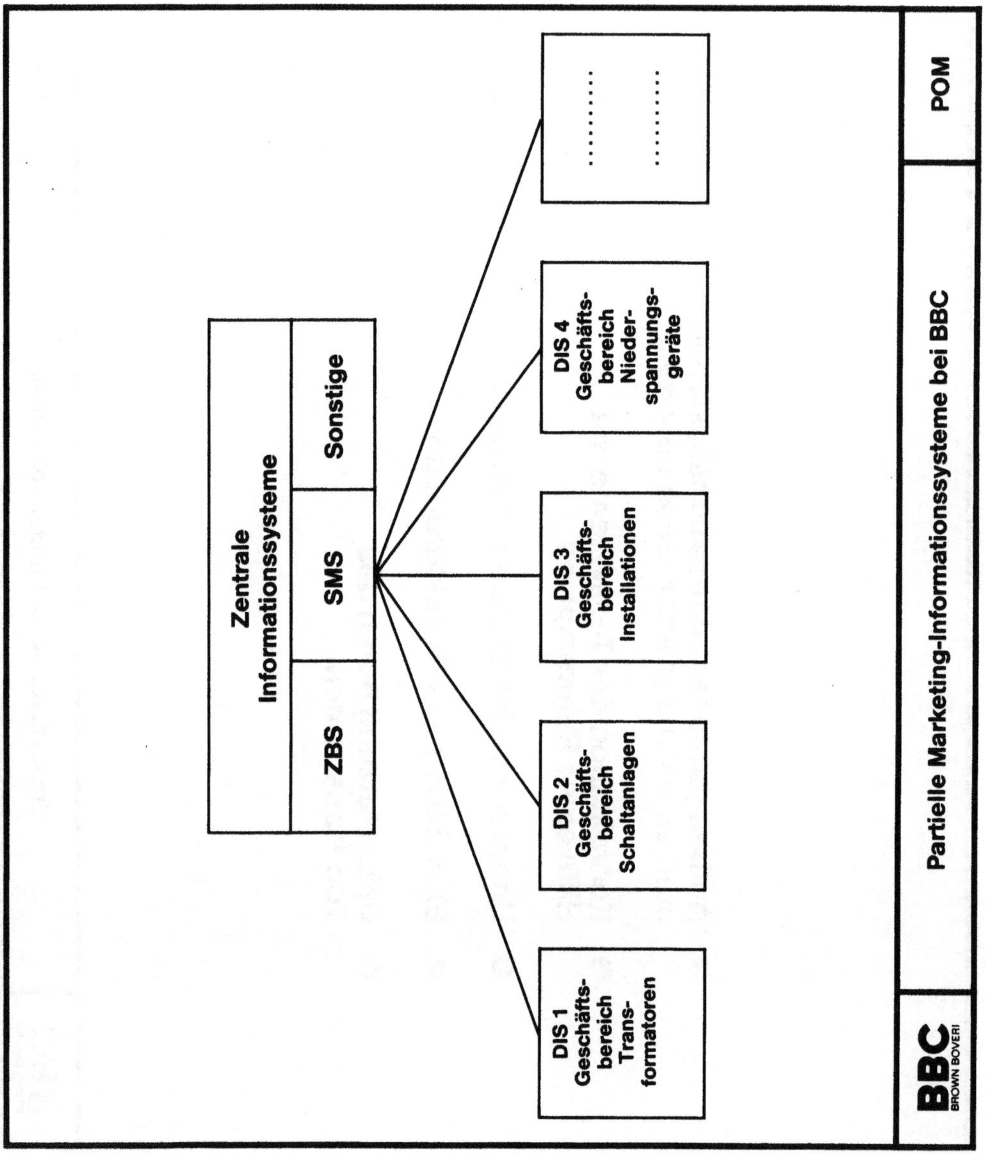

Partielle Marketing-Informationssysteme bei BBC

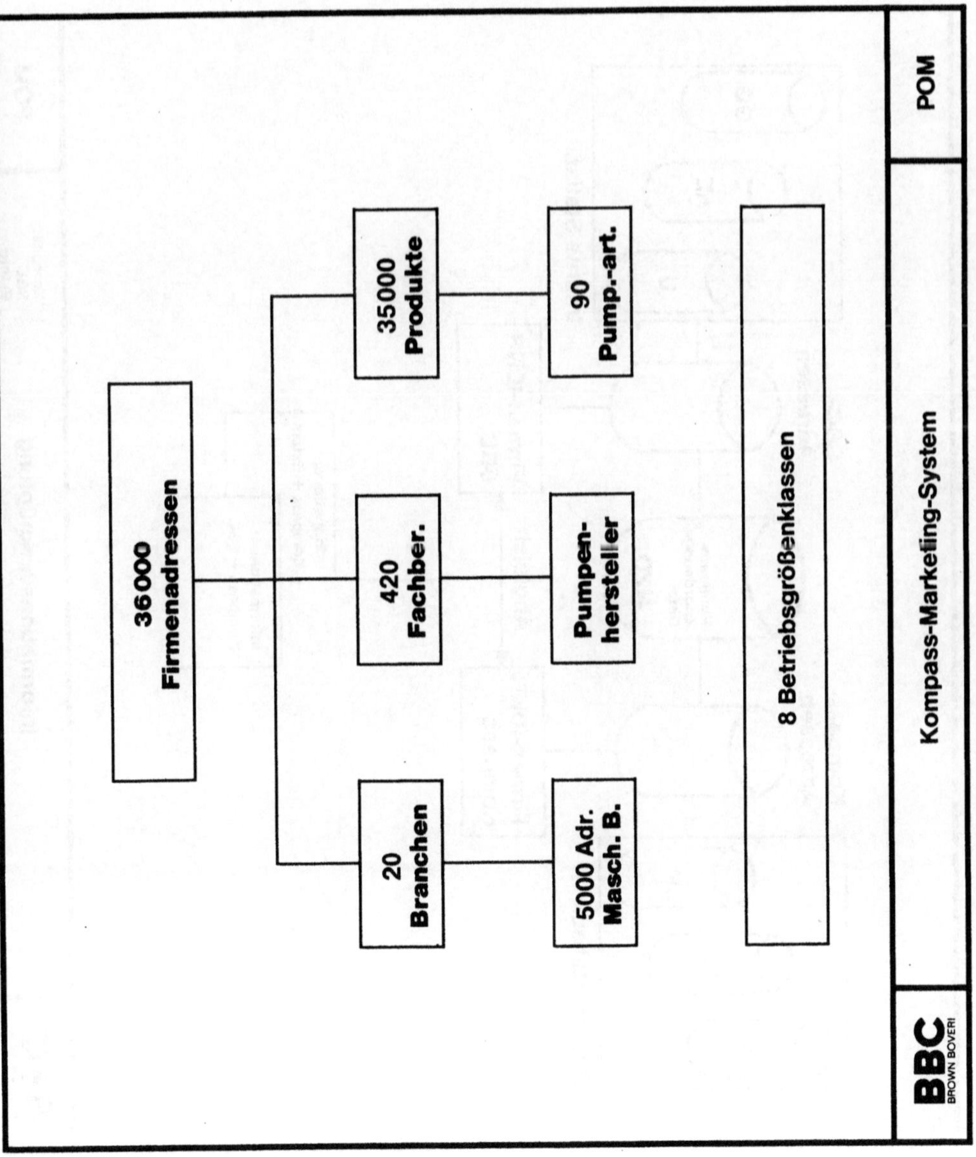
36000 Firmenadressen
20 Branchen
420 Fachber.
35000 Produkte
5000 Adr. Masch. B.
Pumpen-hersteller
90 Pump.-art.
8 Betriebsgrößenklassen
BBC BROWN BOVERI
Kompass-Marketing-System
POM

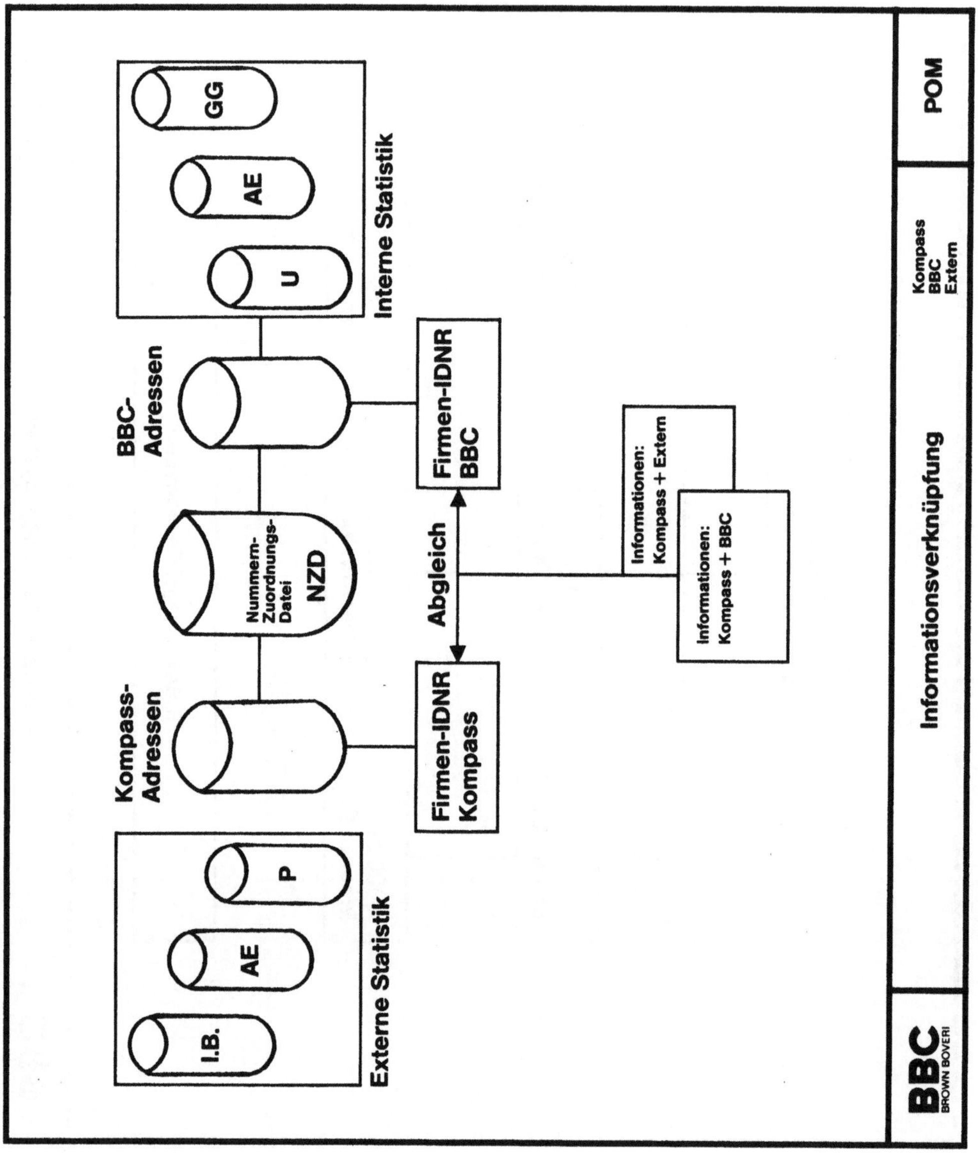
Externe Statistik
I.B.
AE
P
Kompass-Adressen
Nummern-Zuordnungs-Datei
NZD
BBC-Adressen
Interne Statistik
U
AE
GG
Firmen-IDNR Kompass
Abgleich
Firmen-IDNR BBC
Informationen: Kompass + BBC
Informationen: Kompass + Extern
BBC
BROWN BOVERI
Informationsverknüpfung
Kompass
BBC
Extern
POM

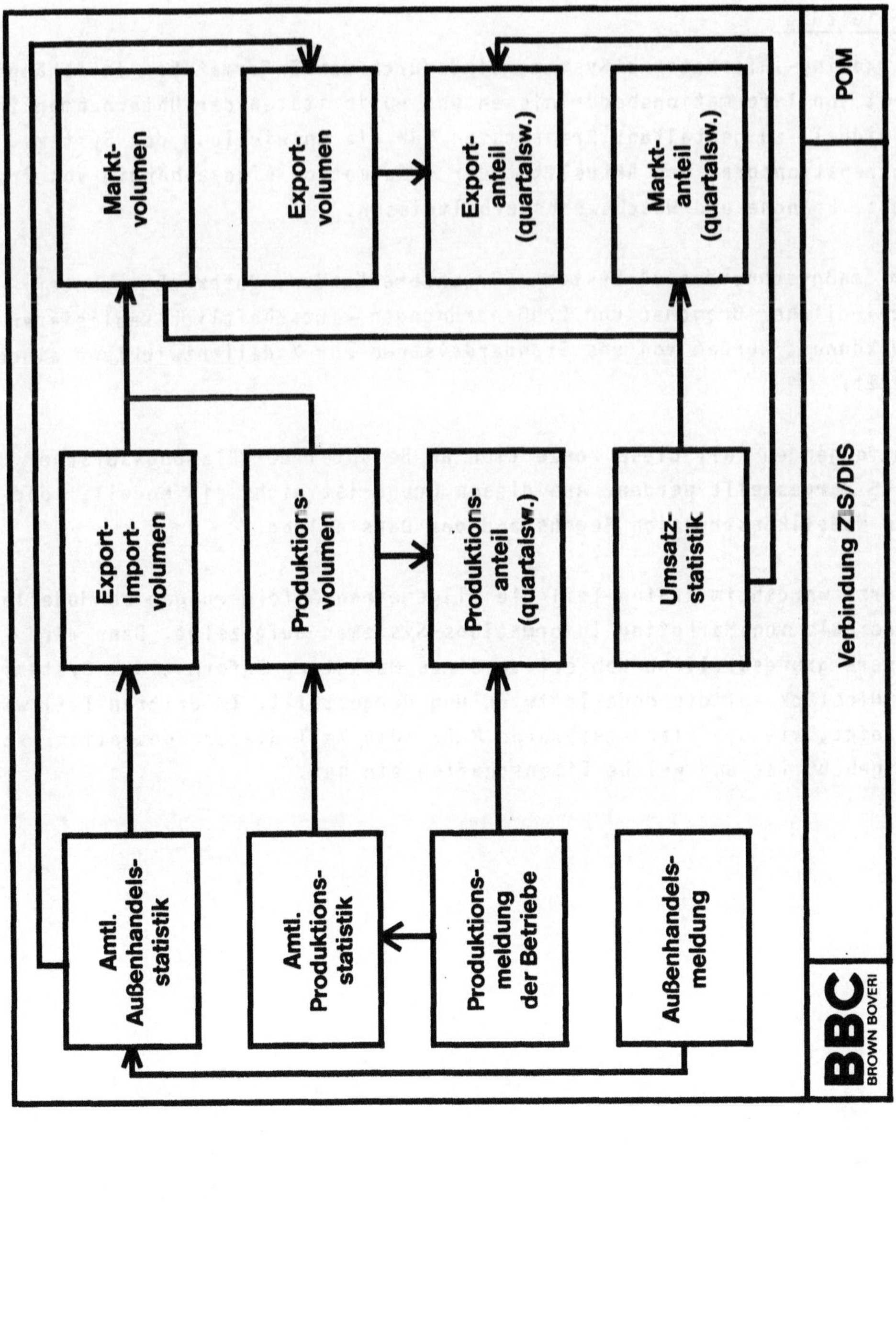
Amtl. Außenhandels-statistik
Amtl. Produktions-statistik
Produktions-meldung der Betriebe
Außenhandels-meldung
Export- Import-volumen
Produktions-volumen
Produktions-anteil (quartalsw.)
Umsatz-statistik
Markt-volumen
Export-volumen
Export-anteil (quartalsw.)
Markt-anteil (quartalsw.)
BBC BROWN BOVERI
Verbindung ZS/DIS
POM

EINSATZ EINER INTERAKTIVEN PLANUNGSSPRACHE BEIM AUFBAU EINES MARKETING-INFORMATIONS-SYSTEMS

M. HEIDÖTTING

Einleitung

Marketing-Informations-Systeme sind durch den Informatiker in Abhängigkeit von Informationsbedürfnissen und -prioritäten der Unternehmen individuell zu gestalten. Prioritäten für die Entwicklung des Systems, Aggregationsgrad und Aktualität der Information sind abhängig von Produkt, Branche und Wettbewerbsverhältnissen.

Um "maßgeschneiderte" Systeme für unsere Kunden, Unternehmen unterschiedlicher Branchen und Größenordnungen wirtschaftlich realisieren zu können, wurden von uns Standardsysteme zur Modellentwicklung eingesetzt.

Im folgenden soll diese Konzeption am Beispiel der Planungssprache MARS dargestellt werden. Aus diesem Grund ist nicht ein Modell, sondern die Modellkonstruktion Gegenstand der Darstellung.

Hierzu werden im ersten Teil die allgemeinen Anforderungen an Modelle innerhalb von Marketing-Informations-Systemen aufgezeigt. Dann wird unsere grundsätzliche Konzeption eines Marketing-Informations-Systems im Hinblick auf die Modellentwicklung dargestellt. Im dritten Teil wird gezeigt, wie die Planungssprache MARS, die Teil dieser Konzeption ist, aufgebaut ist und welche Eigenschaften sie hat.

1. Anforderungen an die Modelle innerhalb eines Marketing-Informations-Systems

Unabhängig von den individuellen Anforderungen eines Unternehmens an ein Marketing-Informations-System und von den Daten, die zur Auswertung zur Verfügung stehen bzw. innerhalb eines solchen Informations-Systems "auswertbar" gemacht werden müssen, müssen mit Hilfe eines solchen Systems Fragen folgender Form beantwortbar sein:

Was ist?	- Analyse des Ist-Zustandes, qualitative und quantitative Analysen
Was wird sein?	- z.B. Extrapolation aus Vergangenheitsdaten oder Vorausanalysen zur Trendberechnung
Was ist wenn?	- deterministische oder stochastische Simulation

Darüber hinaus müssen Pläne verschiedenster Art in geeigneter Form für die unterschiedlichen Ebenen der Unternehmen aus den Soll-Vorgaben erstellt werden. Diese Pläne müssen im Laufe einer Periode der laufenden Entwicklung angepaßt werden und anhand der Ist-Werte müssen die Abweichungen dargestellt und analysiert werden können.

Für die Modellentwicklung ist es grundsätzlich von untergeordneter Bedeutung, wie umfassend ein Marketing-Informations-System konzipiert wird. Global-Systeme integrieren externe Daten, Marktdaten, interne Daten und Unternehmensdaten. Teilsysteme benötigen z.B. nur Marktdaten als Input. (s. Abb. 1)

Anforderungen an das Marketinginformationssystem

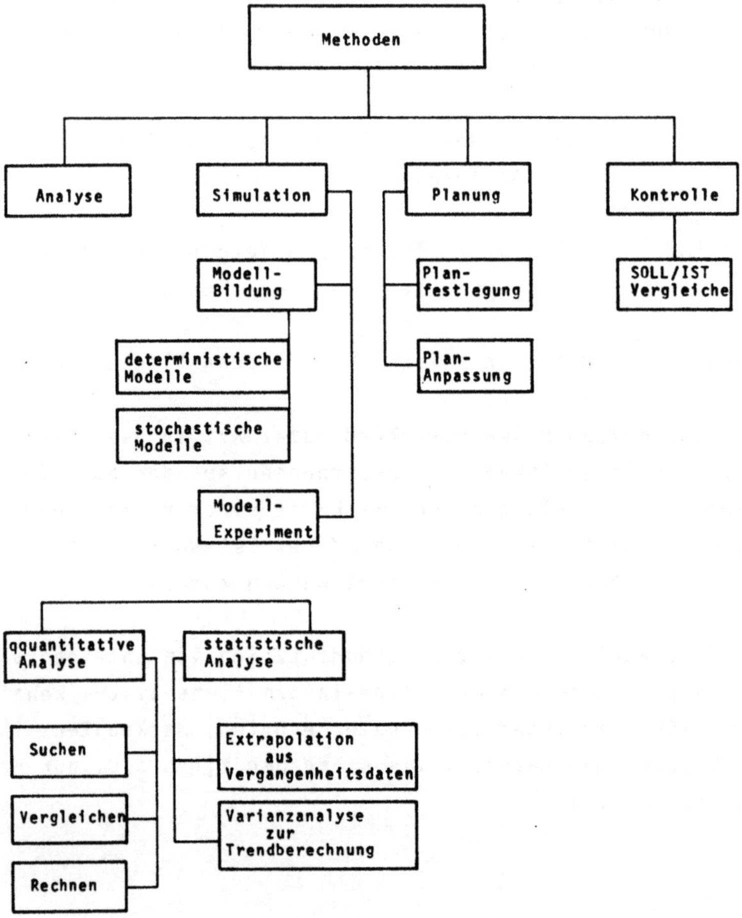

(Abb. 1)

2. Notwendigkeit des EDV-Einsatzes

Für die Lösung komplexer Planungsprobleme, wobei unter Planung Entscheidungsvorbereitung, Entscheidungsfindung und Durchführungskontrolle verstanden wird, innerhalb akzeptabler Zeit zu vertretbaren Kosten ist in vielen Fällen der Einsatz der EDV erforderlich. Im Einzelfall ist zu prüfen, ob der erwartete Nutzen, der von einem solchen System zur Verfügung gestellten Information im vertretbaren Verhältnis zu den Entwicklungsaufwendungen steht. Grundsätzlich sei an dieser Stelle bemerkt, daß Nutzenbewertung von Information immer Schwierigkeiten bereitet, weil sie nicht oder nur sehr schwer quantifizierbar ist.

Wesentliches Kriterium für den Nutzen eines Informationssystems ist die Dauer des Einsatzes durch die Benutzer. Um dieses Ziel zu erreichen, sind folgende Anforderungen zu erfüllen. (s. Abb. 2)

Anforderungen an Computersystem

- **Benutzerfreundlichkeit** ← klare und leichte Anwendung; Konversationsfähigkeit; direkter Zugang
- **Tranzparenz** ← Methoden; Modelle; Datenstrukturen
- **Sicherheit** ← Geheimhaltung; Verlust; Korrektheit
- **Flexibilität** ← Datenstrukturen; Modellstrkturen; Anforderungen
- **Wirtschaftlichkeit** ← Modularer Aufbau; schrittweise Verfeinerung; Einsatz von Standards
- **Schnelligkeit** ← Modellerstellung; Datenbereitstellung; Ergebnisse / Beantwortung von Fragen

(Abb. 2)

Das System muß "benutzerfreundlich" sein.

Die Handhabung von Modellen und Daten muß klar und leicht sein. Durch einen geeigneten, auf die individuellen Bedürfnisse der Benutzer abgestimmten Dialog muß die Handhabung des Systems unterstützt werden, so daß es dem Benutzer möglich ist, ohne spezielle EDV-Kenntnisse mit einer seiner Problemstellung angepaßten Sprache, Fragen an das System zu formulieren und entsprechende Antworten anzufordern. Darüberhinaus muß es durch geeignete technische Einrichtungen möglich sein, jederzeit direkten Zugang zum System zu haben.

Das System muß "transparent" sein.

Methoden, Modelle und Datenstrukturen müssen nicht nur für die Systementwickler transparent sein. Sollen die Ergebnisse von Berechnungen akzeptiert werden, so müssen Möglichkeiten und Grenzen einer modellhaften Berechnung klar sein.

Das System muß "sicher" sein.

Nicht nur gegen unbefugten Zugriff muß das System durch geeignete hardware- und softwaretechnische Maßnahmen gesichert werden, sondern auch gegen Verlust von Daten und Modellen bei System-Störungen. "Sicher" bedeutet darüberhinaus auch eine Gewähr für die Korrektheit der Modelle.

Das System muß "flexibel" sein.

Da Systeme nicht nur eine häufig mehrjährige Entwicklungszeit haben, Teilsysteme genutzt werden, während andere noch in der Entwicklung sind, sondern auch über mehrere Jahre hin genutzt werden sollen, ist es erforderlich, daß solche Systeme gegenüber den sich ändernden Anforderungen der Unternehmen ausreichend flexibel sind. Diese Flexibilität muß sowohl für Datenstrukturen als auch für Modellstrukturen gewährleistet sein.

Das System muß "wirtschaftlich" sein.

Entwicklung nach dem Prinzip der "schrittweisen Verfeinerung", modularer Aufbau in unabhängig nutzbare Teilsysteme und Einsatz von Standards für Entwicklungskonzepte und Software sollen eine größtmögliche Wirtschaftlichkeit bei der Entwicklung garantieren.

Das System muß "reaktionsschnell" sein.

Modelle und Daten müssen auch zur Beantwortung neuer Fragestellungen in akzeptablen Zeiten bereitgestellt werden können. Ein aussagefähiger Dialog muß den kreativen Prozeß der Problemlösung unterstützen, da hierbei häufig Anfragen notwendig sind.

Diese Anforderungen waren Grundlage für die folgende Grundkonzeption eines Marketing-Informations-Systems.

3. Grundkonzeption eines Marketing-Informations-Systems

Die Grundkonzeption unserer Marketing-Informations-Systeme, die an die o.g. Anforderungen orientiert ist, zeigt die Abb. 3.

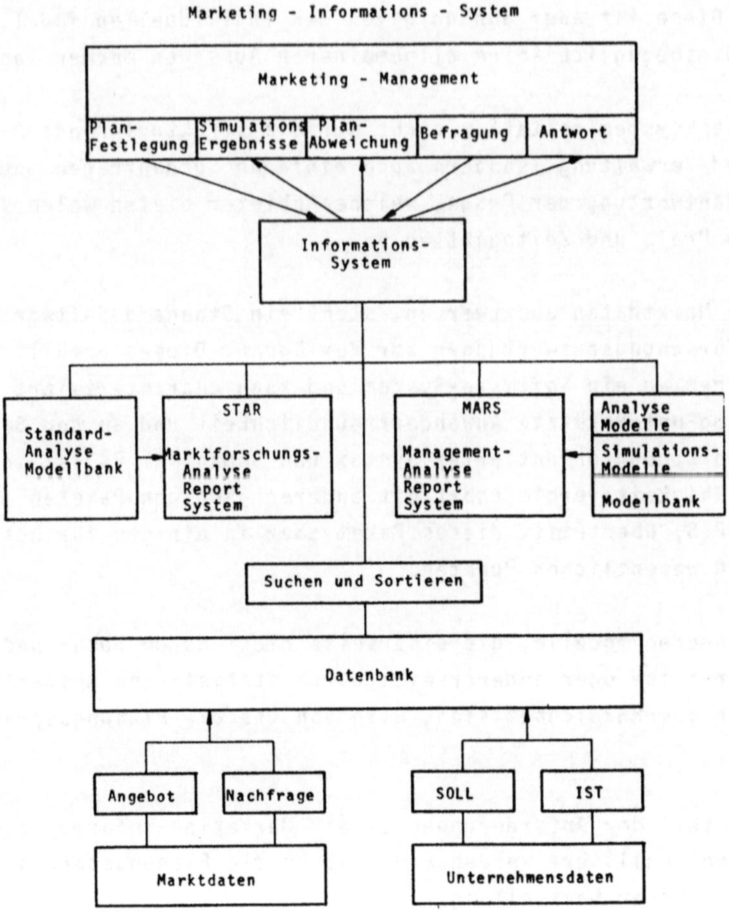

(Abb. 3)

Basis des Systems ist eine Datenbank, die sowohl externe Daten, Marktdaten, als auch interne Daten, Unternehmensdaten, aufnimmt und verwaltet.

Ohne auf Details im Rahmen dieser Darstellung einzugehen, sei auf die besondere Problematik von Marktdaten hingewiesen. Angebotsspezifische Daten z.B. sind gekennzeichnet durch unterschiedliche und dazu sich noch häufig ändernde Strukturen. Durch interaktive Datenerfassung und/oder durch geeignete Manipulationen auf der Datenmenge müssen diese unterschiedlichen Daten der Angebote verschiedener Unternehmen einer einheitlichen Struktur zugeordnet werden. Ein nicht zu unterschätzendes Problem liegt häufig in der Schaffung einer geeigneten Struktur. Diese ist aber abhängig von den individuellen Modellen, so daß sich diesbezüglich keine allgemeineren Aussagen machen lassen.

Das Datenbanksystem gestattet nicht nur die strukturierende Datenerfassung und Verwaltung, sondern auch einfache Suchanfragen und Analysen, so z.B. Beantwortung der Frage, welche Anbieter bieten welches Produkt zu welchem Preis und Zeitpunkt wo an.

Um primäre Marktdaten auszuwerten, steht ein Standard-Software Paket für Marktforschungsauswertungen zur Verfügung. Dieses erfüllt die o.g. Anforderungen an ein Software-System und kann charakterisiert werden durch dialog-unterstützte Anwenderfreundlichkeit und an den Bedürfnissen der Marktforschung orientierter Syntax und Semantik. Es ist in seiner Leistungsfähigkeit vergleichbar mit anderen gängigen Paketen, wie zum Beispiel SPSS, übertrifft dieses Paket aber in einigen für bestimmte Anwendungen wesentlichen Punkten.

Für alle anderen Modelle, die einerseits nicht durch Such- und Verknüpfungsprozesse oder andererseits durch statistische Auswertung von Primärdaten gekennzeichnet sind, wird von uns die Planungssprache MARS eingesetzt.

Da der Großteil der Anforderungen an ein Marketing-Informations-System mit Modellen realisiert werden kann, steht die Planungssprache im Mittelpunkt dieser Darstellung.

MARS ist ein von CMP entwickeltes Software-System. Wir sind von den Vorteilen unseres Systems überzeugt, trotzdem ist die vorgestellte Konzeption auch mit einigen anderen Planungssprachen unter gewissen Voraussetzungen realisierbar.

4. Konzeption der Planungssprache

Um zeigen zu können, wie der Einsatz einer Planungssprache im Rahmen eines Gesamtkonzeptes für ein computergestütztes Marketing-Informations-System o.g. Anforderungen erfüllt, wird zunächst die Konzeption der Planungssprache selbst dargestellt. (s. Abb. 4)

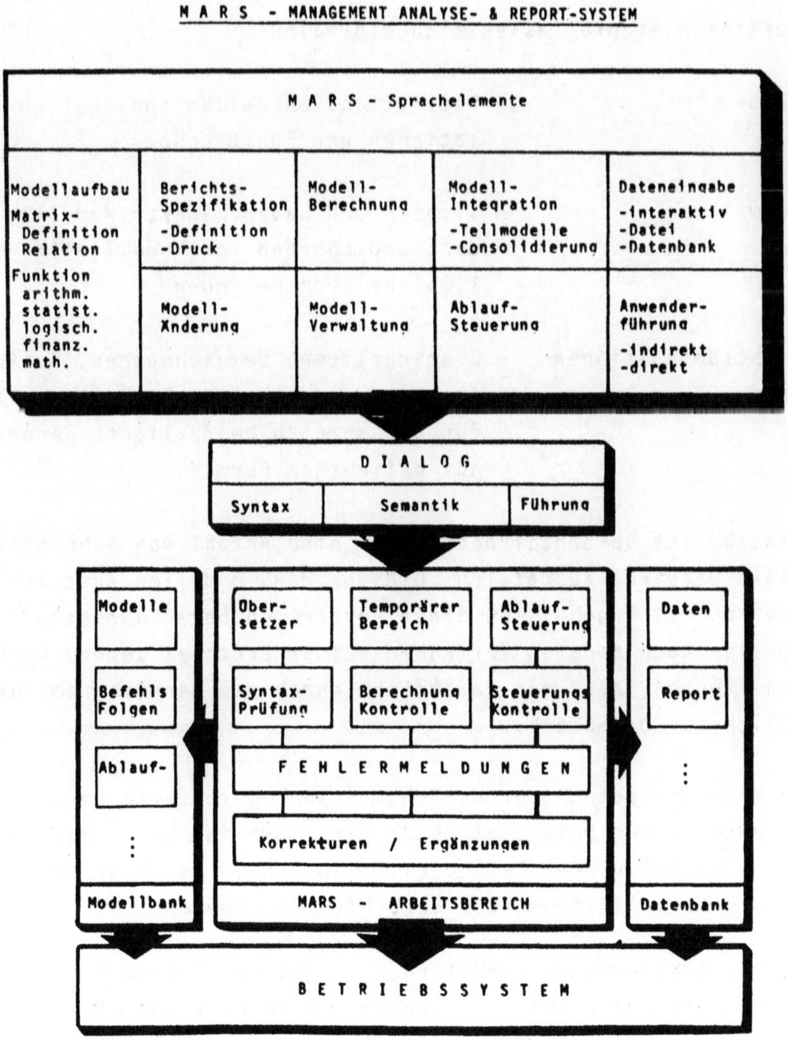

(Abb. 4)

MARS - Management Analyse - a. Report-System - ist eine interaktive benutzerorientierte Planungssprache zur Modellentwicklung und Modellbenutzung. Den Anforderungen für Modellentwicklung und Modellbenutzung entsprechend, enthält die Planungssprache Elemente zur Modellkonstruktion, zur Dateneingabe, zur Berechnung von Modellen und zur individuellen Unterstützung von Benutzern.

Die Konstruktionselemente lassen sich einteilen

in Modellaufbau	- Definition von Zeilen und Spalten, Relationen und Funktionen
in Modellverwaltung	- Sichern und Laden binärer Modelle, Ändern und Löschen von Modellteilen beliebiger Größenordnung
und in Berichtsdefinitionen	- Überschriften, Bezeichnungen, Seitenprozesse und sonstige Layoutgestaltung für umfangreich beschriftete Reports auf beliebigem Format

Die Dateneingabe ist gekennzeichnet durch eine Anzahl von Schnittstellen; zu allgemeinen Dateien, zu Dateien, die von MARS-Modellen erstellt worden sind, so daß mit Ergebnissen einer vorherigen Berechnungsstufe auf anderen Modellen nach anderen Verfahren weitergerechnet werden kann, zur interaktiven Eingabe, z.B. von Parametern durch den Benutzer am Terminal und schließlich zur Datenbank.

Befehle zur Modellberechnung ermöglichen sowohl gesteuerte Benutzerfindung für Modelle und Daten, als auch die einmalige und wiederholte Berechnung von Modellen oder Teilmodellen im Rahmen der Modellentwicklung, sowie die Konsolidierung auf verschiedenen Ebenen.

Befehle zur Modellberechnung ermöglichen sowohl gesteuerte Benutzerführung für Modelle und Daten, als auch die einmalige und wiederholte Berechnung von Modellen oder Teilmodellen im Rahmen der Modellentwicklung, sowie die Konsolidierung auf verschiedenen Ebenen.

- durch Plausibilitätskontrollen, z.B. im Hinblick auf Vollständigkeit von Modelldefinitionen und Parametern,

- und vor allem durch sogenannte indirekte Befehlsfolgen. Ganze Befehls-

folgen für die Modellberechnung werden in Dateien gespeichert.
Schließlich lassen sich für spezielle Nutzungen Standards definieren.

Diese Planungssprache stellt mit Hilfe ihrer Sprachelemente Reportfunktionen, Matrixfunktionen, mathematische Funktionen und logische Ausdrücke im Basisteil zur Verfügung, zusätzlich statistische Verfahren und graphische Funktionen.

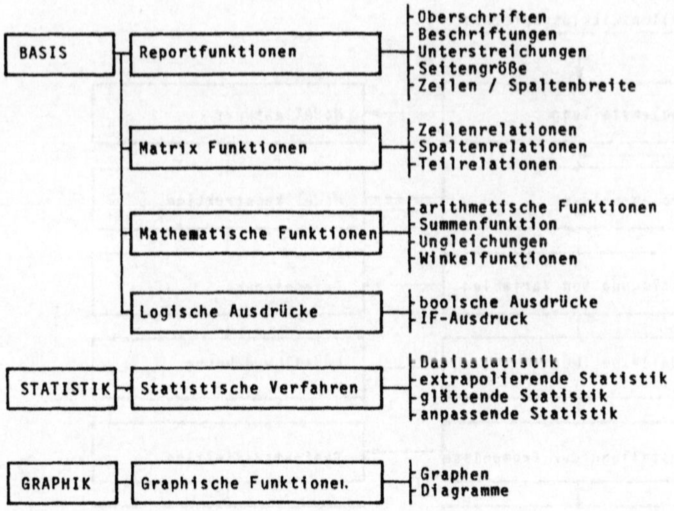

(Abb. 5)

Das System selbst ist in FORTRAN IV, die Schnittstellen zu Betriebs-System in Assembler progammiert.

Die Verwendung von FORTRAN gewährleistet einen Einsatz auf verschiedenen Hardware-Systemen. Der Mindestkernspeicherbedarf beträgt 128 KW.

Seit 1976 ist die Planungssprache im Einsatz und liegt heute bereits in der vierten Version vor.

5. Modellentwicklung mit einer Planungssprache

Die Eigenschaften der Planungssprache unterstützen den Modellentwicklungsprozeß in jeder Phase und ermöglichen eine einfache Benutzung der Modelle.

Die Entwicklung von Modellen kann als kybernetischer Prozeß dargestellt werden. (s. Abb. 6)

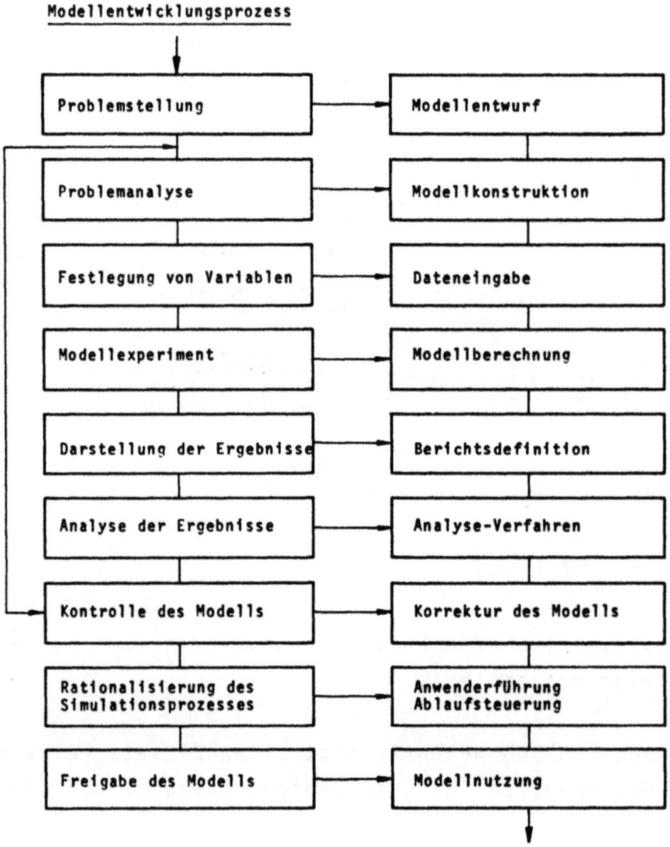

(Abb. 6)

Sollen komplexe Informationssysteme von den Benutzern akzeptiert werden, so ist es erforderlich, daß Manager des Unternehmens und Modellkonstrukteure in der Entwicklungsphase eng zusammenarbeiten.

Klare Syntax und problemorientierte Semantik schaffen die Voraussetzung, um die Planungssprache auch als Kommunikationsmittel zwischen Benutzer und Entwickler einzusetzen. Während des Entwicklungsprozesses, in dem in der Regel mehrere Modelle bzw. Modellvarianten zu entwickeln sind, können somit Anforderungen an Modelle in einer gemeinsamen Sprache formuliert werden. Dem Entwickler wird hierdurch seine Arbeit erleichtert, der "Übersetzungsprozeß" wird abgekürzt und Fehlinterpretationen vermieden.

Der Benutzer wird zur aktiven Mitarbeit angeregt und dadurch die Transparenz von Berechnungsfolgen und Modellen erhöht. Hierdurch wird eine notwendige Voraussetzung für die Akzeptanz des Systems geschaffen.

Dem Entwickler kommt beim Austesten der Modelle der umfangreiche Dialog zugute. Dieser gestattet es ihm, formale und inhaltliche Fehler schnell zu lokalisieren und zu beheben.

Der Benutzer macht von den Möglichkeiten der Ergebnisdarstellung Gebrauch. Diese sind nicht nur auf tabellarische Darstellungen beschränkt, sondern um graphische Darstellungen erweitert.

Im Rahmen der Entwicklung ist es häufig erforderlich, Modelle schrittweise zu verfeinern, bis sie den notwendigen Genauigkeitsgrad der Abbildung erreicht haben. Hierbei werden die unterschiedlichen Möglichkeiten der Modelländerungen eingesetzt.

Nach Freigabe des Modells wird mit Hilfe indirekter Kommandfiles für den Benutzer eine individuelle Benutzerfindung aufgebaut.

Modelle und Befehlsfolgen mit entsprechenden Datenschnittstellen werden in die Modellbank eingebracht, wo sie dem authorisierten Benutzern zur Verfügung stehen.

6. Bedeutung der Planungssprache

Klare und einfache Befehlsstruktur, Unterstützung transparenter Modellformulierung und umfangreiche Dialoghilfen sind die Eigenschaften dieser Planungssprache. Durch die Einbeziehung in das Konzept eines Marketing-Informations-Systems wird es möglich, Standard-Softare einzusetzen und somit das System wirtschaftlich zu realisieren.

Die Möglichkeit individuelle Modelle formulieren zu können und die Flexibilität in Bezug auf Änderung von Modell und Struktur gewährleistet die notwendige Anpassungsfähigkeit.

VERTEILTE COMPUTERINTELLIGENZ IM SB-WARENHAUS, KAUFHAUS UND BAUMARKT

E. KRETZ

Die richtige Ware, in der richtigen Menge, zur richtigen Zeit, am richtigen Platz..

Welches Unternehmen im SB-Handel kann ernsthaft behaupten, diese Dinge im Griff zu haben? Welches Unternehmen kann von sich behaupten, es habe nie Probleme mit Sortimentsauswahl, Fehldispositionen usw.? Sind nicht Fehlauszeichnungen und Fehlkalkulationen häufig der Alltag? Beeinträchtigen nicht jede Mark entgangener Umsatz durch mangelnde Warenpräsenz und jede Mark Zinskosten wegen überhöhter Lagerbestände das Geschäftsergebnis?

So ist das Bemühen aller Unternehmen um verläßliche Daten verständlich. Der Erfolg wird heute wesentlich von der Fähigkeit mitbestimmt, Informationen aus Geschäftsvorfällen schnell und richtig zu erfassen, weiterzuvermitteln und sicher zu interpretieren.

Hier gilt es, nach Lösungen zu suchen.

Kassen und Computerhersteller bieten seit Jahren Teillösungen an, die automatische Verfahren entweder im Kassenbereich oder im Bereich der EDV-Nachverarbeitung ermöglichen. Integrierte Systeme waren aber bisher nur sehr großen Anwendern erschlossen, da der Umfang des EDV-Systems für Qualität, Komfort und Geschwindigkeit des Verfahrens bestimmt war.

Neue Technologien ermöglichen neue Konzepte. Die Registrierkasse, heute zum Microcomputer geworden, ist mit so viel Intelligenz ausgestattet, daß alle Erfassungs- und Abrechnungsfunktionen autonom und am Computer-Terminal erfolgen können. Der Computer ist dann die ideale Ergänzung für Konsolidierungsfunktionen und die Abwicklung von Auswertungsarbeiten unter Einbeziehung der verschiedenen peripheren Geräte wie z.B. Etikettendrucker und Bildschirm. Neue Preis-/Leistungsrelationen lassen heute einen wirtschaftlichen Einsatz auch bei kleinen und mittleren Unternehmensgrößen zu.

Honeywell Bull und ADS als Hersteller von Computer- und Kassensystemen aller Größenordnungen bieten mit dem Handelssystem 6 eine ideale Grundlage für anspruchsvolle Warenwirtschaftssysteme, die Automationslösungen vom Wareneingang über Auszeichnung und Kassensteuerung bis hin zur Disposition und betriebswirtschaftlichen Führungszahlen ermöglichen. Umfangreiche Software-Entwicklungen in Form von Betriebsprogrammen für das Zusammenspiel der Produkte beider Hersteller sowie das Standard-Anwendungspaket FLORIDA für den SB-Handel runden den Lieferumfang ab.

"Damit auch morgen die Kasse stimmt", ist nicht nur ein Schlagwort, sondern zwingende Verpflichtung zu richtigen Entscheidungen.

Das Programmpaket FLORIDA wurde in Zusammenarbeit mit Unternehmen aus dem SB-Handel als umfassende Lösung für die spezifischen Forderungen dieser Branche entwickelt.

FLORIDA besteht aus mehreren, in sich abgeschlossenen Programm-Moduln, deren Funktionen jeweils einen Arbeitskreis komplett abdecken:

1. Disposition
2. Bestellwesen
3. Wareneingang/Warenauszeichnung
4. Rechnungskontrolle
5. Warenausgang
6. Kassenabwicklung
7. Inventur
8. Statistiken/Auswertungen

Bei FLORIDA sind alle Kriterien einer effizienten Software-Lösung berücksichtigt:

. bedienerfreundliche Handhabung der einzelnen Programme durch programmierte Bedienerführung am Bildschirm,

. komplexe Verarbeitung der Wareneingangs/Warenausgangs-Informationen,

. umfangreiche Disposition nach verschiedenen Verfahren,

. Preis-Look-up am Kassenplatz auch unter Verwendung der verschiedenen Auszeichnungsverfahren EAN, OCR-A, OCR-B und Strichcode,

. automatische Rechnugnskontrolle und Integration zur Buchhaltung,

. durch Kassen-/Rechner-Verbund automatische Übernahme der Verkaufsdaten,

. differenzierte Auswertung der gespeicherten Daten in unterschiedlichen Statistiken,

. unverzügliche Verarbeitung von Wareneingangs-Daten,

. ständige Informationsbereitschaft z.B. über Bildschirm.

Die bei Anfall von Warenbewegungen erfassten und gespeicherten Informationen fließen in die einzelnen Auswertungen und Statistiken ein, die jederzeit abgerufen werden können.

So stehen kurzfristig alle Informationen zur Verfügung, die für Dispositionen zwingend notwendig sind.

Über programmierte Bildschirm-Führungen erfolgt die Datenerfassung in den einzelnen Arbeitsbereichen im Dialog. Hierbei erfolgen formale und logische Prüfungen der Daten.

Die Gliederung von FLORIDA in einzelne Programm-Moduln ermöglicht die schrittweise Einführung.

Der modulare Aufbau der einzelnen Programme gewährleistet wirkungsvolle Programmpflege und Erweiterungen um anwenderspezifische Programmteile.

So führt der Verbund von Kasse/-Computer und Software zu einem leistungsstarken Organisations-System, das dem Anwender die Verarbeitung und Auswertung der Massen-Daten abnimmt und ihm kurzfristig Führungszahlen für die Disposition zur Verfügung stellt.

Modul 1

Disposition

Durch das Handelssystem 6 wird die Vielzahl von Artikeln zu einer differenzierten Betrachtung des einzelnen Artikels möglich.

Unter Heranziehung der aktuellen Artikelumsätze läßt sich die Disposition in vielen Punkten vereifachen und verbessern.

Für die Disposition wird eine Dispositionsliste nach Lieferanten oder Artikeln erstellt, wobei die Kriterien Lieferzeit, Bestellrhythmus, Bestand, Bestellbestand, Mindestbestand und Lieferantendaten berücksichtigt werden.

Die Disposition kann wahlweise über die Dispositionsliste oder über den Bildschirm erfolgen.

Änderungen der Disposition sowie Nachdispositionen gehören zu den Bestandteilen dieses Programm-Moduls.

Modul 2

Bestellwesen

Die abgeschlossenen Disposition führt zu der Bestellschreibung über das Handelssystem 6 mit gleichzeitiger Speicherung der Daten zur Bestellüberwachung nach Lieferanten.

Die Wareneingangsstelle erhält eine Kopie der Bestellung als Wareneingangsschein für die anstehende Lieferung.

Modul 3

Wareneingang/Warenauszeichnung

Anhand des Wareneingangsscheins wird der Wareneingang nach Menge erfaßt und durch die Warenbestandsverbuchung in den Warenbestand übernommen.

Über- und Unterlieferungen zeigt das Handelssystem 6 sofort über den Bildschirm bereits bei der mengenmäßigen Wareneingangserfassung an. Sie werden später protokolliert. Als Nebenprodukt kann wahlweise die Etikettenerstellung über den Drucker nach abgeschlossener Wareneingangserfassung erfolgen.

Modul 4

Rechnungskontrolle

Bei Rechnungseingang wird die Lieferanten-Nummer oder Auftrags-Nummer sowie der Rechnungsendbetrag über den Bildschirm eingegeben. Das Handelssystem 6 sucht den zugehörigen, bei Wareneingang erstellten Rechnungssatz auf.

Abweichungen werden der Bedienungskraft auf dem Bildschirm angezeigt. Die Abweichungen können protokolliert und/oder korrigiert werden.

Die abgeklärten Rechnungssummensätze werden der Buchhaltung zur Verfügung gestellt und ein Kreditoren-Eingangsjournal gedruckt.

Modul 5

Warenausgang

Die Warenausgangserfassung kann verschieden erfolgen. Einmal werden die Ausgangsdaten von Kassen-Systemen erfasst und über einen Datenträger dem Programmpaket FLORIDA zur weiteren Verarbeitung zur Verfügung gestellt. Eine andere Möglichkeit besteht in der Erfassung der Daten über den Bildschirm.

Eine anschließende Warenbestandsverbuchung erfolgt automatisch. Sind die ADS-Datenkassen direkt an das Handelssystem 6 - Online-Verbindung - angeschlossen, so erfolgt die sofortige Warenbestandsverbuchung - siehe Modul 6 Kassenabwicklung.

Modul 6

Kassenabwicklung

Die Kassenabwicklung ist in den verschiedenen Vorgängen untergliedert.

. Einrichtungsfunktionen
  Kassiereran- und -abmeldung
  Verkaufsbuchungen
  Kassierfunktionen
  Geldabschöpfung

Kassenabrechnung
Kassierabrechnung
Abfrageprogramme
Statistiken

Die Kassenabwicklung mit der Verkaufsdatenerfassung bildet die Grundlage für das umfassende Warenwirtschaftssystem FLORIDA.

Oberste Priorität sind Kassensicherheit und einfache, durch automatische Prüfungen abgesicherte Buchungsabläufe. Plausibilitätskontrollen sowie das Lesen von EAN OCR-A/-B und anderer strichcodierter Etiketten bieten ein hohes Maß an Sicherheit bei der Erfassung der Verkaufsdaten. So auch das Leseverfahren über den Scanner.

Komfort und Speicherorganisation der Systemkasse ermöglichen automatische Schnittstellen zum Handelssystem 6. So stehen beispielsweise direkt in der ADS-Datenkasse zur Verfügung:

Warengruppen-Umsatzspeicher mit Text

PLU (Preis-Look-up)-Speicher mit Text

Die Menge der Warengruppen und PLUs wird von der Speicherausstattung der Kasse bestimmt.

Die Verkaufsabrechnung läßt eine Vielzahl von Vorgangs- und Zahlungsarten zu.
Im Dialog mit dem Handelssystem 6 werden alle Preise direkt abgerufen und alle Werte der Kassiervorgänge unmittelbar übertragen.

Durch die parallele Führung von Summenspeichern in der Kasse werden bei Wiederanlauf die Summenspeicher automatisch zum Handelssystem übertragen.

Im Offline-Zustand gebuchte Artikel/-Warengruppeninformationen werden auf dem Journalstreifen der Systemkasse mit einem Kennzeichen versehen und können später entweder über die Kasse oder über den Bildschirm des Handelssystems 6 nacherfasst werden.

. Einrichtungsfunktionen

Die Systemkasse wird mittls Parametereingabe eingerichtet.

Zum Beispiel: Firmenbezeichnung
Betriebs-Nummer
Kassen-Nummer
Kassiererin-Nummer
Datum
Warengruppen-Nummer
Warengruppen-Bezeichnung
Artikel-Nummer
Artikel-Bezeichnung

. Kassiereran- und -abmeldung

Die Eingabe der Kassiererin-Nummer (Personal-Nr.) löst eine Prüfung auf Gültigkeit aus. Die Kasse wird bei positiver Bestätigung der Kassierer-Nummer anschließend mit den Schnelldreher-Artikeln getragen und FLORIDA legt einen Kassierersatz auf der Magnetplatte an. Die Abmeldung ist in ähnlicher Weise gelöst.

. Verkaufsbuchungen

Der Vorgang wird durch Eingabe der Artikel-/Warengruppen-Nummer über die Tastatur oder Leseeinrichtung ausgelöst. Bei PLU-Artikeln, die nicht über Kasse gespeichert sind, wird der Preis von dem Handelssystem 6 mit Text der Kasse gemeldet und ausgedruckt.

Bei nicht PLU-Artikeln wird zusätzlich der Preis ebenfalls über Tastatur oder Leseeinrichtung der Kasse mitgeteilt.

Die Verkaufsdaten mit Summenbildung werden für die weitere artikelgenaue Weiterverarbeitung durch FLORIDA übernommen.

. Kassiererfunktionen

Für die Abwicklung des Kassiervorganges stehen folgende Vorgangsarten zur Verfügung

1)-BAR
2)-Scheck
3)-Kredit
4)-Anzahlungen
5)-Nachnahmen
6)-Retouren
7)-Personalkauf/Rabatt
8)-Storno
9)-Sonstige Buchungen wie Gutschein,Pfand

Die Aufsicht kann über Schlüsselstellung und Programm-Eingabe aus einer Kasse überschüssige Geldbeträge entnehmen. Die Entscheidung - Limit!! - zur Geldabschöpfung wird vom Handelssystem 6 gegeben, indem die Anforderung über das Manager-Terminal gemeldet wird.

. Kassenabrechnung/Kassiererabrechnung

Die Tagesabrechnungen werden durch das Handelssystem 6 unterstützt, indem die täglich aufgelaufenen Werte mit dem Ist-Bestand verglichen und Differenzen angezeigt werden. Hauptkassen-Buchungen werden über Bildschirm vorgenommen. Z.B. Ausgaben-Belge, Bankeinzahlungen usw., so daß eine geschlossene Haus-Abrechnung vorliegt.

. Abfrageprogramme

Während des Tages können Abfragen z.B. folgender Art über die Kasse oder den Bildschirm stattfinden:

Bedienerspeicher
Artikelumsätze auch nach Warengruppen
Kundenanzahl
Kassiervorgangsarten
Abschöpfungen

. Statistiken

Die täglichen Warenbewegungs-, Kassierer-, Kassen-, Abteilungs- und Gesamtdaten werden in dem Handelssystem 6 genannt und ausgedruckt.

Modul 7

Inventur

Grundlage für die Inventuraufnahme ist eine von dem Handelssystem 6 nach Lagerart erstellte Zählliste.

Die Ist-Bestände werden mit den gespeicherten Soll-Beständen abgeglichen, Differenzen am Bildschirm angezeigt und eine Inventurdifferenzliste gedruckt.

Die Inventurrechnung berücksichtigt alle Bewertungskriterien der Branche.

FLORIDA ist nach permanenter Inventur ausgerichtet.

Modul 8

Statistiken/Auswertungen

Neben den täglichen Verkaufsstatistiken, die aus dem Modul 6 "Kassenabwicklung" hervorgehen, können aus den abgespeicherten Daten folgende Informationen nach drei Kriterien abgerufen werden:

1. Sortimentssteuerung und -Kontrolle -Warenstatistiken, unterteilt nach

   . Artikel
   . PLU-Artikel
   . Warengruppe
   . Hauptwarengruppe
   . Umschlaghäufigkeit

2. Umsätze, Mengen, Spannen, Vergleichszahlen nach Monat/Jahr, unterteilt nach

- Artikel
- PLU-Artikel
- Warengruppe
- Hauptwarengruppe
- Lieferanten
- Abteilung
- Personalkauf

3. Aktionsauswertungen unterteilt nach

- Rennliste mit den Aussagen über Artikel
- Warengruppen
- Lieferanten
- geplanten Sonderangeboten
- aktuellen Sonderangeboten

F L O R I D A

Modul - Liste

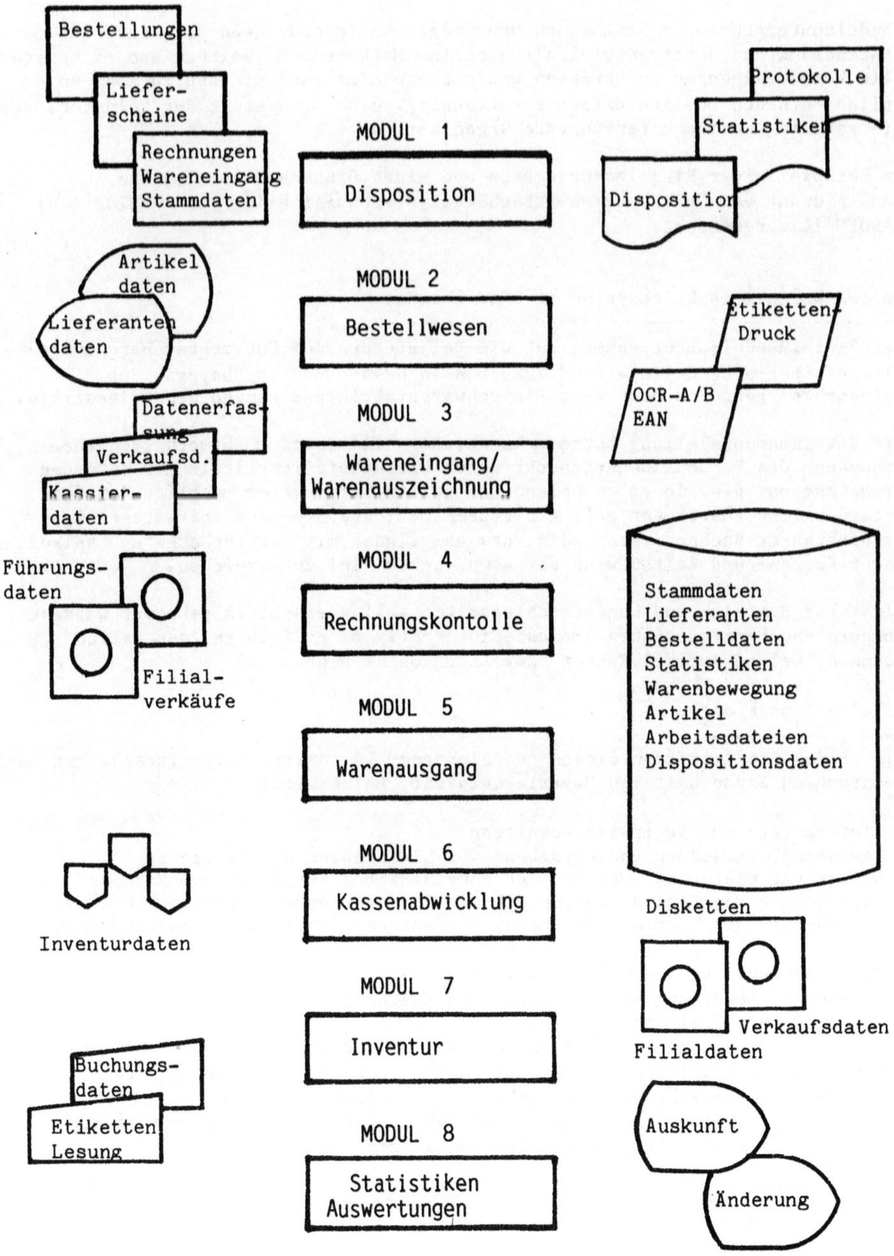

ONLINE WARENWIRTSCHAFTSSYSTEME

L. FEIEREISEN

Handelsunternehmen im Wettbewerb benoetigen heute mehr denn je - aufgrund von Kostendruck und Sortimentvielfalt - online Methoden, um zeitnah und marktgerecht alle Warenbewegungen zu erfassen und kostenminimierend steuern zu koennen. Online Methoden muessen extrem zuverlaessig sein, denn steht der Computer, steht die gesamte von ihm unterstuetzte Organisation.

Am Beispiel einer Einzelhandelskette und eines Grosshandels wird die Realisierung von Online Warenwirtschaftssystemen mit Hilfe von NONSTOP (TM) TANDEM-16 vorgefuehrt.

Online Warenwirtschaftssystem im Einzelhandel

Das Einzelhandelsunternehmen, auf die Belieferung des Endverbrauchers ausgerichtet, betreibt 2 Einzelhandelsketten in Hessen und Nordbayern. Zum Unternehmen gehoeren noch eine Fleischwarenfabrik und einige Drogeriemaerkte.

Die Unternehmungsleitung hatte erkannt, dass flexibles Marktverhalten ohne Erhoehung des Personalbedarfes nur durch Wirtschaftlichkeit in der internen Organisation, d.h. in einem Online Warenwirtschaftssystem moeglich ist. Das erforderliche Instrument soll ein stufenlos (hardware- und softwareseitig) erweiterbares Rechnersystem sein, das es erlaubt,mit vertretbarem und kalkulierbarem Kosten- und Zeitaufwand das gewuenschte Ziel zu erreichen.

Nicht nur Bestell- und Lagerumschlagzeiten sollen erheblich gekuerzt werden, sondern das Marktmanagement moechte interaktiv am Bildschirm feststellen koennen, welche Artikel Renner bzw. Ladenhueter sind.

Applikationsumfang

Die online Applikationen dieses geschlossenen Warenwirtschaftssystems, mit hohem Anspruch an Sicherheit und Zuverlaessigkeit, beinhalten:

- Lieferanten- und Vertreterverwaltung
  Neuzugang, Aenderung und Loeschung von Lieferanten und Vertreter
  Umsatz pro Lieferant fuer das laufende Jahr und Vergleich zum Vorjahr
  Speicherung von Kontraktmengen (abgeschlossene Menge / erreichte Menge)
  Speicherung von Terminaenderungen, die automatisch scharf gemacht werden

- Artikelverwaltung (auch filialindividuell)
  Neuzugang, Aenderung und Loeschung von Artikeln
  Einkaufspreis-Speicherung
  (auch fuer gleiche Artikel von verschiedenen Lieferanten)
  Verkaufspreis-Speicherung fuer unbegrenzte Anzahl von Vertriebsarten
  Speicherung von zukuenftigen Verkaufs- und Einkaufs-Preisen,
  die automatisch zum Gueltigkeitsdatum scharf gemacht werden
  Speicherung von Kontrakten und Mengenstaffeln

- Filial- und Kunden-Stammverwaltung
  Neuzugang, Aenderung und Loeschung von Filialen und Kunden
  Speicherung aller Flaechen und Vertraegen mit Untermietern

- Disposition ausschliesslich im Dialog
  keine Erstellung von Warenbestellscheinen auf Papier
  Warenbestellscheine werden im Wareneingang auf Bildschirm angezeigt
  Uebertragung der Warenbestellscheine an Lieferanten vollautomatisch per Telex
  halb- und voll-automatische Disposition ueber Bestellvorschlaege
  Einsteuerung von Einkaufspreis-Aenderungen per Termin
  Zusammenfassung von Mengenstaffeln
  und Fuehren des Disponenten hin zur optimalen Losgroesse
  Korrekturmoeglichkeit der Konditionen und Preise fuer eine einzelne Bestellung
  Anzeige aller Informationen bez. eines Artikels
  Absatz pro Vertriebsart (auch graphisch) und pro Einzelfiliale
  Speicherung von Terminaenderungen
  offenen Warenbestellscheinen
  Hoehe des aktuellen Bestandes
  Einspielen der Lieferantenkonditionen in die Artikel des Lieferanten,
  wenn der Einzelartikel keine abweichenden Werte gespeichert hat
  Speicherung von Informationen, die der Einkauf bei der Warenannahme gibt

- Aktionsuebersicht
  welche Artikel sind fuer Aktion geplant (Preis und Menge pro Filiale)
  welche Artikel hatten zu welchem Preis Aktionen und wie war der Verkaufserfolg
  Beruecksichtigung bei der Disposition und der Prognoserechnung

- Wareneingang und -ausgang
  Suche des passenden Warenbestellscheines zu dem eingehenden Lieferschein
  und Eingabe der gelieferten Menge ueber Bildschirm
  Druck von Palettenaufklebern fuer jede Palette
  Feststellen des am guenstigsten zum Kommissionierplatz liegenden Reserveplatz
  Stellung eines Satzes in der DV fuer die Rechnungspruefung (kein Papier !)
  Aenderung von Artikeldaten (Gewicht, Volumen) beim Wareneingang

- Kommissionierung
  Anzeige am Bildschirm der Paletten-Stapelvorgaenge im Kommissionierbereich

- chaotische Lagerverwaltung (Reihenfolgebeachtung bei verderblichen Guetern)
  permanente Inventur per Bildschirm
  Erfassung der Filialbelege (z.B. Retour) im Lager direkt per Bildschirm
  Personalkaeufe
  Bestandskorrekturen

- Rechnungspruefung
  Anzeige der beim Wareneingang erstellten Saetze auf dem Bildschirm
  Zusammenfassung der in der Ist-Rechnung berechneten Wareneingaenge zu einer
  Soll-Rechnung
  Erstellen des Soll-Rechnungsbetrages per DV
  Anzeige der zum Bestellzeitpunkt gueltigen Artikel und Konditionen
  fuer Fehlersuche
  Verbuchung von Differenzsaetzen: der Rechnungspruefungsvorgang kann vom
  Abteilungsleiter am Bildschirm nachvollzogen werden.
  Erstellen eines "offene-posten"-satzes fuer die Buchhaltung

- quasitelefonische Bestellerfassung der Filialen an die Zentrale
  Druck von Ordersaetzen getrennt nach Frischartikeln
  westlichen Lagerartikeln

Streckenartikeln

Erfassen der Bestellungen per DFUE

- Faktura
  Einspielen von nicht gelieferten Artikeln aus Bestellungen der letzten Tage
  Erstellung von Nachlieferungssaetzen, wenn der Bestand die Filialbestellung nicht befriedigen konnte
  Erstellung der Kommissionierunterlagen auch in Form von Kartonaufklebern
  Erstellung von Hilfsmittel fuer optimale Einteilung der Kommissionierer im Lagerbereich

- Filialabrechnung
  Erfassung der Filialbelege (Umsatz, Lieferung,...) in der Filiale
  Die Belege koennen jederzeit am Bildschirm angezeigt werden.
  Erstellung einer Abrechnung woechentlich
  Belastung der Filialen durch Warenlieferungen
  Entlastung durch von der Filiale gelieferten Umsaetzen
  Beruecksichtigung der Belege (Umlieferung, Preisaenderung, Aktion,...)
  woechentliche Ermittlung aller Soll-Filialwarenbestaende

- Abwicklung des Obstgeschaeftes im Dialog
  taegliche Zusammenstellung des Obstsortimentes (auch fuer die Filialen)
  Erfassung von Vorabwareneingaengen und tatsaechlichen Wareneingaengen per Bildschirm als Voraussetzung fuer den Telefonverkauf
  Erstellung eines Telefonabrufplanes fuer alle Filialen im Dialog
  Telefonverkauf voll im Dialog
  Anzeige der Summe aller Filialbestellungen und verbleibende Restbestaende
  Korrektur der Filialbestellungen manuell, aber auch ueber den Verteilerschluessel vollautomatisch
  Aufbau der Kommissionierreihenfolge voll im Dialog
  Erstellung der Kommissionierunterlagen, die Erstellung auf Papier kann artikel- oder filialweise auch schon waehrend des Telefonverkaufes erfolgen
  Eingabe der tatsaechlich gelieferten Mengen (vor allem Kiloware) im Dialog
  Erstellung der Filialrechnung auf Papier

Nach Ladenschluss werden die Batchjobs gestartet.

Implementierung

Rechnerseitig werden alle DV-Arbeiten exklusive ueber ein Tandem NONSTOP (TM) System 16 abgewickelt, das z.Z. folgenden Ausbau hat:

- symetrisches Mehrprozessorsystem mit 6 CPUs und 5,5 MB Hauptspeicher (Bild 1)
- GUARDIAN (TM), ein fehlertolerantes Multiprocessor Betriebssystem, das geographische Unabhaengigkeit und modularen Ausbau sowohl hard- als auch softwareseitig ohne Programmaenderung ermoeglicht (Bild 2)

- ENCOMPASS (TM), ein verteiltes Datenbanksystem bestehend aus:
  + data base management
    relationaler Datenbank mit 2880 MB Plattenspeicher (teils gespiegelt)
    Gewaehrleistung von Datenintegritaet durch
      - NONSTOP (TM) System
      - mirrored volumes (Bild 3)
      - Transaction Monitoring Facility mit Backout und rollforward recovery in verteilten Systemen (Bild 4)
    data definition language DDL entsprechend den CODASYL-Vorschlaegen
    deskriptive Querysprache und report writer ENFORM (TM)
  + terminal management

TP-System PATHWAY (TM) mit 96 Bildschirmen (teils mit Hardcopy-Einrichtung)
Programmierung der Frontendprogramme (Requestor) per Maskengenerator
SCREEN-Cobol

+ transaction and application control erlaubt
dynamischen Lastausgleich (Bild 5)
online Aenderung der Dialogumgebung
  - Hinzufuegen und Loeschen von Terminals
    Requestors
    Servers und deren Klasse
  - Aenderung der CPU-Verteilung, Prioritaeten und Timeout-Zeiten (Bild 6)

- Spooler zum Betreiben von Zeilen- und Matrixdruckern
  Beschreiben von COM-Magnetbaendern
- Lastmonitor XRAY zum Erkennen von Engpaessen und Tuning der Anwendung
- asynchroner Anschluss von online Waagen und MDE-Geraeten
- synchroner Anschluss einer Offsetmaschine fuer den Druck der Tagesangebote
- online Anschluss von Scannerkassen (in Vorbereitung)
- Ferndiagnose
- Die Applikationen sind in folgenden Sprachen geschrieben: Cobol ANSI 74
  SCREEN-Cobol
  Enform
  TAL

Die gesamte Programmierung dieser Online-Applikation wurde von dem genannten Einzelhandelsunternehmen selbst vorgenommen. TANDEM hat ihrerseits nur "tools" zur Verfuegung gestellt, die es dem Endbenuetzer erlauben, sich auf seine Applikation zu konzentrieren:

ENCOMPASS ist mehr als ein verteiltes Datenbanksystem - es beinhaltet ein Konzept fuer Online-Transaktionsverarbeitung:
- einfache "batch type" Applikationstruktur fuer komplexe online Transaktionsverarbeitung (singlethreaded programming aber multithreaded processing)
- dynamischer Lastausgleich

- Gliederung der Transaktions-Applikation in 2 Teile (Bild 7):
  Frontend-Verarbeitung (Requestor) beinhaltet Daten-Aufbereitung
  Zugriff zu den Terminals
  Programmierung der Frontendprogramme per Maskengenerator und SCREEN-Cobol

  Backend-Verarbeitung (Server) beinhaltet die eigentliche Verarbeitung
  Zugriff auf die Datenbank
- Programmierung der Backendprogramme in Cobol ANSI 74
  Fortran ANSI 77
  Mumps ANSI 77
  Enform
  Tal (Algol-aehnliche Systemsprache)
- online Aenderung, Kuerzung, Erweiterung oder Verteilung der Dialogumgebung (Bild 8 und Bild 9)

Bild 1

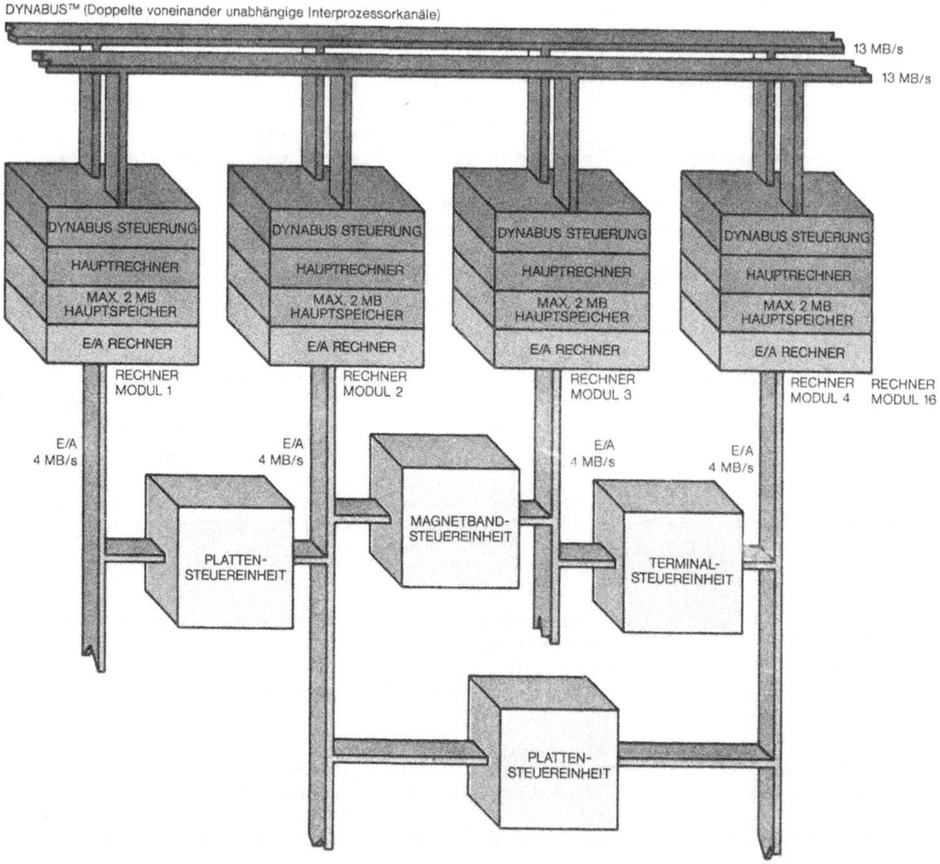
DYNABUS™ (Doppelte voneinander unabhängige Interprozessorkanäle)
13 MB/s
13 MB/s
DYNABUS STEUERUNG
HAUPTRECHNER
MAX. 2 MB HAUPTSPEICHER
E/A RECHNER
RECHNER MODUL 1
RECHNER MODUL 2
RECHNER MODUL 3
RECHNER MODUL 4
RECHNER MODUL 16
E/A 4 MB/s
PLATTEN-STEUEREINHEIT
MAGNETBAND-STEUEREINHEIT
TERMINAL-STEUEREINHEIT
PLATTEN-STEUEREINHEIT

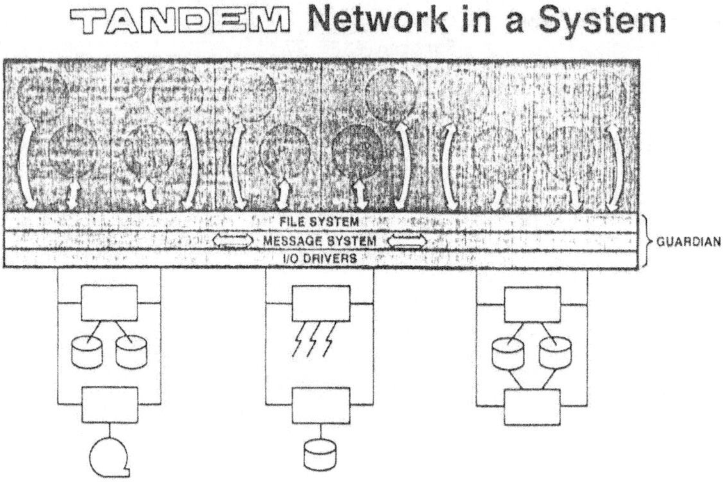
TANDEM Network in a System
FILE SYSTEM
MESSAGE SYSTEM
I/O DRIVERS
GUARDIAN

Bild 2

Bild 3

Mirrored Volumes

- Automatically maintains identical copies
- Write operations simultaneous
- Read operations use drive with closest heads
- Upon drive failure:
  —Automatically continues with remaining drive
- Upon repair:
  —Revival copy concurrent with other access

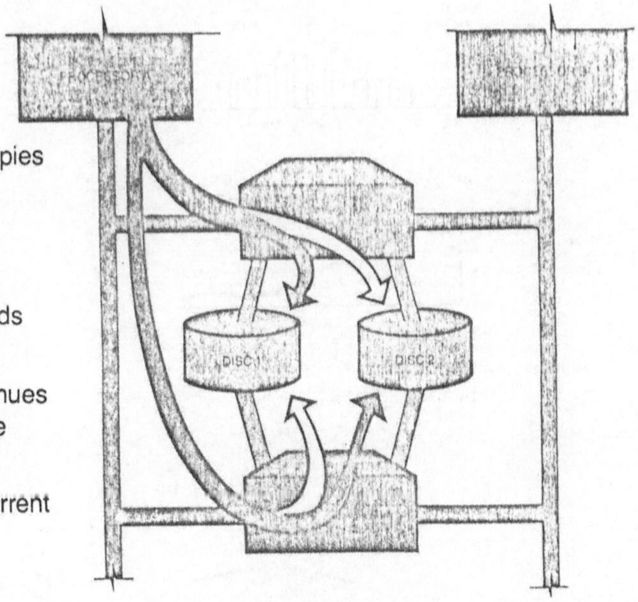

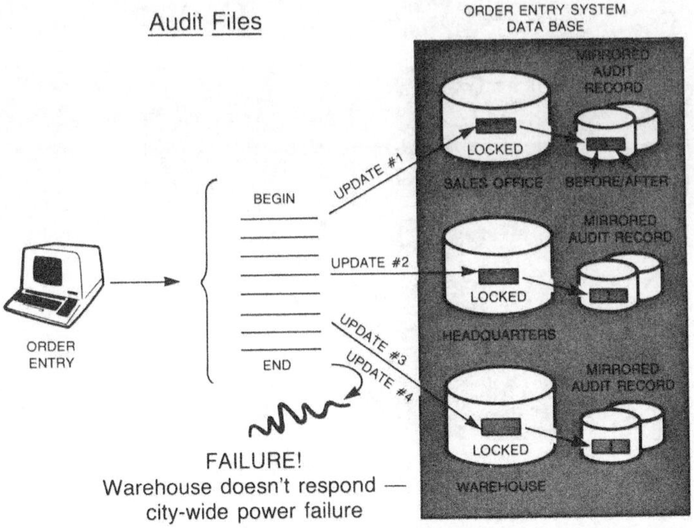

Bild 4

The ENCOMPASS Transaction Monitoring Facility will backout a transaction from a data base in case of error or failure . . .

Bild 5

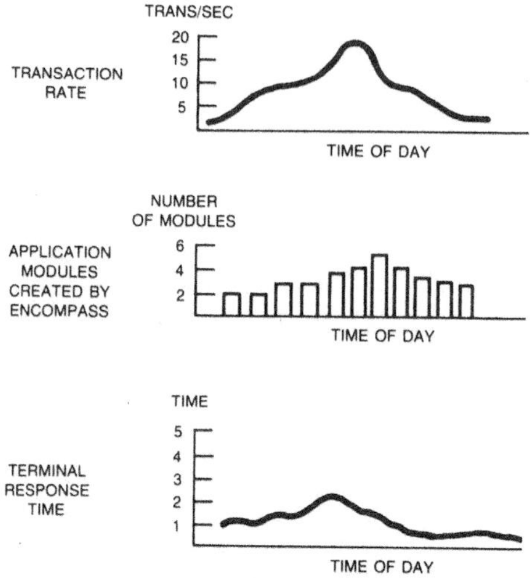

Automatic Allocation of System Resources
by ENCOMPASS

Bild 6

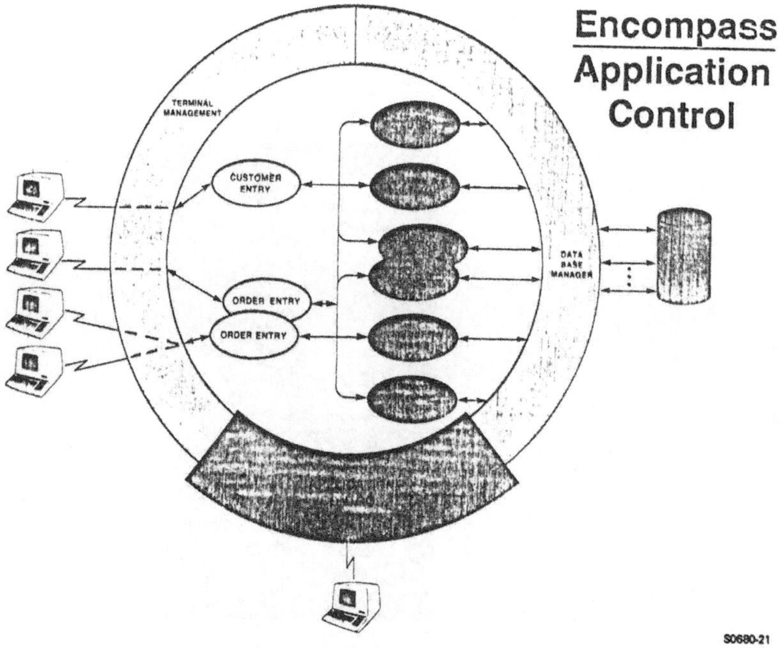

On Line Transaction Processing The ENCOMPASS Approach

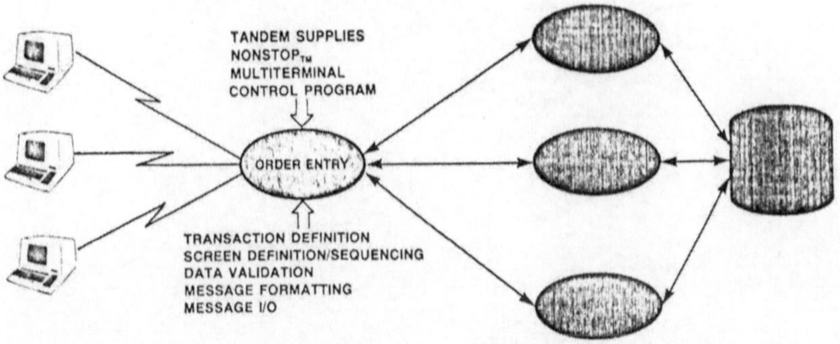

Bild 7

User specifications for data preparation

- Screen COBOL
- Single terminal environment
- Independent of communications configuration

User application modules

- Each a business function
- Process one message at a time — "batch type"
- High level language i.e. COBOL

S0680-18

ENCOMPASS Simplifies On-Line Transaction Processing Applications

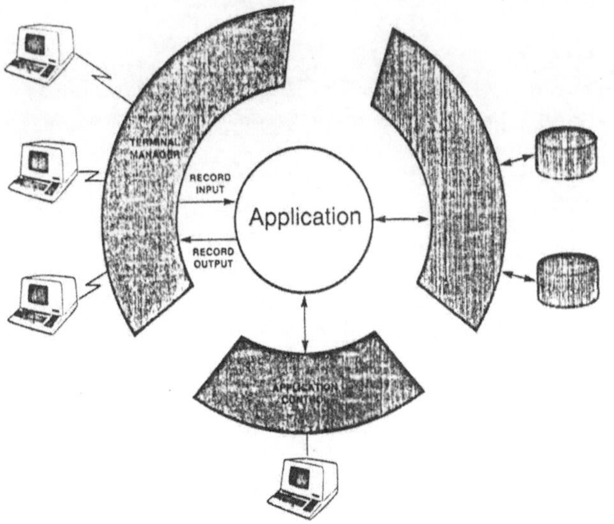

Bild 8

TANDEM Network in a System

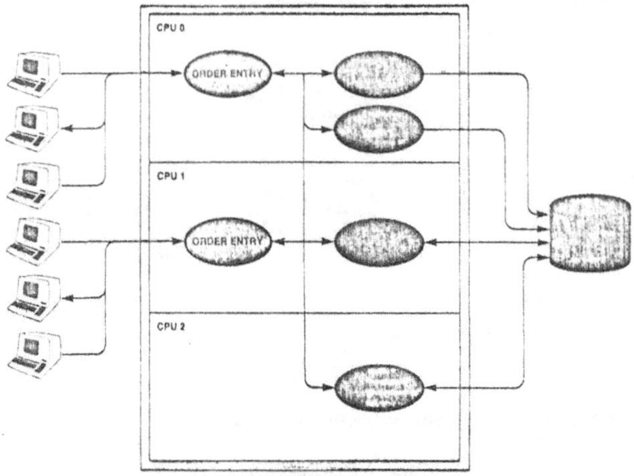

Bild 9

Distributed — Terminals
Application Modules
Data Files over physical volumes

with no design changes

S0680-23

Online Warenwirtschaftssystem im Grosshandel

Das Grosshandelsunternehmen betreibt 3 Food- und Nonfoodmaerkte in Eschborn, Mannheim und Weiskirchen mit Verwaltung in Eschborn. Das eingesetzte DV-System soll alle im Zusammenhang mit dem Warenein- und ausgang stehenden Arbeiten, soweit sie mit DV realisierbar sind, abwickeln.

Folgende Ueberlegungen fuehrten zum Einsatz eines Rechnerverbundes auf der Basis von 3 autonomen fehlertoleranten Tandem-16-Systemen:

- operatorloser Betrieb der Maerkte Mannheim und Weiskirchen (abgesetzte Bedienung)
- Datensicherung und Programmwartung, sowie Koordination und Verwaltung nur in der Zentrale Eschborn
- verteilte Datenbank (Datenbestaende dort fuehren, wo sie hauptsaechlich gebraucht werden)
- notwendige und ausbaufaehige Rechnerkapazitaet vor Ort
- geringe Datenuebertragunskosten
- erhoehte Systemverfuegbarkeit und Lastverteilung
- Zusammenfassung der entfernt lokalisierten Systeme zu einem Gesamtsystem
- einfache Programmierung ohne spezielles Netzwerk-knowhow
- Standardanschluss an Fremdrechner

Applikationsumfang

Die online Applikationen, mit hohem Anspruch an Verfuegbarkeit, beinhalten: (Bild 10)

- Leergutannahme
  Am Leergut-Terminal gibt der Kunde sein Leergut ab. Nach Eingabe von Kunden-Nr und Leergutdaten wird der Leergutwert dem Kunden gutgeschrieben und es wird eine Quittung ausgegeben.

- Zutrittskontrolle (Kundenausweispruefung)
  An der Einganskontrolle wird der Ausweis des Kunden geprueft. Fehlt der Ausweis oder ist der Ausweis ungueltig, wird der Kunde an die Information verwiesen.

- Information (Kundenneuaufnahme, -aenderungen, -umsaetze)
  An der Information werden Kunden-Neuaufnahmen und -Aenderungen abgewickelt und Tagesausweise erstellt. Hier koennen auch Umsaetze der Kunden abgerufen werden.

- checkout
  (Quittungsausgabe am Terminal, Rechnungsdruck und -zahlung an der Kasse)
  Nach Zusammenstellung der gewuenschten Waren geht der Kunde zu einem Checkout-Terminal. Hier werden Kunden-Nr, Artikel-Nr (eventuell auch Menge und Preis) und Zahlungsart (bar,Scheck,Kredit,Bankeinzug,Rueckstellung) ueber OCR-A-Leser oder Tastatur eingegeben. Vorhandenes Leergutguthaben wird auf Wunsch zur Verrechnung freigegeben. Der Kunde erhaelt eine Quittung, auf der Anschrift, Rechnungsbetrag, Kassen-Nr und die Daten des Bedieners stehen. Anschliessend begibt sich der Kunde zu der angegebenen Kasse. Auf dem der Kasse zugeordneten Drucker wird die Rechnung ausgegeben. Ist der Drucker zur Ausgabezeit nicht in Betrieb, erfolgt die Ausgabe an der Kasse mit der naechsthoeheren Kassen-Nr Gegen Vorlage des Quittungsbons erhaelt der Kunde seine Rechnung.

- Abfertigung von Grosskunden
  Ist dem POS-Terminal ein Rechnungsdrucker zugeordnet und der Kunde kauft per

Kredit oder Bankeinzug, so wird die Rechnung direkt am Terminal ausgegeben und der Kunde zeichnet eine ebenfalls am Drucker ausgegebene "offene Posten"-Erklaerung ab.

- Endkontrolle (stichprobenartiger Rechnung-Ware-Vergleich)
  Um eine ordnungsgemaesse Abfertigung zu ueberpruefen, wird an der Endkontrolle ein stichprobenartige Rechnung-Ware-Vergleich vorgenommen.

- Auszeichnungskontrolle
  Mit OCR-A-Leser werden Artikel-Nr und Preis von den Etiketten gelesen und auf Plausibilitaet (Pruefziffer) und Uebereinstimmung in der Artikeldatei geprueft. Die Pruefungsergebnisse werden fuer den jeweiligen Auszeichner in einer Statistikdatei festgehalten.

- Master-Terminal
  Am Master-Terminal werden fuer die Verkaufsunterstuetzung Artikellisten, Etiketten und Vorstecker ausgegeben.

- Tagesabschluesse

- Schulung fuer das Terminalbedienpersonal
  An dem Schulungsterminal wird das Bedienungspersonal in der Handhabung der Leergut-, Checkout- und Auszeichnungskontroll-Terminals eingewiesen.

- Umsatz- und Fehlerstatistik pro Terminal

Implementierung

Rechnerseitig beinhaltet die Online-Loesung ein Tandem-NONSTOP-Netzwerk, das fuer den Transaktionsbetrieb in verteilten Systemen ausgelegt ist:

- ein geographisch transparentes NONSTOP(TM) Netzwerk (Bild 11) mit 3 Tandem NONSTOP (TM) fehlertoleranten Rechner-Knoten:
  - zentraler Knoten Eschborn: 3-Prozessor-Anlage
  - abgesetzter Knoten in Weiskirchen: 2-Prozessor-Anlage
  - abgesetzter Knoten in Mannheim: 2-Prozessor-Anlage
- GUARDIAN/EXPAND, ein transparentes NONSTOP(TM) Netzwerk-Betriebssystem (Bild 12)
- Verteilung der gesamten Online-Applikation ueber das Netzwerk (Bild 13)
- data base management
  Gewaehrleistung von Datenintegritaet durch
    - NONSTOP (TM) System
    - mirrored volumes (Bild 3)

  data definition language DDL entsprechend den CODASYL-Vorschlaegen
  deskriptive Querysprache und report writer ENFORM (TM)
- TP-System fuer CRT- und Point-of-sale-terminals mit OCRA-Lesern
- Spooler
- Die Applikationen sind in folgenden Sprachen geschrieben: Cobol ANSI 74
Enform
TAL

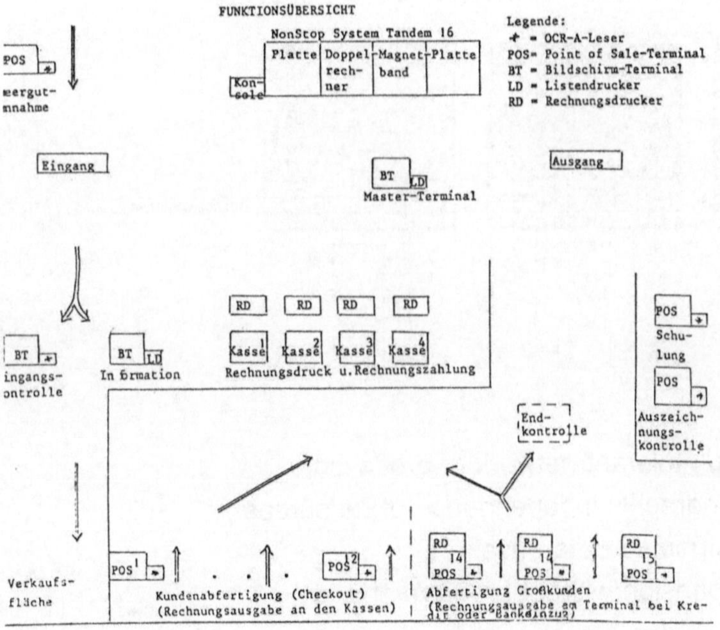

Bild 10

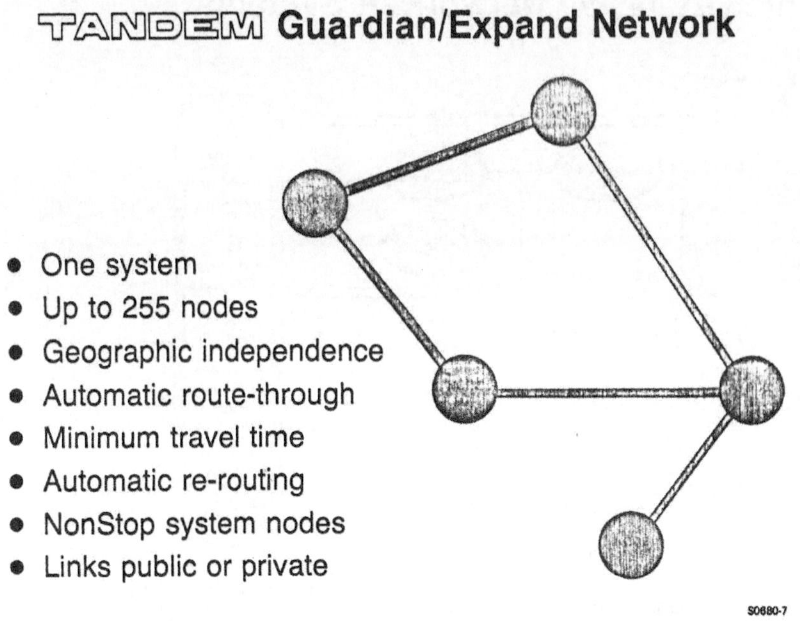

Bild 11

TANDEM Network of Systems

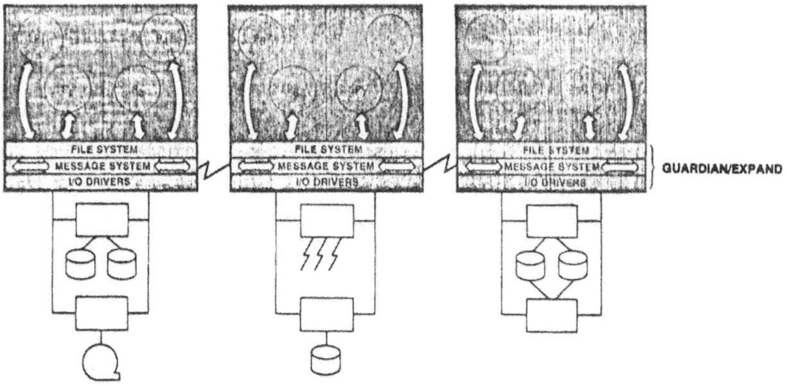

Bild 12

- Fault-tolerant network of processors
- Geographic independence of resources
- Distributed data base
- Expansion without program change

S0680-6

TANDEM Network of Systems

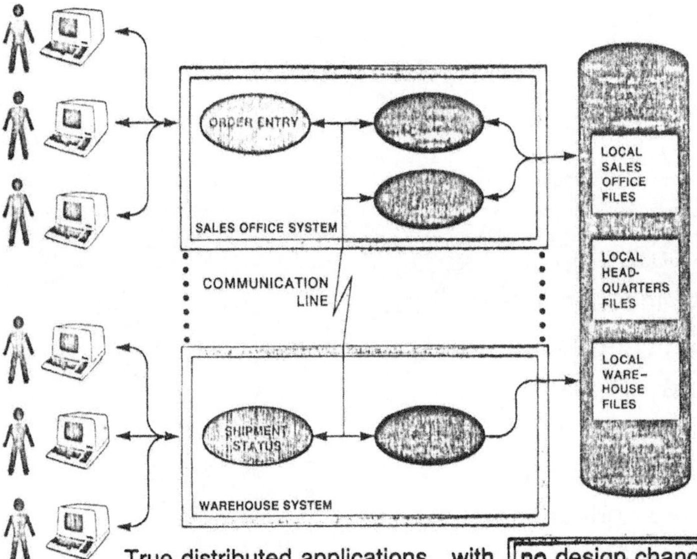

Bild 13

True distributed applications with no design changes

S0680-24

ENTWURF UND PRAKTISCHE EINFÜHRUNG VON VERKAUFSSTEUERUNGSSYSTEMEN

H. BECKER

0 Legitimation

1 Beispiel: Besuchssteuerungssystem

2 Übersicht über die Vorgehensweise bei Entwurf und Einführung von Verkaufssteuerungssystemen

3 Analyse der vorhandenen Organisation

4 Konzeption des Verkaufssteuerungssystems

5 Einführung des Verkaufssteuerungssystems

6 Motivation und Schulung der Verkaufsmitarbeiter

7 Betreuung des Verkaufssteuerungssystems

0 Legitimation

Die DbO-Systeme GmbH repräsentiert eine mehr als 10-jährige Konzeptions- und Einführungserfahrung für Verkaufssteuerungssysteme.

Zu den entwickelten und vielfach angewendeten Systemen zählen

- sortimentsbezogene Verkaufssteuerung
- kundenbezogene Verkaufssteuerung
- Aktionssteuerung
- Verkaufssteuerung des Account-Management nach kundeneigener Struktur
- Tourenplanung und -überwachung
- Besuchssteuerung und Erfolgskontrolle
- Projektsteuerung und Erfolgskontrolle
- Ermittlung und Verteilung von Verkaufsplänen.

Diese Systeme werden eingesetzt im industriellen Verkauf von Konsum- und Gebrauchsgütern, wie Nahrungsmittel, Spirituosen, Schokolade, Papier, Elektroartikel, Arzneimittel, Chemikalien, Möbel etc. und betreffen

- Verkaufsorganisationen
- Verkaufsförderungs- und Merchandising-Organisationen
- Service-Organisationen
- Beratungs-Organisationen.

1 Beispiel: Besuchssteuerungssystem

Der Entwurf und die Einführung von Verkaufssteuerungssystemen soll am Beispiel eines "Besuchssteuerungssystems" verdeutlicht werden. Dazu ist es erforderlich, die Grundfunktionen eines Besuchssteuerungssystems zu kennen. Sie bestehen aus

- Aufbau eines Informations-Kreislaufs zwischen Zentrale und Außendienstmitarbeiter, der einer aktuellen Vorinformation über den zu besuchenden Kunden (Interessenten) und der Berichterstattung des Mitarbeiters über den Besuch dient

- Ausdruck von Besuchsberichten je Kunde rechtzeitig vor der nächsten Besuchsfälligkeit (Besuchsfrequenz) bzw. des Tagesberichts mit zeilenweiser Angabe der zu besuchenden Kunden rechtzeitig vor der Tagestour mit Informationen über die Kunden-Stammdaten, Besuchsdaten, Umsatz-, Absatz-, Distributions- und Displayergebnisse

- Ergänzung des Besuchsberichts oder Tagesberichts mit den Besuchsangaben durch den Mitarbeiter, Weiterleitung zur Datenerfassung und -verarbeitung

- Aktualisierung der kundenorientierten Daten in der Verkaufs-Datenbank

- periodische oder gelegentliche Erstellung (Abruf) von Auswertungen aus den gespeicherten Daten und Verteilung an die Mitarbeiter zur Information und Steuerung, wie

  Besuchsanalyse
  Auftragsanalyse
  Aktionsanalyse
  Distributionsanalyse
  Marktbeobachtung
  Analyse der Zeitverwendung.

2 Übersicht über die Vorgehensweise bei Entwurf und Einführung von Verkaufssteuerungssystemen

Der Entwurf und die erfolgreiche Einführung von Verkaufssteuerungssystemen erfolgt in mehreren, aufeinander abgestimmten Arbeitsschritten:

- Analyse der vorhandenen Organisation

- Konzeption der neuen Lösung

- Einführung der neuen Lösung durch
  organisatorische Maßnahmen
  programmtechnische Leistungen

- Schulung der betroffenen Mitarbeiter des Verkaufs

- Betreuung des Verkaufssteuerungssystems.

Die stufenweise Vorgehensweise muß von einer genauen Projektplanung und Fortschrittskontrolle begleitet werden, um die einzelnen Aktivitäten nach Zuständigkeit und Termin zu regeln und zu überwachen. Dabei ist besonders auf die zeitkritischen Arbeitsteile zu achten (Netzplan).

Für jede Phase der Arbeit muß das geeignete Gremium bestimmt werden, das an dem Projekt gestaltend, beratend und durchführend teilnimmt.

Eine laufende Protokollierung und abschließende Berichterstattung einzelner Projektteile sorgt für eine ständige Information aller Beteiligten und solcher Führungskräfte, die nicht direkt bei der Durchführung der Arbeiten mitwirken, sowie für eine Koordination der arbeitsteiligen Aufgaben. An den verschiedenen Arbeitsphasen sind mit unterschiedlicher Intensität beteiligt

- Fachabteilung

  Mitarbeiter des Verkauf-Außen- und -Innendienstes, der Verkaufsplanung und Verkaufs-Service, Account-Management, Marketing

- Organisationsabteilung

- EDV
  Fachkräfte für Programmierung und Durchführung.

3 Analyse der vorhandenen Organisation

Ausgangspunkt für ein Verkaufssteuerungssystem ist die derzeitige Gliederung des Verkaufs nach Markt, Sortiment, Betreuer.

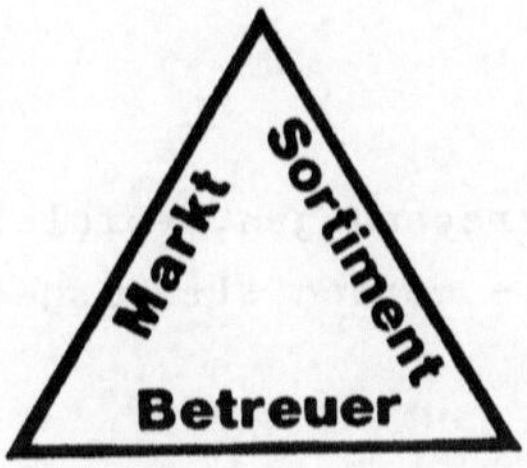

Jede Verkaufsebene hat eine eigene Struktur, die zu analysieren ist:

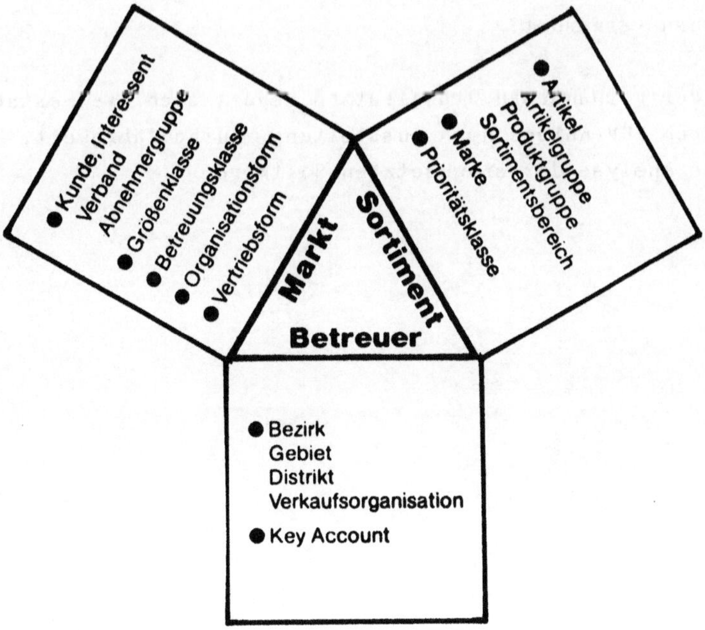

Die Aufgaben der Verkaufsmitarbeiter verschiedener Verantwortungsstufen sind festzustellen (Aufgaben- und Stellenbeschreibungen). Dabei sind die Soll-Vorstellungen der Beschreibungen von den Ist-Zuständen getrennt festzuhalten.

Die einzelnen Arbeitsgebiete der Mitarbeiter sind zu untersuchen nach

- Eingabe

  Belege, wie Tagesbericht, Wochenbericht, Monatsbericht, Situationsbericht, Reise- und Spesenbericht etc.

- Verarbeitung

  Welche Operationen (Berechnungen, Vergleiche, Auswertungen) werden vorgenommen, wie werden sie ausgeführt, mit welchen Mitteln?

- Ausgabe

  Welche Auswertungen werden aus welchem Anlaß (Abruf, Fälligkeit periodischer Auswertungen, Abweichungen) für welche Empfänger erstellt und für die Bewältigung welcher Aufgaben verwendet?

Zur Analyse der vorhandenen Organisation gehört auch die Feststellung der verfügbaren EDV-Anlage nach Ausstattung, Ausbaufähigkeit, Auslastung und die Analyse der eingesetzten Software.

4 Konzeption des Verkaufssteuerungssystems

Aus der Analyse gehen die grundsätzlichen Erkenntnisse hervor:

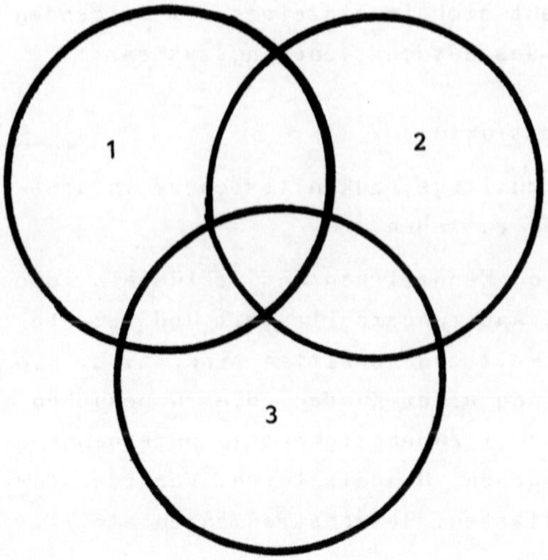

1 = Informations- und Steuerungsanforderungen der Verkaufsmitarbeiter (subjektive Erwartungen)

2 = Informations- und Steuerungsbedarf (objektive Notwendigkeit gemessen an den gestellten Aufgaben)

3 = Tatsächliche Information und Steuerung der Mitarbeiter nach dem aktuellen Stand der Organisation.

Aufgabe der Konzeption ist es, diese drei Komponenten zu einer weitgehenden Deckungsgleichheit zu bringen, indem

- der Informations- und Steuerungsbedarf zunächst im Rahmen der Konzeption ermittelt und auf seine wirtschaftliche Vertretbarkeit hin untersucht wird

- durch die Einschaltung von Mitarbeitern der Verkaufsorganisation(en) in die Konzeption eine möglichst hohe Übereinstimmung von Informationserwartung und Informationsbedarf erreicht wird

- die konzipierte und später angewendete Information und Steuerung allen Mitarbeitern durch Motivation und Schulung nahegebracht wird.

Die Konzeption befaßt sich im einzelnen mit folgenden Fragen, dargestellt am Beispiel des Besuchssteuerungssystems:

- Informationsstruktur

  Wie muß die künftige, zukunftssichere Informationsstruktur aussehen?

  Festlegung von Kennzeichen und Schlüsseln, die auf Zuwachs, Änderungsmöglichkeit und leichte Verständlichkeit zugeschnitten sind, z. B. die Verschlüsselung aller Kunden, die zu besuchen sind, nach ihrer Zugehörigkeit zu Unternehmensgruppen, Branchen, Handelsstufen, Vertriebsformen, Größenklassen, Besuchsfrequenzen etc.

- Informationsverknüpfungen

  Beachtung der sinnvollen Verknüpfungen solcher Informationen, die im Zusammenhang ausgewertet werden sollen, weil erst dann ihre Aussagekraft besonders groß ist, z. B. die Zugehörigkeit eines Einzelhandelsgeschäfts zu einem bestimmten Großhändler und die Auswertung von Listungen und Verkäufen an den Großhändler in Verbindung mit dem Distributionserfolg bei seinen angeschlossenen Einzelhandelsgeschäften.

- Gestaltung der Eingabe

  Entwurf von Belegen, die möglichst wenig Schreibarbeit erfordern, übersichtlich und leicht zu handhaben sind, z. B. der Besuchsbericht je Kunde bzw. Interessent

  Entscheidung über die Frage, wie die vom Mitarbeiter ermittelten Daten anläßlich des Besuchs eingetragen und EDV-technisch zu erfassen sind (über Terminal im Außenlager, Handterminal, Belegleser etc.), wie z. B. Datum des Besuchs, Besuchsdauer, erzieltes Auftrags- oder Distributionsergebnis, Marktbeobachtungen etc.

Der Belegfluß, die Erstellung und Verteilung von Exemplaren der Belege ist zu regeln.

- Speicherung und Verarbeitung der Daten

  Die Art der Speicherung der ermittelten Daten (Stammdaten, Bewegungsdaten) ist festzustellen in bezug auf Speicherungsform, Zugriffsmöglichkeit, Datenbank etc.

  Die Verarbeitungsregeln sind zu konzipieren, z. B. wie der automatische Ausdruck von Besuchsberichten für einen Mitarbeiter erfolgen soll durch Beachtung verschiedener Kriterien rechtzeitig vor Fälligkeit des nächsten Kundenbesuchs

  · Besuchsfrequenz
  · vereinbarter Besuchstermin
  · Auswahl von Kunden für bestimmte Besuchsdurchgänge etc.

- EDV-technische Ausgabe der Ergebnisse (Auswertungen)

  Festlegung von Auswertungsarten

  · Erstellung (periodisch, auf Abruf, bei Abweichung)
  · Form (Vordruck, Format, Zeilen- und Spalteninhalt, Stelligkeit der Angaben)
  · Verteilung (Zahl der Exemplare, Empfänger)

  wie z. B. die vierwöchentliche Erstellung einer Besuchsanalyse, die je Mitarbeiter und verdichtet je Führungskraft, jeweils unterteilt nach verschiedenen Kundengruppen, Aussagen enthält wie

Anzahl Soll-Besuche
Anzahl Ist-Besuche
Besuchseinhaltung in % zu Soll-Besuchen

Anzahl Aufträge
Auftragserfolg in % zu Ist-Besuchen

Zusammenarbeit mit Gebietsleiter
Zusammenarbeit in % zu Ist-Besuchen

etc.

- EDV-technische Realisierbarkeit

  Die Konzeption hat nicht nur die Aufgabe, den künftigen Soll-Zustand der Information und Steuerung zu beschreiben, sondern auch die Möglichkeiten der EDV-technischen Realisierbarkeit unter dem wirtschaftlichen Aspekt zu prüfen und Maßnahmen zur Verwirklichung zu formulieren.

- Organisatorische Realisierbarkeit

  Die Konzeption schließt mit einem Einführungsplan, der das Vorhaben in sinnvolle Schritte, zeitlich einhaltbar und den Mitarbeitern zumutbar, einteilt.

Auf der Grundlage dieser konkreten Unterlagen können die Verantwortlichen eine klare Entscheidung über die Einführung des Verkaufssteuerungssystems treffen.

5 Einführung des Verkaufssteuerungssystems

Die Konzeption des Verkaufssteuerungssystems enthält gedanklich alle erforderlichen Regelungen und Lösungen, ohne jedoch eine einzige Maßnahme zur Realisierung auszulösen.
Die Einführung konzentriert sich auf die Verwirklichung der Konzeption durch ein Bündel von Maßnahmen.

Zu den wichtigsten Maßnahmen gehören:

- Organisatorische Eingliederung und Sicherstellung der neuen Lösung

  Hierzu zählt die reibungslose Ablösung bisheriger Belege, Abläufe und Auswertungen unter Beachtung vorübergehender Parallelarbeit, die Integration der neuen Lösung mit den Teilen der weiterhin bestehenbleibenden Organisation, die Einführung neuer Strukturmerkmale, die Beschreibung der neuen Lösung in einem Organisationshandbuch etc.

  In den letzten Jahren ist immer wieder deutlich geworden, daß gut konzipierte Lösungen oft dadurch nicht zu voller Wirksamkeit geführt wurden, weil bei der Einführung und späteren dauerhaften Anwendung niemand eindeutig verantwortlich war für dieses System. Heute werden daher im zunehmenden Maße Vorkehrungen getroffen, um das neue System zu institutionalisieren. Es wird eine Person oder Arbeitsgruppe mit der verantwortlichen Einführung und Pflege des Verkaufssteuerungssystems, mit der Sorge um die gewünschte Handhabung, Pflege der Schlüssel und Stammdaten, Eingabe von Parametern und Plänen etc. betraut. Derartige Funktionen werden im Bereich Verkauf angesiedelt und z. B. als "Verkaufssteuerungsstelle" bezeichnet.
  Die Verkaufssteuerungsstelle ist gedacht als Nahtstelle zwischen

  -- Verkauf-Außendienst und Verkauf-Innendienst
  -- Verkauf und EDV
  -- Verkaufsleitung und Verkauf-Außendienst,

stellt die erforderliche Kommunikation zwischen den Beteiligten sicher und überwindet ihre immer wieder auftretenden Interessenunterschiede.

Ein Besuchssteuerungssystem wird z. B. in der Regel zunächst in einem Testgebiet erprobt und nach erfolgreichem Test national eingeführt. Dabei soll bereits die Verkaufssteuerungsstelle aktiv mitwirken und als zentrale Ansprechstelle dienen.

- Programmtechnische Maßnahmen

  Hierzu gehören detaillierte Programmvorgaben, die Sichtung und Auswahl geeigneter Software ebenso wie die Programmierung zusätzlicher Teile in einer definierten Programmiersprache, die Klarlegung aller Schnittstellen, der Test aller Programme und ihre Dokumentation.

Die Einführung des konzipierten Verkaufssteuerungssystems muß im Sinne eines koordinierten Vorgehens in zeitlicher und sachlicher Hinsicht von einem Projektleiter gemanagt werden.

6 Motivation und Schulung der Verkaufsmitarbeiter

Eine besondere Rolle bei der Einführung von Verkaufssteuerungssystemen spielt die Motivation der Mitarbeiter, die mit der neu geschaffenen Information und Steuerung umgehen sollen. Wichtigstes Ziel ist die Akzeptanz des Verkaufssteuerungssystems durch die Mitarbeiter. Sie wird immer dann mit großer Sicherheit erreicht, wenn den Mitarbeitern bewiesen werden kann, daß echte Vorteile für ihre tägliche Arbeit entstehen.

Die Schulung der Mitarbeiter - also die Vermittlung des Stoffes - wird von oben nach unten vorgenommen, d. h. die Führungskräfte werden zuerst geschult, damit sie den Wissensvorsprung besitzen und sich vor Weitergabe an die Mitarbeiter mit dem System identifizieren. Dann erst werden weitere Stufen der Verkaufsorganisation geschult. Für die Schulung kann sowohl die Methode der Frontalschulung als auch der programmierte Unterricht gewählt werden. Wichtig ist die Benutzung einer Methode, die mit möglichst wenig Ausfall der Mitarbeiter verbunden ist und zu einem hohen Lernerfolg führt.

Für die Verwendung des programmierten Unterrichts sprechen folgende Gründe:

- Schulung einer beliebigen Anzahl von Mitarbeitern, also sowohl leichte Schulung einer vollständigen Außendienstorganisation zum Einführungszeitpunkt als auch Schulung einiger neuer Mitarbeiter zu einem späteren Zeitpunkt.

- Jeder lernt in seinem individuellen Lerntempo.

- Diese Methode aktiviert den Lernenden im Sinne von Eigeninitiative und Selbstkontrolle.

- Jeder erhält ein Nachschlagewerk, das er auch später bei auftretenden Fragen benutzen kann.

- Der zeitliche Ausfall der Außendienstmitarbeiter kann in engen Grenzen gehalten werden.

- Die Lernerfolgsquote ist nachweislich sehr hoch.

7 Betreuung des Verkaufssteuerungssystems

Nach der erfolgreichen Einführung des Verkaufssteuerungssystems bedarf es einer laufenden Pflege und Wartung. Einen wesentlichen Beitrag kann hierzu die bereits genannte Verkaufssteuerungsstelle leisten. Zu dieser Betreuung des Verkaufssteuerungssystems gehören Aufgaben wie

- Einbau der laufenden Veränderungen in das System

- Überlegung und Berücksichtigung von Innovationen des Systems in organisatorischer und technischer Sicht

- Anpassung und Durchführung der dazugehörigen Schulung.

Nur ein gepflegtes Verkaufssteuerungssystem kann auf die Dauer funktionieren und den gewünschten Informations- und Steuerungsnutzen bringen.

INDIVIDUALISIERUNG VON COMPUTERWERBEMITTELN IM RAHMEN EINES KOOPERATIVEN DIRECT-MARKETINGS ZWISCHEN HERSTELLER UND HANDEL (DEALER-IDENTIFIED-DIRECT-MARKETING)

M. BROßMANN

1. Einführung

Bei Produkten, die den Endverbraucher über mehrere Distributionsstufen erreichen, existiert zwischen Hersteller und Handel häufig dann eine enge werbliche Kooperation [1] hinsichtlich der direkten Ansprache der Konsumenten, wenn relativ hochwertige Gebrauchsgüter angeboten werden und/oder zwischen beiden Wirtschaftseinheiten enge vertragliche Bindungen vorliegen.

Das Grundprinzip der Kooperation besteht darin, daß die Werbemittel vom Hersteller konzipiert und produziert und dann in der Regel im Namen des Händlers den Endverbrauchern übermittelt werden. Diese im angelsächsischen Sprachraum auch als Dealer-Identified-Direct-Marketing [2] bezeichnete Form der Werbung verbindet die Vorteile des Handels - genaue Kenntnisse über den Kundenkreis sowie die lokalen Besonderheiten - mit den Vorteilen des Herstellers - umfangreiches Know-how in der werblichen Ansprache, Konzeption durch Spezialisten etc. - zu dem Gesamtvorteil einer gezielten, die Streuverluste minimierenden Ansprache mit qualitativ hochwertigen Werbemitteln zu relativ günstigen Kosten.

Die Formen einer derartigen Kooperation sind vielfältig und hängen vor allem von dem Grad der vertraglichen Bindung der Händler, von ihrer Stellung innerhalb des Vertriebssystems und von dem am Markt abzusetzenden Produkt ab. Eine besonders starke Zusammenarbeit ist bei Vertragshändlern gegeben, die exklusiv die Marke eines Herstellers vertreiben. Häufig werden hier sämtliche kommunikativen Aktionen im Namen des Händlers vom Hersteller konzipiert und durchgeführt.

Aktionen, die aus einer derartigen Kooperation resultieren, können im Umfang variieren und von einphasigen Aktionen über komplette Kampagnen bis hin zu langfristigen Programmen reichen, die Interessentengewinnung sowie die Umwandlung der Interessenten in Kunden und deren Betreuung bis zum erneuten Kauf beinhalten. Die dazu notwendigen Daten lassen sich in die beim Händler existierenden Kundenadressen und in die Fremdadressen für die Interessentengewinnung unterscheiden. In beiden Fällen kann deren Speicherung und Verarbeitung vom Händler oder vom Hersteller bzw. eines von ihm beauftragten Dienstleistungsunternehmen erfolgen. Als Kommunikator (Absender) für die Aktionen kann zielentsprechend der Hersteller oder Händler fungieren [3].

Das Anliegen der folgenden Ausführungen besteht darin aufzuzeigen, welche allgemeinen Voraussetzungen für ein erfolgreiches Dealer-Identified-Direct-Marketing gegeben sein müssen, welche konkreten Ziele und Leistungsarten im Rahmen des Kundendienstes damit verfolgt werden können, und welche speziellen computer-technischen Maßnahmen zur Ausgestaltung des Werbemittels erforderlich sind, um eine optimale Kontaktpflege mit Hilfe eines zentralgesteuerten Informationssystems zwischen Händler und Kunden zu erreichen.

2. Kooperation zwischen Hersteller und Handel zur Verwirklichung von Kundendienstzielen

2.1. Voraussetzungen für eine erfolgreiche Kooperation zwischen Hersteller und Handel

Postulat für jegliche Kooperation ist, daß sie allen Beteiligten Vorteile bringt. Ein auf dem Prinzip freiwilliger Beteiligung basierendes Dealer-Identified-Direct-Marketing erfordert seitens der Händler ein Mindestmaß an Vertrauen in die Leistungsfähigkeit des Herstellers bezüglich der Planung und Abwicklung vielversprechender Kampagnen, da jeder seine Teilnahme von konzeptionellen Überlegungen und Aufwand-Ertrags Berechnungen abhängig machen wird.

Neben dieser Grundvoraussetzung müssen einige zusätzliche Bedingungen für ein erfolgreiches Dealer-Identified-Direct-Marketing erfüllt sein. Besonders ist vom Hersteller darauf hinzuwirken, dem Händler die Ziele einer Aktion und deren Vorteile zu verdeutlichen, um jeweils möglichst viele zu beteiligen, da die Kostenvorteile progressiv mit den Teilnehmerzahlen korrelieren.

Eine weitere vorrangige Aufgabe besteht darin, die unterschiedlichen Interessen der beteiligten Händler zu kanalisieren und in ein Gesamtkonzept zu integrieren. Die gesuchte Lösung muß dann die mit der Vereinheitlichung der Werbemittel größer werdenden Kostenvorteile berücksichtigen und gleichzeitig der Heterogenität der Händlerinteressen Rechnung tragen.

Schließlich verlangt der Handel in der Vorbereitungsphase und im Verlauf der gesamten Aktion eine ständige Betreuung, Information und Motivation.

2.2. Kundendienstziele und Kundendienstleistungsarten

Bei der A. Opel AG wird diese Art der Kooperation mit Hilfe eines zentralgesteuerten Informationssystems verfolgt, das im Bereich des Kundendienstes angesiedelt ist, mit dem Ziel von Händlern zu erbringende Kundendienstleistungsarten sicherzustellen, die aus den vom Hersteller und Händler gleichermaßen verfolgten Kundendienstzielen hervorgehen, die wiederum den Funktionen entspringen, welche dem Kundendienst im Rahmen der Absatzpolitik zugeordnet sind. Diese Funktionen und Ziele verlangen zunächst eine kurze Darstellung.

Es bedarf keiner zusätzlichen Erläuterung, daß Kundendienstziele in das marktorientierte Zielsystem der Unternehmung einzuordnen sind und im Rahmen dieser Zielhierarchie in einem Mittel-Zweck-Verhältnis zu den übergeordneten Unternehmens- bzw. Marketingzielen stehen [4]. Demnach hat der Kundendienst primär akquisitorische, unterstützende und informative [5] Funktionen zu erfüllen, aus denen operationale Ziele formuliert werden können, die letztlich zur Realisierung von Unternehmenszielen wie Marktanteil, Umsatz, Markentreue und Image beitragen [6].

Primäres Ziel, das vom Hersteller und Händler in gleichem Umfang angestrebt wird, ist die Erhöhung des akquisitorischen Potentials; das heißt, der Kundendienst soll bei den aktuellen und potentiellen Kunden Präferenzen zur Marke erhalten, erhöhen bzw. schaffen. So trägt eine konsequente und erfolgreiche Kundendienstpolitik durch die Sicherstellung des Gebrauchsnutzens dazu bei, eine dauerhafte Kundenbefriedigung zu erreichen und damit ein langfristig andauerndes Vertrauensverhältnis zwischen Kunden und Händler zu schaffen sowie das Produkt- und Herstellerimage nach dem Kauf maßgeblich und nachhaltig zu prägen. Vertrauensverhältnis und ein positives Image sind demnach zwei wichtige Elemente für die Bildung und Erhaltung eines Dauerkundenverhältnisses bzw. der Markentreue.

Eine weitere wichtige Aufgabe des Kundendienstes liegt in seiner flankierenden Wirkung anderer Marketingaktivitäten. In diesem Zusammenhang ist besonders auf die Bedeutung des Kundendienstes zur Unterstützung kommunikativer Marketingziele zu verweisen, die vorwiegend in der Stärkung des Firmenrufes am Markt und in der Öffentlichkeit besteht, den Abbau negativer Einstellungen verfolgt sowie die Profilierung des Kundendienstes als bedeutendes Verkaufsargument umfaßt, deren Verwirklichung für Händler und Hersteller gleichsam bedeutend ist. Aus einem so in den Rahmen des integrierten Marketingmix eingefügten Kundendienstes ergeben sich positive Verbundwirkungen.

Nicht zuletzt ist ein zentrales Kundendienstziel das Image des Kundendienstes; es drückt die allgemeine Wertschätzung bzw. Präferenz des Kundendienstes aus und repräsentiert sein Vorstellungsbild in den Augen des Kunden. Im Bereich der Automobilindustrie stellt der Ruf des Kundendienstes für viele Konsumenten wegen des komplexen technischen Gebrauchsgutes ein wesentliches Differenzierungskriterium dar. Entsprechend hoch sind die Erwartungen der Konsumenten hinsichtlich der Kundendienstleistungen. Hierbei handelt es sich um solche Sekundärleistungen, die nach der Markttransaktion der Hauptleistung erfolgen und auf die Erfüllung von post-trans-action-Funktionen der Hersteller abzielen [7] und in der Regel vom Händler geleistet werden.

In der Automobilindustrie haben die Kundendienstleistungsarten Inspektion und Wartung einen besonders hohen Stellenwert im Rahmen aller Maßnahmen, die zur Betreuung aktueller Kunden und zur Aufrechterhaltung von Funktionstüchtigkeit und Werterhaltung des Produkts vorgenommen werden.

Die Inspektion als Maßnahme mit vorbeugendem Charakter hat die Aufgabe Produktteile wie bspw. Motor oder Bremsen, deren Zustand sich im Laufe der Nutzung durch Verschleiß verändern oder deren Funktionsweise variieren kann, in bestimmten Intervallen auf ihre Funktion, Sicherheit und Leistung nach Checkliste zu untersuchen. Demgegenüber werden bei der Wartung Veränderungen am Produkt vorgenommen, indem Teile, Hilfs- und Betriebsstoffe, deren Verschleiß bzw. Verzehr fest mit der Nutzung gekoppelt und daher relativ exakt prognostizierbar sind, regelmäßig erneuert, gepflegt und gereinigt werden.

Beide Kundendienstleistungsarten, die in der Regel zusammen durchgeführt werden, sollen einen günstigen Nutzungsverlauf des Produkts ermöglichen. Die Länge der Intervalle wird nach Zeiteinheiten und/oder Leistungsquanten bemessen. Bei dem vom Werk vorgeschriebenen Inspektionswesen wurden Zeitintervalle von 6 Monaten festgelegt, die abwechselnd eine sicherheitsbetonte Überprüfung umfassen und als "Sicherheitstest" bezeichnet werden sowie eine "Jahresinspektion", die ein umfangreiches Inspektions- und Wartungs-Programm beinhaltet. Nur für ausgesprochene Vielfahrer ist eine Begrenzung in Kilometer gegeben.

Neben der rein ökonomischen Bedeutung dieser technischen Leistungsarten für den Händler als Ausführungsorgan ist es charakteristisches Merkmal dieser Leistungen, daß sie im Zusammenhang mit der Hauptleistung betrachtet werden müssen. So bestehen Interdependenzen zwischen dem Absatz der Hauptleistung, der Inanspruchnahme von Kundendienstleistungen, der Imagebildung beider Leistungsarten sowie eine Rückkoppelung auf den Absatz der Hauptleistung (Regelkreis), so daß indirekt zusätzliche Impulse für den Absatz von neuen Produkten zu erwarten sind. Damit wird die Bedeutung der Wahrnehmung dieser Leistungsarten durch den Konsumenten (Kunden) verdeutlicht und ihre allgemeine Relevanz für den gesamten Geschäftserfolg unterstrichen.

3. Mittel und Möglichkeiten zur Verfolgung von Kundendienstzielen

3.1. Vorbemerkung

Entsprechend den oben beschriebenen allgemeinen Kundendienstintentionen zielt auch das vorzustellende Informationssystem im Rahmen des Dealer-Identified-Direct-Marketing darauf ab, das Leistungsangebot der aufgezeigten Arten technischer Kundendienste am Markt bekannt zu machen, auf die Inanspruchnahme der verschiedenen Leistungsarten steuernd zu wirken, das Image des Kundendienstes zielentsprechend zu beeinflussen und letztlich die positiven sachlichen Ausstrahlungseffekte auf andere Betriebs-/Unternehmens-Leistungen zu steigern, indem das Leistungsangebot des Kundendienstes als verkaufsförderndes Argument herausgestellt wird. Damit reicht die Aufgabenstellung vom Kauf über die Kundenbetreuung bis zum erneuten Kaufabschluß; eine Phase, die für Hersteller und Händler besonders relevant ist, wenn man berücksichtigt, daß es sich im Bereich der Automobilindustrie bei dem überwiegenden Teil der Neuwagenkäufe um Ersatzkäufe handelt, so daß die Erhaltung der Kunden wesentlich zur Sicherung des Marktanteils beiträgt.

Primär ist das darzustellende Informationssystem als "Kundenspiegel" ausgelegt, so daß die aus der Umwerbung von Nicht- bzw. Fremd-Fahrzeugbesitzern und die daraus resultierenden Probleme unberücksichtigt bleiben. Zusätzlich ist darauf hinzuweisen, daß nur die Grundfunktionen und der methodische Ansatz des Systems erläutert werden sollen.

3.2. Das Informationssystem

Unbestritten ist das "Gespräch" - der persönliche Kundenkontakt - durch keine noch so gute schriftliche Kommunikation zu ersetzen. Da aber jede direkte Kontaktaufnahme sehr kostenintensiv ist, die Anzahl der zu informierenden Kunden größer wird und die Arbeitszeit wertvoller, ergibt sich zwangsläufig die Forderung nach einer zusätzlichen Unterstützung des Vertrauensverhältnisses zwischen Kunden und Händler durch individuelle Direktwerbung. Der Aufbau eines computergesteuerten Direktwerbesystems zur Ergänzung der persönlichen Akquisition wird damit sinnvoll und wirtschaftlich vertretbar.

Bei dem von der A. Opel AG europaweit installierten System wird zentral die Planung für Werbe-Aktionen unter Mitwirkung interner und externer Stellen durchgeführt sowie die mit den Voraussetzungen zur Produktion der werblichen Ansprache verbundenen Koordinations-, Administrations- und Beratungsaufgaben wahrgenommen. Die Bekanntmachung bei den Händlern des laufenden Programms und der jeweiligen Aktionen wird von dem zuständigen Außendienst bzw. auf dem europäischen Markt durch die jeweils ansässigen Auslandsvertretungen gesteuert. Abb. 1 zeigt die maßgeblich an der Kooperation beteiligten Funktionsträger sowie zwischen ihnen bestehende relevante Informationsströme und Koppelungsbeziehungen und die auf das System einwirkenden Subumwelten.

Zur Verdeutlichung der Größenordnung des Informationssystems sei darauf hingewiesen, daß europaweit ca. 1.300 Händler in 10 Ländern integriert sind, von denen 900 auch regelmäßig an Aktionen teilnehmen. Von diesen Händlern werden ca. 1,4 Mio. Daten gespeichert und in ihrem Namen jährlich etwa 2 Mio. Kunden-Kontaktaufnahmen vorgenommen. Davon entfallen etwa 80 % auf Kundendienstbelange und 20 % auf Verkaufsförderungsaktivitäten.

Abb. 1 Koppelungsbeziehungen und Informationsströme zwischen den maßgeblich am Dealer-Identified-Direct-Marketing beteiligten Funktionsträgern

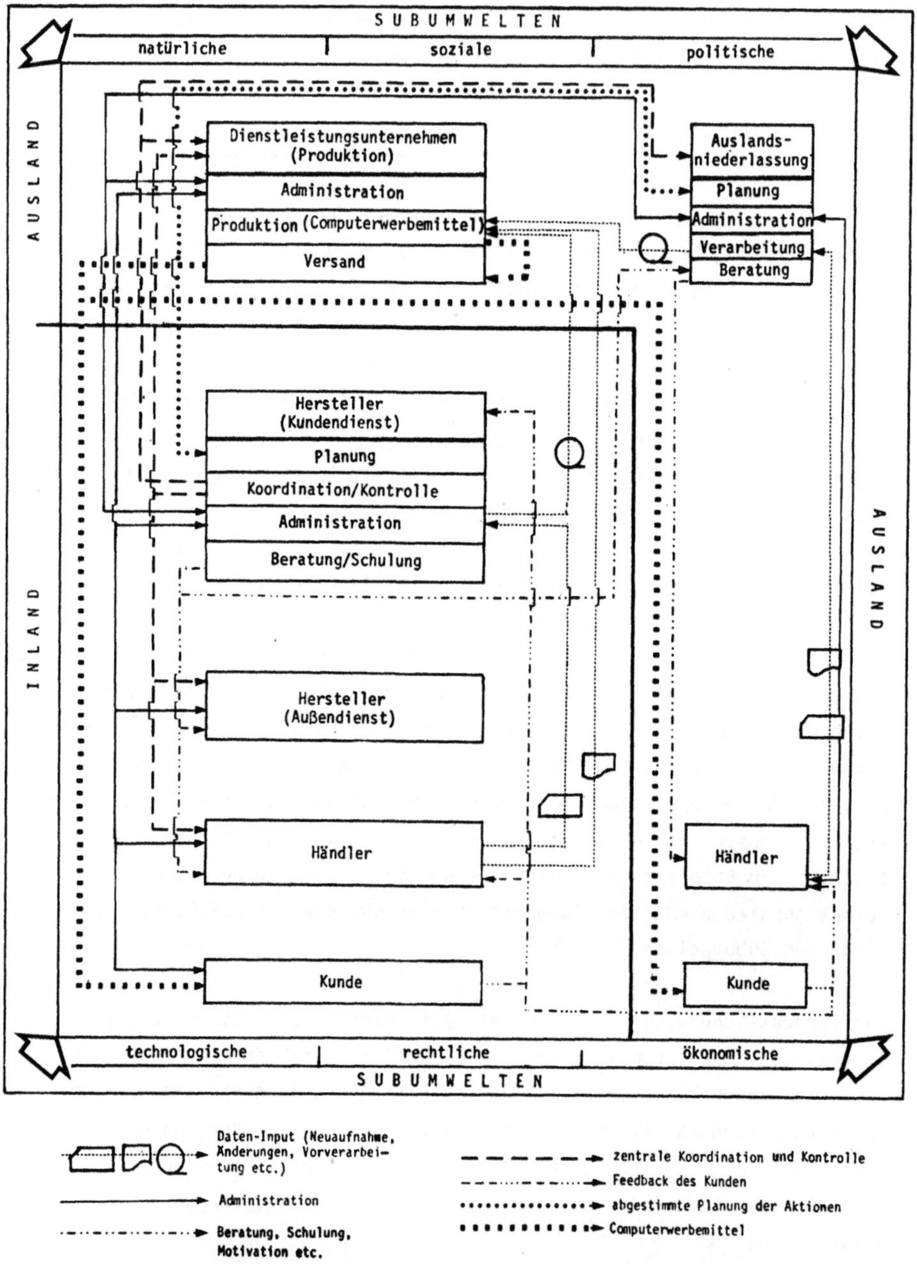

Die Kontaktaufnahmen sind, wie bereits angeführt, schriftlicher Natur und setzen teilweise unmittelbar nach dem Kauf ein, indem der Kunde in seiner Wahl bestätigt und die Funktion des Händlers als Kundendienstunternehmen hervorgehoben wird. Anschließend beginnt die Phase der Betreuung, in der in den aufgezeigten Intervallen über die technischen Kundendienstleistungen aufgeklärt und zu deren Wahrnehmung aufgerufen wird. Unabhängig davon werden jahreszeitbedingte Kundendienstaktionen angeboten. Parallel dazu setzen etwa 2 - 3 Jahre nach dem Kauf erste Verkaufsförderungsmaßnahmen ein. Von diesem Zeitpunkt an wird versucht, den Kunden allmählich zum Neuwagenkauf zu bewegen.

Innerhalb der einzelnen Werbeaktionen sind die laufenden Kosten für Adressierung, Datenspeicherung, Computerwerbemittel, Auflistungen und andere Leistungen in einem Tarif festgehalten, der im großen und ganzen den Gebühren für solche Arbeiten am freien Markt entspricht.

Um wirksam zu sein, muß das Informationssystem den verschiedensten Interessen aller beteiligten Länder Rechnung tragen. Durch die Möglichkeit, mit den von den Händlern gelieferten und zentral gespeicherten sowie verwalteten Daten unterschiedlichste Verknüpfungen und Auswahlvariationen vorzunehmen, kann dem entsprochen und direkte Ansprache gemäß den festgesetzten Kundendienst- bzw. Marketingzielen vorgenommen werden. Diese Flexibilität wird dadurch erreicht, daß eine Zugriffsmöglichkeit auf die jeweiligen vom Händler gespeicherten Kundenanschriften grundsätzlich nach alters-, fahrzeug- und modellspezifischen Auswahlkriterien besteht. Darüberhinaus kann zusätzlich eine Selektion nach Postbezirken erfolgen.

Das Off-line Informationssystem produziert neben den Kommunikationsmitteln zusätzlich Unterlagen für viele administrative Zwecke. Daneben liefert das System Informationen zur Steuerung des Außendienstes, Arbeitsunterlagen für die jeweiligen Sachbearbeiter sowie statistisches Informationsmaterial für das Management.

Die verschiedenen, kombiniert eingesetzten Werbemittel lassen sich in konventionelle und EDV-Werbemittel unterscheiden (Abb. 2). Hierbei nimmt die schriftliche Kontaktaufnahme in Briefform einen besonders hohen Stellenwert ein; die individuelle Ausgestaltung und das Design dieses Kommunikationsinstruments soll daher Gegenstand einer näheren Betrachtung sein.

Abb. 2 Eingesetzte Werbemittel zur Verwirklichung von Marketing- bzw. Kundendienstzielen

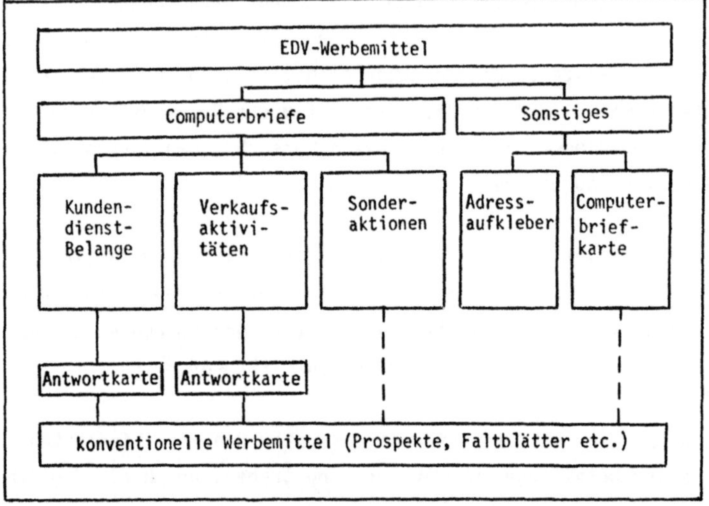

3.3. Das Kommunikationsinstrument - Computerwerbemittel

Entscheidend für den Erfolg der werblichen Ansprache ist neben der Bestformulierung der Werbeaussage als vorrangige Aufgabe die Individualisierung der direkten Kommunikation zwischen beteiligten Händler und Kunden anzusehen. So ist unter Individualisierung in dem hier betrachteten Zusammenhang zu verstehen, daß

- die werbliche Ansprache aktuelle und individuelle Informationen enthält, und die relevante Zielgruppe aus dem Gesamt-Adressenbestand selektiert wird, und

- die optische Aufmachung der Werbemittel und der personelle Bezug des Händlers als Kommunikator sich an den individuellen Gegebenheiten orientiert; mit anderen Worten: die Gestaltung des Kommunikationsmittels soll sich in den sonstigen zwischen Händler und Kunden existierenden Schriftverkehr nahtlos einfügen.

Es werden daher immer wieder neue Wege gesucht, diese Bedingungen in einem möglichst hohen Grad zu erfüllen.

Die Entwicklung des Computerbriefes war die erstmalige Chance, dem Anspruch der Individualisierung gerecht zu werden. So dominierten in den vergangenen Jahren zunächst einfache Fill-in-Briefe, bei denen auf einem gleichbleibenden Textblock, der auf Endlosbahnen im konventionellen Off-set-Druck vorgedruckt wurde, nachträglich Adresse, Anrede und andere individuelle Daten der Zielperson vom Schnelldrucker des Computers in freigelassene Stellen eingefügt wurden [8]. Nachteilig wirkten bei der Fill-in-Technik die Abweichungen des Farbwertes des Drucktuches vom Schnelldrucker von der Druckfarbe des "Rahmen" Textes. Zusätzlich erlaubten technische Restriktionen in der Regel nur Großbuchstaben zu verwenden.

Um das Design eines Computerwerbemittels möglichst dem individuell geschriebenen Schreibmaschinenbrief anzupassen, wurden Full-out-Briefe entwickelt. Hier schreibt der Schnelldrucker den gesamten Text von der ersten bis zur letzten Zeile beliebig in Groß- und Kleinbuchstaben. Zur Bewältigung der benötigten Quantitäten und Optimierung der drucktechnischen Qualität wurde im vorliegenden Fall das Drucksystem IBM 3800 eingesetzt; ein Allzweckdrucker mit hoher Geschwindigkeit, der im Gegensatz zu Schreibmaschinen oder Druckern herkömmlicher Art, bei denen der Druck durch mechanischen Anschlag einer Drucktype auf ein Farbband entsteht, eine elektrofotografische Methode mit einem Laser anwendet.

Bei diesem Verfahren wird das Papier am Druckbeginn zur Obertragungsstation geführt, wo es mit der fotoleitenden Schicht einer rotierenden Trommel in Berührung kommt. Zuvor wird das gewünschte Druckbild mit Hilfe eines Laserstrahls niederer Leistung auf die fotoleitende Schicht aufgebracht und das latente Bild mit Toner eingefärbt. Der Toner, aus einem thermoplastischen, mit Ruß imprägnierten Material wird nun auf das Papier übertragen; anschließend erfolgt das Einbrennen des Druckbildes in das Papier. Nachdem das Bild auf das Papier übertragen ist, wird die fotoleitende Schicht gereinigt und für die nächste Belichtung vorbereitet (Abb. 3) [9, 10].

Abb. 3	Der Weg des Papiers durch das Drucksystem IBM 3800

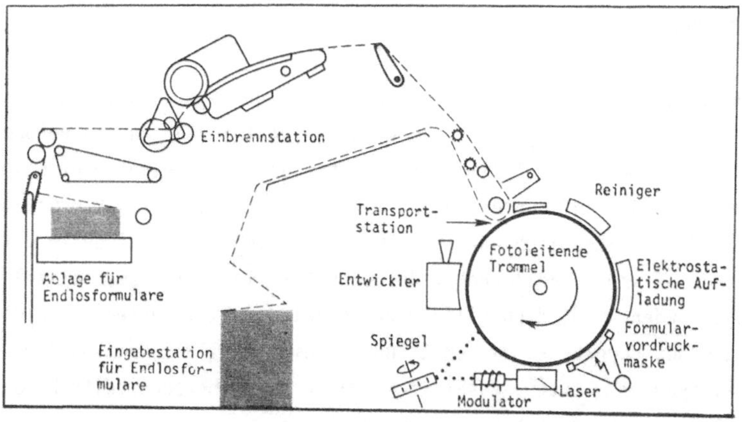

Das in Abb. 4 aufgezeigte Beispiel [11] verdeutlicht, wie sich ein Schriftzeichen aus einer Matrix von 432 möglichen Druckpunkten zusammensetzt.

Obgleich durch diese Entwicklung ein einheitliches Schriftbild gegeben war, das dem Adressaten den Eindruck eines individuell abgefaßten Briefes vermittelte, fehlte als identifizierendes Kriterium die "persönliche" Unterschrift des betreffenden Händlers oder einer aus dem Kreis der mit dem Adressenten in Kontakt stehenden Person. Gegenüber denjenigen Händlern, die zur Steuerung des Betriebsablaufs eine eigene Datenverarbeitungsanlage einsetzen, und dadurch in der Lage sind, dezentrale Werbekampagnen durchzuführen und somit die Computerbriefe mit individuellen Unterschriften versehen können, erweist sich dies als besonderes Manko.

Es war daher erklärtes Ziel, die technischen Voraussetzungen im Rahmen des Dealer-Identified-Direct-Marketings für den maschinellen Druck der jeweiligen Unterschrift zu entwickeln. Erst ein derartig gestalteter Computerbrief kann dem Anspruch der Individualisierung genügen.

Abb. 4 Das 18 Spalten x 24 Linien große Schriftzeichen-Rasterfeld mit einem "A" in Gothic 10

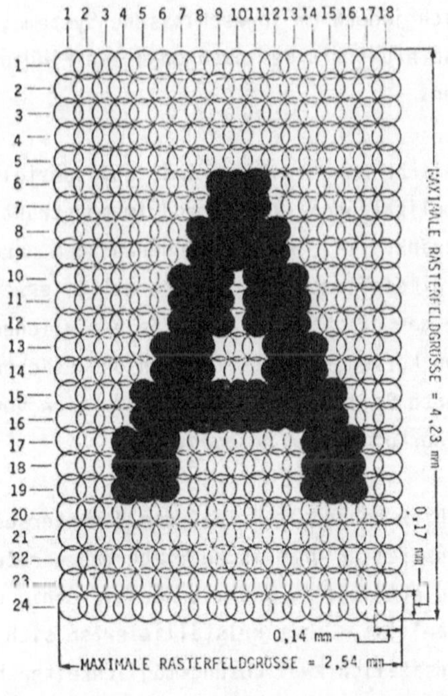

4. Technische und organisatorische Voraussetzungen zur Individualisierung von Computerwerbemitteln

4.1. Allgemeines

Zur Verwirklichung des Anspruchs der Individualität galt es, geeignete Soft- und Hardware technische Voraussetzungen zu schaffen.

Für den Anwendungsfall handgeschriebener Informationen existiert hochwertige Hard- und Software für deren Eingabe und Analyse [12, 13] auf dem Markt. In diesem Zusammenhang ist das in Großbritannien vertriebene Eingabeterminal CHIT (Cheap Input Terminal) [12] anzuführen, das auf handgeschriebene Unterschriften anspricht und über Funktionen wie automatische Unterschriftenüberprüfung und Online Dateneingabe verfügt. Daneben entwickelten bereits im Jahre 1977 die IBRO (Interbank Research Organisation) die NRDC (National

Research Development Corporation) und das NPL (National Physical Laboratory) im Rahmen eines gemeinsamen Projekts den Prototyp einer Anlage zur automatischen Unterschriftenüberprüfung (Verisign). Bei diesen Verfahren handelt es sich jedoch um abgeschlossene Systeme, die infolgedessen beispielsweise nicht mit den obengenannten Eingabeterminals gekoppelt werden können.

Bisher blieben graphische Anwendungen primär auf spezielle technisch-wissenschaftliche Applikationen, vorwiegend im Konstruktions- und Fertigungsbereich beschränkt [14], wo die Rechenanlagen durch den zusätzlichen Anschluß von Bildschirmen oder Plottern [15] erweitert wurden und diese die Wiedergabe der graphischen Begriffe ermöglichen. Es exisiert außer einer Reihe von Kurven, Balken, Kreisen und Flächendiagramm-Programmen keine geeignete Software für die Reproduktion von graphischen Begriffen mit Hilfe herkömmlicher Anlagen.

So erfolgten in dem hier behandelten Fall die Voruntersuchungen unter der Restriktion, nicht zusätzlich graphische Wiedergabegeräte einzuführen, sondern ein Verfahren zu entwickeln, das mit der bis dahin eingesetzten Hard- und Software kompatibel ist. Somit kristallisierten sich zur Lösung dieses Anwendungsfalls grundsätzlich zwei Lösungsmöglichkeiten heraus:

- mittels eines Diapositivs die jeweilige Unterschrift drucken zu lassen, oder

- ein Programm zu erstellen, das es erlaubt, die verschiedenen Unterschriften von einer Bibliothek abzurufen, so daß die kompletten Computerbriefe einschließlich der Unterschrift in einem Arbeitsgang gedruckt werden können.

Im ersten Fall ist es durch Verwendung einer entsprechenden Zusatzeinrichtung, die in der Regel zum Formulardruck benutzt wird, möglich, die Unterschriften drucken zu lassen. Dazu wird vor Druckbeginn ein Rahmen mit einer Vordruckmaske montiert. Die hierzu erforderlichen Negative können selbst bzw. von Unternehmen mit entsprechend ausgerüsteten Zeichen- und Fotoeinrichtungen angefertigt werden. Gemäß der Angabe eines Schlüsselwortes durch den Programmierer wird die entsprechende Unterschrift identifiziert. Der Bediener erhält dann eine Nachricht, die den Hinweis erhält, welche Druckmaske für das Drucksystem zu verwenden ist.

Das Problem bei diesem Verfahren ist, daß bei der praktischen Handhabung neben der zu erwartenden Änderungsrate die Gefahr der Beschädigung und Verwechselung gegeben ist, und das Einlegen und Positionieren der jeweiligen Druckmaske sowie das Testen des Drucks sehr arbeits- und zeitaufwendig ist. Berücksichtigt man, daß 1.300 angeschlossene Händlerbetriebe jeweils bis zu 3 verschiedene Unterschriften abgeben können, dann bedeutet das, daß 3.900 Vordruckmasken jeweils eingerichtet werden müssen und es ist leicht einzusehen, daß diese Lösung für den vorliegenden Anwendungsfall ungeeignet ist.

Aus den genannten Gründen entschied man sich zur Verwirklichung der zweiten technisch aufwendigen Lösung, die jeweiligen Unterschriften aus einer Bibliothek abzurufen. Hierbei gliedert sich die Aufgabenstellung in den Prozeß des Einlesevorgangs, bei dem die Unterschriften in maschinenlesbare Codes umgewandelt werden und in die Erstellung eines geeigneten Softwareprogramms für die Wiedergabe der jeweiligen Unterschrift.

4.2. Erfassung der Unterschriften

Als organisatorische Maßnahme zur reibungslosen Erfassung der verschiedenen Unterschriften wurden den beteiligten Händlern Aufnahmeformulare mit genormten Feldern übermittelt. Wie bereits angedeutet, können pro Betrieb Unterschriften von bis zu drei Kontaktpersonen geleistet und mit den zugehörigen Computerwerbemitteln kombiniert werden. Zusätzlich besteht die Möglichkeit zur Spezifikation, indem in zwei Zeilen unter der jeweiligen Unterschrift in Druckbuchstaben je nach Wunsch nochmals der Name des Betreffenden bzw. dessen Funktion oder Position eingetragen oder eine Firmenkurzbezeichnung aufgenommen werden kann.

Der eigentliche Einlesevorgang dient dazu, die aus den einzelnen Linien bestehenden Unterschriftenteile in maschinenlesbare Codes zu überführen, das heißt, die Unterschriften in digitale Bilder umzuwandeln. Ein digitales Bild entsteht dadurch, daß die Bildfläche mit einem Netz von Maschen - im folgenden als Punkte bezeichnet - überdeckt wird.

In jedem Bildelement wird die betreffende Farbintensität durch eine Zahl repräsentiert. Mathematisch gesehen ist ein digitales Bild nichts anderes als eine zweidimensionale nummerische Matrix. Während Bilder im Sinne von Fotografien üblicherweise aus einer Vielzahl von Grautönen bestehen, wird im Fall der Unterschrift nur zwischen schwarz- und weiß-Tönen differenziert; nicht zuletzt deshalb, weil der verwendete Laserdrucker nur Schwarztöne druckt. Die Umwandlung in digitale Bilder bzw. nummerische Matrizen wird mit Hilfe spezieller Abtastgeräte vorgenommen.

Für die Überführung in ein digitales Bild gilt es zunächst, eine geeignete Maschengröße zu wählen. Ein zu weitmaschiges Netz, das heißt eine Ansteuerung zu weniger Originalpunkte, läßt Informationen verloren gehen; bei einem Netz mit zu engen Maschen dagegen wird Speicherplatz und Rechenzeit verschwendet, ohne im Endeffekt dafür mehr Informationen - mit anderen Worten: originalgetreuere Unterschriften zu erhalten.

Das genormte Unterschriftenfeld beträgt 3 inch^2 und setzt sich aus 180 Kennzeichenfeldern zusammen. Jedes Feld besteht aus 432 Druckpunkten, wobei diese sich überschneiden. Insgesamt stehen damit 77.760 mögliche Druckpunkte zur Verfügung. Es bleibt darauf hinzuweißen, daß die einzelnen Punkte in der horizontalen eine engere Verdichtung als in der vertikalen Richtung aufweisen. Dies zielt darauf ab, bei den Zeichen den optischen Eindruck einer abgerundeteren Linienführung hervorzurufen.

Um eine möglichst originalgetreue Wiedergabe der jeweiligen Unterschriften zu erhalten, muß ein Vielfaches der für den Druck möglichen Punkte eingelesen werden; das heißt, es muß ein geeignetes Verhältnis zwischen den zu digitalisierenden Punkten und den für den Druck möglichen Punkten gefunden werden (Abb. 5). Im konkreten Fall der Unterschriften wurde ein Verhältnis von Druck- und Digitalisierungspunkten von etwa 1 : 6 festgelegt. Während das verwendete Drucksystem nur über 25.920 Druckpunkte pro inch^2 verfügt, existieren bereits Prototypen von Laserdruckanlagen, die über 100.000 Punkte pro inch^2 drucken können, so daß beim Einsatz einer derartigen Anlage ein erneutes Einlesen nicht notwendig wäre.

Die Digitalisierung soll natürlich mit möglichst geringem Zeit- und Kostenaufwand erfolgen. Zunächst müssen die Unterschriften mit Hilfe optischer Abtastgeräte (Scanner), die manuell oder maschinell bedient werden, in nummerische Werte (0 = weiß, 1 = schwarz) umgewandelt werden.

Abb. 5	Größenordnung: Digitalisierungs- und Druckfeld

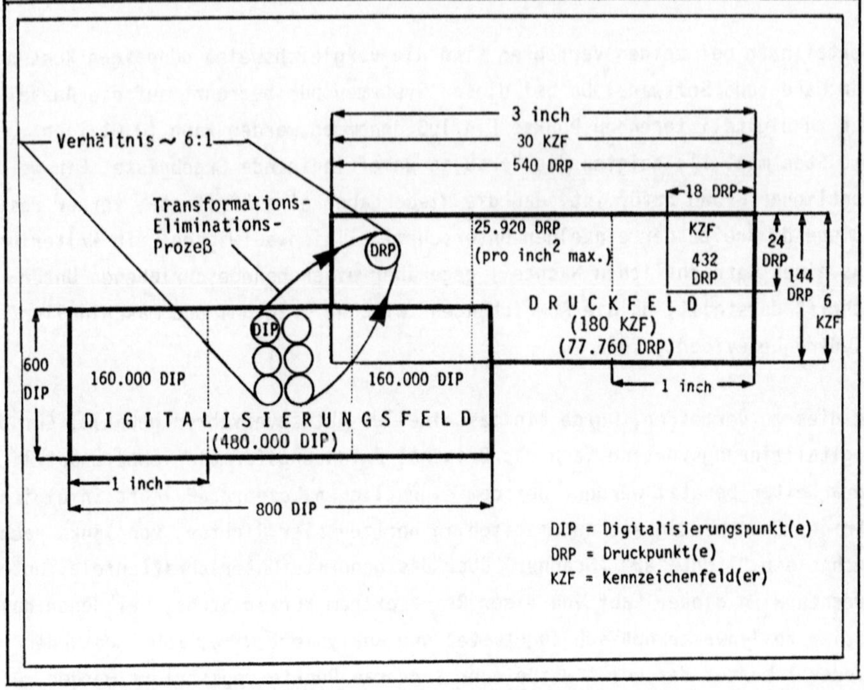

Im Rahmen der manuellen Digitalisierungs-Methoden wurde zunächst versucht,

- durch einen Lesestift, der mit einem Mikroprozessor verbunden ist, einzelne Punkte auf den Linien der Unterschrift anzutippen und dadurch zu aktivieren (point-mode). Die Verbindung zwischen den einzelnen Punkten wird dann automatisch durch die zugehörige Software hergestellt.

- unter Verwendung des gleichen Lesestifts mit dem darin befindlichen Fadenkreuz die Linien der Unterschrift nachzufahren (flow-mode) und dadurch den Einleseprozeß zu vollziehen.

Vorteilhaft bei beiden Verfahren sind die vergleichsweise günstigen Kosten für Hard- und Software. Da bei diesen Systemen nur begrenzt auf die Anzahl der zu digitalisierenden Punkte Einfluß genommen werden kann (0,01 inch pro Stop max. !), zeigten die Versuche unbefriedigende Ergebnisse. Ein wesentlicher Grund dafür ist, daß die Wiedergaben eine konstante, vorher festzulegende Breite der einzelnen Unterschriftslinien aufwiesen; ein Kriterium, das einen beträchtlichen Nachteil gegenüber einer handgeschriebenen Unterschrift darstellt, da die Abweichungen zwischen Original und maschineller Wiedergabe evident sind.

Um dies zu vermeiden, wurde ein maschinelles Abtastverfahren gewählt. Für den Digitalisierungsvorgang kann das Original-Erfassungsformular ohne zusätzliche Vorarbeiten benutzt werden. Bei dem eigentlichen Leseprozeß läuft in gleichmäßiger Geschwindigkeit automatisch in horizontaler Richtung von links nach rechts ein "light-bar" (Scanner) über das genormte Unterschriftenfeld. Unterbrochen wird dieser Lauf von einer Reihe extrem kurzer Stops, bei denen das Papier zeilenweise optisch abgetastet und analysiert wird, wobei entweder 0 oder 1 Werte, das heißt weiße oder schwarze Punkte registriert werden. Die eingelesenen Ergebnisse werden sequentiell auf einem Band gespeichert.

Dem eigentlichen Druckprozeß ist noch ein weiterer, wesentlicher Verarbeitungsschritt vorgeschaltet, bei dem die digitalisierten Werte mit Hilfe von Algorithmen in Druckwerte übersetzt werden. Abb. 5 zeigt, daß ein Druckpunkt aus einer Vielzahl von Digitalisierungspunkten besteht. Zwei Teilprozesse bestimmen den Übergang von Digitalisierungs- zu Druckwerten: ein Transformations- und ein Eliminationsprozeß. Während beim Transformationsprozeß für den Fall, daß m e h r als ein bestimmter, vorher durch Parameterauswahl festzulegender Prozentsatz der digitalisierten Ergebnisse schwarz-Werte sind, jeweils ein Druckpunkt entsteht (Druckwert = 1), erfolgt im Rahmen des Eliminationsprozesses dann eine Eliminierung wenn, w e n i g e r als der definierte Prozentsatz an schwarz-Werten registriert wird. Folglich wird kein Druckpunkt (Druckwert = 0) aufgenommen. Erfahrungen haben gezeigt, daß eine Festlegung von 20 % in den überwiegenden Fällen die geeignete Auswahlgröße darstellt.

Alle eliminierten Werte werden in einem Register gezählt, das bildlich einem Feld entspricht und sich aus Teilbereichen zusammensetzt und genau die Stelle lokalisiert, ob links oder rechts, unten oder oben die Elimination erfolgte. Am Ende des Verarbeitungsgangs entscheidet die Addition der Werte dieser Felder über eine Wiederholung des Prozesses. Sobald mehr als der bestimmte Prozentsatz digitalisierter Werte eliminiert wurde, ist das Feld mit dem höchsten Anteil eliminierter Werte festzustellen. Sollte dies beispielsweise links sein, dann erfolgt eine Verschiebung des Unterschriftenfeldes nach rechts - jeweils in der entgegengesetzten Richtung - und die Wiederholung des Prozesses (maximal 3 Durchgänge). Ein Vergleich entscheidet, welchem Ergebnis der Vorzug zu geben ist. Ziel dieses Verfahrens ist, die Anzahl der eliminierten Werte zu minimieren und dadurch die Anzahl der Druckpunkte zu maximieren.

4.3. Druck der Unterschriften

Zum besseren Verständnis des funktionellen Zusammenhangs des eigentlichen Druckvorgangs sei zunächst ein Exkurs zu den allgemeinen Voraussetzungen des verwendeten Drucksystems IBM 3800 und zur Steuerung des Druckprozesses vorausgeschickt.

Standardmäßig werden für dieses System bis zu 20 verschiedene Zeichensätze mit den unterschiedlichsten Schriftarten angeboten. In der Grundausführung nimmt der Zeichenspeicher zwei Zeichensätze auf, das heißt 128 Zeichen. Wegen der Vielzahl spezieller Schriftzeichen in den verschiedenen am Dealer-Identified-Direct-Marketing beteiligten Ländern wurde der Zeichenspeicher vorsorglich auf vier Zeichensätze aufgestockt. Da die letzte Position des zusätzlichen Speichers zur Anzeige nicht druckbarer Zeichen reserviert ist, steht damit eine maximale Kapazität von 255 Zeichen bzw. Positionen zur Verfügung. Somit kann mit bis zu vier verschiedenen Zeichensätzen abwechselnd gedruckt werden.

Der Zeichenspeicher wird in vier Bereiche zu je 64 Positionen aufgeteilt, die als WCG-Module (Writable Character Generation Modules) bezeichnet werden und jeweils einen Zeichensatz enthalten. Zum Drucken einer Datei können per Programm diese vier WCGM's ausgewählt werden.

Eine Diskette speichert die Zeichensätze. Der Programmierer wählt unter Verwendung eines Schlüsselwertes die gewünschte Obersetzungstabelle aus, die ihrerseits auf einen oder mehrere Zeichensätze hinweist. Der Zeichensatz wird dann vom Betriebssystem in den Zeichenspeicher geladen, und bleibt dort so lange, bis er von einem neuen Zeichensatz überladen wird.

Abb. 6 zeigt, wie der zum Drucker gesandte 8 Bit Code von dem Obersetzungsteil der Datenarretierungstabelle in eine Anweisung zum WCGM transportiert wird. Die 8 Bit EBCDIC Anweisung "C 1", die dem Kennzeichen "A" entspricht, wird benutzt um die Stelle in der Obersetzungstabelle zu lokalisieren, wo der Wert "01" zu finden ist. Dieser Wert gibt die Anweisung in die WCGM-Stelle, die das Zeichenmuster zum Drucken des "A" enthält [16].

Beim Druck der eingelesenen Unterschriften treten jedoch einige Abweichungen gegenüber der Wiedergabe von Druckbuchstaben auf, die neben zusätzlichen Programmieraufwand konzeptionelle Oberlegungen erforderten. Dabei boten sich für die Steuerung des Druckprozesses besonders die beiden im folgenden ansatzweise beschriebenen Verfahren an.

Aus dem aufgezeigten Vorverarbeitungsprozeß des Umwandelns digitalisierter Werte in Druckwerte resultiert als Speichermedium ein Band, das für jede Unterschrift einen Datensatz enthält, der aus einem Adressenteil der Auskunft über Land, Produktionsort, Händler und Art der Unterschrift gibt, sowie aus einem Datenteil besteht, der alle Informationen zu den Druckwerten der Unterschriften umfaßt. In jedem Unterschriften-Informationsteil stehen die Druckwerte für alle 180 Kennzeichenfelder, wobei die insgesamt 6 Druckzeilen mit jeweils 30 Kennzeichenfeldern sequentiell angeordnet sind.

Sobald im Rahmen des Druckprozesses des Computerbriefes die Unterschrift ansteht, müssen für die betreffenden Druckwerte mit Hilfe der Obersetzungstabelle freie Positionen aufgesucht und in die WCGM's eingeführt werden. Problematisch dabei ist, daß von den 255 Positionen der 4 WCGM's, 128 mit Schriftzeichen für den Computerbrieftext belegt sind, so daß kein ausreichender Platz für die notwendigen 180 Kennzeichen der Unterschrift zur Verfügung stehen.

Abb. 6 Adressierungen zum Drucken von Schriftzeichen

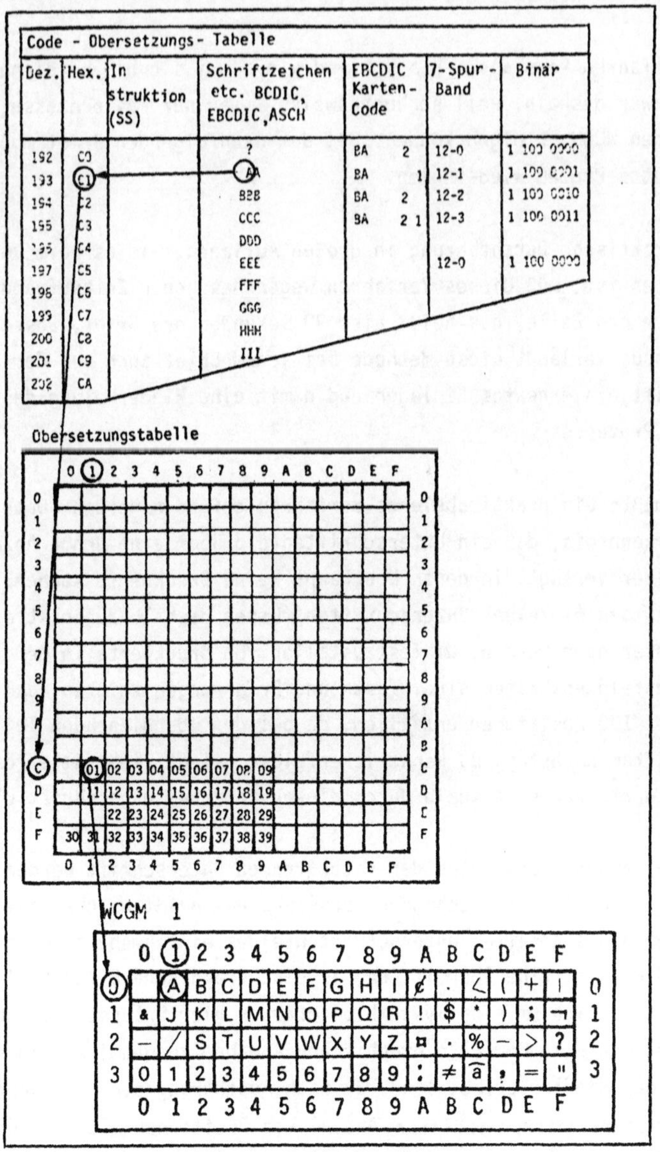

Die Druckwerte können immer nur zeilenweise in freie Positionen der WCGM's eingelesen und druckfertig aufbereitet, das heißt in einen Zwischenspeicher geladen werden. Anschließend wiederholt sich dieser Vorgang für die nächste Zeile durch das Überladen der vorhergehenden, bis schließlich sukzessive die 180 Druckwerte aller 6 Zeilen in die WCGM's eingeführt und druckfertig aufbereitet worden sind.

Dieses Verfahren kann als h a l b - d y n a m i s c h bezeichnet werden, und zwar deshalb, weil schübchenweise immer nur Teilprozesse zur Aufnahme in den WCGM erfolgen können. Bei dem nachfolgenden Brief muß sich der komplette Prozeß wiederholen.

Für die praktische Durchführung in großen Auflagen, wie es beim vorliegenden Fall gegeben ist, muß dieses Verfahren wegen des hohen Zeitaufwandes von ca. 15 Sekunden pro Zeile, das heißt also 90 Sekunden pro Brief, ausscheiden. Darüberhinaus verlangt diese Methode bei jedem Brief auch bei der gleichen Unterschrift ein erneutes Einladen und damit eine Wiederholung des vollständigen Prozesses.

Insofern mußte ein praktikabeleres Verfahren gefunden werden. Dabei nutzte man die Erkenntnis, daß ein Unterschriftenfeld über eine große Anzahl Kennzeichenfelder verfügt, in denen überhaupt keine Druckwerte stehen. Die Datensätze zu den einzelnen Unterschriften müssen deshalb zunächst einer Überprüfung unterzogen werden, um festzustellen, ob Druckwerte in dem jeweiligen Kennzeichenfeld enthalten sind. Tests und Erfahrungen zeigten, daß dadurch bereits ca. 100 Positionen entfallen, da bei dem überwiegenden Teil der Unterschriften höchstens 80 Kennzeichenfelder belegt sind. Alle Positionen ohne Druckwerte werden deshalb durch diesen Verarbeitungsschritt eliminiert.

Den verbleibenden Druckwerten der betreffenden Unterschrift werden durch Systemsteuerung die entsprechenden Adressen, das heißt welche Positionen sie im Rahmen des gesamten Unterschriftenfeldes einnehmen, zugeordnet. Anschließend erfolgt eine Übermittlung in eine graphische Bildtabelle. Hierbei handelt es sich um eine Systembibliothek - hier Unterschriftenbibliothek genannt - in der alle graphischen Angaben zu den jeweiligen Unterschriften der Händler erfaßt sind. Je nach Ausführung der Unterschrift stehen dort eine unterschiedliche Anzahl von Positionen mit zugehörigen Druckwerten pro Unterschrift.

Die Drucksteuerung kann folgendermaßen charakterisiert werden: für eine bestimmte Unterschrift mit der Schlüsselzahl für Land, Produktionsort, Händler, Art der Unterschrift werden die Druckwerte in die Positionen der freigehaltenen WCGM's 3 und 4 geladen. Das Steuerungssystem sorgt dann automatisch dafür, daß mittels der Obersetzungstabelle eine Referenz zur graphischen Bildtabelle gemacht wird, die angibt, in welcher Zeile und Position das Kennzeichen (ein bestimmtes Element der Unterschrift) gedruckt werden muß. Die graphische Bildtabelle enthält normalerweise 255 Positionen. In dem speziellen Fall wurde sie so erweitert, daß für alle Händler die Unterschriften in der Bildtabelle erhältlich ist (Abb. 7).

Abb. 7 Beispiel für eine mit Hilfe des beschriebenen Verfahrens erstellte Unterschrift

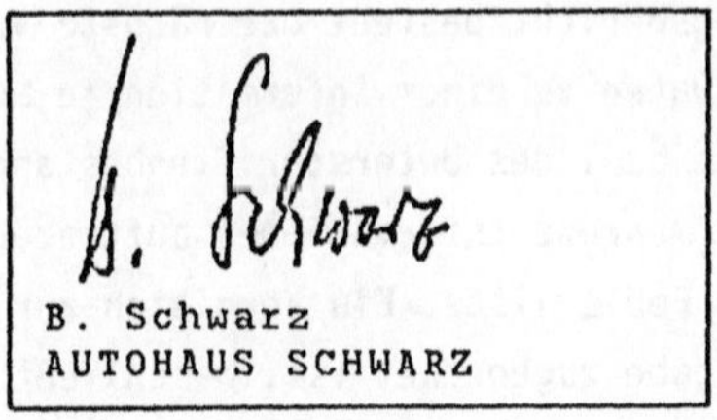

Gegenüber dem h a l b - d y n a m i s c h e n Verfahren hat diese Methode den großen Vorteil - und erlaubt damit erst eine praktische Realisierung - daß die gesamten Druckwerte in einem abgeschlossenen Prozeß in die WCGM's geladen werden können und für die Dauer des Druckprozesses zur Verfügung stehen. Deshalb wird dieses Verfahren auch als v o l l - d y n a m i s c h bezeichnet; pro Unterschriftenwechsel wird nur ein Zeitraum von etwa 15 Sekunden benötigt.

Bei einem Wechsel von Händler X zu Händler Y werden die freien Positionen der WCGM's 3 und 4 erneut aktiviert und durch Systemsteuerung automatisch neue Werte der Übersetzungstabelle gefunden, die auf andere Positionen in der graphischen Bildtabelle verweisen, die dann zur Unterschrift von Händler Y gehören.

4.4. Zusammenwirken im Gesamtsystem

Vertiefend sollen überblickartig die vorstehenden Ausführungen nochmals im Gesamtzusammenhang durch Unterstützung eines vereinfachten Ablaufplans veranschaulicht werden (Abb. 8).

Die von den beteiligten Händlern mittels Aufnahmeformular eingereichten Informationen über Neuaufnahmen, Änderungen oder Löschungen werden in zwei unabhängigen Arbeitsprozessen erfaßt. Diese Trennung soll ein fehlerfreies Einführen sicherstellen. Während im Rahmen des einen Teilprozesses eine Umsetzung der Unterschrift in digitale Form stattfindet, und nach diesem Vorgang die Schlüsselzahl hinzugefügt wird, erfolgt davon unabhängig die Erfassung der zugehörigen Angaben mit Hilfe von Lochkarten und ein erstes Vorsortieren.

Nach der Überprüfung der aufgenommenen Daten und ggf. dem Ausdruck fehlerhafter Angaben auf dem Ergänzungsbericht besteht der nächste Verarbeitungsschritt in der Zusammenführung der Daten zu einer Information je Schlüsselzahl. Sofern beim Sortieren des Textes bzw. des Unterschriftenbestandes für eine vollständige Schlüsselangabe mehrere Informationen auftreten, veranlasst das Programm den Ausdruck einer Fehlerliste. Ein Vergleich zur Überprüfung, ob jeder Unterschrift eine Textangabe zugeordnet ist, beschließt diesen Verarbeitungsschritt.

Anschließend werden die überprüften und zusammengefügten Angaben im Unterschriftenbestand verarbeitet. Dabei erfolgt eine Koppelung an die Unterschriftenbibliothek. Der Unterschriftenbestand umfasst neben der Schlüsselzahl die Spezifikation zur Unterschrift, einen Änderungscode, ein Fälligkeitsdatum sowie einen Hinweis auf die Unterschriftenbibliothek.

Zur allgemeinen Verwaltung des Unterschriftenbestandes sowie für Rekonstruktionszwecke kann ein separates Druckprogramm, das

- ausschließlich die Ausgabe von Unterschrifts-Änderungen ermöglicht,

- eine vollständige Auflistung des gesamten Unterschriftenbestandes erlaubt,

Abb. 8 Ablaufschema der Realisierung von Unterschriften im Rahmen des Gesamtsystems*)

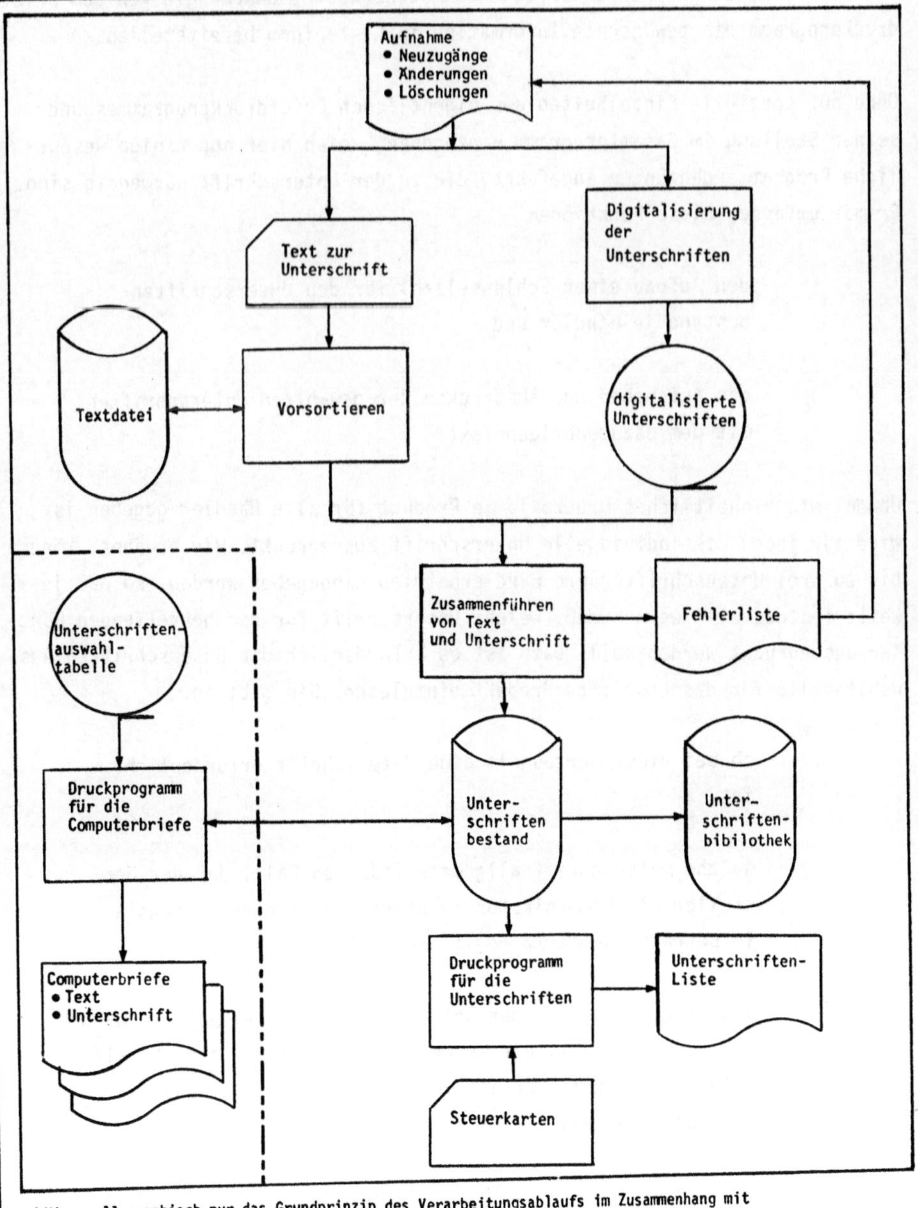

*) Hier soll graphisch nur das Grundprinzip des Verarbeitungsablaufs im Zusammenhang mit der Unterschrift dargestellt werden. Alle sonstigen im Rahmen des Gesamtsystems auftretenden Informationsströme, Verarbeitungsschritte und Datenträger können nicht berücksichtigt werden.

- Selektionsmöglichkeiten bietet, um gezielt bestimmte Unterschriften auszudrucken,

mittels Verwendung einer entsprechenden Steuerkarte, unabhängig von dem Briefdruckprogramm die gewünschte Information in Listenform bereitstellen.

Ohne auf spezielle Einzelheiten des eigentlichen Briefdruckprogrammes und seiner Stellung im Gesamtprogramm einzugehen, seien hier nur einige wesentliche Programmergänzungen angeführt, die zu der Unterschrift notwendig sind. Primär umfassen diese Funktionen

- den Aufbau einer Schlüsselzahl für den Unterschriftenbestand je Händler und

- das Aufsuchen und Ausdrucken der gewählten Unterschriften mit dem dazugehörigen Text.

Obwohl ein einheitliches Druckbild je Produkt für alle Händler gegeben ist, wird für jeden die individuelle Unterschrift ausgedruckt. Wie erwähnt, können bis zu drei Unterschriften pro Händlerbetrieb eingegeben werden, so daß jeweils festgestellt werden muß, welche Unterschrift für den betreffenden Händler ausgedruckt werden soll. Dazu ist es erforderlich die Unterschriften-Auswahltabelle für das bestimmte Produkt einzulesen. Sie gibt an,

- ob bei diesem Erzeugnis eine Unterschrift erforderlich ist,

- welche Unterschrift allgemein (für den Fall, daß der Hersteller als Kommunikator fungiert) für dieses Erzeugnis in Betracht kommt (3 Möglichkeiten),

- welche der eingegebenen Unterschriften für diejenigen Händler zu wählen ist, die keine oder eine andere als die allgemein gültige Unterschrift für dieses Erzeugnis wünschen (3 Möglichkeiten),

- wie die Unterschrift und zugehörige Spezifikation innerhalb des Brieftextes zu positionieren ist.

Mit Hilfe des aufgebauten Schlüssels werden im Unterschriftenbestand die Zeilen für die Herkunft der Unterschrift, der Name und die Spezifikation aufgesucht. Zusätzlich erlaubt die Anweisung für die Unterschriftenbibliothek die gespeicherten graphischen Angaben wiederzufinden.

5. Zukunftsaspekte

Unter Berücksichtigung technischer Weiterentwicklungen kann neben einer noch exakteren Wiedergabe der Unterschriften durch die Verwendung von Laserdruckanlagen mit einer größeren Anzahl von Druckpunkten pro $inch^2$ und unter Umständen von farbigen Gestaltungsmöglichkeiten [17] der Druck des händlerspezifischen Briefkopfes die Individualität des Computerbriefes noch erheblich steigern. Nahziel ist daher, die technischen Voraussetzungen zu schaffen, mit Hilfe des Laserdruckers individuelle Händlerbriefköpfe abzubilden, was wiederum hohe Anforderungen an die Software stellt, da hierzu erheblich mehr Druckfläche - das heißt Kennzeichenfelder - als im Fall der Unterschrift notwendig sind und darüberhinaus in der Regel größere zusammenhängende schwarze Vollton-Flächen gegeben sind, die geeignetes Papier voraussetzen.

Die vorliegende Anwendung zeigt, daß die Entwicklung des Computerbriefes, von dem man glaubte, daß bereits eine Perfektion dieses Kommunikationsinstruments und seiner Erscheinungsform erreicht sei [18], um eine zusätzliche Variante im Rahmen des Dealer-Identified-Direct-Marketing bereichert wurde, und darüberhinaus noch Raum für eine Optimierung der Individualität und Personalisierung in dem hier definierten Sinn zuläßt. So zeigt sich, daß das Instrumentarium "Computerwerbemittel" im höchsten Maß dynamisch ist und auch in Zukunft viele Bereiche des Direct-Marketing beeinflussen wird.

Literaturverzeichnis

[1] HEDINGER,P.: Die Nutzung kooperativer Werbung zur Steigerung der Leistungsfähigkeit mittelständischer Betriebe, Göttingen, 1978, S. 94 f.

[2] THEDENS, R.: Kooperatives Direct-Marketing zwischen Hersteller und Handel, S. 787 f. im: Handbuch des Direct-Marketing, 4. Aufl. hrsg. von H. Dallmer und R. Thedens, Wiesbaden, 1978,

[3] HODGSON, R. S.: Direct-Mail and Mail Order Handbook, Chicago, Boston, London, 1974, S. 286 ff.

[4] KONRAD, E.: Kundendienstpolitik als Marketing-Instrument von Konsumgüterherstellern, Frankfurt/M.-Zürich, 1974, S. 47 f.

[5] OHL, H. L.: Zuverlässigkeit im Automobilbau, S. 11 f., in: Schriftenreihe der Adam Opel Aktiengesellschaft, 2. Aufl. hrsg. von A. Opel AG, 1977,

[6] Vgl. dazu ausführlich BUSCHMANN, P.: Kundendienst - ein Instrument des Marketings, in: Betriebswirtschftliche Forschung und Praxis, 1970, S. 95 ff.; DERLIN, W.: Kundendienst-Organisation, S. 137 ff. in: Handbuch der Verkaufsorganisation und Verkaufsverwaltung, hrsg. von E. Batzer, K. H. Bödecker, A. Boje, u. a., München, 1961; KROSS, R.: Der technische Kundendienst als Instrument der Absatzpolitik, Nürnberg, 1966; RAU, B.: Der Technische Kundendienst als absatzwirtschftliches Entscheidungsproblem - eine theoretische und empirische Untersuchung - Diss. Berlin, 1975,

[7] MEFFERT, H.: Marketing-Einführung in die Absatzpolitik, 3. Aufl. Wiesbaden, 1978, S. 381 f.

[8] VÖRCKEL, U.: Direktwerbe-Erfolge leicht gemacht, Freiburg im Breisgau, 1977,

[9] IBM: Einführung in das Drucksystem IBM 3800 und dessen Programmierung, IBM FNR: GC 12-1275-2

[10] HUIZENGA, A.: Laserprinters, in: Management Team, 1980, S. 46 f.

[11] IBM: Anleitung zum Formularentwurf für das Drucksystem IBM 3800, FNR: A12-2180,

[12] N. N.: Elektronische Unterschriftsanzeige über Bildschirm in: Elektronische Rechenanlagen 1977, S. 237 f.

[13] POBGEE, P. J.: Vereinfachtes Handschrift-Eingabeterminal, in : Online-adl-nachrichten 1977, S. 163 f.

[14] MEDER, H. G.: Graphische Datenverarbeitung mit Computern, in: IBM Nachrichten 1978, S. 347 f.

[15] KOCH, A.: Graphische Datenverarbeitung mit einem benutzerfreundlichen, geräteneutralen Programmsystem am Großrechner TR 440, in: Elektronische Rechenanlagen 1980, S. 115 ff.

[16] FINDLEY, G. I., LEABO, D. P., SLUTMAN, A. C.: Control of the IBM 3800 Printing Subsystem, in: IBM Journal Research Development No. 1, S. 2 f.

[17] FREI, P.: Farben und Graphiken für die kommerzielle EDV, in: Output, 1980, S. 29 f.

[18] DALLMER, H.: Computerwerbemittel, S. 384 f. in: Handbuch des Direct-Marekting 4. Aufl. hrsg. von H. Dallmer und R. Thedens, Wiesbaden, 1978.

AUSSENDIENSTSTEUERUNGSSYSTEM

TH. THIELE

1.1 GRUNDSAETZLICHES

Der Aussendienst ist in vielen Industrien ein wichtiger und kostspieliger Faktor der Vertriebsorganisation. Wird der Aussendienst nicht effizient eingesetzt, kann das Unternehmen Marktanteile verlieren, Nutzen einbuessen oder sogar aus dem Markt ausscheiden muessen. Die Unternehmen messen daher der Steuerung des Aussendienstes eine wachsende Bedeutung zu. Die Unternehmensleitung braucht Verfahren zur Verbesserung der Produktivitaet des Aussendienstes.

- Bereitstellung umfassender Informationen fuer den Aussendienst, damit die aktive Verkaufszeit beim Kunden optimal genutzt werden kann.
- Exakte Definition und Zuordnung von Aufgaben, damit klare Vertriebsziele gesetzt werden koennen.
- Reduzierung von Verwaltungsarbeit und Reisezeiten des Aussendienstes.
- Zentrale Simulation, Planung und Zusammenfassung der Vertriebsergebnisse, um einen bestmoeglichen Einsatz der Marketingmittel zu gewaehrleisten.

Erfolgreicher Verkauf heisst also gezielter Verkauf - das bedeutet fuer den Aussendienst und die Vertriebsleitung eine systematische Beeinflussung und stetige Beobachtung sowohl des gesamten Marktes als auch einzelner Marktsegmente, einzelner Kunden und Interessenten.

Durch das AUSSENDIENST-STEUERUNGS-SYSTEM (ASS) wird eine wirksame Unterstuetung bei den Aufgaben zur Steuerung des Aussendienstes geboten, wie:

- Einsatzdisposition
- Definition von Besuchshaeufigkeiten
- Kunden- und Interessentenauswahl
- Durchfuehrung von Aktionen
- Ueberwachung der Besuchstermine
- Zusammenfassung von Informationen ueber den Kunden

- Berichterstattung des Aussendienstes
- Auswertungen und Analysen

Die Steuerung des Aussendienstes mit Datenverarbeitungssystemen als eine moderne Methode der direkten Marktbeeinflussung laesst sich sinnvoll in eine umfassende Marketing-Strategie des Unternehmens einfuegen. Mit anderen flankierenden Massnahmen wird der Einsatz dieses Verfahrens dazu beitragen, Marktanteile und Verkaufsziffern zu steigern und die Ertragschancen zu verbessern.

Die Konzeption von Verfahren zur Maximierung der Effizienz der marktorientierten Faktoren des absatzpolititschen Instrumentariums muss unterschiedlichen Gegebenhheiten und Interessenlagen der verschiedenen Unternehmensfunktionen gerecht werden:

- \- der Marketing- und Vertriebsbereiche
- \- der Aussendienstorganisation
- \- der betriebswirtschaftlichen Controllingfunktion
- \- der Servicefunktionen (z.B. DV-Bereich)

Da ein Verfahren der Aussendienststeuerung nicht nur als Modell entwickelt wird sondern die Realisierung seiner Inhalte das Ziel ist, muss unter den ueblicherweise gegebenen betrieblichen Restriktionen eine stufenweise Implementierung und Einfuegung in bereits bestehende Anwendungsgebiete moeglich sein.

So verschieden die Aktivitaeten unterschiedlicher Organisationsformen im Aussendienst auch sind, die Probleme sind aehnlich und erlauben eine einheitliche Betrachtung der Loesungsmoeglichkeiten: fuer den Reisenden der Lebensmittelbranche genauso wie fuer den Pharma-Grosshaendler mit seinem Telefonverkauf oder zB. den Berater fuer Anlagegueter der Maschinenbaubranche stellt sich stets die Frage, wie die Kunden und Interessenten gezielt und somit erfolgreich angesprochen werden koennen. Deshalb soll ein moeglichst flexibles und umfassendes Verfahren aufgezeigt werden, dessen allgemeiner Modellcharakter und Bausteinaufbau den unterschielichen Anwendern und deren Anforderungen gerecht werden kann.

Zur Unterstuetzung der Marketing- und Vertriebsleitung sind Informationen und Verfahren bereitzustellen, die die oft schwierige Entscheidungsfindung fuer gezielte Massnahmen erleichtern. Die Selektion von Kunden und Interessenten muss nach verschiedenen Kriterien ermoeglicht werden.

Der Aussendienst muss fuer seine im allgemeinen unter Zeit- und Kostendruck durchzufuehrenden Aktivitaeten aktuelle Informationen ueber den Kunden zur Verfuegung haben und klare Aussagen des Managements ueber die Marketingziele erhalten. Er ist in die Lage zu versetzen, Informationen ueber das Besuchsergebnis - und das sind nicht nur Informationen ueber erhaltene Auftraege - problemlos, zwangslaeufig und verarbeitbar an die Zentrale zu geben.

Der ueblichen Forderung der Unternehmen nach stufenweiser Einfuehrung kommt der Bausteincharakter des im folgenden dargestellten Systems entgegen. Einfache Loesungen koennen bereits mit einer relativ geringen Datenmenge verwirklicht werden. Der

Anwender kommt somit in die Lage, schon fruehzeitig Ergebnisse zu erzielen und seine gewuenschte unternehmensindividuelle Loesung stufenweise einzufuehren.

1.2 AUFGABEN UND PROBLEME

Eine breite Palette verschiedenster Taetigkeiten kennzeichnet das Aufgabenfeld des Aussendienstes und der Vertriebleitung. Es umfasst den aktiven Verkauf, die Kunden- und Interessentenberatung, die Vorbereitung von Aktionen und das Erstellen von Reiserouten. Besonders im Aussendienst zeigen sich folgende Probleme: zuviel Verwaltungsarbeiten fuer die Vor- und Nachbereitung von Besuchen, unnoetige Wartezeiten und zu lange Reisezeiten schraenken die eigentliche Beratungs- und Verkaufszeit erheblich ein.

Versucht man, die Aktivitaeten von Aussendienst und Marketing- und Vertriebsleitung zu systematisieren, so kann man folgende Aufgabenbereiche unterscheiden:

- Planungsgrundlagen
- Auswahl von Kunden und Interessenten
- Gespraeche mit Kunden und Interessenten
- Rueckmelden der Besuchsergebnisse
- Auswertung der Ergebnisse

1.2.1 PLANUNGSGRUNDLAGEN

Auf der Grundlage der Vertriebsplaene werden fuer die Mitarbeiter im Aussendienst die kurz- und mittelfristigen Plandaten definiert. Diese Daten sind Vorgaben und Bezugsgroessen fuer den Leistungsvergleich in den Auswertungen. Die fuer den Mitarbeiter erstellten Vorgaben muessen auf das Kundenpotential und die Ausschoepfungschancen abgestimmt sein. Zweckmaessig ist hier die Planung ueber sogenannte Marktzellen. Als Marktzellen werden Planungseinheiten definiert, die den einzelnen Vertriebseinheiten beliebig zugeordnet werden koennen. Sie werden aus den verschiedenen Teilmaerkten und Artikeln des Sortiments gebildet. Damit bleiben Aenderungen in der Vertriebsorganisation ohne Einfluss auf die Vorgehensweise in der Vertriebsplanung.

Weitere Aufgabe ist die Definition von Kundenklassifikationen. Die Klassifikationsmerkmale koennen sich auf externe und interne, auf quantitative und qualitative Merkmale beziehen. Beispiele hierfuer sind z.B. fuer Handelsunternehmen: Kundenart, Umsatz gesamt, Umsatz Teilsortiment, Flaeche, Anzahl Kassen, Art d. Kassen, Beschaeftigte, Nielsen-Gebiet, polit. Gemeinde, Ortsgroesse, Einzugsgebiet, Geschaefts-Genre etc. Der Entscheidung der Planungsfunktion obliegt es, die fuer das betreeffende Unternehmen relevanten Kriterien zu definieren und fuer deren Zuordnung zum einzelnen Kunden zu sorgen.

Der Besuchsabstand definiert die Haeufigkeit von Kundenkontakten in einem Planungszeitraum. Die Kontaktzeit ist die im Normalfall fuer einen Kundenbesuch aufgewendete Zeit. Da die Ausschoepfung von Absatzpotential in einigen Branchen eine Funktion der Besuchsfrequenz ist, kommt der Analyse der erforderlichen Besuchsabstaende im Rahmen der Planung von Aussendienstaktivitaeten eine grosse Bedeutung zu. Grundlegende mathematische Verfahren auf diesem Gebiet wurden von LODISCH und von STEFFENHAGEN beschrieben. Programmtechnische Realisierungen der o.gen. Ansaetze auf diesen Gebieten beweisen inzwischen die Moeglichkeit der Anwendung entsprechender Verfahren fuer die Praxis mit heute zur Verfuegung stehenden Programmiersprachen und auf den heute bereits in mittleren Unternehmen installierten Rechnern. APL-Programme zur Generierung von kundenspezifischen Marktreaktionsfunktionen und zur Durchfuehrung von Marginalanalysen fuer verschiedene Besuchshaeufigkeiten fuehren zu Aussagen ueber die benoetigte Gesamtzeit je Gebiet mit dem zugehoerigen Deckungsbeitrag rsp. zu Aussagen ueber das nicht ausschoepfbare Potential aufgrund fehlender Besuchskapazitaet des Aussendienstes.

1.2.2 AUSWAHL VON KUNDEN UND INTERESSENTEN

Die Ergebnisse der Planungsgrundlagen sind Basis fuer die Auswahl von Kunden und Interessenten je Aussendienst-Mitarbeiter fuer bestimmte Besuchsperioden oder/und zur Bestimmung der Groesse der Aussendienstorganisation. Aufgrund der Ergebnisse der oben kurz angerissenen mathematischen Verfahren werden die in einer bestimmten Besuchsperiode zu besuchenden Kunden und Interessenten definiert, dh. der Besuchsplan wird fixiert.

Dieser Besuchsplan wird dann als Uebersichtsinformation dem Aussendienstmitarbeiter und als Kontrollinformation dem Vorgesetzten des Aussendienstmitarbeiters fuer den naechsten Besuchszeitraum gegeben. Die Reihenfolge der Besuche kann dabei standardmaessig fixiert sein, wahlfrei sein fuer den Mitarbeiter oder ueber ein Tourenplanungsprogramm (VSPX) optimiert worden sein. Auch ist die Anbringung von Hinweisen ueber fest vereinbarte Besuche und eine zB. vom Kunden gewuenscht Ankunftszeit notwendig.

Unternehmen, die mathematische Verfahren zur Bestimmung der Kundenbesuche noch nicht einsetzen, definieren im allgemeinen die pro Besuchsperiode zu erfuellenden Kundenbesuche aus Aufschreibungen des Aussendienstes oder des Marketingbereichs. Hier werden dann pro Besuchsperiode (zB. 1 oder 2 Wochen) die zu besuchenden Kunden festgelegt und im DV-System als Standardbesuchsplan abgespeichert. Durch Hochrechnung der Normalbesuchszeiten wird die Auslastung des Aussendienstes kontrolliert.

Fuer alternative Marketingstrategien koennen grundsatzlich mehrere Besuchsplaene je Besuchsperiode und je Aussendienstmitarbeiter entstehen und gespeichert werden. So sieht ein Besuchsplan unter dem Aspekt der Neukundenbearbeitung sicher andere Besuche vor als ein Besuchsplan fuer eine Periode, in der primaer die Filialen einer

Kettenorganisation in Absprache mit der entsprechenden Zentralorganisation zu besuchen sind und dort Plazierungen im Rahmen einer bestimmten Aktion vorgenommen werden sollen. Davon abweichend ist sicher ein Besuchsplan fuer die Normalbearbeitung eines Gebietes. Alle drei Alternativen konnen gueltige Besuchsplaene fuer einen Aussendienstmitarbeiter sein, einer der Plaene wird im gegebenen Fall aktiviert.

1.2.3 GESPRAECHE MIT KUNDEN UND INTERESSENTEN

Der Kunde legt beim Gespraech mit dem Aussendienstmitarbeiter in zunehmendem Masse Wert auf fundierte und umfassende Beratung. Er will nicht nur "etwas verkauft bekommen", sondern wuenscht sich einen kompetenten Gespraechspartner. Dies heisst fuer den Mitarbeiter im Aussendienst, dass die Vorbereitung auf das Kundengespraech erheblich an Bedeutung gewinnt.

Viele der vorbereitenden Taetigkeiten sind Routinearbeiten und belasten in konventionellen Systemen den Aussendienst in zeitlicher Hinsicht sehr stark. Die Karteiarbeit und die Selektion der gewuenschten Daten sind nicht nur muehsam und mit Fehlern behaftet, zusaetzliches Risiko fuer das Unternehmen ist die unterschiedliche Qualitaet der Vorbereitungsarbeit bei den verschiedenen Mitarbeitern. Terminverfolgung, Karteifuehrung, Datenaufbereitung etc. durch den einzelnen Mitarbeiter im Feld sind Schwachpunkte der konventionellen Organisation.

Mit einem DV-orientierten System der Aussendienst-Steuerung werden dem Mitarbeiter fuer den naechsten Besuch jeweils die aktuellsten Informationen zur Verfuegung gestellt. Diese kundenspezifischen Unterlagen enthalten zB.: statistische Informationen, Marketinghinweise, spezielle Aufgaben, Planzahlen etc., um auf den Kundenbesuch optimal vorbereitet zu sein. Diese Form der Informationsbereitstellung fuer den Aussendienst hat den Vorteil, dass die gesamte Aussendienstorganisation ueber qualitativ gleichwertige Kundenunterlagen auf der Basis der aktuellen Daten des Vertriebs-Informations-Systems verfuegt. Der einzelne Mitarbeiter ist von der Karteifuehrung entlastet.

1.2.4 RUECKMELDEN DER BESUCHSERGEBNISSE

Umfassende und rasche Rueckmeldung der relevanten Ergebnisse der Kundenkontakte ist der Schluessel fuer eine erfolgreiche Steuerung des Aussendienstes durch die Vertriebsleitung. Das systematische Erfassen der Resultate des Kundengespraeches bildet fuer den Mitarbeiter eine wesentliche Voraussetzung fuer eine fundierte Vorbereitung des naechsten Kundenkontaktes und erleichtert die Anknuepfung an den letzten Besuch.

Das Berichtswesen des Aussendienstes ist heute in den meisten Faellen in den konventionellen Systemen umstaendlich, redundant und fuehrt zu einem schwerfaelligen Informationsfluss zwischen dem Aussendienst und Marketing- u. Vertriebsmanagement. Der einzelne

Mitarbeiter ist dann oft ueberlastet mit zwar notwendiger aber zeitraubender und schematischer Schreibarbeit. Wichtige Informationen erreichen oft die Vertriebsleitung nicht oder nur mit erheblicher Verspaetung.

Diese Maengel werden durch ein DV-orientiertes System zur Aussendienst Steuerung behoben, wenn es gelingt, Ergebnisse des Besuches beim Kunden oder Interessenten in formatisierter und verarbeitbarer Form berichten zu lassen. Als Hilfsmittel bieten sich hier die Erfassung ueber Besuchsberichtsblaetter, die mit Beleglesemaschinen verarbeitet werden koennen oder ueber tragbare Terminals an, deren Daten dann zB. ueber ein Telefonsystem abgerufen und in ein Rechnersystem eingespeichert werden.

Da der einzelne Kundenbesuch maschinell geplant ist, entsteht durch die Besuchsplanung automatisch ein Kontrollverfahren fuer das Besuchsberichtssystem. Fehlende Besuchsberichte koennen beim Aussendienst angemahnt werden, sofern die Bedeutung des Kunden die Notwendigkeit der Erinnerung an den fehlenden Bericht rechtfertigt. Deutlich wird hierbei auch, wie exakt der einzelne Mitarbeiter im Aussendienst seine Aufgaben wahrnimmt.

Verfahren der Besuchsberichte koennen auch eingesetzt werden, um spezielle Erhebungen, Befragungen durchzufuehren. Durch die Selektionsverfahren des Aussendienst-Steuerungs-Systems werden dann Ansprechpartner gezielt ausgewaehlt. So koennen auch unternehmensfremde Personen mit der Befragung beauftragt werden.

1.2.5 AUSWERTUNG DER ERGEBNISSE

In der Datenbank werden historische und aktualisierte Informationen ueber die Marketing- und Vertriebstaetigkeit gespeichert. Diese Datenbank ist Grundlage fuer die Auswertungen. Angesprochen werden die verschiedenen Vertriebseinheiten sowie die unterschiedlichen hierarchischen Ebenen.

Mit den Informationen der Auswertungen kann der Vertrieb bei folgenden Aufgaben unterstuetzt werden:

- Kontrolle des Aussendienst-Einsatzes durch Analysen ueber die Erfuellung von Umsatz- und Merchandising-Vorgaben

- Analyse der Situation beim einzelnen Kunden und des Marktgeschehens durch Bereitstellen der in den Besuchsberichten rueckgemeldeten Informationen.

- Erarbeiten von marktabsichernden Massnahmen durch Analyse der Aktivitaeten der Konkurrenz

Dazu werden Auswertungen mit folgenden Inhalten erstellt:

- Mitarbeiter-Umsaetze

- Mitarbeiter-Merchandising

- Mitarbeiter-Aufwand

- Bezirksergebnisse
- Mitbewerber-Aktivitaeten
- Sondererhebungen

Der Informationsbedarf des Managements ist sehr stark situationsabhaengig. Deshalb ist es erforderlich, die Auswertungen hinsichtlich ihres Inhalts flexibel zu gestalten, um die gewuenschten Informationen zu liefern und das Management vom Ballast nicht benoetigter Daten zu befreien. Besondere Bedeutung kommt dabei dem Einsatz von Bildschirmen zu, die einen direkten Dialog der Marketing- und Vertriebsleitung mit den Vertriebsdaten im DV-System ermoeglichen.

Bisher war in vielen konventionellen Systemen die Ausgabe von Statistiken erst nach Bereitstellung der Auftragsdaten durch den Verkauf moeglich. Dies bedeutete, dass Monatsstatistiken erst 10 bis 14 Tage nach Monatsende erstellt werden konnten. Fuer Verkaufsverhandlungen mit Grosskunden fehlten dann aktuelle Informationen, was zu individuellen Statistiken und Karteifuehrungen durch die einzelnen Mitarbeiter fuehrte.

Im Aussendienst-Steuerungs-System werden die aktuellen Daten aus den Besuchsberichten und Auftraegen taeglich erfasst und in der Datenbank gespeichert. Auf dieser Datenbasis ist es moeglich, eine aktuelle Informationsausgabe durchzufuehren.

Auswertungsarten

Es werden prinzipiell folgende Auswertungsarten unterschieden:

- Periodische Auswertungen
- Ausnahmemeldungen
- Auswertungen auf Anforderung

Regelmaessige Informationen werden zur kontinuierlichen Kontrolle der Geschaeftsentwicklung und Ueberwachung der Aufwaende (Merchandising, Spesen etc.) benoetigt, zB.:

- taegliche Umsatzauswertungen fuer alle Produktgruppen
- woechentliche Auswertungen ueber Aufwand und Ergebnisse einer Aktion
- monatliche Plan/Ist-Vergleiche zur Fortschreibung oder Anpassung der Plandaten an die Realitaet

Die periodischen Auswertungen werden im System der Aussendienst-Steuerung im Vergleich zum bisherigen Umfang stark reduziert. Durch die Moeglichkeit der anderen Auswertungsarten muss nur noch der tatsaechlich regelmaessige Informationsbedarf befriedigt werden.

Bei Auftreten von Sondersituationen wird die Vertriebsleitung mit Ausnahmemeldungen informiert, um rasch reagieren zu koennen. Ausnahmen werden definiert als:

- Abweichungen zwischen zwei Daten (Soll/Ist-Abweichungen)

- Einzelwerte (zB. Fahraufwand eines Mitarbeiters in einer Woche groesser als 1000 km)

Zur Durchfuehrung von Ausnahmemeldungen sind festzulegen:

- Die zu pruefenden Daten: zB. Umsatz je Vertreter, Umsatz je Kundenart, Merchandising-Vorgaben je Aktion, km je Tourenraum
- Zeitpunkt der Pruefung: bei laufendem Geschaeft monatlich, bei Aktionsgeschaeft woechentlich
- Toleranzgrenzen: die absoluten oder relativen Werte werden vom Management festgelegt.

Mit den Ausnahmemeldungen kommt die Kontrollfunktion der Auswertungen zur Geltung. Werden der Vertriebsleitung Ausnahmemeldungen aufgezeigt, ist ein wesentlicher Informationsbedarf fuer neue Massnahmen abgedeckt.

Spezieller Bedeutung kommt in einem Steuerungssystem der Erfuellung des kurzfristigen Informationsbedarfs zu. Dieser Informationsbedarf kann zB. auftreten bei:

- Aenderung der Marktsituation: Konkurrenzaktivitaeten in bestimmten Regionen, Nachfragerueckgang etc.
- Aenderung der Produktpolitik: Bei Einfuehrung neuer Produkte werden Informationen ueber die zu erwartende Aufnahmefaehigkeit am Markt benoetigt
- Aenderung der Aussendienstorganisation: Die Einrichtung neuer Tourenraeume erfordert Analysen der bisherigen Umsaetze dieses Gebietes

Dabei ist es wichtig, den Berichtsempfaengern Kenntnis ueber die moeglichen Auswertungen zu geben und ihn am Bildschirm mit entsprechenden Hilfen zur Definition seines Informationsbedarfs zu unterstuetzen.

Auswertungen auf Anforderung koennen sich auch auf standardmaessig im DV-System verfuegbar gehaltene Informationsgruppen oder Einzelinformationen beziehen, auf die der Benutzer bei Bedarf ueber einen Informationskatalog, der ihm am Bildschirm angezeigt wird, zugreifen kann.

Auswertungen auf Anforderung bieten folgende Vorteile:

- Detailinformationen werden nicht mehr in umfangreichen periodischen (meist veralteten) Listen gesucht
- Es wird ein hoher Aktualitaetsgrad der Informationen erreicht
- Durch Sichtkontrolle am Bildschirm koennen fehlerhafte Anfragen sofort bemerkt und korrigiert werden.

1.3 ZUSAMMENFASSUNG

Der Einsatz der Datenverarbeitung zur Steuerung der Taetigkeiten des Aussendienstes wird dem Unternehmen neue Wege aufzeigen, die Markttransparenz zu erhoehen und das Marktgeschehen direkt zu beeinflussen. Mit dem AUSSENDIENST-STEUERUNGS-SYSTEM erhaelt die Vertriebsleitung ein Instrumentarium zur konsequenten und gezielten Bearbeitung des gesamten Marktes und des einzelnen Kunden. Der allgemeine Modellcharakter des dargestellten Verfahrens versetzt den Anwender in die Lage, ein individuelles Loesungskonzept zu realisieren und es in ein umfangreiches Informationssystem fuer den Vertrieb zu integrieren.

Die Steuerung des Aussendienstes mit Datenverarbeitung bedeutet fuer den Mitarbeiter die Verlagerung von Routinearbeiten in den Computer und fuer das Management eine Hilfe bei den Entscheidungen ueber den wirkungsvollsten Einsatz der verkaeuferischen Faehigkeiten des Aussendienstes. Nicht zuletzt wird das vorgestellte DV-Verfahren zu einer systematischen Abwicklung der Funktionen im Vertrieb fuehren und den Aussendienst zu einem schlagkraeftigen Instrument machen.

1.4 MODELL DES AUSSENDIENST-STEUERUNGS-SYSTEMS

```
                         |==========================|
           --------------|      Vertriebsleitung    |-------------
           |             |==========================|            |
           |                   |            |                    |
           |                   |            |                    |
  ---------|------   ----------|-----   ----|---------    -------|--------
  | Simulation |     | Massnahmen |     | Entscheidung|   | Information |
  ----------------   ----------------   --------------    ----------------
           |                   |            |                    |
           |                   |            |                    |
           |                   | 1--PLANUNG---------+            |
           |                   | I - Absatzziele    I            |
           |                   | I - KlassifikationI             |
           |                   | I - Besuchsfrequenz             |
           |                   | I - Aktionen       I            |
           |                   | I - Merchandising I             |
           |                   | +------------------+            |
           |                   |           |                     |
           |                   |           |                     |
           |                   |           |                     |
-2-BESUCHS-STEUERUNG-+     ..............        -4-AUSWERTUNGEN------
I - Kunden-Potential-      : Datenbank  :        I - Kunden           I
I   Analysen         I     : - Kunden   :        I - Aussendienst     I
I - Zielgruppen-     I---->: - Interess.:------->I - Sortiment        I
I   Selektion        I     : - Artikel  :        I - Umsatz / Absatz  I
I - Tourenplaene     I     : - Aktionen :        I - Distribution     I
I - Gespraechsbogen I      : - Kosten   :        I - Aufwand          I
+--------------------+     ..............        +--------------------
                                 |
                                 |
                                 |
                    -3-GESPRAECHSSTEUERUNG----
                    I - Besuchsauftrag      I
                    I - Besuchsbericht      I
                    I - Befragungen         I
                    +------------------------
                                 |
                    |========================|
                    |      Aussendienst      |
                    |========================|
                                 |
                                 |
                    |========================|
                    |   Kunde / Interessent  |
                    |========================|
```

MARKTFORSCHUNG IM EUROPÄISCHEN VERBUND

G. KIRSCHNER/W. RENNINGER

1. Die GfK und ihr Marktforschungsangebot

Die GfK, Gesellschaft für Konsum-, Markt- und Absatzforschung e. V. wurde 1934 unter Federführung von Prof. Dr. Wilhelm Vershoven gegründet. Mit einem Umsatz von nahezu 43 Mio. DM (ohne Einrechnung der Tochter- bzw. Beteiligungsunternehmen) und knapp 500 festangestellten Mitarbeitern im Jahre 1979 zählt die GfK heute zu den führenden Marktforschungsinstituten Europas.

Als Full-Service-Institut ist die GfK nicht auf einzelne Marktforschungsinstrumente spezialisiert; sie bietet vielmehr ein umfangreiches Spektrum von Dienstleistungen auf folgenden Gebieten an:

Handelsforschung: Insgesamt werden 17 Panels angeboten. Die beobachteten Märkte reichen vom Food- und Kosmetik-Bereich über Elektro-, Fotoartikel bis hin zu speziellen Märkten wie Bürobedarf, Farben, Zweiräder. Ergänzend zu den Panels werden Umfragen im Handel, Distributionsuntersuchungen sowie Testmarktmodelle, insbesondere zur Analyse neu einzuführender Produkte regelmäßig durchgeführt.

Marketingforschung: Dieser Geschäftsbereich arbeitet überwiegend mit dem klassischen Instrumentarium der Umfrage. Eine Gruppe von Psychologen ist darüber hinaus zuständig für spezielle Image-, Motiv-, Erstellungs- und Verhaltensanalysen. Für Produkttests steht ein 20.000 Personen umfassendes Sample zur Verfügung.

Regionalforschung: Neben Standardanalysen werden innerhalb dieses Bereiches die allgemeinen und speziellen Kaufkraftkennziffern berechnet, die insbesondere zum Zwecke der optimalen Einteilung eines Außendienstes in Verkaufsgebiete sowie zur Steuerung und Kontrolle des Außendienstes Verwendung finden.

Pharmaforschung: Schwerpunkte dieses Forschungszweiges ist die permanente Erfassung der Präparatewerbung, die in Form einer Anzeigenstatistik inklusive Dokumentation der Anzeigen auf farbige Mikrofiches dem Kunden geliefert wird. Ein weiterer Schwerpunkt der Pharmaforschung ist das sog. Beschwerdeinformationssystem: eine repräsentative Auswahl von Personen berichtet anhand eines Tagebuches regelmäßig über Beschwerden, die Art der Behandlung und der verwendeten Medikamente.

Textilmarktforschung: Die Daten für die Analyse des Textilmarktes bezieht die GfK aus dem Haushaltspanel ihrer Beteiligungsfirma G & I in Nürnberg. Es werden alle im Haushaltpanel üblichen Auswertungsverfahren angeboten.

Neben diesen von der GfK selbst angebotenen Marktforschungsdienstleistungen wird die Angebotspalette noch durch folgende Tochter- bzw. Beteiligungsinstitute abgerundet:

GfK-Beteiligungen in Deutschland:

Contest-Census	in Frankfurt	
G & I	in Nürnberg	(Spezialisiert auf Haushaltpanelforschung)
I M P	in Mainz	(Preisbeobachtung im Handel)

GfK-Beteiligungen im Ausland:

GfK-Sverige	in Schweden	(Haushaltpanel, Umfrage- und Mediaforschung)
N F P	in Norwegen	(Haushaltpanel)
OBSERVA	in Dänemark	(Haushaltpanel, Umfrageforschung)
GfK-Niederlande		(Handelsforschung)
Aspemar, ASSOBEL	in Belgien	(Haushaltpanel, Umfrageforschung)
S & G	in Frankreich	(Handelsforschung)
F + G	in Österreich	(Haushaltpanel, Umfrage- und Handelsforschung)

Ferner gehört die GfK der EUROPANEL-Gruppe an und kooperiert innerhalb dieser Interessengemeinschaft mit weiteren Instituten in England, Frankreich, Italien, Spanien und der Schweiz.

2. Das GfK-Rechenzentrum

Zur Bewältigung der in den verschiedenen Marktforschungsbereichen anfallenden großen Datenmengen, und um die von den Kunden verlangten komplexen Analysen schnell, flexibel und nach bewährten abgesicherten Methoden auswerten zu können, wird die Berichtsproduktion aller GfK-Firmen im zentralen Rechenzentrum in Nürnberg abgewickelt. Die Datenverarbeitung ist als Service-Bereich innerhalb der GfK organisiert.

Den 55 Mitarbeitern steht folgende Hardware zur Verfügung:

CPU's	:	IBM 3031, 2 MB IBM 370/145, 1 MB (wird abgelöst durch 4341, 4 MB)
Platten	:	24 x 400 MB-Online von CDC 6 x 200 MB-Wechselplatten von CDC
Bänder	:	6 x IBM 3420
Belegleser	:	IBM 1288, Kaiser Markierungsleser
Terminals	:	30 SEL-Bildschirme lokal 68 IBM-Bildschirme lokal und remote 2 x IBM 3776 RJE-Stationen 4 x MDS`21/50

Als Betriebssystem wird DOS/VSE, Rel. 2 inklusive CICS verwendet.

Die Konfigurationsübersicht zeigt, daß im GfK-Rechenzentrum bereits heute in großem Umfang die Möglichkeit der Computernutzung im Dialog sowie im Remote-Batch-Modus praktiziert wird. Auf diese Weise wird der Forderung der Anwender, d. h. also der Kunden Rechnung getragen, Auswertungswünsche schnell und flexibel durchzuführen.

3. DB/DC-Konzeption

Die Konzeption, alle aktuellen Marktforschungsdaten auf ständig verfügbaren Datenbanken abzuspeichern und benutzergerechte Programme zum Abfragen und Auswerten dieser Daten per Terminal bereitzustellen, wird auch in Zukunft ein wesentlicher Bestandteil der Hard- und Softwareentwicklung der GfK-EDV darstellen.

Momentan stehen zwei Programmpakete zur Verfügung, mit deren Hilfe GfK-Mitarbeiter und auch Kunden direkt mit dem GfK-Rechenzentrum kommunizieren können:

INMARKT erlaubt die Nutzung aggregierter Paneldaten im Bildschirmdialog. Bei der Entwicklung von INMARKT wurde in besonderem Maße darauf geachtet, eine dem Denken des Marktforschers entsprechende Kommunikationssprache zu entwickeln, die keinerlei EDV-Kenntnisse voraussetzt.

D A J A ermöglicht die Nutzung nahezu aller GfK-Auswertungsprogramme im RJE-Verfahren. Dieses Verfahren ist insbesondere dort einzusetzen, wo auf große Datenmengen zugegriffen werden muß oder wenn sehr rechenintensive Auswertungsprogramme zum Einsatz gelangen sollen, d. h. also ein Dialog mit vernünftigen Antwortzeiten nicht zu realisieren ist. Voraussetzung für die Nutzung der GfK-Programme unter DAJA-Steuerung ist natürlich die Kenntnis der Steuerkartensyntax sowie der Codepläne.

Beide Programmsysteme werden laufend um neue Möglichkeiten erweitert; in diesem Zusammenhang werden gegenwärtig auch Tests mit APL gefahren.

4. Einsatz dezentraler Systeme am Beispiel des Haushaltpanels

Bei den ausländischen Beteiligungsfirmen der GfK, die ja mit der Hard- und Software des GfK-Rechenzentrums arbeiten und somit alle Vorteile eines Großrechenzentrums nutzen können, war die zeitliche Verzögerung durch den Postversand als besonders gravierender Nachteil festzustellen. Aus diesem Grunde werden seit Mitte vergangenen Jahres bei einigen ausländischen Beteiligungen Distributed Processing Systeme der Serie MDS 21 eingesetzt, um einerseits einfache Datenerfassungs- und Auswertungsprogramme im Off-line-Betrieb vor Ort abzuwickeln und andererseits mit der gleichen Hardware Datenfernverarbeitung zum GfK-Rechenzentrum zu realisieren. Die dabei bisher gewonnenen Erfahrungen haben gezeigt, daß sämtliche betroffenen Arbeitsgänge erheblich beschleunigt und die an das System gestellten Anforderungen in allen Punkten erfüllt wurden.

Die Nutzung der MDS 21-Systeme soll am Beispiel des Haushaltpanels verdeutlicht werden.

4.1. Ausgangssituation

Im Haushaltpanel werden bei einer repräsentativ ausgewählten Stichprobe von Haushalten die Einkäufe ausgewählter Warengruppen erfaßt und zusammen mit den sozio-demographischen Merkmalen der Verbraucher zu marketinggerechten Analysen verknüpft. In der früher bestehenden Organisationsform wurden die wöchentlich von den Haushalten eingesandten Einkaufsmeldungen auf ein Belegleseformular vercodet, nach Nürnberg geschickt und über einen Seitenleser eingegeben. Dabei wurden umfangreiche Plausibilitätskontrollen mit Hilfe einer Artikelprüfdatei durchgeführt, in der alle pro Artikel relevanten Daten wie Preisgrenzen, Mengeneinheiten, mögliche Einkaufsstätten etc. abgespeichert sind.

Die Fehlernachbearbeitung erfolgte anschließend teils in Nürnberg (Lesefehler), teils bei ausländischen Töchtern. Dieses Verfahren zeigte sich gerade im Ausland als nachteilig, weil bei mangelnder Schriftqualität der Belegleser einen hohen Prozentsatz an Lesefehlern lieferte. Bei zwei Beteiligungen wurde die Erfassung deshalb bereits auf Disketten-Erfassungsplätze gelegt, wobei die beschriebenen Disketten auf Band konvertiert und das erstellte Band nach Nürnberg gesandt wurde. Diese Zwischenlösung konnte aber aus Kapazitäts- und ergonomischen Gründen nicht befriedigen.

Neben der Datenerfassung lagen im weiteren Produktionsbereich noch eine Reihe anderer zeitkritischer Arbeiten, die man ebenfalls verbessern wollte.

Schließlich lag den ausländischen Fachabteilungen daran, ihren Kunden möglichst schnell die erstellten Auswertungen zu vermitteln und ihnen so ein effektives Werkzeug zur Steuerung ihrer Marketing-Aktivitäten zur Verfügung zu stellen. Der zwischen drei und fünf Tage beanspruchende Postweg ins Ausland wurde dabei als schwerwiegender Nachteil der zentralen EDV empfunden.

4.2. Anforderungskatalog

Aufgrund der geschilderten Situation wurde für das geplante System folgender Anforderungskatalog zusammengestellt:

- Einsatz des Systems überwiegend zur intelligenten Datenerfassung, wobei zumindest ein Teil der notwendigen Plausbilitätsprüfungen vor Ort durchgeführt werden soll.

- Implementierungsmöglichkeit auch anderer Anwendungen (z. B. Stammdatenpflege für die berichtenden Haushalte) mit angemessenem Aufwand.

- Problemlose Erstellung und Wartung der für geplante Anwendungen notwendigen Software im zentralen Rechenzentrum.

- Verfügbarkeit und Kompatibilität der Hard- und Betriebssoftware in allen in Frage kommenden Ländern; ebenso Gewährleistung des Wartungsservices.

- Vorhandensein von Systemfunktionen für alle für das vorgesehene Anwendungsspektrum notwendigen Dienstleistungsfunktionen (Sort-, Copy-, Print-Funktionen).

- Geeignete Dienstprogramme zur Übertragung von Daten und Kommunikation mit dem zentralen Rechner. Das System soll als RJE-Terminal betrieben werden.

- Einfache Handhabung des gesamten Systems (Hardware, Software und RJE-Funktion), auch von "EDV-Laien" nach kurzer Anleitung bedienbar.

- Systemerweiterung bei steigendem Bedarf von Erfassungsplätzen.

- Gestaltung der Arbeitsplätze nach ergonomischen Gesichtspunkten.

Anhand dieser Liste wurden die Angebote verschiedener Hersteller untersucht, und man entschied sich schließlich für das MDS-System, das bei einem sehr günstigen Preis-/Leistungsverhältnis alle geforderten Merkmale in sich vereinigen konnte.

4.3. Hard-/Software-Konzept

Das erste System wurde Mitte 1979 bei der GfK-Sverige installiert. Ihm folgten sukzessive Anlagen bei den Beteiligungen und Partnern in Belgien, Österreich und der Schweiz und bei der GfK in Nürnberg selbst. Weitere Installationen sind in Planung.

Die Systeme sind nach den individuellen Bedürfnissen der einzelnen Tochtergesellschaften konfiguriert. Allen gemein ist der Fernanschluß für die Kommunikation mit dem Rechenzentrum in Nürnberg. Die Übertragung erfolgt über Wählleitung mit einer Geschwindigkeit von 2400 b/s. Das System in Nürnberg dient neben der zentralen Programmerstellung und -wartung hauptsächlich als dedizierter Systemdrucker, über den der List-Output der Programmierabteilungen laufen soll. Das Warten auf Umwandlungslisten wird dadurch auf ein Minimum reduziert. Daneben dient das System als zentraler Diskettenleser. Die geplante Anschaffung eines separaten Diskettenlesers für die zentrale EDV konnte damit entfallen.

Die Anwendungsprogramme wurden in der höheren Programmiersprache MOBOL (Mohawk Business Oriented Language) geschrieben, die schon nach kurzer Einarbeitungszeit durch ihren beachtlichen Befehlsvorrat und den eleganten Möglichkeiten zur Programmierung von Dialogen überzeugte. Zusammen mit dem dazugehörigen Compiler, dem Editor zur Bearbeitung von Source-Dateien und den Unterstützungsroutinen zum Programmtest stellt MDS dem Anwender ein vollständiges und effektives Werkzeug zur eigenen Programmerstellung bereit.

Bis zum heutigen Zeitpunkt sind zwei Anwendungsprogramme im Einsatz; eines zur Datenerfassung und -korrektur im Bereich des Haushaltpanels und ein anderes für die Stammdatenpflege der berichtenden Haushalte.

Bei der Datenerfassung wurden in den Erfassungsvorgang alle Plausibilitätsprüfungen eingebaut, die technisch möglich und sinnvoll erschienen. Dabei ergibt sich in diesem speziellen Anwendungsfall das Problem, daß die durchzuführenden Prüfungen sehr komplex und häufigen Änderungen unterworfen sind. Deshalb müssen die Daten im zentralen Rechenzentrum mit Hilfe einer umfangreichen, auf Großplatte gespeicherten Prüfdatei auf ihre Richtigkeit geprüft werden. Auftretende Fehler werden zum Terminal übertragen und in einem eigenen Programmzweig korrigiert.

Das Stammdatenprogramm umfaßt im wesentlichen die Adreßverwaltung sowie das Erfassen der Rücklauf-Informationen, die über das Berichtsverhalten der Panel-Teilnehmer Auskunft gibt. Als Ausgabe liefert das Programm Adreß-Aufkleber, wobei der Ausdruck nach verschiedenen Kriterien gefiltert werden kann, sowie eine Reihe von Protokollen und Statistiken.

Vorgesehen und zum Teil bereits in der Entwicklung sind Programme zur Erfassung von Daten in anderen Tätigkeitsbereichen der GfK (Handels-, Umfrageforschung), wo das Problem einer möglichst variablen Erfassungsmaske zu lösen ist.

Die Problematik bei allen Anwendungsprogrammen liegt in der Tatsache, daß alle Dialoge in der Sprache des jeweiligen Landes programmiert werden müssen, gleichzeitig die Programmlogik jedoch für alle die gleiche ist. Dank der Struktur von MOBOL (Definition der Bildmasken in einer eigenen Sektion, Textkonstanten) konnte dieses Problem relativ einfach gelöst werden.

Bei der Implementierung der Datenfernverarbeitung machen es die von MDS angebotenen Dienstprogramme dem Benutzer relativ einfach, mit dem Host-Rechner in Nürnberg unter dem Spool-System POWER zu kommunizieren. Nachdem in der Anfangsphase im BSC 2780-Modus übertragen wurde, wurde bald auf BSC 3780 übergegangen, da dieses Verfahren von der von MDS gelieferten Software her mehr Möglichkeiten bietet. Jedem Terminal ist eine Systemdiskette beigegeben, auf der der Benutzer sowohl die notwendigen Dienstprogramme als auch die für das Arbeiten mit dem zentralen Rechner notwendigen POWER-Kommandos findet.

4.4. Zusammenfassung/Ausblick

Der Einsatz der Distributed Processing-Systeme MDS 21 zeigte bereits nach kurzer Zeit die erhofften Vorteile. So konnten, nicht zuletzt durch den Anschluß der Terminals an das Rechenzentrum, viele Arbeitsabläufe gestrafft und zeitlich verkürzt werden. Die Erfassungsplätze wurden von den Coderinnen sehr gut aufgenommen, wobei bereits nach kurzer Einarbeitung hohe Eingaberaten erreicht wurden. Insgesamt konnte der Abschluß im Verbraucher-Panel um gut eine Woche nach vorne verschoben werden.

Die mit der Serie MDS 21 gewonnenen Erfahrungen und die von MDS angekündigte 3270-Kompatibilität dieser Systeme ermutigt, weitere Anwendungen darauf zu übernehmen. Speziell für die in unserem Unternehmen gestellten Anforderungen vereinigt die vorgestellte Konzeption in optimaler Weise den Vorteil der preisgünstigen, programmierbaren und mit Fernverarbeitung ausgestatteten MDS-Terminalsysteme mit dem Vorteil der Nutzung eines Großrechenzentrums.

Die Konzeption ist durch eine starke Zentralisierung geprägt, denn nur so lassen sich die folgenden Vorteile realisieren:

- Hardwarekosten-Degression
- einheitliches Betriebssystem
- zentrale und damit kostengünstige Softwareentwicklung
- Durchführung von komplizierten, leistungsstarken CPUs voraussetzende Marktforschungsanalysen
- einheitliche, abgesicherte Methodenanwendung in allen Beteiligungen der GfK-Gruppe.

EIN COMPUTERGESTÜTZTES SIMULATIONSMODELL FÜR MARKETING-STRATEGIEN VON KREDITINSTITUTEN

H. WAGNER/E. STEFFENS

1. Modellgestützte strategische Marketingplanung in Kreditinstituten

Computergestützte Planungsmodelle für den Marketingbereich von Unternehmungen haben in den letzten Jahren eine schnelle Entwicklung erfahren. Gefördert wurde dieser Prozeß nicht zuletzt durch den Einsatz dialogfähiger und benutzerfreundlicher Systemkomponenten.

Diese Entwicklung ist auch in Kreditinstituten zu beobachten, denn der verstärkte Wettbewerb in der Kreditwirtschaft hat das Marketingdenken und die Einsicht in die Notwendigkeit einer langfristigen Planung von Marketingstrategien erheblich gefördert. Der Einsatz computergestützter Planungsmodelle für die Langfristplanung befindet sich jedoch im Bankensektor trotz der Entwicklung einiger größerer Modelle[1] noch immer in einem Anfangsstadium. Wegen der erheblichen Probleme der Benutzerakzeptanz für komplexe Planungsmodelle war es das Ziel des hier beschriebenen Projektes, in enger Kommunikation mit einem Anwender ein relativ einfaches, vom Benutzer überschaubares und in seiner Struktur flexibles Planungsmodell[2] zu entwickeln, das sich für die strategische Marketingplanung in Kreditinstituten eignet.

Aufgabe der strategischen Marketingplanung ist die Festlegung von operationalen langfristigen Marketingzielen sowie die Generierung, Analyse und Auswahl von Marketingmaßnahmen, die die Erfüllung dieser langfristigen Ziele möglich erscheinen lassen[3]. Da strategische Marketingentscheidungen in aller Regel zum Typ der schlecht strukturierten Entscheidungsprobleme zählen, für die eine Optimierung nur schwer möglich ist, sind Simulationsmodelle[4] für die strategische Marketingplanung besonders geeignet. Eine dialogfähige Gestaltung solcher Modelle erhöht die Benutzerakzeptanz.

1 Vgl. z. B. die Modelle von Thabor (1974) und von Bednar/Hasenauer (1977).
2 Diese Zielsetzung entspricht den Forderungen, die Little (1970), S. 466 ff. für Modelle des "Decision Calculus" aufstellt.
3 Vgl. Zahn (1973), S. 603.
4 Vgl. z. B. Mertens (1969) und Witte (1973).

Das hier zu beschreibende dialogfähige Simulationsmodell soll es dem Benutzer ermöglichen, alternative Marketingstrategien zu testen und mit Hilfe der für ihn relevanten Maßstäbe zu beurteilen. Da die Benutzerakzeptanz von Planungsmodellen nicht nur von der informationstechnologischen Benutzerfreundlichkeit abhängt, sondern viel stärker von der Übereinstimmung des internen Modells des Benutzers mit der Modellstruktur des Planungsmodells, wird dem Benutzer die Möglichkeit gegeben, wesentliche Parameter des Planungsmodells denen seines internen Modells anzupassen.

Die Akzeptanz von Planungsmodellen wird insbesondere dadurch erhöht, daß als Eingabe- und Ausgabedaten Größen gewählt werden, mit denen die Entscheidungsträger vertraut sind. Da die Entscheidungsträger in Banken es gewöhnt sind, in Bilanzgrößen bzw. in auf dem Jahresabschluß aufbauenden Kennziffern zu denken, war es naheliegend, die Wirkungen der Strategien in Planbilanzen und in daran orientierten Kennziffernsystemen meßbar zu machen.

Das von uns entwickelte computergestützte Simulationsmodell für Marketingstrategien von Kreditinstituten wurde auf Mikrocomputern[1] implementiert. In der Dialogversion wird das Modell für deterministische Simulationen eingesetzt, d. h. es wird jeweils nur ein möglicher Umweltverlauf berücksichtigt. Dies erleichtert dem Benutzer das Überprüfen der Ergebnisse und die Anpassung der variablen Modellfunktionen an seine Aufgabenstellung. Da es sich bei der strategischen Marketingplanung um ein Planungsproblem unter Unsicherheit handelt, wäre die Erweiterung der vorliegenden Modellversion zu einem stochastischen Simulationsmodell erstrebenswert. Dies ist ohne größere Probleme möglich, da das deterministische Modell den Kern eines umfangreichen Modells bei stochastischer Simulation bilden kann[2].

2. Modellstruktur

2.1. Überblick

Mit Hilfe des computergestützten Simulationsmodells soll der Benutzer in die Lage versetzt werden, durch Entwicklung alternativer Marketingstrategien für bestimmte Zeiträume - in diesem Fall fünf Jahre - unter

1 Heath Data Systems, Typ WH89 mit 48 KB RAM.
2 Vgl. Bock (1977), S. 107.

Berücksichtigung von Rentabilitätsgesichtspunkten und unter Einhaltung gesetzlich definierter Restriktionen[1] die geplante Entwicklung einer Bank festzulegen. Hierzu ist es erforderlich, dem Benutzer die Konsequenzen seiner Entscheidungen anhand von Planbilanzen, Plan-Gewinn- und Verlustrechnungen und bankwirtschaftlichen Kennziffern transparent zu machen. Um die bei der Planung von Marketingstrategien besonders wichtigen Abhängigkeiten zwischen den Zielgrößen und der Wirkung der absatzpolitischen Instrumente zu betonen, wurde bewußt darauf verzichtet, die gesamte komplexe Struktur einer Bank im Modell nachzubilden. Das Modell bezieht sich deshalb nur auf das Kreditgeschäft[2] und unterstellt, daß die erforderliche Refinanzierung jeweils möglich ist. Diese Ausklammerung der Refinanzierung erlaubt es auch, anstelle der absoluten zukünftigen Soll- und Habenzinssätze im Modell mit der Differenz zwischen den beiden Zinssätzen als Marge der Kredite zu arbeiten. Auf diese Weise entfällt die Prognose der absoluten Höhe zukünftiger Soll- und Habenzinssätze.

Die Aktivseite der Ausgangsbilanzen enthält die Bestände in den einzelnen Kreditarten, die im Modell zu Kreditgruppen (z. B. langfristige Hypothekarkredite, kurzfristige gewerbliche Kredite) zusammengefaßt werden. Neben diesen sog. Altbeständen der Kreditgruppen zum Planzeitpunkt gehen Tilgungsraten, Margen für die Altbestände, Eigenkapitalbestand und -zuführungen, sonstige Erträge und Aufwendungen, die aus einem Szenario abgeleiteten Wachstumsraten des Marktvolumens sowie Größen zur Berechnung der Grundsatz-Auslastung als Daten in das Modell ein. Diese Daten können natürlich beim Modelleinsatz angepaßt werden[3].

Aktionsparameter des Modells sind die absatzpolitischen Instrumente; in der z. Z. vorliegenden Version sind dies für die Preispolitik die Margen der einzelnen Kreditgruppen, für die Werbung das Werbebudget und seine Aufteilung in allgemeine Firmenwerbung und spezielle Werbung für die einzelnen Kreditgruppen sowie für den persönlichen Verkauf die Höhe eines speziellen Personalkostenbudgets und dessen Zuordnung zu den Kreditgruppen. Diese Aktionsparameter können für jedes Jahr autonom fixiert werden.

---

1 Vgl. z. B. § 10 KWG.
2 Das übrige Aktivgeschäft wird in der derzeitigen Fassung des Modells global geplant.
3 Die Grundstruktur des bisher beschriebenen Abrechnungsmodells entspricht einem Modell, das bei der Norddeutschen Landesbank, Hannover, entwickelt wurde.

Die Aufgabe des Benutzers besteht darin, für die einzelnen Kreditgruppen und jede Planperiode die relevanten Aktionsparameter in einer Strategie festzulegen und im Computerdialog in den Rechner einzugeben. Mit Hilfe von Marktreaktionsfunktionen, die der Benutzer selbst generiert, wird die produktspezifische Reaktion des Marktes auf den Einsatz der einzelnen Marketinginstrumente unter Berücksichtigung einer konjunkturellen Komponente erfaßt. Daraus ergeben sich die aufgrund des eingegebenen Maßnahmenbündels zu erzielenden Wachstumsraten der Bruttoneugeschäfte einer jeden Kreditgruppe. Unter Heranziehung der Altbestände und der Tilgungsraten werden hieraus die Planbilanzbestände der folgenden Jahre ermittelt und in Bewegungsbilanzen und Bilanzstatistiken überführt.

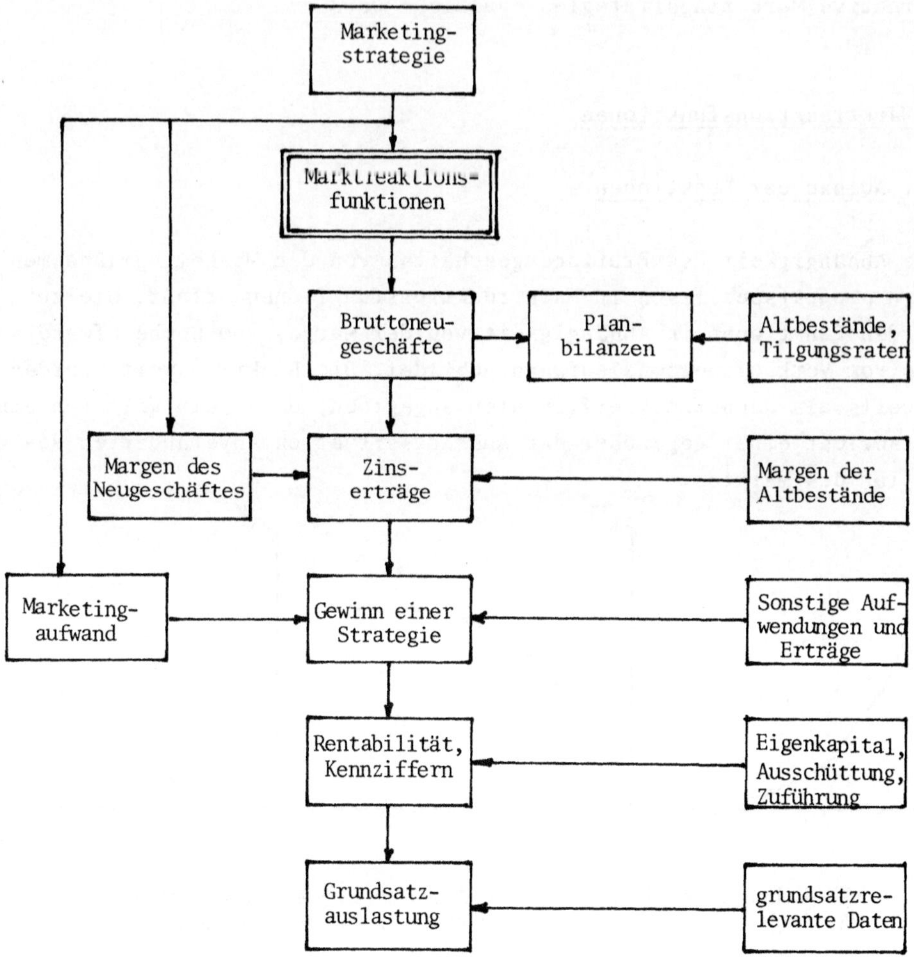

Abb. 1: Evaluierung einer Marketingstrategie

Die gewählten Marketingmaßnahmen einer Strategie determinieren zusammen mit den Altbeständen und den dafür geltenden Altmargen zum einen die Erträge, die durch Bewertung der jeweiligen Bestände mit den zugehörigen Margen ermittelt werden, und zum anderen die Aufwandsseite aufgrund der Ausgaben für Werbung und Verkaufspersonal. Unter Berücksichtigung der sonstigen Aufwands- und Ertragsgrößen eines Kreditinstitutes (z. B. Erträge aus Beteiligungen, Personal- und Sachmittelaufwand) erhält der Benutzer als Ergebnis die Plan- Gewinn- und Verlustrechnungen der nächsten fünf Jahre. Ferner wird ihm ein System von Kennziffern, u. a. die für Kreditinstitute stets zu beachtende Grundsatz-Auslastung, für die gewählte Strategie verfügbar gemacht.

Mit Hilfe des hier beschriebenen Verfahrens (vgl. Abb. 1) können alternative Marketingstrategien evaluiert werden.

2.2. Marktreaktionsfunktionen

2.2.1. Aufbau der Funktionen

Die Abhängigkeit des Bruttoneugeschäftes von den Marketingmaßnahmen wird produktspezifisch in Marktreaktionsfunktionen erfaßt. Hierzu werden Funktionen in Abhängigkeit von der Marge, vom Werbeaufwand sowie vom Verkaufspersonalaufwand gebildet. Die Funktionswerte werden jeweils als Wachstumskoeffizienten angegeben, d. h. ein Wert von eins entspricht einer gegenüber der Ausgangssituation unveränderten Reaktion des Marktes.

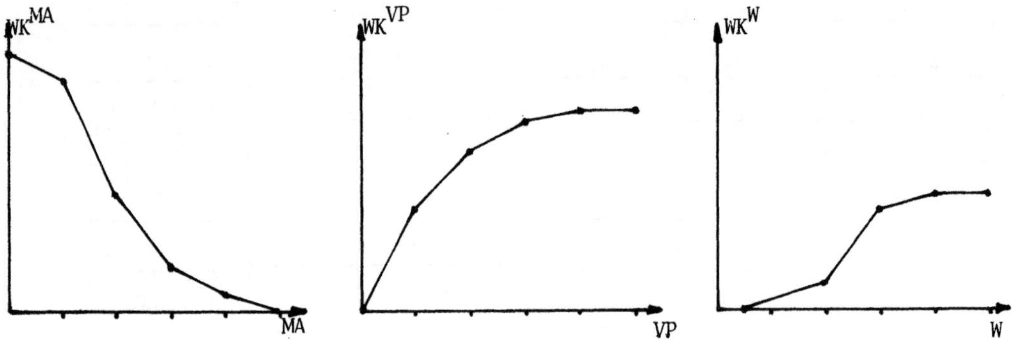

WK: Wachstumskoeffizient
MA: Marge [%]
VP: Ausgaben für Verkaufspersonal [GE]
W : Ausgaben für Werbung [GE]

Abb. 2: Beispiele für Verläufe von Marktreaktionsfunktionen

Die funktionale Verknüpfung von Marge, Werbung und Verkaufspersonal mit den jeweiligen Wachstumskoeffizienten erfolgt über eine diskrete Funktion aus wenigen Punkten, zwischen denen beliebig genau interpoliert werden kann (vgl. Abb. 2).

Die drei Funktionen werden untereinander und mit der konjunkturellen Komponente multiplikativ verknüpft; dadurch können Interaktionseffekte zwischen den Marketinginstrumenten erfaßt werden.

Ferner wird in der Marktreaktionsfunktion die zeitliche Verzögerung der Wirkung der Marketinginstrumente mit Hilfe der exponentiellen Glättung über den Faktor α berücksichtigt.

Die Marktreaktionsfunktion einer Kreditart i in der Periode t kann nun wie folgt dargestellt werden:

$$WK^{B}_{i,t} = WK^{MV}_{i,t} \cdot [(1-\alpha) \cdot WK^{MI}_{i,t} + \alpha \cdot WK^{MI}_{i,t-1}] \quad 0 \leq \alpha \leq 1$$

mit:

$$WK^{MI}_{i,t} = WK^{MA}_{i,t} \cdot WK^{VP}_{i,t} \cdot WK^{W}_{i,t}$$

$$WK^{MA}_{i,t} = f(MA_{i,t})$$

$$WK^{VP}_{i,t} = f(VP_{i,t})$$

$$WK^{W}_{i,t} = f(W_{i,t})$$

WK: Wachstumskoeffizienten
B : Bruttoneugeschäfte
MV: Marktvolumen
MI: Marketinginstrumente
MA: Marge
VP: Verkaufspersonal
W : Werbung
α : Nachwirkungsfaktor
i : Kreditart
t : Periode

2.2.2. Generierung der Marktreaktionsfunktionen

Den eigentlichen Modellrechnungen geht eine Phase der Generierung und Validierung der Marktreaktionsfunktionen voraus. Die Ermittlung der Funktionen erfolgt entsprechend dem Decision-Calculus-Ansatz, bei dem die Funktionen von Benutzern spezifiziert werden, die den Markt besonders gut kennen. Im Compterdialog können diese Experten beliebige Parameterwerte eingeben (z. B. bei MA = 0,5 % wird ein Wachstumskoeffizient von $WK^{MA} = 1{,}07$ prognostiziert). Mit Hilfe eines im Modell enthaltenen Funktionsgenerators werden daraufhin die sich aus den Parameterwerten ergebenden Einzelfunktionen durch stückweise lineare Interpolation sowie die durch multiplikative Verknüpfung zusammengefaßte Marktreaktionsfunktion der Kreditart i erzeugt. Modellexperimente im Dialog ermöglichen den Test der Werte. Sobald nach dem subjektiven Empfinden der Experten das Testergebnis mit der Reaktionsweise des Marktes übereinstimmt, kann der Prozeß der Funktionsgenerierung abgeschlossen werden[1]. Solange dies nicht der Fall ist, können neue Funktionswerte in weiteren Läufen modelliert werden. Hierbei bieten sich dem Experten zwei Möglichkeiten an. Zum einen kann er die Parameterwerte der Einzelfunktionen WK^{MA}, WK^{VP} und WK^{W} sowie den Nachwirkungsfaktor α korrigieren. Falls ihm jedoch alle Einzelfunktionen, nicht aber das Ergebnis der multiplikativen Verknüpfung sinnvoll erscheinen, so besteht zum anderen die Möglichkeit der Veränderung der Gesamtfunktion mit Hilfe einer eingebauten Dämpfungsfunktion[2]. Durch Angabe der Wachstumskoeffizienten, die bei einer bestimmten Konstellation von Marketingmaßnahmen maximal bzw. minimal zu erzielen sind,

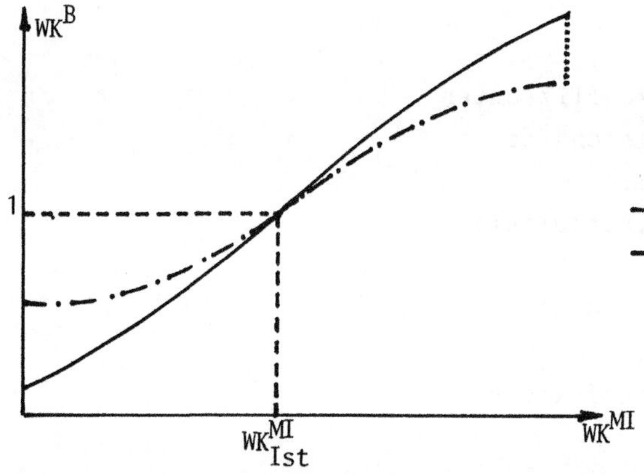

Abb. 3: Dämpfung einer Marktreaktionsfunktion

1 Vgl. Meyer zu Selhausen (1978), S. 291 f.

2 Diese Funktion kann auch zu einer Wirkungsverstärkung benutzt werden, was allerdings wegen der multiplikativen Verknüpfung der Einzelfunktionen im Modell in der Praxis selten erforderlich ist.

wird der Grad der Dämpfung vom Experten festgelegt (vgl. Abb. 3).

Den Ablauf der Funktionsgenerierung zeigt Abb. 4.

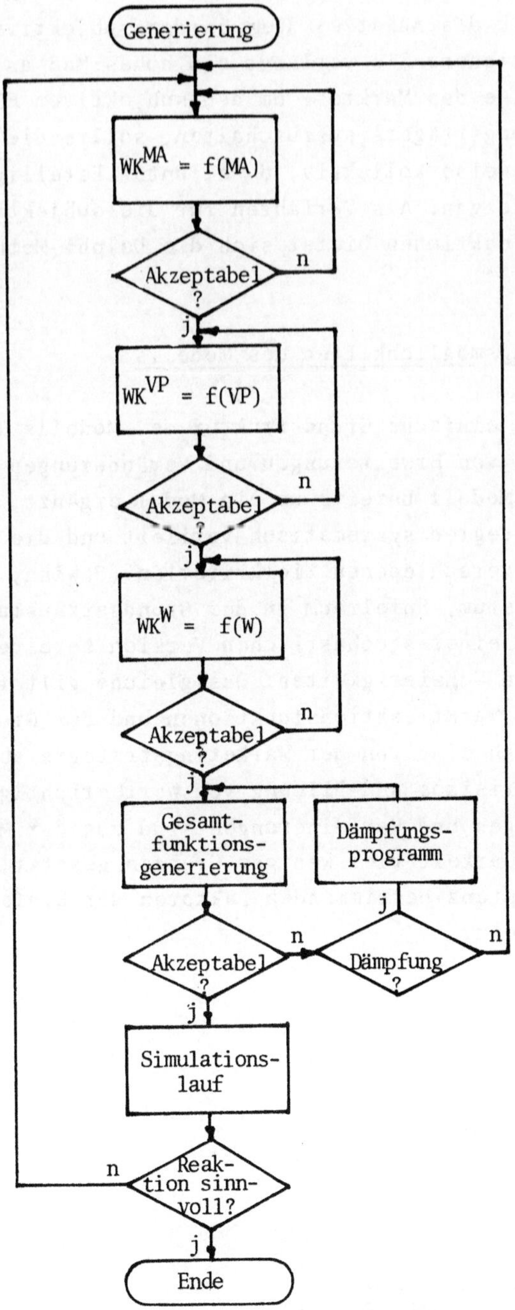

Abb. 4: Generierung einer Marktreaktionsfunktion

Die Generierung von Marktreaktionsfunktionen zeichnet sich durch Einfachheit, Nachprüfbarkeit, Flexibilität, Wirtschaftlichkeit, Benutzungssicherheit und Berechenbarkeit aus. Diese Gesichtspunkte tragen wesentlich zur Akzeptanz der Modelle durch die Benutzer bei. Die Problematik des Ansatzes liegt in der subjektiven Spezifikation der Marktreaktionen. Sie verlangt ein hohes Maß an Wissen über die Reaktionsweise des Marktes. Um den subjektiven Einfluß eines einzelnen Entscheidungsträgers auszuschalten, sollte die Funktionsgenerierung sinnvollerweise kollektiv, d. h. unter Beteiligung mehrerer Planungsträger erfolgen. Als Verfahren für die subjektiv-intuitive Prognose der Marktreaktionen bietet sich die Delphi-Methode[1] an.

3. Erweiterungsmöglichkeiten des Modells

Die bewußt einfache Grundstruktur des Modells legt Vorschläge nahe, eine Reihe von Erweiterungen und Veränderungen vorzunehmen. So wurde z. B. das Modell bereits um ein Modul ergänzt, das eingegebene Marketingstrategien systematisch variiert und die abgeleiteten Strategien nach verschiedenen Zielkriterien (Gewinn, Rentabilität, Bilanzsummenwachstum, Spielraum in der Grundsatzauslastung) ordnet. Auch der Aufbau einer stochastischen Version bereitet keine großen modelltechnischen Schwierigkeiten. Das gleiche gilt für weitere Verfeinerungen der Marktreaktionsfunktionen und der Grundstruktur des Modells (z. B. durch eine von der Marketingstrategie abhängigen Ermittlung des Kreditrisikos und Bildung von Wertberichtigungen). All diesen Erweiterungen und Verfeinerungen sind von der Modellkonstruktion und der Rechenbarkeit viel weniger Grenzen gesetzt, als von den die Benutzerakzeptanz bestimmenden Faktoren der Einfachheit und der Verständlichkeit.

1 Vgl. Wechsler (1978), S. 23 ff.

Literatur

Bednar,L., Hasenauer,R.: Ein Simulationsmodell für absatzpolitische Entscheidungen in Kreditinstituten, Wien 1977

Bock,D.: Grundlagen,Probleme und Lösungsansätze modellgestützter Langfristplanung, Diss.Münster 1977

Little,J.D.C.: Models and Managers: The Concept of a Decision Calculus in: Management Science(1970), S.466 ff.

Mertens,P.: Simulation, Stuttgart 1969

Meyer zu Selhausen,H.: Möglichkeiten und Grenzen der quantitativen Analyse im Bank-Marketing, in: Quantitative Ansätze in der Betriebswirtschaftslehre, Hrsg.: H.Müller-Merbach, München 1978, S.285 ff.

Nenning,M., Topritzhofer,E.: Computergestützte Marketingplanung, in: Computergestützte Planungssysteme, Hrsg.: H.Noltemeier, Würzburg 1976, S.335 ff.

Thabor,A.: Ein Marketing-Mix-Simulationsmodell - angewandt beim Bankenmarkt, in: Computergestützte Marketingplanung, Hrsg.: H.R.Hansen, München 1974, S.585 ff.

Wechsler,W.: Delphi-Methode, Gestaltung und Potential für betriebliche Prognoseprozesse, München 1978

Witte,T.: Simulationstheorie und ihre Anwendung auf betriebliche Systeme, Wiesbaden 1973

Zahn,E.: Zur Anwendung mathematischer Modelle bei der strategischen Planung, in: Modell-und computergestützte Unternehmungsplanung, Hrsg.: E.Grochla, N.Szyperski, Wiesbaden 1973, S.597 ff.

DIE OPTISCHE TRANSPARENZ MULTIVARIATER VERFAHREN

U. MORASCH

EINLEITUNG

Multivariate Verfahren werden in wachsendem Maße in der Marktforschung eingesetzt. Sie bieten den Vorteil der Verdichtung einer sehr großen Datenmenge. Große Datenmengen zeichnen sich einmal durch eine große Anzahl von Variablen aus, zum anderen aber hat man es dann meistens auch mit relativ großen Stichproben zu tun.

Multivariate Verfahren können grundsätzlich als raumstrukturierende Methoden angesehen werden. Dies bedeutet, daß eine Anzahl von Variablen oder Personen, die etwas Gemeinsames messen oder aufweisen, zu Bündeln zusammengefaßt werden. Diese Bündel bezeichnet man dann als Personen- oder Objekt-Cluster. Das grundlegende Vorgehen der Analysemethoden läuft dabei wie folgt: Hat man zum Beispiel 100 Items zur Beurteilung von Marken-Images auf Intervallskalen von Versuchspersonen beurteilen lassen, so sucht nun z. B. die Faktorenanalyse ein einfacheres Ordnungsprinzip in die Gesamtstruktur zu legen. Dadurch wird die wechselseitige Abhängigkeit der gemessenen Merkmale auf einige wenige Grunddimensionen oder -faktoren reduziert. Die Interpretation dieser Dimensionen richtet sich danach, welche Variablen hohe Repräsentanz auf den einzelnen Dimensionen haben bzw. auch danach, welche Merkmale nicht mit der jeweiligen Dimension korrelieren. Charakteristisch für solche Datenverdichtungen ist, daß sich ein K-dimensionaler Merkmalsraum ergibt, der auch dann noch mehrdimensional ist, wenn er auf wenige Grunddimensionen zurückgeführt wird. In unserem Beispiel hätten wir also zunächst von einem Merkmalsraum von 100 Variablen auszugehen. Angenommen, es ließe sich dieser Merkmalsraum auf eine Faktorenstruktur von N = 4 Faktoren zurückführen, so hätten wir es immer noch mit einem vierdimensionalen Raum zu tun. Mathematisch sind solche K-dimensionalen Räume durchaus vorstellbar, während der menschliche Wahrnehmungsmechanismus sein Maximum bei drei Dimensionen hat.

OPTISCHE TRANSPARENZ

Um nun die Ergebnisse solcher Verfahren transparent zu machen, empfiehlt sich deren graphische Darstellung. Die einfachste und uns wohl geläufigste Art solcher Darstellungen ist zweidimensional. Das heißt, es werden jeweils zwei Dimensionen (z. B. Dimension 1 gegen Dimension 2) gegeneinandergestellt und die Variablen oder Personen, die diese Dimensionen konfigurieren, werden in die Quadranten eines solchen Achsenkreuzes eingetragen. Ein Beispiel dazu liefert die Abbildung 1 (Plot number 1).

Durch eine solche Darstellung wird dem Forscher die Lage seiner Objekte (Marken oder Personen) im Faktorenraum verdeutlicht.

Von besonderer Wichtigkeit erscheint die graphische Darstellung typologischer Ergebnisse. Mit Hilfe automatischer Klassifikationsverfahren (Clusteranalyse, Segmentierung, Typologie) werden Marken und/oder Personen, die sich untereinander ähneln, in Gruppen zusammengefaßt und von anderen Gruppen unterschieden.

Haben wir wie im Beispiel der Abbildung 1 nun im zweidimensionalen Raum unsere in der Stichprobe befindlichen Personen oder Objekte positioniert, so wäre ein weiterer Schritt die Berechnung und graphische Darstellung des sogenannten minimal spanning tree von Interesse.

Hierbei werden nun die einzelnen als Punkte oder Kreuze ausgewiesenen Personen oder Marken dergestalt miteinander verbunden, daß die jeweils kürzeste Distanz die ausschlaggebende Verbindungslinie repräsentiert. Zu beachten ist dabei, daß die Distanzen im K-dimensionalen Merkmalsraum ermittelt werden. Das heißt, es werden multiple Distanzmaße zugrunde gelegt, während die Distanzen auf der in die Betrachtung eingehenden zweidimensionalen Konfiguration sich aus den Koordinaten des Achsenkreuzes ergeben. Marken oder Personen, die im zweidimensionalen Raum der Abbildung 1 nahe beeinander liegen (euklidische Distanz), müssen also nicht unbedingt auch direkte Verbindungslinien im minimal spanning tree aufweisen. Vielmehr können sie gerade dort sehr weit auseinander liegen. Versucht man, dieses etwas abstrakte Ergebnis zu veranschaulichen, so bietet sich folgendes Beispiel an: Wären beispielsweise die beiden Dimensionen 1 und 2 unseres Achsenkreuzes der Abbildung 1 Dimensionen von Preis und Qualität, so sind diesbezüglich manche Personen oder Marken sehr nahe beieinander gelegen, während sie im K-dimensionalen Raum, also im gesamterfaßten Merkmalsraum vielleicht nicht so nahe beieinander liegen.

Der minimal spanning tree wird in der Regel durch den Standardmeßfehler definiert. Ist z. B. wie in unserem Falle der Standardmeßfehler O.27, so werden alle Personen oder Marken miteinander verbunden, die innerhalb eines Bereiches liegen, der größer oder gleich diesem Kriterium ist. Zur Definition des minimal spanning tree sind aber auch noch andere Kriterien denkbar, z. B. die Varianz.

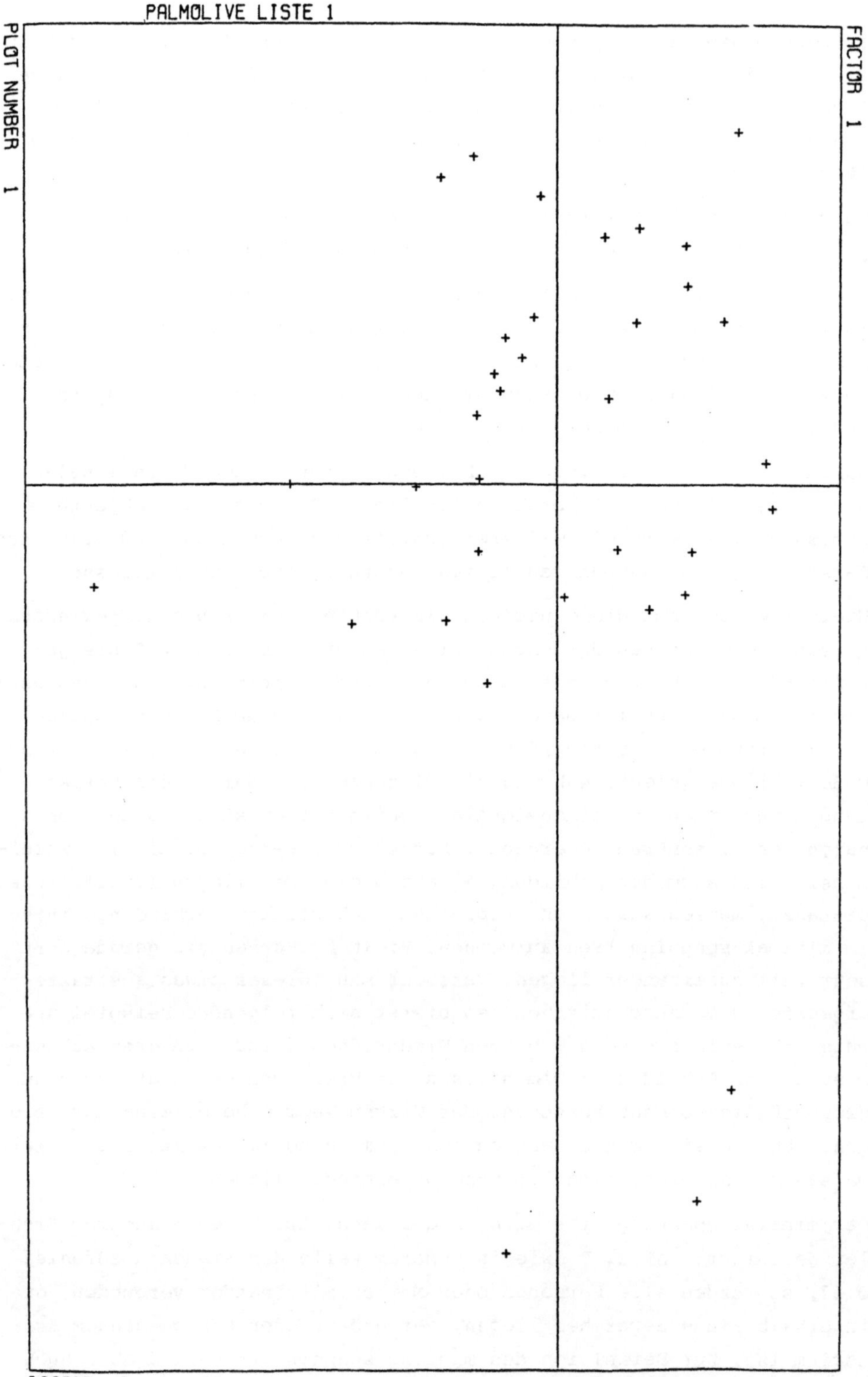
PALMOLIVE LISTE 1
PLOT NUMBER 1
FACTOR 1
FACTOR 2

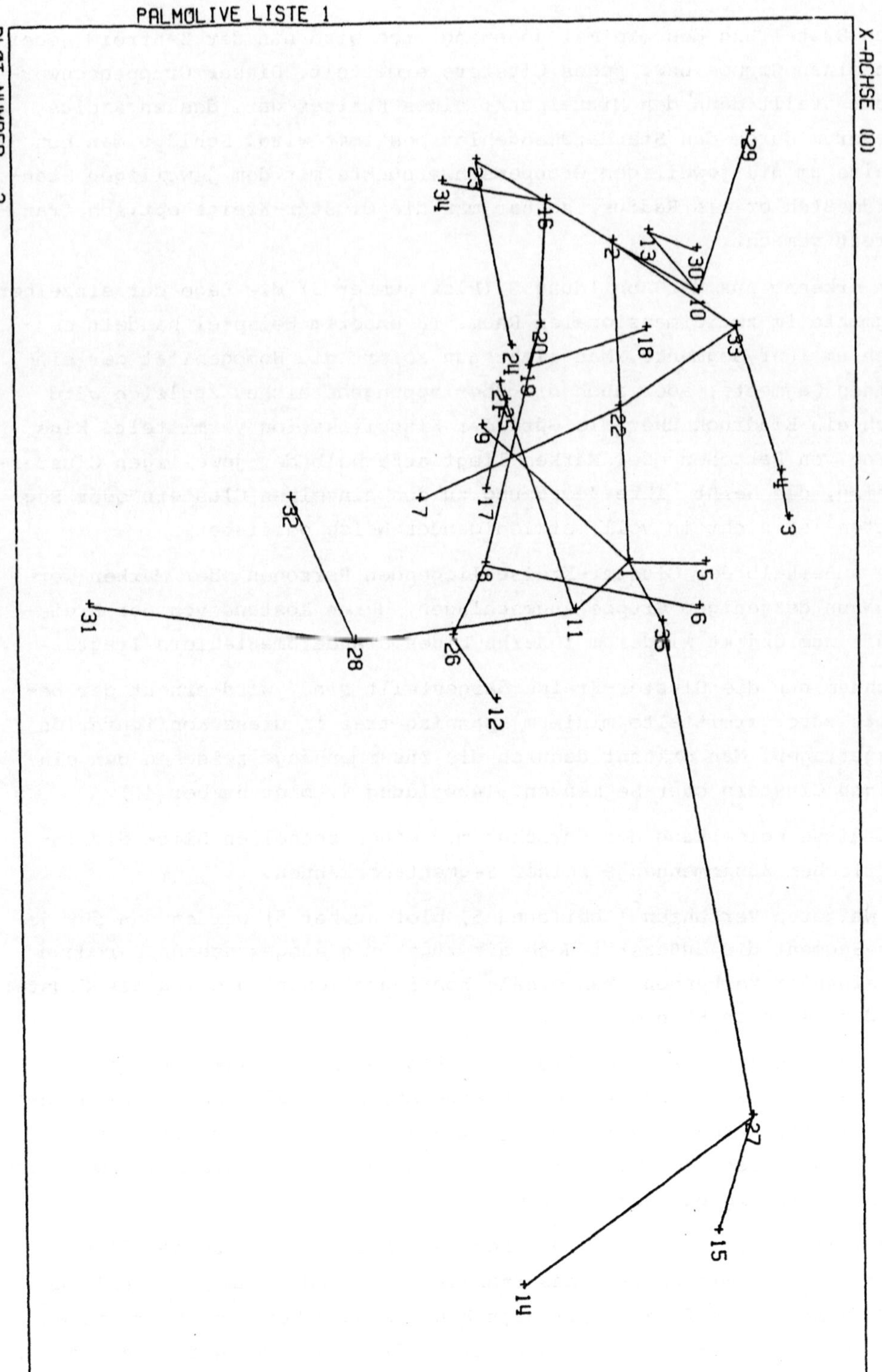
PALMOLIVE LISTE 1
PLOT NUMBER 2
X-ACHSE (0)
Y-ACHSE (0)

Nach Erstellung des minimal spanning tree wird nun der Zentroid jeder einzelnen Gruppe bzw. jedes Clusters ermittelt. Dieser Gruppenschwerpunkt stellt dann den Mittelpunkt eines Kreises dar, dessen Radius wiederum durch den Standardmeßfehler bestimmt wird. Schlägt man nun Kreise um die jeweiligen Gruppenschwerpunkte mit dem jeweiligen Standardmeßfehler als Radius, so hat man die Cluster-Kreise optisch transparent gemacht.

Man erkennt aus der Abbildung 3 (Plot number 3) die Lage der einzelnen Segmente im zweidimensionalen Raum. In unserem Beispiel handelt es sich um fünf Segmente. Man sieht nun sofort die Homogenität der einzelnen Segmente, aber auch die Überlappungsbereiche. Zugleich wird auch ein Eindruck über die Güte der Klassifikation vermittelt. Eine Reihe von Personen oder Marken liegt außerhalb der jeweiligen Cluster-Kreise, das heißt, ihre Zuordnung zu den einzelnen Clustern oder Segmenten ist nicht in voll befriedigender Weise geleistet.

Die außerhalb der Cluster-Kreise liegenden Personen oder Marken werden nun derjenigen Gruppe zugeschlagen, deren Abstand von der Kreislinie zum Objekt wiederum innerhalb des Standardmeßfehlers liegt.

Nachdem nun die Cluster-Kreise dargestellt sind, wird erneut der bereits zuvor ermittelte minimum spanning tree in diese Konfiguration eingetragen. Man erkennt dadurch die Zusammenhänge zwischen den einzelnen Clustern oder Segmenten. (Abbildung 4, plot number 4.)

Auf diese Weise kann der Forscher mit einem schnellen Blick die inhaltlichen Zusammenhänge seiner Segmente erkennen.

Im weiteren Verfahren (Abbildung 5, plot number 5) werden nun für jedes Segment die äußersten noch als zugehörig ausgewiesenen Personen miteinander verbunden. Man erhält Konfigurationen, die man als Clusterfeld bezeichnen könnte.

Schlägt man nun wie in Abbildung 6 (Plot number 6) wiederum die Cluster-Kreise um den Gruppenschwerpunkt, so erhält man ein Bild, das die Cluster-Kerne ausweist und gleichzeitig diejenigen Felder definiert, die noch über bestimmte Personen oder Marken als zum jeweiligen Cluster gehörig behandelt wurden.

Schließlich wird noch der Verwandtschaftsgrad der einzelnen Cluster oder Segmente mit Hilfe eines Stammbaumes (Dendrogramm) in Abbildung 7 dargestellt. Auf der vertikalen Achse sind dabei die unnormierten Meßfehler aufgetragen. Je höher der Verdichtungsgrad wird, das heißt, je weniger Cluster angenommen werden, desto größer ist naturgemäß der Fehler.

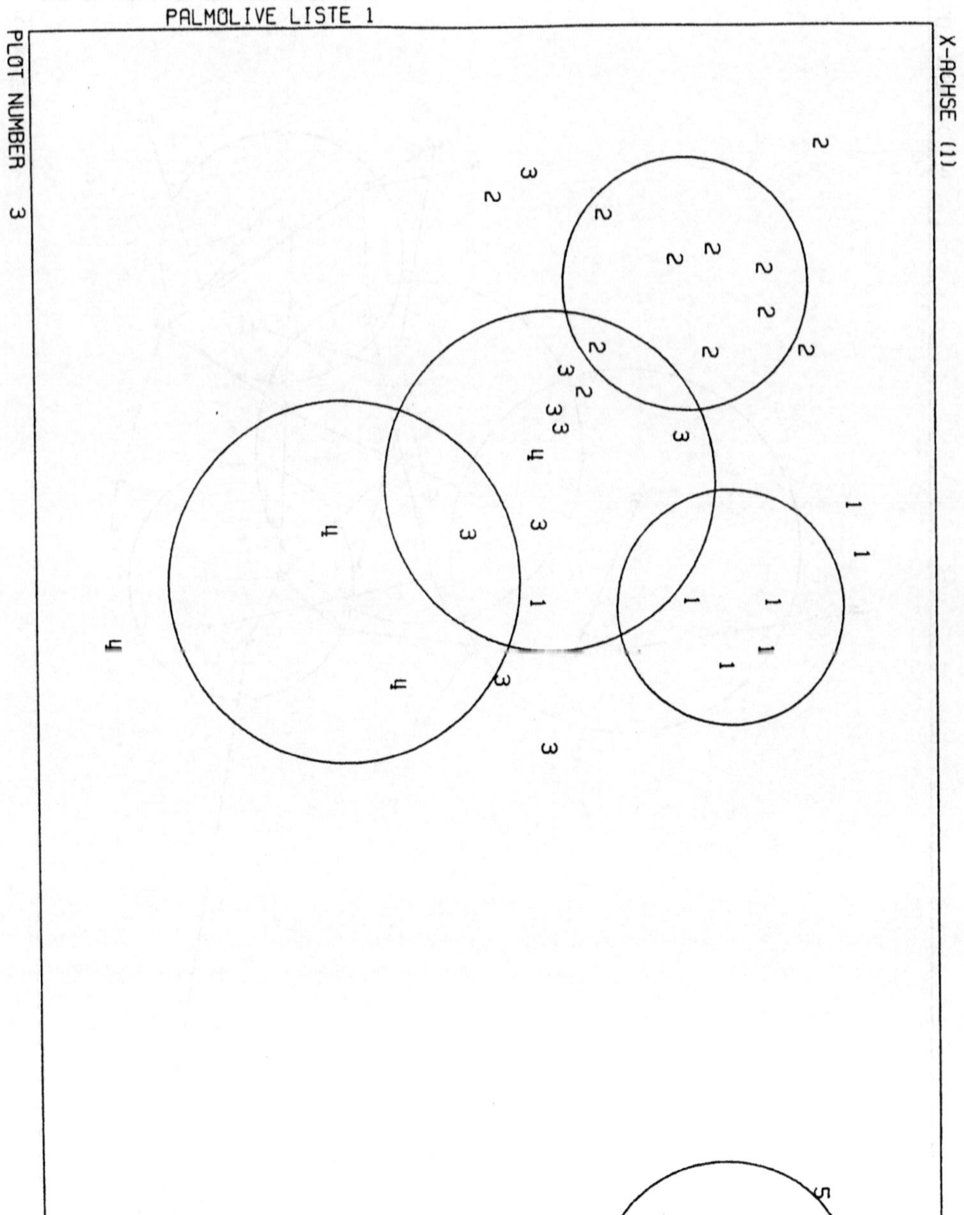
PALMOLIVE LISTE 1
X-ACHSE (1)
PLOT NUMBER 3
1
2
3
4
5
ABSTAENDE KLEINER 0.25 GEPLOTTET

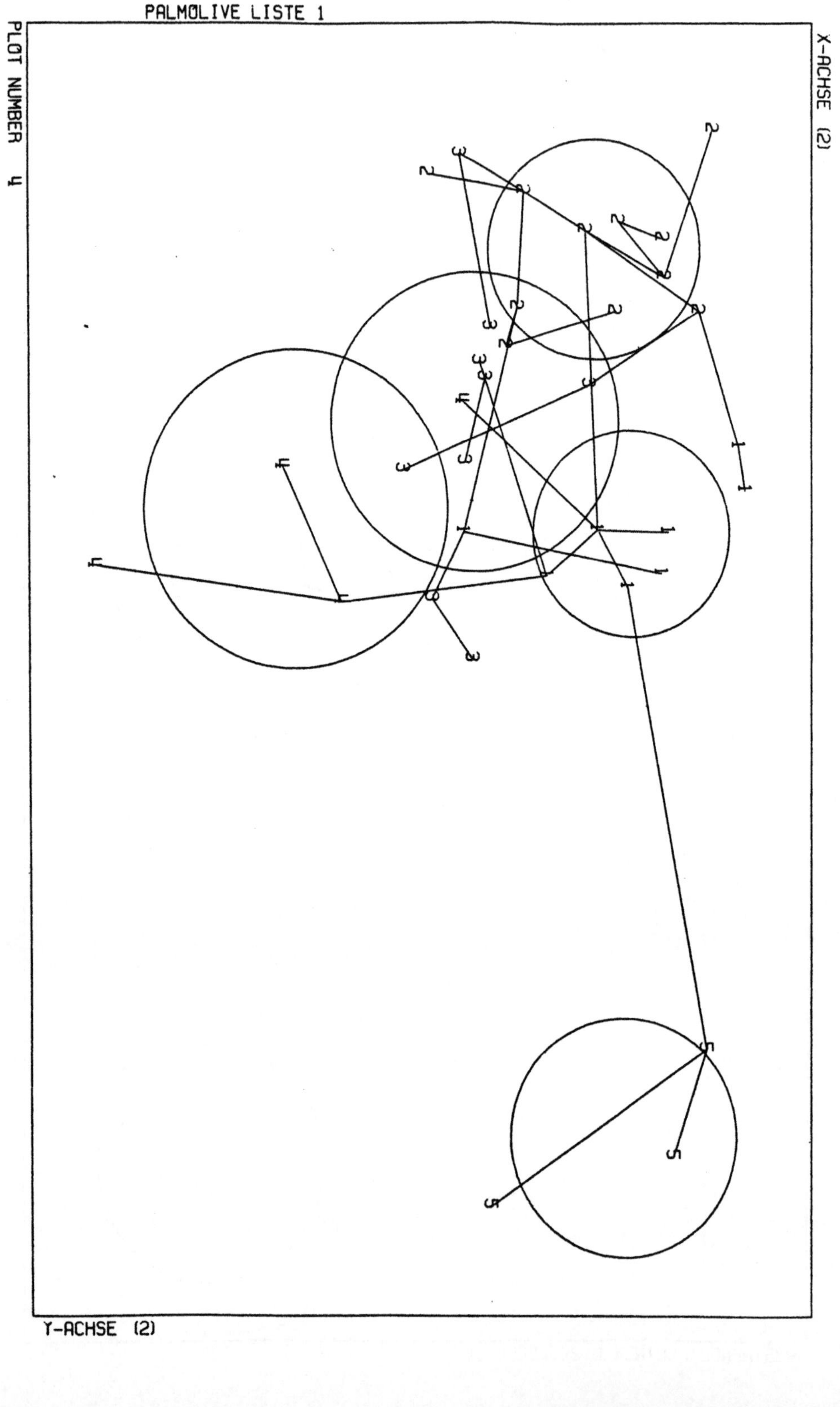
PALMOLIVE LISTE 1
PLOT NUMBER 4
X-ACHSE (2)
Y-ACHSE (2)

PALMOLIVE LISTE 1

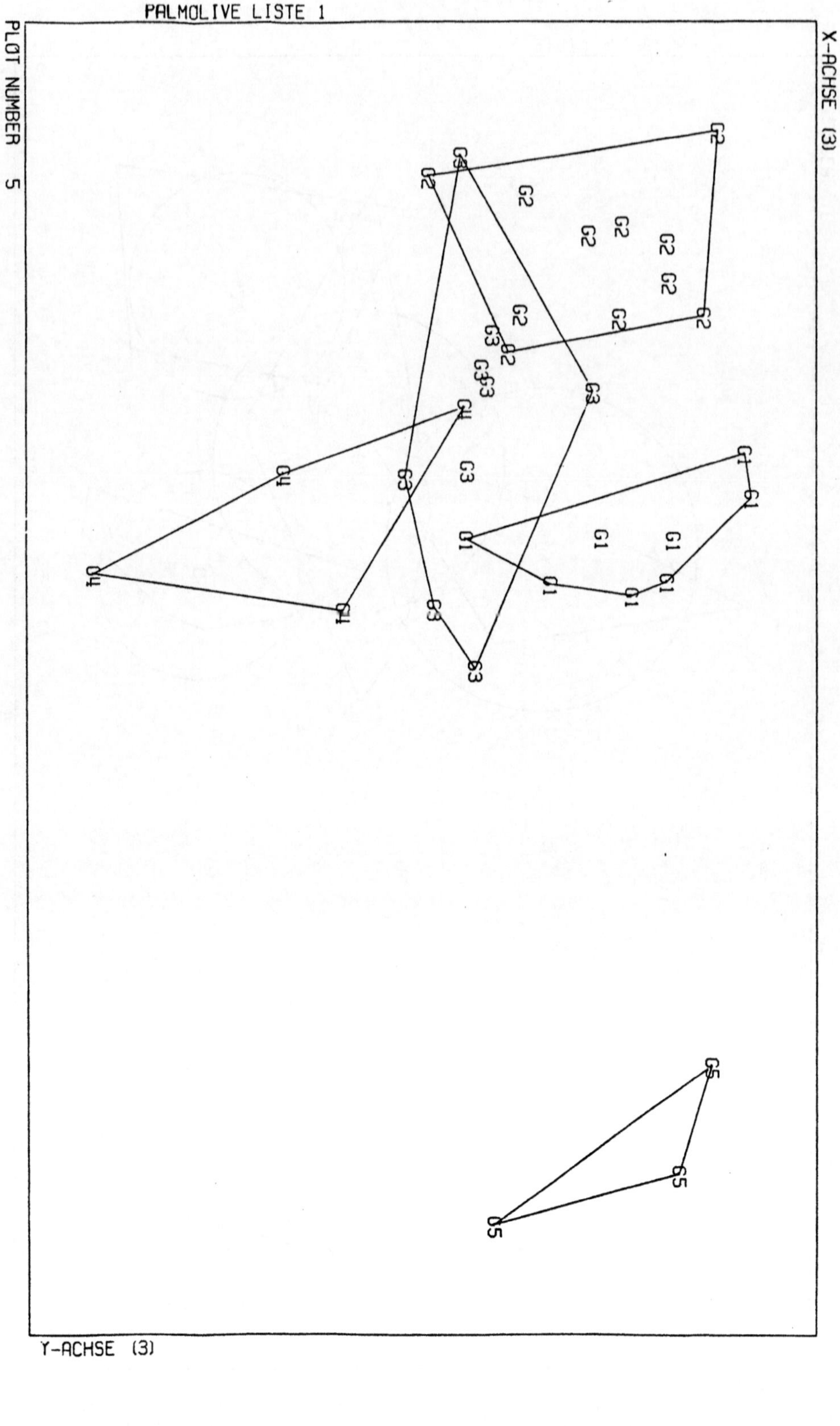

Y-ACHSE (3)

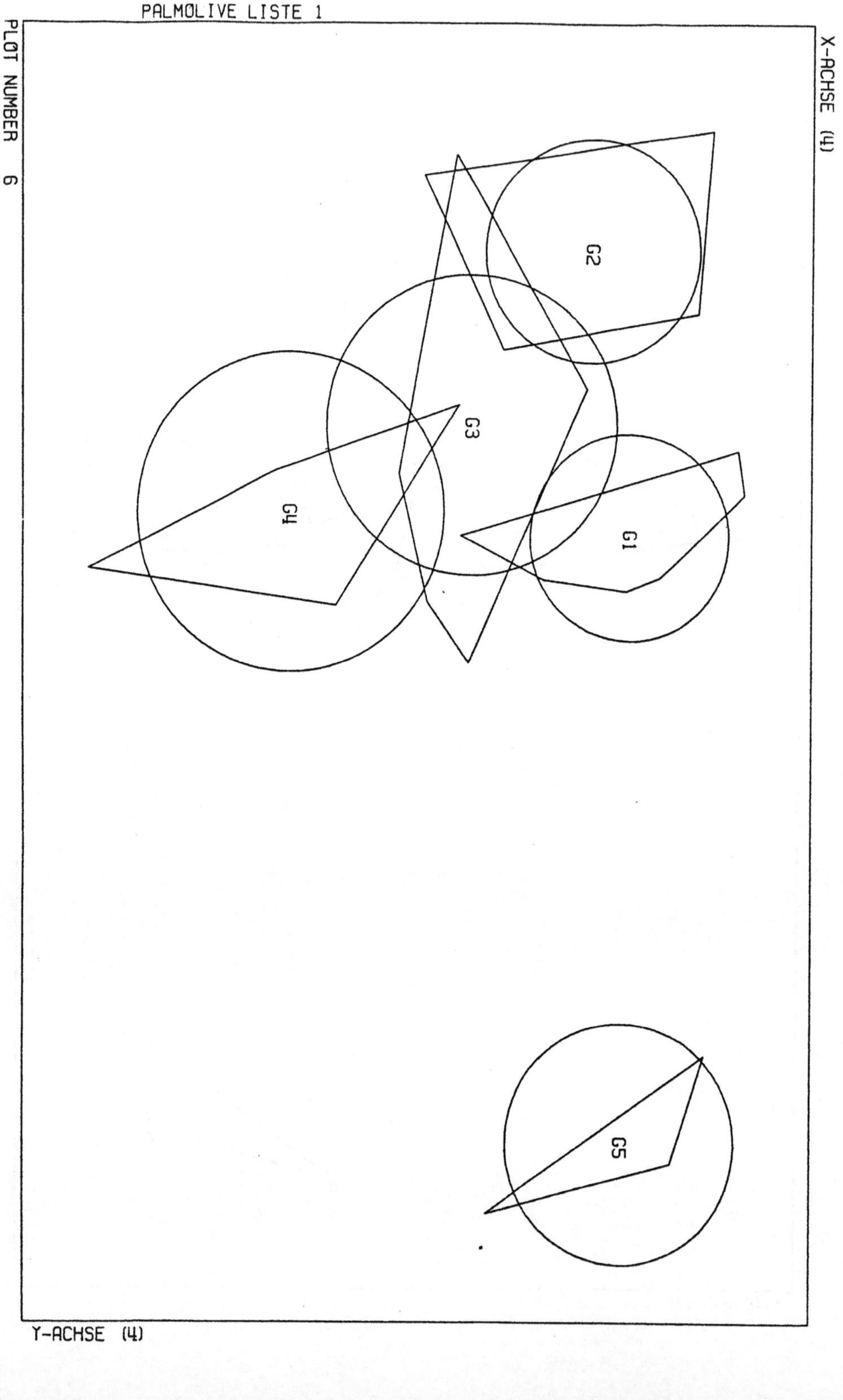
PALMOLIVE LISTE 1
PLOT NUMBER 6
X-ACHSE (4)
Y-ACHSE (4)
G1
G2
G3
G4
G5

Abbildung 7

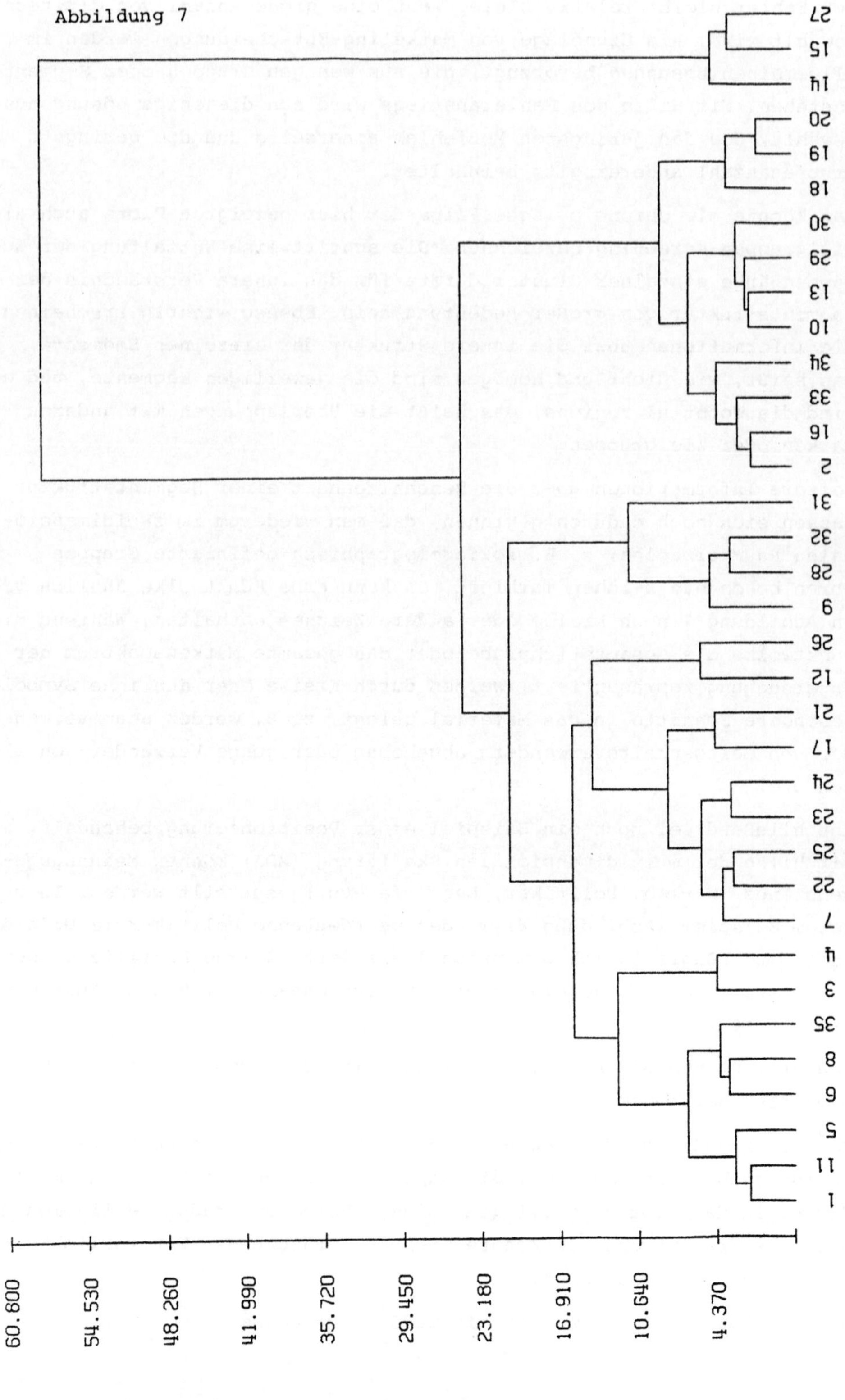

Der Fehler bleibt relativ klein, wenn eine große Anzahl von Clustern gewählt wird. Als Grundlage von Marketing-Entscheidungen werden im allgemeinen Lösungen bevorzugt, die aus wenigen Gruppen oder Segmenten bestehen. Mit Hilfe des Fehleranstiegs wird nun diejenige Lösung ausgewählt, die den geringsten Meßfehler einerseits und die geringste Gruppenanzahl andererseits beinhaltet.

Man könnte die chronologische Folge der hier gezeigten Plots auch als Zielgruppen-screening bezeichnen. Die schrittweise Entfaltung der Zusammenhänge einzelner Cluster dürfte für das innere Verständnis der Segmentstruktur von großer Bedeutung sein. Ebenso wichtig erscheinen die Informationen über die innere Struktur der einzelnen Segmente, das heißt, wie dicht und homogen sind die jeweiligen Segmente, und wo sind die doubtful regions, das heißt die Überlappungen mit anderen Marken oder Zielgruppen.

Weitere Informationen über die Beschaffenheit einer Segmentstruktur lassen sich noch dadurch gewinnen, daß man wiederum im zweidimensionalen Raum einzelne, z. B. soziodemographisch definierte Gruppen durch besondere Zeichen markiert. So kann eine Punktwolke ähnlich wie in Abbildung 1 noch Kreise oder andere Zeichen enthalten. Während die Punktwolke die Gesamtstichprobe oder das gesamte Markenspektrum der Untersuchung repräsentiert, werden durch Kreise oder ähnliche Symbole besondere Schnitte in das Material gelegt, z. B. werden Stammverwender von Gelegenheitsverwendern abgehoben oder junge Verwender von alten etc.

Abschließend sei noch ein Beispiel einer Positionierung behandelt. Mit Hilfe der multidimensionalen Skalierung (MDS) können Meinungsgegenstände (Marken, Politiker, Begriffe etc.) beurteilt werden. In unserem Beispiel (Abbildung 8) wurden westdeutsche Politiker im Umfeld bestimmter Begriffe mehrdimensional skaliert. Solche Begriffe können z. B. sein: Härte, Nachgiebigkeit, Entschlossenheit, Macht, Aufrichtigkeit etc.

Man erkennt nun die Lage der Politiker in der Nachbarschaft solcher Begriffe oder Konzepte.

Politiker und Begriffe/Konzepte wurden hier durch Zahlen repräsentiert. Es ist jedoch auch möglich, die Namen (8 Zeichen pro Name sind möglich) direkt in den Plot einzubringen. Dieses Vorgehen erhöht zweifellos die optische Transparenz; es konnte hier aus Gründen der Vertraulichkeit der Daten nicht geschehen.

Die Abbildungen 1 - 7 wurden mit CLUSTAN gerechnet.

Abbildung 8

MULTIDIMENSIONALE SKALIERUNG

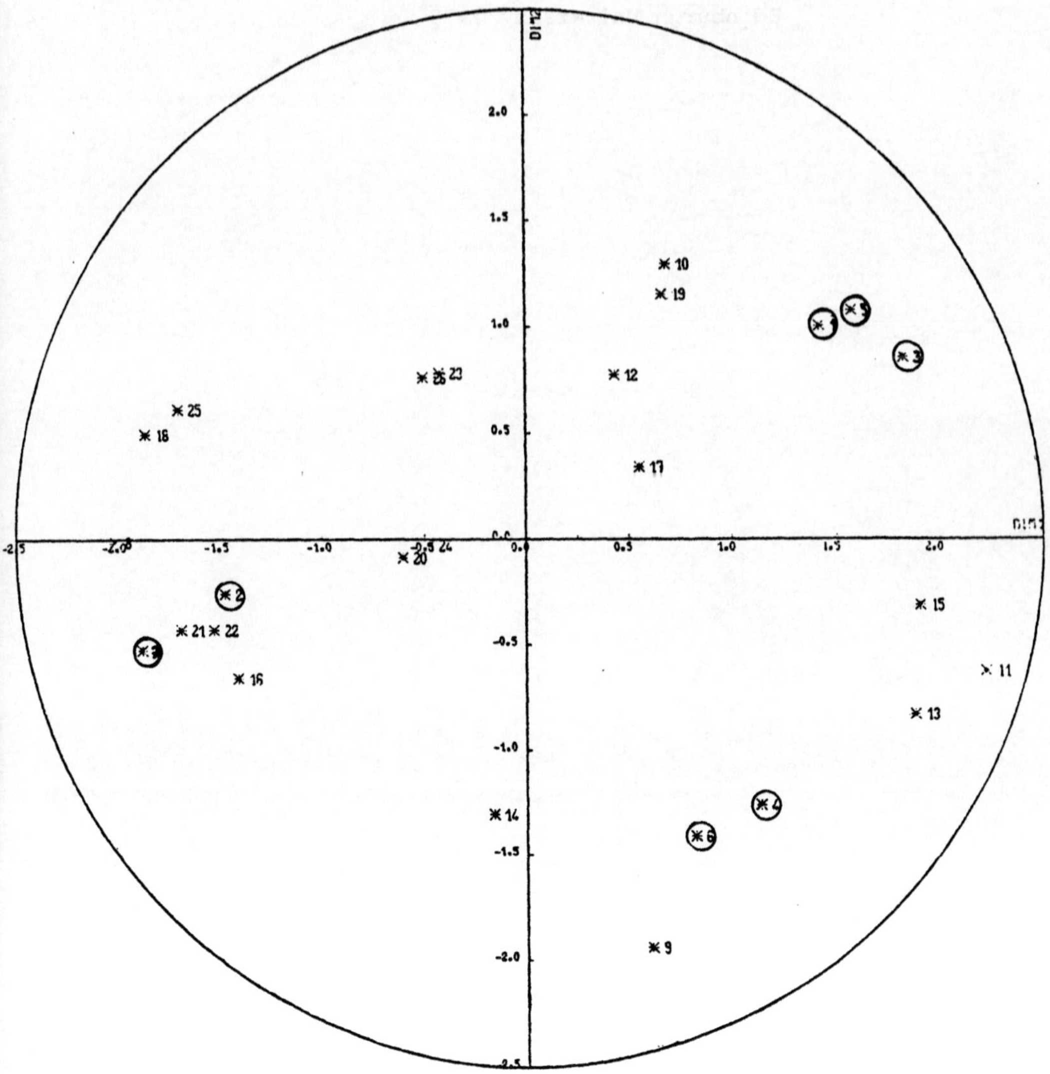

1 - 7: Politiker

8 - 26: Begriffe

Literatur:

CLUSTAN, User Manual (Third Edition)
D. Wishart
Program Library Unit
Edinburgh University 1978

TECHNIK UND EINSATZMÖGLICHKEITEN RÄUMLICHER DATENVERWALTUNGS-SYSTEME

D. SCHÜTT/E. WILDGRUBE

Zusammenfassung. Die Kopplung moderner graphischer Systeme mit Datenbanksystemen und die hieraus resultierenden Möglichkeiten des humanen, laienfreundlichen Umgangs mit großen Datenmengen sind Diskussionsgrundlage dieser Abhandlung. Es werden fünf Entwicklungsstufen einer graphisch-räumlichen Datenbankverwaltung skizziert, Prototypen und insbesondere Einsatzmöglichkeiten entsprechender Systeme beschrieben.

Summary. The connection of modern graphics systems with database management systems and its impact on human data handling are the starting-points of this paper. Five classes of graphical/spatial data management systems are discussed with emphasis on prototypes and possible applications.

Etwa 500 v. Chr. lebte in Griechenland der Auftragsdichter Simonides von Keos, der, ob seiner Vortragskünste berühmt, Pläne von realen oder imaginären Tempeln mit Nischen und Statuen als Gedächtnisstütze für seine Reden und Gedichtsrezitationen verwendete.
Hier wird die menschliche Fähigkeit angesprochen, Informationen räumlich zu organisieren, sich sogar in diesen virtuellen Räumen zu bewegen. Hilfsmittel für derartige geistige Spaziergänge sind Organisationsschemata wie zum Beispiel kognitive Landkarten; sie dienen dazu, im weitesten Sinne ordnende Information aufzunehmen und Handlung zu leiten, sie sind in beachtlichem Maß für unsere Vorstellungen zuständig (vgl. [12]). Vorstellungsbilder werden bewußt für Erinnerungsprozesse verwendet, sie orten und aktualisieren tieferliegende Information für Eingriffe, Manipulationen.

Die heutige Verbreitung komfortabler Datenbanksysteme einerseits und die Entwicklung graphischer Systeme wie der Graphische Interaktive Anwendungs-Monitor GIAM von IBM [1] oder das Interaktive Graphische System IGS von Siemens [15] andererseits eröffnen neue Möglichkeiten graphisch-visueller bzw. -räumlicher Methoden des humanen, laienfreundlichen Umgangs mit großen Datenbeständen für ein vielfältiges

Anwendungsspektrum.

Graphisch-räumliche Datenverwaltung ist nun eine Technik zur Organisation und zum Wiederauffinden von Information durch Positionierung der Information über Orientierungsfeldern bzw. in einem graphischen Datenraum.
Entsprechende Systeme erlauben dem Benutzer unter Verwendung von Bildschirmdarstellungen von Landkarten mit assoziierten Informationskomplexen bzw. von Raumausschnitten auf Datenbankinhalte graphisch-räumlich und nicht nur mittels formal-sprachlicher Abfragesequenzen wie bei konventionellen Datenverwaltungssystemen zuzugreifen.
Suchfensterstrategien und ZOOM-Prozeduren, ferner Visualisierungshilfen wie Piktogramme, Menues und Abfragerahmen unterstützen hierbei den raschen Zugriff auf Informationen der verschiedensten Ebenen und unterschiedlichster Detaillierung.

Arbeitsstationen für eine graphisch-räumliche Datenverwaltung bestehen im Prinzip aus mehreren Bildschirmgeräten, einer programmierbaren Tastatur oder einem Tablet und mindestens einer interaktiven Fadenkreuz- bzw. Suchfenstersteuerung. Ein Bildschirm dient der Überblicksdarstellung (world view map, dataland surface), weitere Bildschirme der detaillierten Darstellung (Text und Bild) von Informationskomplexen bzw. ihrer Assoziationen.

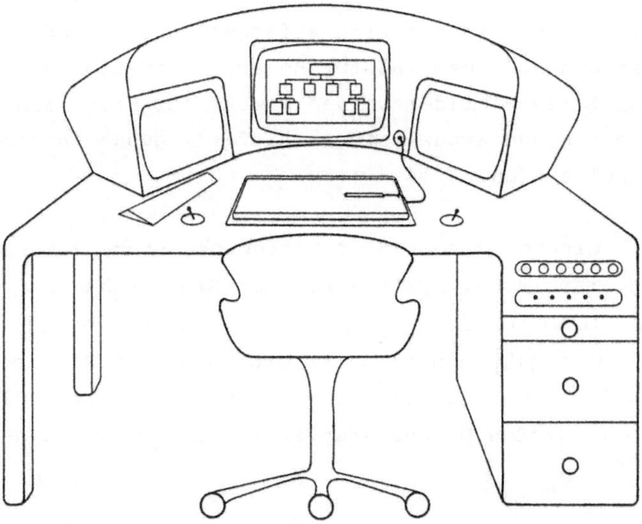

Bild 1: Arbeitsplatz (Vorschlag von CCA [4])

Datenbanksysteme lassen sich nun aufgrund ihrer graphisch-räumlichen Möglichkeiten, d.h. aufgrund des Grades der Verträglichkeit von graphisch-räumlichen Konzepten mit Datenbankstrukturen und aufgrund des abgesteckten Bewegungsspielraums für graphisch-räumliche Aktivitäten des Benutzers in fünf Klassen einteilen:

numerische Datenbanken
Datenbanken mit Visualisierungshilfen
Datenbanken mit unterlegten Orientierungsfeldern
Datenbanken mit assoziiertem Datenraum
räumliche Datenbanken

Unter einer numerischen Datenbank verstehen wir eine Datenbank, deren numerische Anteile eine direkte Umsetzung in Graphiken erlauben. Graphiken sind hier im weitesten Sinn Präsentationsgraphiken (Kurven-, Balken-, Kreis- und Flächendiagramme) wie sie im kommerziellen Bereich zum Beispiel zur Managementunterstützung Verwendung finden.
Updates sind überwiegend numerisch, graphische Updates auf elementare Prozeduren wie die Fortsetzung von Zeitreihen oder das Löschen von Bildteilen beschränkt.
Anwendungen im technisch-wissenschaftlichen Bereich wie die computerunterstützte Entwicklung von Konstruktionszeichnungen erfordern - wenn auch heute nur unvollständig in die Praxis umgesetzt - einen größeren graphischen Bewegungsspielraum (vgl. [6]).
In diesem Zusammenhang sei auf die neuen Produkte 9800/45 DBMS und IMAGE/45 von Hewlett-Packard hingewiesen (vgl. Electronics, 19. Juni 1980).

Datenbanken mit Visualisierungshilfen unterscheiden sich von numerischen Datenbanken durch die Möglichkeit einer visuellen Interpretation von (Mengen von) Attributen oder von Abläufen, durch die Bereitstellung von Menues, Piktogrammen und Abfragerahmen für Retrieval- und Update-Prozeduren, durch die Möglichkeit der Umsetzung von Fachsprachkonstrukten in Bilder, letztlich auch durch eine erhöhte Interaktionsfähigkeit des Systems und ein erweitertes Anwendungsspektrum.
Eine visuelle Interpretation von Abläufen kann direkt durch das Einblenden von statischen Ablaufdiagrammen oder indirekt durch das zeitliche Neben- und Nacheinander, d.h. durch Überblenden von Dialogfenstern auf einem Bildschirm (vgl. Rosetta Smalltalk [16]) realisiert werden.
Die wichtigsten Kriterien für einen Benutzer einer Datenbank dieser

Klasse sind die Anwendbarkeit graphischer Interpretationshilfen auf Cluster von Datenbankinhalten (vgl. [9]) und die Einsatzmöglichkeiten von Menues mit abgestufter Symbolik (vgl. Electronics, 10. April 1980; CAD-Prototyp "Stairs" von HP) und Abfragerahmen bzw. -muster (vgl. Query by Example [19], Cupid [10]).
Als typische Benutzer lassen sich hier neben CAD-Anwendern Versandhauskunden vorstellen, die für den Bildschirm aufbereitete Kataloge auf ihre Wünsche hin befragen und bei Gefallen der entsprechenden Artikel die Bestellungen tätigen.

Wird dem Benutzer zusätzlich zu den Visualisierungshilfen auch der Einstieg in die Datenbankanwendung durch die automatische Bereitstellung von Karten (Landkarten, militärische Lagekarten) oder Plänen (Organisationspläne, Konstruktionspläne, Strategiecharts oder Entscheidungsbäume) erleichtert, so sprechen wir von einer Datenbank mit unterlegten Orientierungsfeldern.
Fenster- und ZOOM-Prozeduren vergrößern hier den Aktivitätsspielraum des Benutzers.
Je nachdem ob graphischer Update möglich ist oder nicht, unterscheiden wir zwei Anwendungsbereiche.
Im Bereich der demoskopischen Anwendungen sind die auf die Karten (Umweltverschmutzung, Bevölkerungsdichte, Industrialisierung, etc.) aufgespiegelten, verdichteten Informationen einem graphischen Update nicht zugänglich.
Bei dem zweiten Anwendungstyp sind graphische Updates erlaubt, wenn auch der Abfragecharakter der Anwendung vorherrscht. Typische Benutzer sind hier Reisebüros, Autowerkstätten mit großem Ersatzteillager, Informationsdienste (Bundespost, Museen) und Organisationsabteilungen von Großunternehmen.
Die Einbeziehung von optischen Videodisks ist - denkt man zum Beispiel an Projekte des Bundeskriminalamtes - sinnvoll.
Anhaltspunkte über den Umgang mit Orientierungsfeldern lassen sich unter anderem aus Abhandlungen über das Erlanger Projekt Interaktive Kartographie EPIC [7] gewinnen.

Die nächste Stufe räumlicher Datenverwaltung wird durch mehr oder weniger künstliches Aufsetzen eines Datenraumes auf eine Datenbank erreicht. Eine Datenbank mit assoziiertem Datenraum kann aufgrund verschiedenartiger Aufsetzmechanismen charakterisiert werden:

- Interpretation von Attributen bzw. Attributskomplexen als räumliche Orientierungslinien
- Umsetzung von Datenbankstrukturen in graphisch aufbereitete Organi-

sationsschemata

- Assoziierung von Datenbankbereichen zu Teilen virtueller Aushangkästen (bulletin boards [2]) bzw. "Pinwände"
- Projektion von Datenbankstrukturen auf fiktive "Wanderkarten" (vgl. Ausführungen zu MEMEX [3])

Wesentlich im Zusammenhang mit derartigen Datenbanken ist die Möglichkeit des raschen Durchquerens und Durchsuchens des Datenraumes auf verschiedenen Ebenen, ferner die des tieferen Eindringens in den Datenraum an gewünschten Stellen. Mit anderen Worten Navigationsgeschwindigkeit und Detaillierungsspektrum sind neben den üblichen Anforderungen an das Antwortzeitverhalten ausschlaggebend für die Qualität einer Datenbank mit assoziiertem Datenraum.

Anwendungen ergeben sich aus den vielfältigen Möglichkeiten graphisch-räumlicher Manipulationen (Suchen, Sortieren, Verschieben, Verändern, Einfügen).

So könnte der Bibliotheksbenutzer der Zukunft statt in Katalogen zu suchen, sich zuerst an einem Überblicksplan orientieren, in dem die Sachgebiete gemäß der räumlichen Anordnung in der Bibliothek dargestellt sind. Hat der Benutzer sein Interessensgebiet lokalisiert, kann er sich detaillierter in diesem Bibliotheksbereich "umschauen", er kann Regale nach Themen auswählen und sich nach Farben (bzgl. Zeitschriften, Büchern, Tagungsberichten) und Helligkeit (je nach Aktualität hell bis dunkel) orientieren. Er kann zu dem abgegrenzten Interessensgebiet Stichwortbäume betrachten und in diesen suchen, um zu einzelnen Titeln zu gelangen, die er schließlich am Terminal "durchblättern" kann.

Die ersten Prototypsysteme wurden am MIT (Massachusetts Institute of Technology) und bei CCA (Computer Corporation of America) implementiert und zwar am MIT auf einem aus 4 Minicomputern vom Typ Interdata 7/32 bzw. 85 bestehenden Prozessorsystem (Version 3), im Falle des für die US-Navy entwickelten CCA-Prototyps auf einer PDP 11/70. [4,9]

Siemens-Aktivitäten auf dem Gebiet graphisch-räumlicher Datenverwaltung (Stichwort: IGS/UDS-Interaktion) liegen zur Zeit bei Spezialanwendungen wie die Erstellung von CAD-Tools für Kommunikationsnetze [8].

Der Übergang von Datenbanken mit assoziiertem Datenraum zu räumlichen Datenbanken ist fließend, er hängt von der Nähe der Beschreibungen von Datenbankstruktur und Datenraum ab.

Graphorientierte Datenbanken [11] gehören ebenso zu dieser Klasse wie Datenbanken, die in möglichst natürlicher Weise die "reale Welt" der Anwendung (vgl. [14]) wiederspiegeln. Einsätze im letzteren Fall könn-

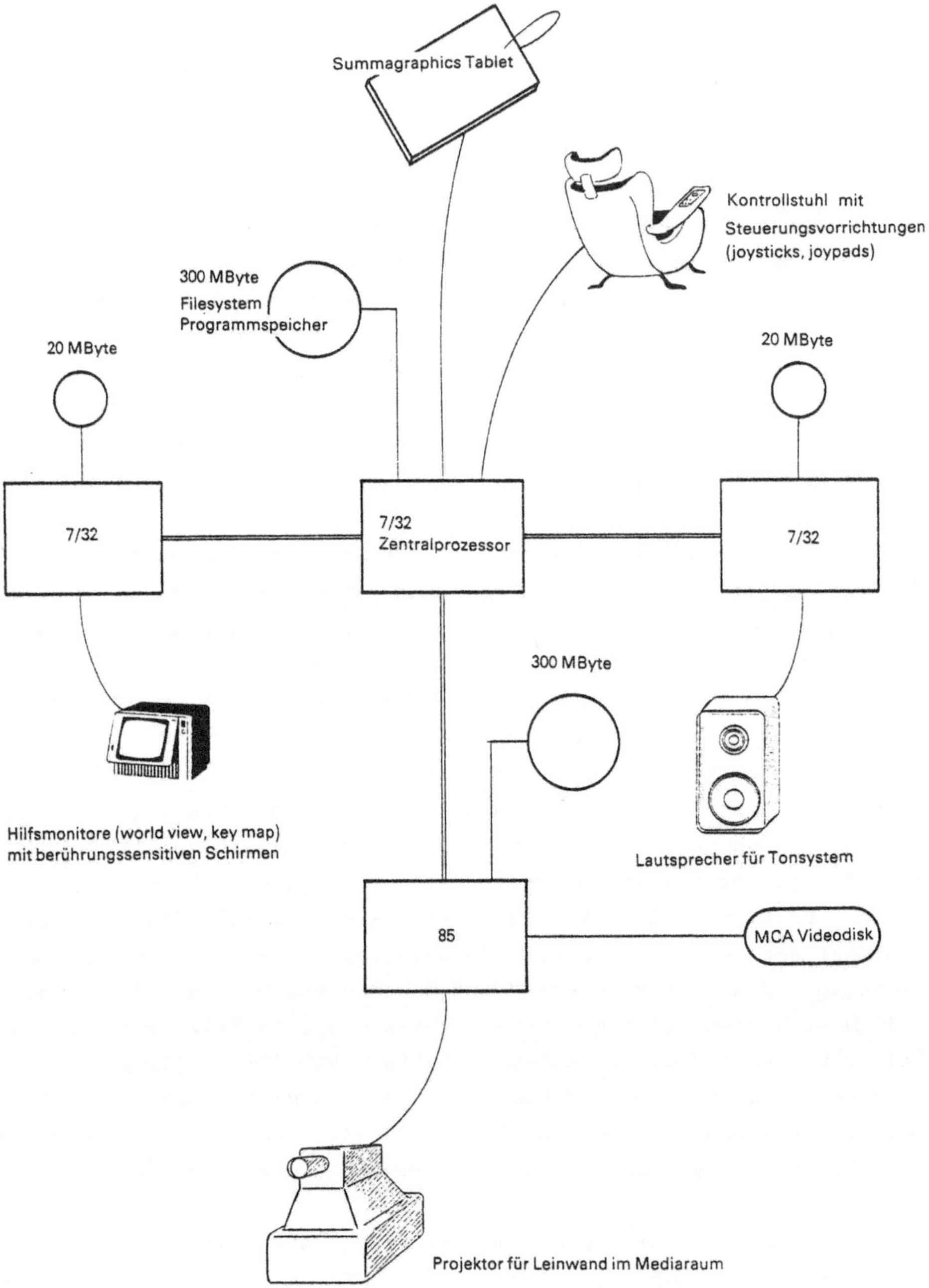

Bild 2: MIT - Konfiguration [4]

ten zum Beispiel bei der Luftraumüberwachung und der Steuerung der zu einem Stellwerk gehörenden Gleisanlagen der Bundesbahn erfolgen.

Als junge Disziplin stellt räumliche Datenverwaltung noch viele Fragen, die erst durch intensive Arbeit zu beantworten sein werden: Welches Datenmodell (vgl. [14,17,18]) kommt der räumlich-graphischen Betrachtungsweise besonders entgegen? Es gibt Information, die sich besonders elegant und natürlich graphisch und/oder räumlich darstellen läßt, als auch Information, die am besten als alphanumerischer Text von Person zu Person/Rechner übermittelt werden kann. Dazwischen gibt es aber Grauzonen, für die erst durch Benutzerexperimente - ähnlich wie sie für Abfragesprachen durchgeführt wurden - geklärt werden müßte, für welche Anwendung und Benutzergruppe Visualisierung hilfreich ist. Schließlich darf der Aspekt der Wirtschaftlichkeit nicht außer acht gelassen werden: Für Anwendungen welcher Größenklasse eignen sich so aufwendige Methoden? Wo sind bei Breiteneinsatz Kostenreduktionen zu erwarten?
Da die Kommunikation zwischen Menschen außer von Sprache und Schrift auch von Bewegung, Berührung und besonders Bildern und Diagrammen regen Gebrauch macht, scheint es keine Frage zu sein, daß dieselben Mittel sich auch zur Kommunikation mit dem Rechner durchsetzen werden.

Literatur

1 Bleher, J.H.: Ein modulares, interaktives, graphisches System mit gekoppeltem Raster- und Vektor-Bildschirm. NTG Fachtagung "Bilddarstellende Systeme und Technologien für neue Kommunikationsformen", Berlin 1979; NTG Fachbericht 67, VDE-Verlag, 1979
2 Bolt, R.A.: Spatial data-management. DARPA Report, MIT Architecture Machine Group, Cambridge, Mass., 1979
3 Bush, V.: As we may think. Atlantic Monthly 176, 103-108 (1945)
4 Donelson, W.C.: Spatial management of information. ACM SIGGRAPH, Atlanta, Ga.; Computer Graphics 12, 203-209 (1978)
5 Encarnacao, J.L.: Computer-Graphics. Programmierung und Anwendung von graphischen Systemen. Oldenbourg Verlag, München 1975
6 Gausemeier, J.: Rechnerunterstütztes Konstruieren im Dialog. data report 14, Sonderheft »Datenverarbeitung in der Industrie«, 37-41 (1979)
7 Händler, W., Henning, W., et al: EPIK-Erlanger Projekt Interaktive Kartographie, IMMD-Arbeitsbericht, Band 11, Nr. 6, Erlangen 1978
8 Heckl, H.: Integrated planner-friendly graphical CAD tool for designing communication networks. Proc. Networks 80, Online, London
9 Herot, C.F.: Spatial management of data. Erscheint in ACM Transactions on Database Systems
10 McDonald, N., Stonebraker, M.: Cupid - The friendly query language. Memorandum ERL-M487, University of California, Berkeley 1974
11 Munz, R.: Das WEB-Modell. Dissertation, Universität Stuttgart, 1976
12 Neisser, U.: Kognition und Wirklichkeit: Prinzipien und Implika-

tionen der kognitiven Psychologie. Verlagsgemeinschaft Klett-Cotta, Stuttgart 1979

13 Schütt, D., Wildgrube, E.: SDM-Spatial data management. Erscheint im Informatik-Spektrum unter der Rubrik "Das aktuelle Schlagwort"

14 Senko, M.E.: DIAM as a detailed example of the ANSI SPARC architecture. Proc. IFIP TC-2 Working Conference on Modelling in Data Base Management Systems, Freudenstadt 1976

15 Siemens AG: Gestalten mit dem Computer. IGS-Interaktives Grafisches System. Informationsschrift herausgegeben vom Bereich Daten- und Informationssysteme, Bestellnr. D 15/5612-03

16 Warren, S.K., Abbe, D.: Presenting Rosetta Smalltalk. Datamation, Mai 1980, 145-158

17 Weck, G.: A graphic system utilizing an associative data structure. ICMOD 78 Conference Proc., 291-303

18 Weller, D., Williams, R.: Graphic and relational data base support for problem solving. ACM SIGGRAPH 76, 183-189

19 Zloof, M.: Query by Example. Proc. AFIPS SJCC, 1975

FAIRE DATENVERARBEITUNG IM ADRESSHANDEL

W. SCHMIDT

So unbestritten es ist, daß Direktwerbung ein wichtiger Bestandteil des aquisitorischen Instrumentariums sein kann, so unübersehbar ist andererseits, daß ein gewisses Unbehagen darüber existiert. Viele Bürger haben Bedenken dagegen, daß irgendwer Erkenntnisse über sie sammelt, um diese Erkenntnisse - und sei es auch nur zu Werbezwecken - zu verkaufen.

Nun ist der Verkauf sicher die seltenste Form der Verwendung, denn die Direktwerbeunternehmen verkaufen nicht die Daten, sondern sie lassen nur die Nutzung - im Regelfall nur die einmalige Nutzung - zu, und sichern durch ein System von Kontrollen und Vertragsstrafen, daß eine weitere Nutzung nicht erfolgt. Viele Betroffene haben aber trotzdem Bedenken, denn die Speicherung beim Direktwerbeunternehmen und dessen Tätigkeit haben trotz dieser Einschränkung für sie gelegentlich beunruhigende Aspekte.

Wenn in der Werbung von Adreßhändlern die Vorteile der Zielgruppen-Selektion und in diesem Zusammenhang die Maßarbeit bei der Zielgruppenbildung und die Vielzahl der möglichen Selektionsmerkmale besonders herausgestellt werden, dann ist dies für den Kunden des Adreßhändlers sicher ein positives Element. Das daraufhin maßgeschneiderte, fast individuell aussehende Herantreten an die umworbene Gruppe erweckt bei manchem Empfänger aber nicht nur Freude darüber, daß er in so passender Form angesprochen wurde, sondern immer mehr Empfänger stellen sich die Frage, woher der Absender denn eigentlich diese Vorkenntnisse habe und ob es denn richtig sei, daß so viel über seine Gewohnheiten und Vorlieben bekanntgegeben wird. Gelegentlich führt auch die Tatsache, daß einzelne Werbesendungen den Falschen erreichen, zu Verärgerungen. So hört man öfter davon, daß die bekannte Jugendorganisation einer großen politischen Partei ihre Spendenwünsche an Personen adressiert, die für diese Richtung nichts übrig haben, und die dann versuchen, das Mißverständnis aufzuklären und insbesondere die weitere Zusendung entsprechender Briefe zu verhindern.

Auch der Fall des Vaters, der sich darüber wundert, daß sein minderjähriger Sohn Prospekte eines Versandhauses erhält, dessen spezielles Angebot für Minderjährige überwiegend weniger geeignet scheint, gehört wohl unter die Fallgruppe, die von der Werbewirtschaft als manchmal unvermeidbare Fehlstreuung angesehen wird. Die Adressaten sind aber oft der Ansicht, daß hier nicht fehlende Präzisierung, sondern falsche Daten die Ursache der Fehlsendung sind.

Ob nun das eine oder das andere vorliegt, oder ob auch nur Ärger über einen zu vollen Briefkasten entsteht (wobei festzuhalten ist, daß der Briefkasten wohl eher durch Wurfsendungen als durch gezielte Angebote verstopft wird), der Betroffene fragt sich, was er dagegen tun kann, und ob denn das Datenschutzgesetz ihn nicht vor solchen Machenschaften schützen müßte.

Um das beurteilen zu können, muß man die einschlägigen Vorschriften des Bundesdatenschutzgesetzes auf ihre Wirksamkeit in diesem Bereich überprüfen.

Zunächst zu den gesetzlichen Regelungen. Da im Regelfall ein Unternehmen eingeschaltet ist, das "geschäftsmäßige Datenverarbeitung für fremde Zwecke" betreibt, ist für die Zulässigkeit der Speicherung § 32 Abs.1 des Bundesdatenschutzgesetzes (BDSG) maßgebend:

"Das Speichern personenbezogener Daten ist zulässig, soweit kein Grund zur Annahme besteht, daß dadurch schutzwürdige Belange des Betroffenen beeinträchtigt werden. Abweichend von Satz 1 ist das Speichern zulässig, soweit die Daten unmittelbar aus allgemein zugänglichen Quellen entnommen sind."

Die Wirkung von Satz 2 ist unmittelbar einsichtig, während es wohl schwerfallen dürfte, Speicherungen zu finden, die eine klare Markierung der in Satz 1 gezogenen Grenze erlauben. Hier bietet es sich deshalb an, typische Speicherungen daraufhin zu untersuchen, ob dadurch schutzwürdige Belange beeinträchtigt werden könnten.

Der zitierte Absatz regelt aber nur die Speicherung; die Beschaffung ist je nach den Quellen unterschiedlichen gesetzlichen Regelungen unterworfen, weil das BDSG die Weitergabe durch die Quelle und nicht die Annahme durch den Empfänger regelt. Deshalb ist es auch für die Beschaffung sinnvoll, statt einer Analyse des Gesetzes eine Beurteilung der tatsächlichen Beschaffungsmethoden vorzunehmen.

Ähnliches gilt auch für die Verwendung: Die Frage, ob im Rahmen der Adressenverwendung überhaupt eine Übermittlung erfolgt oder nicht, ist entscheidend dafür, ob es für die Verwendung überhaupt eine Regelung im BDSG gibt.

Für den - interessierten - Betroffenen ist diese Lage schon deswegen in der Regel sehr unerfreulich, weil er die Zusammenhänge, die zu beurteilen wären, nicht übersieht. Und diejenigen, die aus gegebenem Anlaß den Gründen für eine Werbezusendung nachgehen oder jedenfalls weitere derartige Zusendungen an sich vermeiden wollen, erhalten gelegentlich auf entsprechende Schreiben an den "Absender" überhaupt keine Antwort oder es wird ihnen mitgeteilt, daß eine Datenspeicherung nicht vorliege, und daß man zur Nennung der Adressenquelle weder verpflichtet noch in der Lage sei.

Auch in den Fällen, in denen dies der Rechtslage entspricht, ist ein solches Ergebnis unerfreulich. Die Frage nach fairer Datenverarbeitung im Adreßhandel kann deshalb nicht allein aus dem Vergleich zwischen Rechtslage und angewendeten Verfahren beantwortet werden. Es ist vielmehr mit zu berücksichtigen, wie die zulässigen Verfahren auf den Betroffenen wirken (können), und ob sie geeignet sind, beim Betroffenen den Eindruck fairen Verhaltens zu erwecken.
Sieht man sich unter dem Aspekt der Wirkung auf den Betroffenen die Eigenwerbung von Direktwerbeunternehmen an, so stößt man sehr schnell auf eine Diskrepanz zwischen globalen, mehr werbenden Aussagen und den Details des tatsächlichen Angebots an Adressen.

So werden z.B. von einem Unternehmen aus eigenen Beständen so viele Adressen angeboten, daß darin jeder Bundesbürger über zwölf Jahre einzeln erfaßt sein könnte. Zusätzlich wird dann noch angeboten, Fremdadressen auf Anfrage zu beschaffen, was das Angebot wohl erheblich ausweitet.

Zur Gliederung dieses Riesenbestandes wird eine Aufschlüsselung auf tausende von Zielgruppen erwähnt, und in Aussicht gestellt, das Material der Zielgruppen über die bereits vorliegende Differenzierung hinaus nicht nur regional, sondern auch soziodemographisch und psychographisch zu selektieren. So verlockend dies für den potentiellen Kunden eines Direktwerbeunternehmens klingt, so beängstigend wirkt es auf diejenigen, die hier in exakt beschriebene Zielgruppen und darin auch noch sozial und psychisch selektiert werden. Und dieses Unbehagen wird auch dadurch verstärkt, daß man ja weiß, daß die eingesetzte Computer-Technik in kürzester Zeit auch größte Stückzahlen bewältigen kann.

Die weiteren Darstellungen, die sich etwas detaillierter mit den Phasen der Adressenbeschaffung, der Speicherung und der Verwendung beschäftigen, zeigen, daß zu einer derartigen Besorgnis wenig Grund besteht. Gerade deshalb wäre zu bedenken, ob die Direktwerbeunternehmen nicht auf solche Anpreisungen verzichten sollten,die den Kunden wenig helfen und beim

Betroffenen Ängste und damit auch Abwehreaktionen provozieren.

Die Beschaffung der Anschriften ist wesentlich nüchterner. Im Bereich der Firmenanschriften dominieren eindeutig die öffentlich zugänglichen Quellen, insbesondere das Telefonbuch und öffentliche Register wie das Handelsregister und Veröffentlichungen von Kammern. Damit wird ein sehr hoher Grad an Differenzierung nach Branchen erreicht, und eine etwas genauere Untersuchung der Adressenkataloge zeigt, daß hier auch der Schwerpunkt des differenzierten Angebots liegt. Gerade für Firmen ist Differenzierung aber auch aus der Sicht des Betroffenen erwünscht, und selbst wenn man davon absieht, daß hier zu einem erheblichen Teil keine natürlichen, sondern "lediglich" juristische Personen erfaßt sind, sind auch Datenschutzbedenken dagegen kaum angebracht.

Bei den öffentlich zugänglichen Quellen gibt es aber auch einige kritischere Randbereiche. Dazu gehören:

- Der Nebeneffekt, daß aus der Quelle "Handelsregister" auch "Leitende Personen der Wirtschaft" erfaßt und als besonderer Bestand geführt werden oder werden können.

- Die Auswertung von Verzeichnissen, die zwar öffentlich zugänglich sind, ihrer Natur nach aber nur für einen beschränkten Personenkreis und/oder nur für bestimmte Zwecke gedacht sind. Zu solchen kritischen Verzeichnissen gehören z.B. Juristenhandbücher, Verzeichnisse der Zollbeamten und Lehrerverzeichnisse. Diese dienen primär der Unterrichtung eines beschränkten Personenkreises, im allgemeinen der Berufskollegen. An eine Verwendung für andere, z.B. für Werbezwecke, wurde zunächst nicht gedacht. Seit das Bundesdatenschutzgesetz in Kraft ist, und sich auch unter den Betroffenen eine gewisse Abstinenz ausbreitet, gibt es Tendenzen, solche Verzeichnisse nicht mehr zu veröffentlichen oder nur noch diejenigen Personen darin aufzunehmen, die der Veröffentlichung zustimmen. Die Verweigerung der Veröffentlichung ist aber problematisch und zumindest in den Fällen kaum möglich, in denen der Zusammenhang mit der Berufstätigkeit so eng ist wie z.B. bei der Veröffentlichung personenbezogener Daten in Vorlesungsverzeichnissen. Hier ist der Adreßhandel ein gelegentlich nur widerwillig geduldeter Nutznießer.

Neben den öffentlichen Quellen spielen bzw. spielten Behörden bei der Anschriftenbeschaffung eine erhebliche Rolle. Dazu gehört insbesondere die Beschaffung von Kraftfahrzeughalteradressen über das Kraftfahrt-Bundesamt und die Lieferung von Anschriften aus dem Bereich der Deutschen Bundespost an ihren Spezialabnehmer, die Deutsche Postreklame GmbH.

Gegen die Weitergabe von Angaben über Kraftfahrzeughalter - und zwar Anschrift, Datum der Zulassung, Typ des Fahrzeugs mit Hubraum, Motorleistung und Baujahr, also Angaben, die interessante Sortierungen erlauben - für Zwecke der Werbung und Markt- und Meinungsforschung hat es schon seit langem Bedenken gegeben, die schließlich zu der Lösung geführt haben, daß diese Daten nur dann weitergegeben werden, wenn der Betroffenen bei der Zulassung seines Fahrzeugs dem ausdrücklich durch Ankreuzen des entsprechenden Feldes zugestimmt hat. Dies tun zur Zeit nur etwa 15 % der Betroffenen. Damit ist diese Datenquelle weitgehend verstopft.

Dabei treffen mehrere Faktoren zusammen. Auf der Seite der Kfz-Zulassungsstellen bestehen Zweifel, ob es eigentlich zu ihren Aufgaben gehört, den Adressenhandel mit Material zu versorgen, so daß von hier kaum eine Förderung zu erwarten ist. Im Gegenteil, Bremen hat - auch wegen der Probleme, die sich aus gelegentlich vorkommenden oder auch nur behaupteten Fehlern ergeben - das Verfahren so geändert, daß Angaben aus dieser Region überhaupt nicht mehr weitergegeben werden.

Ausschlaggebend für die große Zahl von Verweigerungen dürfte aber sein, daß hier dem Bürger erstmalig die Gelegenheit angeboten wird, "jenen Leuten das Geschäft mit seinen Daten" zu untersagen. Hier wirkt sich aus, daß der Hintergrund auch einer so öffentlichen Sache wie der Werbung selbst für den davon Betroffenen im Dunkeln liegt.

Ähnliche Entwicklungen haben - wenn auch mit Verzögerungen - in anderen Bereichen stattgefunden, so bei den Bautennachweisen, die sich auf die von den Genehmigungsbehörden weitergegebenen Angaben über genehmigte Bauvorhaben stützten. Auch hier ist seit kurzem die Entscheidung dem Betroffenen überlassen, wobei ein erheblicher Anteil die Bekanntgabe verweigert.

Auch im Bereich der Nachrichten von Standesämtern, insbesondere bei den werblich interessanten Nachrichten über Geburten, ist ein erheblicher Rückgang eingetreten, und sogar die Möglichkeit, die Übermittlung aus der Gewerbekartei an Adreßbuchverlage zu untersagen, wird nach Erhebung aus Niedersachsen von mindestens 10 % der Betroffenen genutzt obwohl man doch annehmen müßte, daß gerade Gewerbetreibende an der Verbreitung der hierfür infrage kommenden Daten selbst ein dringendes eigenes Interesse haben.

Von diesem Schwund kaum betroffen ist zur Zeit die Deutsche Postreklame GmbH, die ausschließlich Daten aus dem Bereich der Bundespost verwertet. Dies dürfte weniger daran liegen, daß das Angebot zum Verweigern erst seit kurzem in die entsprechenden Formulare eingedruckt ist. Der Hauptgrund dürfte vielmehr darin liegen, daß hier fast ausschließlich solche Daten betroffen sind, die auch in öffentlich zugänglichen Quellen enthalten sind, so daß für den Betroffenen weniger Grund zur Verweigerung besteht.

Abgesehen von diesem Sonderfall ist aber die Datenbeschaffung von Behörden in einer Weise rückläufig, daß mit diesen Datenbeständen oft nur noch Bruchteile der Zielgruppen erreicht werden und die in vielen Fällen gewünschte Breitenwirkung nicht mehr zu erzielen ist. Wenn man dies nicht als unveränderbar hinnehmen möchte, so müssen sich die an einer Veränderung Interessierten die Frage stellen,welche Aktionsmöglichkeiten wohl gegeben sind.

Weil grundlegende Änderungen der einschlägigen Vorschriften nicht zu erwarten sind, könnten die Überlegungen in zwei Richtungen gehen:

1. Der unmittelbare Ansprechpartner der Direktwerbeunternehmen sind die Behörden. Diese werden durch die Datenweitergabe belastet, und diese Belastung müßte kompensiert werden. Das geschieht überwiegend auch heute schon, so werden z.T. Jahrespauschalen, aber auch an Seitenzahlen oder an Stückzahlen orientierte "Gebühren" oder Kopierkostenersatz oder ähnliches gezahlt. Es könnte durchaus hilfreich sein, hier Mustervereinbarungen zu entwickeln, die auch im Beschaffungsmarkt für klarere Strukturen sorgen.

2. Die Entscheidung über die Weitergabe in jedem Einzelfall liegt beim Betroffenen. Dies kann Fehlstreuungen vermeiden helfen, weil derjenige, der diese Werbeform für sich ablehnt, auf Zusendungen kaum positiv reagieren wird. Es müßte dem Betroffenen aber klar werden, daß die Verweigerung nur dann sinnvoll ist, wenn er an den zu erwartenden Informationen kein Interesse hat, insbesondere muß der Verdacht ausgeräumt werden, daß hier Datensammlungen zu seiner Durchleuchtung aufgebaut werden.

   Das verlangt Aufklärung (Werbung) im allgemeinen und ein für den Betroffenen nachvollziehbar faires Verhalten in jedem Einzelfall.

Der dritte bedeutende Beschaffungsweg betrifft Daten aus Firmen, in der Regel die Anschriften von deren Kunden, die im sogenannten "list broking" für Dritte genutzt werden.
Dabei werden Anschriften von einer Firma oder auch von mehreren für Werbezwecke verwendet, ohne daß die Daten im Sinne des BDSG als übermittelt gelten, und zwar auch nicht an das Direktwerbeunternehmen.

Ob diese Fiktion wirklich aufrechterhalten werden kann, ist nicht ganz sicher: So werden z.B. bei der Doublettenfeststellung von einer Stelle Kenntnisse aus mindestens zwei Datenbeständen verwendet, woraus man folgern könnte, daß mindestens ein Bestand übermittelt wird.

Diese Frage ist im übrigen nicht nur akademisch, denn genausogut, wie man doppelt auftretende Anschriften nur einmal verwendet, könnte man auch fast im selben Arbeitsgang alle nur einfach auftretenden Anschriften aussondern, um eine Werbesendung nur an diejenigen zu adressieren, für die eine gewünschte Merkmalskombination zutrifft.

Ein anderes Problem ist, daß in vielen Fällen im Rahmen der Erfolgskontrolle dem werbenden Unternehmen bekannt wird, aufgrund welcher Selektionskriterien der betreffende Kunde angeschrieben wurde. Zumindest hierbei findet eine Informationsweitergabe statt, an der der Betroffene zwar mitwirkt, für die eine Einwilligung aber schon deswegen nicht unterstellt werden kann, weil der Betroffene von der Bekanntgabe dieser Information nichts weiß. Überhaupt weiß der Betroffene von dem ganzen Vorgang in der Regel recht wenig, und nach seiner Einwilligung fragen die Datenlieferanten nur in Ausnahmefällen.

Ein solcher Ausnahmefall ist die Fa. Beate Uhse in Flensburg, die ihre Kunden nicht nur durch ein ausführliches Merkblatt über die Fremdbenutzung ihres Adressenbestandes aufklärt und dabei durchaus glaubhaft versichert, daß kein Kunde die Aufhebung der Anonymität befürchten muß. Sie stellt es darüber hinaus ihren Kunden sogar frei, ihre Adresse für jegliche Weitergabe sperren zu lassen. Es dürfte wohl im wesentlichen der klaren Darstellung der wirklichen Zusammenhänge zu verdanken sein, daß weniger als 2 % der Beate-Uhse-Kunden ihre Adresse für die Verwendung im Rahmen des list broking sperren lassen. Es wäre sicher zu begrüßen, wenn dieses Beispiel Schule machen würde.

Der Bereich der Datenspeicherung und -aufbereitung ist bei weitem problemloser als die Beschaffung.

Die Anschriften werden im Regelfall nach den Merkmalen gruppiert, die bei der Erhebung bekannt geworden sind. Ein personenbezogenes Zusammenspielen von Adressen aus unterschiedlichen Quellen, wie z.B. Telefonbuch und Kraftfahrzeugdaten, findet nicht statt, d.h., es werden keine Persönlichkeitsprofile erstellt. Dies ist unter dem Aspekt des Datenschutzes zu begrüßen. Es wäre aber wünschenswert, dies auch in Zukunft nicht nur zu sichern, sondern auch den Betroffenen zuzusichern.

Damit könnte zugleich auch um Verständnis für die Probleme bei der Auskunftserteilung an den Betroffenen geworben werden. Zu dieser

- gemäß § 34 BDSG zu erteilenden - Auskunft über die gespeicherten Daten sind die Direktwerbeunternehmen in der Regel nicht oder nur zu prohibitiv hohen Kosten in der Lage, weil gerade der Verzicht auf das Zusammenspielen aller Daten über eine Person das Zusammensuchen dieser Daten fast unmöglich macht. Natürlich kann man sich durch Androhung der Kostenüberwälzung auf den Betroffenen vor solchen Ersuchen schützen. Der Betroffene wird dies aber kaum als fair ansehen, und ob diese Möglichkeit auch nach einer Novellierung des BDSG ohne weiteres noch besteht, ist keinesfalls sicher.

Deshalb sollte nach Wegen gesucht werden, die es dem Betroffenen ermöglichen, sich über die ihn betreffenden Speicherungen für Zwecke der Direktwerbung zu informieren, ohne ihn oder den Direktwerber unverhältnismäßig hoch mit Kosten zu belasten, und auch, ohne durch die Bildung von Persönlichkeitsprofilen neue Gefährdungen zu schaffen.

Einen Ausweg können Modifizierungen bei der Datenverwendung bieten. Dieser Bereich ist vom Datenschutzgesetz (bisher) kaum erfaßt. Wenn - und das ist wohl in erheblichem Maße der Fall - der Werbende die Adressen vom Direktwerbeunternehmen gar nicht bekommt, liegt eine Übermittlung nur insoweit vor, als das Auswahlkriterium der erfolgreichen Werbung dem Werbenden vom Geworbenen mitgeteilt wird, ohne daß dem Geworbenen dies bewußt wird.

Weil die Verwendung der Anschriften aber zugleich die einzige vom Betroffenen wahrgenommene Wirkung ist, sollte die Überlegung nicht damit zu Ende sein, daß das BDSG die Verwendung zuläßt.

Akzeptiert man die These, daß die Aversion vieler Betroffener gegen die Direktwerbung daraus resultiert, daß sie die wahren Zusammenhänge nicht kennen, dann ist die Anschriftenverwendung die beste Gelegenheit, etwas dagegen zu tun.

So könnte man z.B. den Empfänger darüber informieren, woher die Adresse stammt.

Man könnte den Betroffenen aber auch gleich über die Selektionskriterien informieren, ihm also mitteilen, aus welchem Anlaß diese Werbung an ihn geschickt wird. Dies ließe sich in der Regel mit wenig Mühe in der Einleitung des werbenden Textes erklären, so wie man ja auch häufig am Anfang eines Briefes schreibt, worauf sich das Schreiben bezieht.

Der Aufwand für solche Lösungen wäre - gemessen am Aufwand für diese Form der Werbung - sicher gering. Die Folgen wären voraussichtlich positiv oder zumindest erträglich.

Für den Werbenden steht dabei im Vordergrund, daß er sein Vorgehen offenlegt.
Damit wird es wahrscheinlich auch seiner Konkurrenz bekannt, aber die kennt diese Möglichkeiten ja sowieso, und die entscheidende Information, wie erfolgreich dieses Vorgehen war, erhält die Konkurrenz nicht.

Werden dem Betroffenen die Selektionskriterien mitgeteilt, so ist die scheinbar individuelle Ansprache im Text erschwert, je nach den Kriterien sogar unmöglich. Verwendet man statt einer persönlich scheinenden Ansprache aber eine vernünftige Begründung dafür, warum man diese Kriterien für sinnvoll zur Lenkung des Angebots gehalten hat, so dürfte der Empfänger sich durchaus vergleichbar gut angesprochen fühlen, weil er zunächst eine objektiv richtige und für ihn nachvollziehbare Aussage vorfindet.

Für den Umworbenen steht dabei im Vordergrund, daß er erfährt, welche Angaben für Werbezwecke verwendet wurden.
Stammen die Angaben aus dem Bestand eines Direktwerbeunternehmens, so könnte dies ein Anlaß sein, die Löschung zu verlangen. Damit verliert das Unternehmen dann zwar eine Adresse aus seinem Bestand, diese Adresse ist für den Werbenden aber ohnehin wertlos, so daß der Frage, ob eine gesetzliche Verpflichtung zur Löschung besteht, unter wirtschaftlichen Aspekten keine Bedeutung zukommt. Das Einräumen solcher Löschungsmöglichkeiten verbessert aber nicht nur die Bestände. Es könnte langfristig dazu führen, daß die Einwilligung z.B. in die Übermittlung durch Behörden als in ihrer möglicherweise einmal unangenehmen Wirkung korrigierbar angesehen und deshalb in einigen Fällen eher gegeben wird.
Sind die Angaben aber im Wege des list broking verwendet worden,so könnte der Betroffene dies zum Anlaß nehmen, seine Daten für solche Verwendungen sperren zu lassen. Auch hier sprechen wirtschaftliche Überlegungen eher für eine solche Lösung.

NEUE KONZEPTE UND PRODUKTE DER DATENFERNVERARBEITUNG - EINSATZMÖGLICHKEITEN IM MARKETING

G. HENNING

Datenfernverarbeitung und Marketing

Im Marketing müssen besonders viele Aufgaben gelöst werden, die ein starkes Informationsbedürfnis hervorrufen: Je umfassender und aktueller die Eingangsdaten, desto wirtschaftlicher arbeitet eine Marketingorganisation. Unzureichende oder veraltete Informationen führen zu falschen Entscheidungen, unnötigen Kosten und versäumten Chancen.

Aus diesem Grunde wurde schon sehr frühzeitig der Versuch unternommen, die elektronische Datenverarbeitung auch außerhalb der "klassischen" Aufgaben Buchhaltung und Rechnungswesen einzusetzen. Probleme wie Prognoseerstellung, Produkt- und Kundenanalyse, Statistik, Lagerhaltung boten sich dazu an.

Die Situation im Marketing weist dabei viele Parallelen zur Fertigung von Produkten auf. In beiden Fällen kann das Geschehen anhand vergleichsweise einfacher Modelle ausreichend genau beschrieben werden. Die Prozeßlaufzeiten liegen in Bereichen, die eine Steuerung über Regelungsgrößen zulassen. Diese Regelungsgrößen können meist einfach als numerische Werte dargestellt werden. Die Voraussetzung für die Hilfe durch den Computer ist also erfüllt.

Trotzdem verlief der Einsatz der Datenverarbeitung in beiden Branchen sehr unterschiedlich. Dies liegt zum Teil in der Tatsache begründet, daß das Geschehen im industriellen Bereich im Regelfall auf einige wenige Orte, die "Fertigungsstätten", konzentriert ist. Der Wert der an einem solchen Ort hergestellten Güter ist im Regelfall groß im Vergleich zu den Kosten der für eine Unterstützung durch Rechnersysteme nötigen Einrichtungen. Diese Verhältnisse liegen im Marketing nur selten vor. Die Orte des Handels sind naturgemäß weit verstreut, die an einem solchen "dezentralen" Ort erzielte Wertschöpfung ist vergleichsweise gering.

Aus diesem Grund werden die Methoden der Datenverarbeitung heute noch überwiegend für zentrale Aufgaben - globale Analysen und Prognosen, Optimierung zentraler Lager, zentrales Bestellwesen - genutzt. Mit dem Aufkommen der Datenfernverarbeitung wandelt sich diese Situation: Je stärker die Datenverarbeitung aus dem klassischen Rechenzentrum heraus tritt und sich zu den Orten der Datenentstehung hin verlagert, desto interessanter wird auch ihr Einsatz im Marketing. Je wirtschaftlicher und vielfältiger die Kommunikation zwischen Endstelle und Zentrale eines Datenfernverarbeitungsnetzes gestaltet werden kann, desto brauchbarer wird eine solche Technologie auch für die Lösung der Kommunikationsprobleme im Marketing.

Anforderungen an Datenfernverarbeitungssysteme

An erster Stelle muß die Aufgabe Datenerfassung gelöst werden. Dazu sind im Marketing Produkte erforderlich, die ortsungebunden und preiswert sind und vom "EDV-Laien" bedient werden können. Höchste Datenaktualität kann nur ohne den Umweg über Belege durch Direkterfassung an der Datenquelle - also im Lager, im Verkaufsraum, ja sogar im Führerhaus eines Lastkraftwagens - erreicht werden.

Die Verarbeitung dieser Daten wird umso aufwendiger, je mehr die Marketingorganisation sich der Hilfe der Datenverarbeitung bedient. Aus wirtschaftlichen Gründen kann eine so umfangreiche Verarbeitungsleistung nur an wenigen, zentralen Stellen durch entsprechend ausgebaute Verarbeitungsrechner bewältigt werden. Daher müssen die dezentral erfassten Daten anschließend kostengünstig und schnell zu den zentralen Verarbeitungssystemen transportiert werden. Die Ergebnisse der Verarbeitung müssen auf gleichem Wege zurück übertragen werden.

Neben diesem stapelorientierten Datenverkehr zwischen dezentralen Endstellen und zentralem System muß auch eine Dialogmöglichkeit angestrebt werden. Der Mensch als Endbenutzer des Systems sollte in der Lage sein, mit der zentralen "Intelligenz" zu kommunizieren, das heißt Fragen zu stellen und Antworten auf diese Fragen verzögerungsfrei entgegenzunehmen. Dazu sind billige Datenendgeräte erforderlich, die über entsprechend kostengünstige Anschlußtechniken mit den zentralen Verarbeitungsrechnern verbunden sind. Allgemein gilt, daß die Bedienung aller dezentralen Einrichtungen einfach und unter laufender Unterstützung auch des ungeschulten Benutzers abgewickelt werden muß. Nur eine hohe Akzeptanz sichert die bereitwillige Nutzung der angebotenen Hilfsmittel und läßt deren Möglichkeiten voll zur Wirkung kommen.

Im Regelfall wird eine Marketingorganisation räumlich verteilt angeordnet sein. Daraus ergeben sich bei der angestrebten Installationsdichte von Datenerfassungsstationen und Dialogstationen sehr komplexe Netzstrukturen, die aus wirtschaftlichen Gründen die Anwendung von Netzknoten erfordern. Nach neueren Konzepten übernehmen diese Knoten nicht nur Aufgaben, die auf die wirtschaftliche Konstruktion eines Datennetzes ausgelegt sind. Das Konzept der Verteilten Verarbeitung überträgt diesen Netzknoten in zunehmenden Maße auch Verarbeitungsfunktionen, die bislang Aufgabe der zentralen Verarbeitungsrechner waren. Zu diesen Aufgaben zählt besonders, die schon erwähnte Akzeptanz durch den unkundigen Endbenutzer sicherzustellen. Es ist einleuchtend, daß ein auf diese Aufgaben spezialisierter Netzknoten für wenige Datenstationen mehr Benutzerkomfort bereitstellen kann als ein ohnehin durch Verarbeitungsaufgaben überlasteter zentraler Rechner, der sämtliche Endbenutzer zufriedenstellen soll. Diese Knoten sind neuerdings preiswerte, spezialisierte Rechner bemerkenswerter Leistung. Mit ihrer Hilfe gelingt der Aufbau komplexer Netze, die drei Hierarchiestufen - Verarbeitungsrechner, Knoten, Datenstation - umfassen.

Die Inbetriebnahme, Betreuung und Instandhaltung - kurz als "Administration" bezeichnet - eines solchen Gesamtsystems stellt neben der reinen Kommunikation eine weitere wichtige Aufgabe dar. Ohne ausgeprägte Unterstützung der Fehlerdiagnose und Fehlerbehebung kann erfahrungsgemäß keine ausreichende Betriebssicherheit erzielt werden.

Alle diese Anforderungen können nur gelöst werden, wenn ein leistungsfähiges Kommunikationssystem - in allen Einzelkomponenten implementiert - für eine sichere Zusammenarbeit aller Partner innerhalb des Netzes sorgt. Leitlinie des Konzeptes moderner Kommunikationssysteme ist die Verteilung der Funktionen eines vielschichtigen Gesamtsystems an beliebige Stellen des Netzes und deren Nutzung von beliebigen Orten im Netz aus. Derartige Verbundprinzipien, die auch den Last- und Sicherheitsverbund mit einschließen, können besonders durch die gleichberechtigte Zusammenarbeit aller Kommunikationspartner verwirklicht werden. Jeder Benutzer, ob Mensch oder Programm, tauscht an einfachen Schnittstellen zum Kommunikationssystem Nachrichten mit beliebigen anderen Partnern aus, ohne die Einrichtungen des Netzes selbst kennen zu müssen.

Eine Fallstudie

Die Einsatzmöglichkeiten der Datenfernverarbeitung zeigt die nachstehende Fallstudie. Ein Großhandelsunternehmen mit einer Zentrale und mehreren Filialen versorgt eine große Anzahl von Einzelhändlern. Die Produkte werden von mehreren Herstellern bezogen.

Das Bild zeigt die Informationswege und die Aufgaben der Datenverarbeitung in diesem Beispiel.

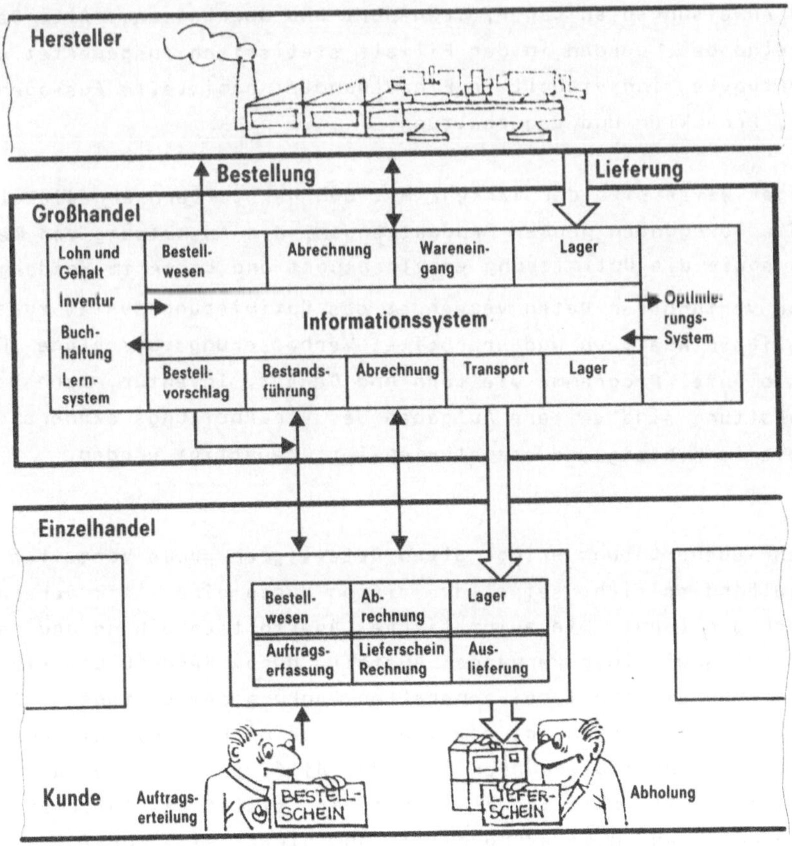

Der Einzelhändler erfaßt Auftragserteilung und Auslieferung direkt mit Hilfe von Datensichtstationen oder speziellen Datenerfassungsstationen. Diese Daten werden zuerst lokal verarbeitet und zur Lieferschein- und/oder Rechnungserstellung sowie Abrechnung und Buchhaltung benutzt. Der Wareneingang im Lager wird ebenfalls direkt erfaßt. Alle diese Daten werden lokal gespeichert und periodisch - in der Regel ein- bis zweimal am Tage - vom Verarbeitungsrechner der zuständigen Großhandelsfiliale abgerufen. Aus diesen Angaben wird für den Einzelhändler ein Bestellvorschlag errechnet und dem Einzelhändler übermittelt. Dieser Vorschlag wird vom Einzelhändler dialogunterstützt am Bildschirm modifiziert und letztlich an die Filiale zurückgegeben. Während dieser Arbeit kann der Einzelhändler auf das zentrale Informationssystem zugreifen. Saisonale Sonderbewegungen, Prognosen, Produktinformationen, Neuigkeiten im Sortiment - alles das gibt dem Einzelhändler wertvolle Hilfe bei seinen Entscheidungen.

Die eingehende Bestellung wird in der Filiale sofort verarbeitet und führt zu Anweisungen an Lager, Transport und Buchhaltung. Alle Daten des Einzelhandels werden in der Filiale statistisch ausgewertet und ergeben wertvolle, individuell je Einzelhändler ermittelte Aussagen zu Umsätzen, Produkten und Lagerhaltung.

In analoger Weise wird der Verkehr mit den Herstellern abgewickelt. Hier stehen die Bewegungen großer Produktmengen, die Ausnützung von Rabattstaffeln sowie die Optimierung von Transport und Lager im Vordergrund. Sämtliche verfügbaren Daten verwendet das Optimierungssystem zu seinen nachträglichen Analysen und erarbeitet Verbesserungsvorschläge für alle Betriebsabläufe. Programme wie Lohn und Gehalt, Inventur, Lernsystem und Buchhaltung sind weitere Aufgaben des Verarbeitungsrechners der Filiale, die im Hintergrund stapelorientiert bewältigt werden.

Die beschriebene Lösung bringt allen Beteiligten große Vorteile:
Der Einzelhändler sieht seine Investition durch eine stark vereinfachte Lagerführung belohnt. Die automatische Lagerfortschreibung und rationelle Bestellabwicklung vermeidet Ausfälle durch Verderb und sichert erhöhte Lieferbereitschaft bei genereller Senkung des Bestandes. Die Lagerhaltungskosten sinken, da das Lager rasch nach Gängigkeit umstrukturiert wird. Mehrerlöse können dank der Hilfe des Systems zusätzlich erzielt werden. Als nützlicher Nebeneffekt leistet das Informationssystem einen umfassenden Beratungsdienst und bietet eine kurzfristige Erfolgskontrolle.

Der Großhändler erreicht dieselben Vorteile "in größerem Maßstab". Lageroptimierung und Transportoptimierung stehen im Vordergrund. Die Unternehmensleitung kann zusätzlich auf lückenlose und aktuelle Statistiken und gesicherte Prognosen zurückgreifen. Das sehr einheitliche Konzept für alle Filialen verringert den Aufwand für Einsatzvorbereitung und Betrieb gegenüber individuellen "Filial-Insel-Lösungen" deutlich.

Das Datenfernverarbeitungssystem TRANSDATA von Siemens

TRANSDATA bietet eine Palette sorgfältig aufeinander abgestimmter Hardware- und Software-Produkte zur Lösung der Aufgabe Datenfernverarbeitung. Das System unterstützt sowohl zentrale wie dezentrale Netzkonzepte. Besonders in dezentralisierten Datenfernverarbeitungssystemen nehmen die Kommunikationsrechner eine Schlüsselstellung ein und können entweder als Datenübertragungsvorrechner, Netzknotenrechner oder als Datenstationsrechner eingesetzt werden.

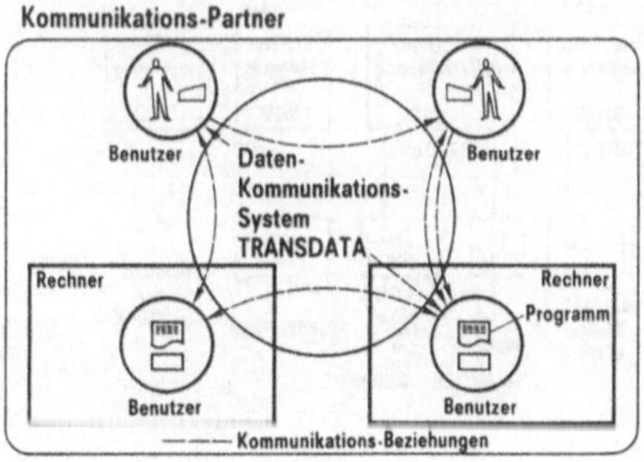

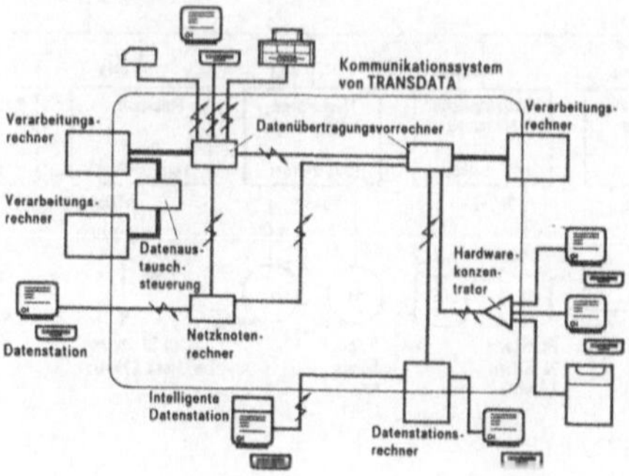

Der Datenübertragungsvorrechner ist direkt an den Verarbeitungsrechner gekoppelt und stellt dessen Zugang zum Datenfernverarbeitungsnetz dar. Der Datenstationsrechner ist am Rande des Netzes angeordnet und unterstützt den Menschen als Benutzer der angeschlossenen Datenstationen, dem er eine menschenfreundliche Mensch-Maschine-Schnittstelle bietet. Im Datenstationsrechner können Anwendungsprogramme ablaufen, er verwaltet eigene Datenbestände und kann vor Ort ohne Unterstützung durch den zentralen Verarbeitungsrechner betrieben und verwaltet werden.

Das Programmsystem für Datenfernverarbeitung und Netzsteuerung TRANSDATA PDN unterstützt alle Einsatzfälle des Kommunikationsrechners.
Es ist ein Mehrrechner-Betriebssystem mit ausgeprägten Kommunikationsleistungen. Nicht nur Anwendungsprogramme, auch die Betriebssystemkomponenten selbst sind Benutzer des Kommunikationssystems. Sämtliche Prozesse laufen nachrichtengesteuert ab. Hinsichtlich seiner Struktur weist PDN eine klare Schichtung in Funktionen auf, die dem ISO-Modell weitgehend entspricht. Das System bietet mit Multiprogramming und Multitasking, dynamischer Speicherverwaltung und einer Nachladetechnik für Programme das erforderliche Real-Zeit-Verhalten. Alle gängigen Datenübertragungswege und Verfahren werden unterstützt.

Die Architektur des Kommunikationsrechners

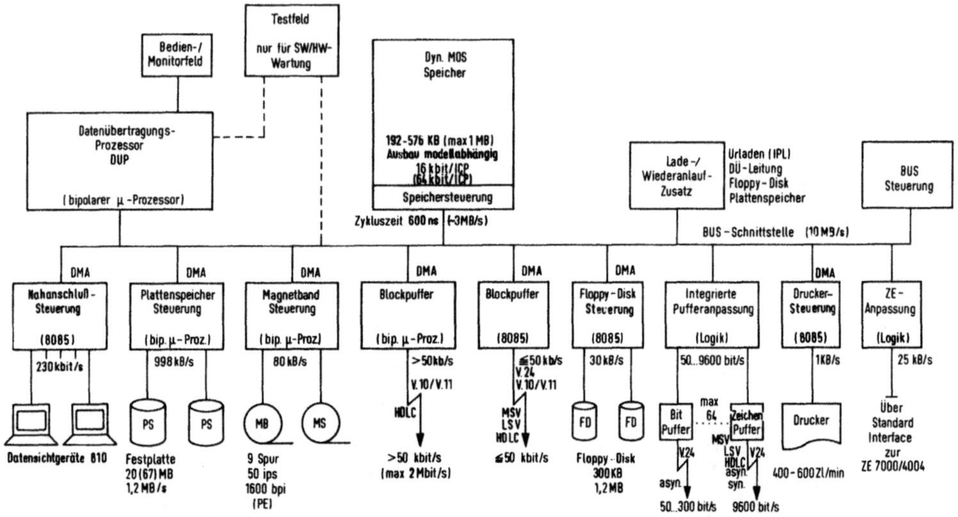

Das Bild zeigt die Architektur der Kommunikationsrechner, die eine voll programmkompatible, in ihrer Leistungs- und Ausbaufähigkeit abgestufte Modellreihe darstellen. Um einen BUS mit DMA (direct memory access) und einer Transferrate von 10 MB/s gruppieren sich mehrere Mikroprozessoren, die entsprechend ihren Spezialaufgaben als intelligente Peripheriesteuerungen unterschiedlich leistungsstark ausgelegt sind. Der zentrale Prozessor ist ein bipolarer Mikroprozessor hoher Leistung. Derselbe Mikroprozessortyp wird auch als Steuerung für Magnetplatte und Magnetband verwendet. Der Arbeitsspeicher kann zur Zeit bis 576 KB ausgebaut werden. Besondere Erwähnung verdienen die als Blockpuffer bezeichneten Datenübertragungssteuerungen, die weitgehend selbständig den Datenverkehr von und zu Datenfernübertragungsleitungen abwickeln.

Die mikroprogrammierte Struktur ermöglicht die Realisierung einer "High-Level-Language-Machine": Die Verarbeitungsprogramme liegen in einem mächtigen Zwischencode vor, der direkt vom Mikroprogramm des zentralen Prozessors interpretativ abgearbeitet wird. Dieses Verfahren verbindet die Vorteile der Programmierung mit den Hochsprachen COBOL und APS (eine Spezialsprache für Kommunikationsanwendungen) mit guter Performance, ausgezeichneten Testhilfen und einer einfachen Portabilität der System- und Anwendersoftware auf zukünftige Rechnerarchitekturen.

Eine praktische Lösung des Fallbeispiels

Das Bild zeigt eine Problemlösung mit den Produkten von TRANSDATA. In den Verarbeitungsrechnern (je nach Größe der Filiale Rechner der Familien 7.500 oder 7.700) sorgen die TRANSDATA-Produkte DCAM, UTM und BCAM für eine einfache Schnittstelle der Standard-Anwender-Software und der Kunden-Software zum Netz. Für die Aufgabe Lagerhaltung und -optimierung, Transportoptimierung, Einkauf, Verkauf sowie Buchhaltung und Abrechnung bietet Siemens Standard-Software. Über den Datenübertragungsvorrechner werden die Filialen und die Rechner (auch Systeme anderer Bauart) der Produkt-Hersteller angeschlossen. Je nach Größe des Einzelhändlers wird der Anschluß der lokalen Datenstationsrechner über Standleitungen stets oder Wählverbindungen nur bei Bedarf hergestellt.

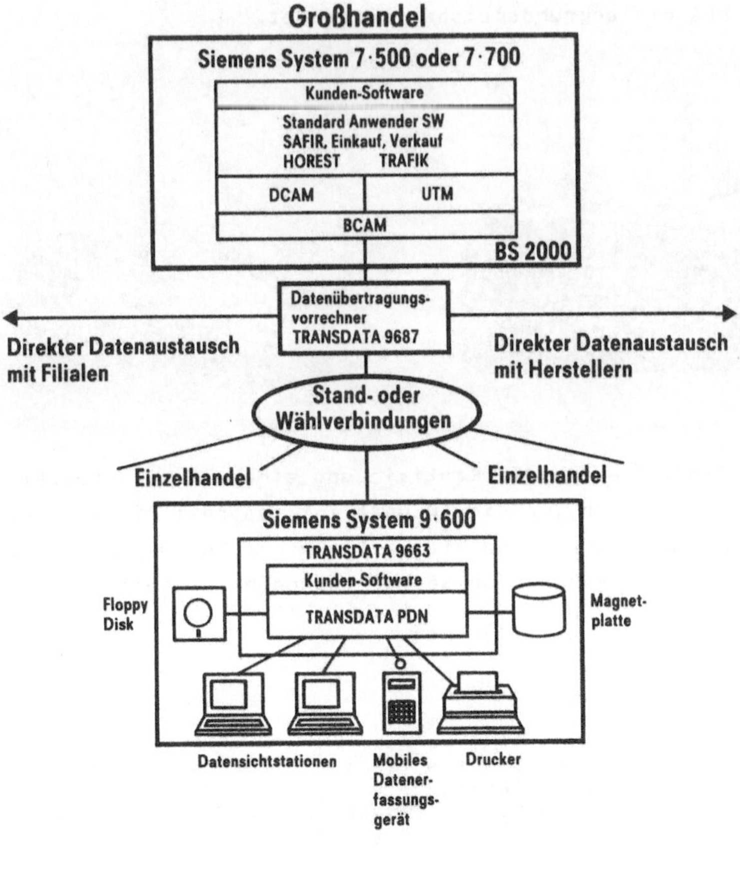

Beim Einzelhändler sorgt ein Siemens System 9.600 mit einem Datenstationsrechner 9663 und einer unterschiedlichen Anzahl von Datensichtstationen und Druckern für die lokale Datenerfassung und Datenvorverarbeitung. Das Bild zeigt die kleinen Abmessungen und die ergonomische Gestaltung dieses Systems. Die Datensichtstation dient zur Datenerfassung, zur Bestelleingabe und für Anfragen an das zentrale Informationssystem. Ein besonderer Beitrag zur Datenerfassung vor Ort ist die mobile Datenerfassungsstation MOBIDA 2. Mit diesem Gerät können Daten alphanumerisch erfaßt, gespeichert und über Infrarotadapter wieder übertragen werden. MOBIDA 2 ist orts- und netzunabhängig, das Gewicht beträgt 1 Kilopond. An das Gerät kann ein Strich-Code-Leser zum Erfassen vorbereiteter Daten angeschlossen werden. Die Station dient zur Direkterfassung im Lager oder Verkaufsraum und spielt die gespeicherten Daten in lokale Dateien des Datenstationsrechners ein. Abhängig von der Größe des Einzelhändlers wird entweder eine Mega-Floppy-Disk oder eine integrierte Magnetplatte als Hintergrundspeicher verwendet.

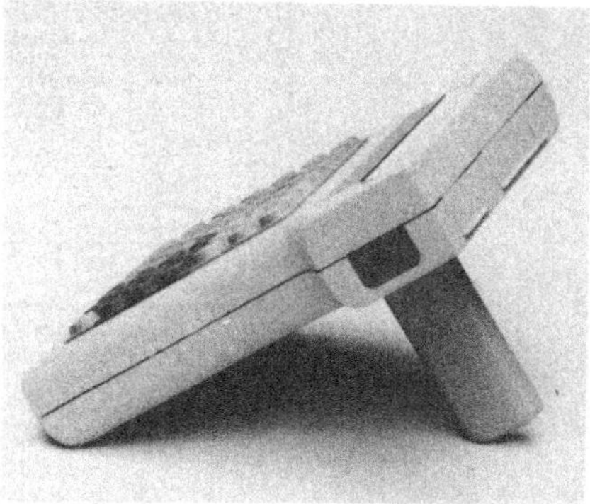

In diesem Beispiel gelang die Realisierung eines in sich geschlossenen Marketingsystems. Auch für die Zukunft ist gesorgt: Die Weiterentwicklung aller beschriebenen Produkte im Sinne der Nutzung der Technologie von morgen ohne Verzicht auf bewährte Lösungen ist bereits in Arbeit!

Literatur

Kommunikationsrechner des Systems TRANSDATA 960; Wolfgang Bäker; telcom report 1 (1978) 3, 164-169

Das Datenfernverarbeitungssystem TRANSDATA von Siemens; J. Feldmann, P. Jilek, R. Nowak; telcom report 1 (1978) 2, 70-77

BILDSCHIRMTEXT IN DER MARKENARTIKELINDUSTRIE

K. WENKE

1. Marketing als zweckdienliche Kommunikation und Informationsauswertung.

Marktprozesse bestehen nicht nur aus dem Austausch von Produkten und Leistungen. Sie setzen Kenntnisse der Bedürfnisse seitens der produzierenden Industrie und der Dienstleister sowie Wissen über das Angebot seitens der Verbraucher voraus. Freie Marktwirtschaft und Planwirtschaft unterscheiden sich geradezu durch Art und Weise des Zustandekommens und der Verwertung von Informationen.

Kommunikationsvorgänge zwischen Verbrauchern und Herstellern mit allen zwischengeschalteten Handesstufen und die zweckdienliche Auswertung der Informationen sind deshalb eine wesentliche Voraussetzung erfolgreichen, das heißt marktgerechten Handelns.

Kommunikation und Informationsauswertung werfen nicht nur die Frage nach den zweckdienlichen Informationsinhalten auf; sie sind auch eine Frage der zur Kommunikation verwendeten Medien und der verwendeten Informationstechnik.

Es wäre reizvoll, die Geschichte des Einflusses von Informationstechniken auf die Wirtschaft zu schreiben. Sie müßte bei den uralten Handelsstraßen beginnen, die auch die ersten Nachrichtenverbindungen darstellten. Es müßte von dem römischen Postwesen, der Rolle der Märkte und Messen, genossenschaftlichen Institutionen wie etwa der Hanse die Rede sein. Der Buchdruck, die Zeitung, das Plakat und schließlich Film und Fernsehen als Werbeträger müßten behandelt werden.

Schließlich müßte von der Buchhaltung, der Idee des Markenartikels als Informationsträger und der Rolle der Registrierkasse, sowie des Telefons und der Telegrafie zur Erschließung weltweiter Rohstoffmärkte berichtet werden.

Gegenwärtig vollziehen sich zwei wichtige Vorgänge, die die Marktprozesse erheblich beeinflussen werden. Geschlossene Warenwirtschaftssysteme beim Handel verbessern die Dispositionsmöglichkeiten des Handelns beachtlich. Bildschirmtext ist eines von mehreren neuen Medien, die die Kommunikation unter allen Beteiligten am Marktgeschehen vielseitig verändern werden.

2. Die externen Kommunikationsbedürfnisse eines Markenartikelherstellers.

Die Kommunikationsbedürfnisse eines Markenartikelherstellers lassen sich am besten strukturieren, wenn man von der Organisation des Unternehmens und den gegenwärtigen Vertriebswegen ausgeht. Ein Teil der informationsbezogenen Tätigkeiten wird am Hauptsitz der Firma ausgeübt. Daneben gibt es oft eine Reihe weiterer Betriebsstätten, wie etwa Produktionsstätten und Außendienstläger, die in ihrer Anzahl stark beschränkt sind. Die in diesem Bereich anfallenden Kommunikationsbedürfnisse lassen sich in der Regel mit den Mitteln der klassischen Datenverarbeitung befriedigen.

Die Markenartikelindustrie ist mit ihrer Umwelt über ihren Außendienst, ihre Vertreter verbunden. Oftmals läßt sich die Umwelt des Unternehmens in direkt beziehende Kunden, (z.B. Großhändler), betreute Vertriebsstellen, (z.B. Einzelhändler) und schließlich Endverbraucher aufteilen, die wie einzelne Schalen das Unternehmen umschließen.

Diese Struktur entspricht dem mehrstufigen Verteilungsprozeß der Markenartikel. Mit zunehmender Distanz vom Hauptsitz nimmt die Anzahl der Kommunikationspartner zu.

Einzelne Kommunikationsvorgänge wie Angebot, Bestellung, Rechnungsstellung, Besuchsbericht des Vertreters lassen sich mengenmäßig erfassen. Die Kontakte mit dem Verbraucher lassen sich mengenmäßig jedoch meist nur schwer ermitteln.

Für die Kommunkationsanalyse ist ein entsprechendes Schalenmodell zweckmäßig. Eine grobe Abschätzung der Kommunikationskosten für verschiedene Medien ist möglich. Dabei stellt sich heraus, daß das neue Medium Bildschirmtext eine sehr interessante kostengünstige Alternative zu den heute üblichen Informationsträgern darstellt.

Sicherlich kann Bildschirmtext nicht das Verkaufsgespräch und die persönliche Begegnung ersetzen. Bildschirmtext kann aber eine ergänzende und unterstützende Funktion dort wahrnehmen, wo die Personalkosten so steigen, daß sie vom Bezahlenden nicht mehr akzeptiert werden.

3. Das neue Medium Bildschirmtext

Jeder Kommunikationsvorgang setzt einen Informationsträger als Darstellungsmittel und ein Übermittlungsverfahren voraus. Bei der Zeitung ist der Informationsträger das bedruckte Papier und das Übermittlungsverfahren der Zustelldienst der Zeitung.

Beim Bildschirmtext werden der Fernseher zur Darstellung der Information und die Telefonleitungen zur Übermittlung verwendet. Der Vorteil dieser Kombination liegt in der großen Verbreitung der Fernsehgeräte und Telefonanschlüsse.

Die Kommunikation mittels Bildschirmtext erfolgt über von der Bundespost aufgestellte Rechner, in denen auszutauschende Informationen gespeichert werden können. Dabei ist es möglich, Informationen allen Teilnehmern wie etwa bei der Zeitung zugänglich zu machen, aber auch wie beim Telefon mit einzelnen ganz bestimmten Teilnehmern unter Ausschluß der Öffentlichkeit zu kommunizieren.

Um die Verbreitung von Bildschirmtext zu erleichtern, ist die Bedienung über eine erweiterte Fernbedienung denkbar benutzerfreundlich gestaltet. Großer Wert wurde auch auf die Wirtschaftlichkeit dieses neuen Kommunikationsverfahrens gelegt. Als einmalige Investition fallen die Kosten für einen Telefonanschluß und einen entsprechend ausgerüsteten Fernseher an, die sich nach Beginn der Massenproduktion bald nicht sehr von der für einen guten Fernseher unterscheiden sollten. Als laufende Kosten werden Gebühren für ein Modem in Höhe von DM 5,-- monatlich und die Telefongebühren für Ortsgespräche erhoben, also DM 0,23 für 8 bzw. 12 Minuten.

Bildschirmtext wird seit Juni 1980 mit maximal je 3000 Teilnehmern in Berlin und Düsseldorf-Neuß erprobt. Mit der bundesweiten Einführung ist 1983 zu rechnen.

Da sich die Rechner in den Bildschirmtext-Zentralen mit den Computern in den Markenartikelunternehmen verbinden lassen, läßt sich der Bildschirmtext sehr vorteilhaft zur Kommunikation eines Markenartikelunternehmens mit seinem Außendienst, seinen direkten und indirekten Kunden sowie den Verbrauchern einsetzen.

4. Datenbasen als Voraussetzung für Kommunikation

Erfolgreiches Marketing setzt auch voraus, daß man die unter den Kommunikationspartnern ausgetauschten Informationen sammelt und zweckentsprechend auswertet. Darüber hinaus müssen zusätzliche Informationen erhoben werden. Die Sammlung geeigneter Informationen erfolgt in dafür vorbereiteten Archiven, die man im Sprachgebrauch der Datenverarbeiter Datenbasen oder Marketing-Datenbanken nennt.

Die Datenbasen sind den Bedürfnissen des jeweiligen Markenartikel-Herstellers und den zur Verfügung stehenden Auswertungsmethoden angepaßt. Eine Möglichkeit, die zu archivierenden Informationen zu strukturieren, ist mit dem Schalenmodell gegeben. Der Schale des Außendienste entspricht dann eine Datenbank, mit der die Aktivitäten der Außendienstmitarbeiter registriert werden. Den Schalen der direkt belieferten und der betreuten Kunden entspricht eine Vertriebsstellendatei, die alles Wissenwerte über die Geschäftsbeziehung mit dem Kunden registriert. Der Schale der Verbraucher entspricht eine Markt-Datenbank, die in geografischer Gliederung Informationen über eigene und Konkurrenzprodukte, unterteilt nach Handelskategorien und weiteren Gesichtspunkten, enthält. Zur Ergänzung sind oft Auftragsbestandsdateien nützlich. Alle diese Datenbasen können etwa durch das Prinzip der invertierten Dateien analytischen Abfragen in mannigfaltiger Weise zugänglich gemacht werden.

Der Nutzen einer Datenbank hängt nicht nur von den Auswertungsmethoden und der Darstellung der Ergebnisse ab, wie das überwiegende wissenschaftliche Interesse vermuten läßt. Die Qualität einer Datenbasis wird auch von ihrem Inhalt und den Kosten der Datenbeschaffung und -pflege bestimmt.

In diesem Zusammenhang hat der im Rechnerverbund mit dem firmeneigenen Computer eingesetzte Bildschirmtext den Vorteil eines wirtschaftlichen und schnellen Datenerfassungssystems. Bildschirmtext kann als ein Datensammelsystem fungieren, das alle vom Außendienstmitarbeiter, Kunden und Verbraucher eingegebenen Daten direkt in die entsprechenden Datenbanken zur Bearbeitung und Archivierung übermitteln kann.

Mit dieser Datensammelfunktion können Bestellungen, Lieferscheine, Besuchsberichte und ähnliches einfach erfaßt und übermittelt werden. Es ist auch an Einzelhandels- und Verbraucherpanel zu denken, mit denen die Marktforschungsabteilungen in engem ständigen Kontakt stehen können.

Einfache Datenbasen lassen sich selbst als Bildschirmtext-Datenbanken halten und erschließen demjenigen, der nicht über eine große Datenverarbeitungsanlage verfügt, gewisse Möglichkeiten.

5. Bildschirmtext und Werbung

In der öffentlichen Diskussion des Mediums Bildschirmtext spielt die Werbung eine sehr große Rolle, weil der Fernseher als Darstellungsmittel beim Bildschirmtext mit der bekannten Fernsehwerbung assoziiert wird. Bildschirmtext hat aber seine eigenen vom herkömmlichen Fernsehen abweichenden Gesetze, die beachtet werden wollen.

Bildschirmtext ist ein Medium, daß vom Benutzer Aktivität fordert. Es unterscheidet sich damit von Medien wie Plakatanschlag, Fernsehspot und Zeitungsanzeige, die auch den passiven Verbraucher erreichen. Der Bildschirmtext-Benutzer bestimmt durch seine Auswahl, was ihm vorgelegt wird. Da die Nutzung Geld kostet, wird er nur die Seiten abrufen, die ihm offensichtliche Vorteile bringen. Der Benutzer wird komplizierte Suchpfade vermeiden.

Er wird eine Information dort suchen, wo er bisher gewohnt war, sie zu finden.

Bildschirmtext ist für den Informationsanbieter sehr preiswert. Bildschirmtext ist auch schnell aktualisierbar. Die Nutzung jeder einzelnen Bildschirmtext-Seite und damit der Erfolg der Werbung ist nachprüfbar.

Aus diesen Eigenschaften von Bildschirmtext folgt, daß Bildschirmtext-Werbung erfolgreich sein kann, wenn sie mit Unterhaltung und Freizeit verknüpft werden kann, da viele Nutzer auf diesem Gebiet aktiv Angebote suchen.

Auch für Sonderangebote und Kleinanzeigen ist Bildschirmtext geeignet, weil auch auf diesem Sektor die aktive Suche mit Vorteilen für den Benutzer verbunden ist. Ein anderer Vorteil für den Benutzer ist die Auswahl von Produkten und Dienstleistungen vom Sofa aus, außerhalb der Geschäftszeiten ohne lange Wege. Hiervon können Versandhandel, Theater- und Konzertagenturen, Reiseveranstalter und ähnliche Unternehmen profitieren.

Die einfach und preiswerte Informationseingabe ist besonders für den lokalen Einzelhandel mit beschränktem Kundenkreis interessant, der auf aktuelle Angebote und Preise aufmerksam machen kann.

Der überlegte Einsatz von Bildschirmtext wird große wirtschaftliche Auswirkungen zeigen wie etwa erleichterte Preisvergleiche, eine Verschiebung des Umsatzanteils zugunsten des Versandhandels, eine Verringerung der Impulskäufe usw.

Bei alledem darf man nicht vergessen, daß wir eher eine mengenmäßige Informationsschwemme haben und daß der Zeitaufwand für Medienkonsum insgesamt eher stagniert.

Angesichts dieser Aussichten ist in den Gesetzen von Berlin und von Nordrhein-Westfalen zum Bildschirmtextversuch eine Trennung von Information und Werbung vorgeschrieben. Darüber hinaus bestehen für die Aufnahme im Suchbaum und für die Informationsinhalte weitere Vorschriften. Die Wirtschaft plädiert für eine Selbstkontrolle ähnlich dem Presse- oder Werberat.

6. Über die Zukunft von Bildschirmtext

Die Einbeziehung von Bildschirmtext in die Marketing-Überlegungen muß davon ausgehen, daß dieses neue Kommunikationsmedium nicht mit einem Schlage in allen Haushaltungen vorhanden sein wird. Man wird sich auf eine längere Einführungszeit einrichten und eine entsprechende Strategie einschlagen müssen.

Das Einführungstempo wird zunächst durch die Leistungsfähigkeit der Fernsehhersteller und der Investitionskapazität der Bundespost für Rechner, Leitungen und Anschlüsse bestimmt. Hier sind natürliche Grenzen gegeben. Wenn man an eine durchschnittliche Lebensdauer eines Fernsehers von 10 Jahren denkt, so ist eine Vollversorgung vermutlich erst etwa nach Ablauf einer ähnlich langen Zeitspanne zu erwarten.

Unter den Bildschirmtext-Teilnehmern gibt es solche, die Bildschirmtext aus beruflichen und solche, die ihn aus privaten Gründen benutzen wollen. Die Erfahrungen aus England lassen vermuten, daß die beruflichen Teilnehmer anfangs die privaten Interessenten erheblich überwiegen werden. Die Markenartikel-Industrie kann es sich wahrscheinlich leisten, ihre Vertreter mit Bildschirmtextgeräten zur Verbesserung der Kommunikation mit der Zentrale auszurüsten. Ähnliches gilt für den Versandhandel mit seinen Sammelbestellern.

Alle Anzeichen sprechen sogar dafür, daß der Bildschirmtext eines der wichtigsten Instrumente zur Rationalisierung des Vertriebes sein wird, mit dem man den steigenden Kosten und den wachsenden Leistungsanforderungen begegnen kann. Vertreter und Sammelbesteller sind auch Verbraucher, allerdings nur ein bescheidener Anteil. In der Vorstellung des Schalenmodells darf man davon ausgehen, daß aus der Sicht des einzelnen Unternehmens die Vollversorgung der inneren Schalen früher erreicht sein wird als die Vollversorgung der äußeren Schalen.

Bei den privaten Teilnehmern ist zu erwarten, daß die Haushalte mit höherem Einkommen und aktive Interessenten mit höherer Ausbildung und in mittleren Lebensjahren den Anfang machen werden. Diejenigen, die mit dem neuen Medium aufwachsen, werden den Bildschirmtext vorbehaltlos akzeptieren.

Zusatzgeräte wie Drucker, Kassettenrecorder, Ausweisleser und ähnliche sowie eine Leistungserweiterung der Bildschirmtext-Programme werden immer neue Verwendungsmöglichkeiten erschließen.

Mit großer Sicherheit darf man davon ausgehen, daß in den nächsten Jahren die innerbetriebliche Nutzung im weitesten Sinne vorherrschen wird. Deshalb gehört die Beschäftigung mit Bildschirmtext in der Markenartikelindustrie zweckmäßigerweise nicht in die Hände der Werbeabteilungen sondern in die der innerbetrieblichen Organisatoren und Datenverarbeiter, die am ehesten die technischen Möglichkeiten des Rechnerverbundes beherrschen.

SPRACHERKENNUNG - TECHNIK UND EINSATZMÖGLICHKEITEN

D. KLUGMANN

1. Einleitung

Die rasante Entwicklung der Digitaltechnik, besonders auf dem Gebiet der Hochintegration und damit der Mikroprozessoren führte dazu, daß die Intelligenz datenverarbeitender Maschinen erheblich zugenommen hat.

Man vermutet deshalb zu Recht, daß damit die Bedienbarkeit von Maschinen, d.h. der Austausch von Informationen zwischen Mensch und Maschine besser den Bedürfnissen des Menschen angepaßt werden kann. Ein lang gehegter Wunsch könnte sich erfüllen, nämlich der Dialog mit Maschinen mittels Sprache; denn Sprechen ist für den Menschen die natürliche Art des Informationsaustausches. Die heute verwendeten Dialoggeräte, wie Tastaturen, sind im Prinzip eine Anpassung des Menschen an die Maschine und nicht umgekehrt. Menschen bevorzugen jedoch zur Mitteilung ihrer Gedanken die Sprache und zur Entgegennahme von Informationen die schriftliche Form. Diese bekannte Wechselbeziehung sollte auch in die moderne Welt der Datenverarbeitung und Bürokommunikation übertragen werden. Während die Ausgabe schriftlicher Informationen und selbst die Ausgabe durch Sprache als gelöst betrachtet werden können, sind auf dem Gebiet der Spracheingabe noch einige Probleme zu bewältigen.
Man kann jedoch sagen, daß eine befriedigende Lösung in den kommenden Jahren erfolgen wird. Die automatische Spracherkennung ist aufgrund des heutigen Standes der Technik keine Utopie mehr. Inzwischen werden Geräte angeboten, die bis zu 600 isoliert gesprochener Worte erkennen können. Diese Geräte werden erfolgreich eingesetzt, wo die herkömmliche Eingabe über Tastaturen ungeeignet oder nicht möglich ist, wenn z.B. die Hände beschäftigt sind, der Benutzer mobil sein muß, die Umweltbedingungen für Tastaturen nicht geeignet sind, oder Personal durch Spracheingabe eingespart wer-

den kann (Inventuraufnahme, Qualitätskontrolle, NC-Programmierung, Paketsortierung).
Es wird auch mit Nachdruck an der Entwicklung von Geräten gearbeitet, die bei eingeschränktem Vokabular fließende Rede erkennen können.
Darüberhinaus hat man erkannt, daß Genauigkeit und Sicherheit bei der Spracherkennung zu steigern sind, wenn man beim Erkennungsprozeß neben den akustisch-phonetischen Merkmalen der Sprache auch syntaktische und semantische Informationen sowie Informationen über den Kontext mit heranzieht.

Prototypen dieser Art gehören in das Gebiet der Sprachinterpretation. Sie arbeiten zufriedenstellend unter folgenden Einschränkungen: klar abgegrenzte Aufgabengebiete, limitiertes Vokabular, einfache gramatikalische Strukturen und kooperatives Verhalten der Sprecher.
Jedoch ist man noch weit entfernt von der Beherrschung des uneingeschränkten Dialogs verschiedener Sprecher mit Maschinen.
Hier sind noch einige Jahre intensiver Forschung vonnöten.
Man kann aber heute sagen, daß der zweckgerechte Einatz von Spracherkennung für begrenzte Aufgabenstellungen derzeit als zuverlässig und erfolgreich gilt, bewiesen durch eine Vielzahl von Anwendungen weltweit.

2. Warum automatische Spracherkennung?

Die Erkennung von Sprache durch Automaten bringt eine Reihe von Vorteilen mit sich. In Ergänzung der allgemeinen Betrachtungen sind nachfolgend einige Vorteile aufgeführt.

Die Spracheingabe ermöglicht:

. die vereinfachte Bedienung von Maschinen, denn Sprache ist das natürliche Kommunikationsmittel.
. eine wesentlich erhöhte Eingabegeschwindigkeit und dadurch eine Beschleunigung der Kommunikation.
. den direkten Dialog mit Maschinen. Dadurch wird das Arbeiten mit Maschinen zuverlässiger.
. die Hände frei zu haben für andere Arbeiten.
. größere Bewegungsfreiheit des Kommunizierenden.
. die Einarbeitungszeiten entscheidend zu verkürzen.
. die Kosten erheblich zu reduzieren.

Diese Vorteile bieten bereits einfache Erkennungsgeräte, die man heute kaufen kann. Durch laufende technische Verbesserungen werden einerseits ständig neue Anwendunsgebiete erschlossen, andererseits die Vorteile vermehrt und damit die Akzeptanz der Geräte durch die Benutzer gesteigert.

3. Grundlagen der Spracherkennung

Sprache ist ein Schallereignis, das in spezifischer Weise durch den Menschen erkannt und interpretiert werden kann. Der Erkennungs- und Interpretationsvorgang beim Menschen basiert einerseits auf der Auswertung akustisch-phonetischer Information andererseits aber auf der Interpretation des Kontextes.
Insgesamt sind die Mechanismen der Spracherkennung beim Menschen bisher nur ungenügend erforscht. Charakteristisch sind assoziative Vorgehensweise und Lernfähigkeit.
Der Mensch wertet die Sprache auf mehreren Ebenen aus, wie Sprachsignal, Phonem, Wort, Satz und komplexe Aussage. Man kann deshalb die menschliche Sprachverarbeitung durch Modelle beschreiben, bei dem mehrere parallel arbeitende Prozesse die Sprache unter verschiedenen Aspekten auswerten. Inwieweit nun diese Prozesse zur Erkennung durch Maschinen herangezogen werden, hängt vom jeweiligen Implementierungsaufwand ab.
Primär muß jedoch das Sprachsignal abgetastet und parametrisiert werden, damit es für die weitere Verarbeitung zugänglich wird.
Die Vorverarbeitung hat die folgenden Funktionen:

. Analyse des Sprachsignals und dessen Parametrisierung.
. Reduktion der Irrelevanz, da beim Sprechen ca. 10^5 bit/s erzeugt werden.
. Dynamikkompression, das bedeutet Ausgleich von Amplitudenspitzen, da nicht immer mit gleicher Lautstärke gesprochen wird.
. Umwandlung der Ergebnisse in digitale Form für die Weiterverarbeitung.

Es gibt verschiedene Möglichkeiten der Vorverarbeitung:
Die Filterbanktechnik analisiert das Frequenzverhalten des Sprachschalls. Der Vorteil dieser Methode liegt in der parallelen Echtzeitberechnung der Parameter.
Bei der Kurzzeitspektralanalyse werden die Kurzzeitspektoren mittels Fast-Fourier-Transformation errechnet. Aus dem Spektrum wer-

den dann Frequenzen und Bandbreite der Formanten bestimmt. Formante sind die Resonanzbereiche bei Vokalen bzw. stimmhaften Lauten. Das Linear Predictive Coding (LPC) dient der Beschreibung des Vokaltrakts. Dabei werden die Filterkoeffizienten eines Vokaltraktmodells mit rekursiver Filterstruktur gewonnen. Daraus wiederum werden die Spektralparameter errechnet.
Die Cepstrum-Analyse ist dem LPC sehr ähnlich. Sie liefert jedoch eine präzisere Beschreibung des Vokaltraktmodells als LPC. Ihr Nachteil ist der hohe Verbrauch an Rechenzeit.
Welche Vorverarbeitungsmethode im jeweiligen Fall zur Anwendung kommt, hängt vom Aufgabenbereich und dem möglichen Implementieraufwand ab. Oft werden für die Vorverarbeitung auch Mischformen verwendet.

Der Vorverarbeitung schließt sich die digitale Weiterverarbeitung an. Ziel der Weiterverarbeitung ist eine möglichst eindeutige Klassifizierung des zu untersuchenden Parametersatzes mittels eines geeigneten Klassifikators. Weil Sprecher nicht immer mit gleicher Geschwindigkeit sprechen, muß vor der Klassifizierung eine Zeitnormalisierung vorgenommen werden.
Eine elegante Methode zur Zeitnormalisierung stellt die dynamische Programmierung dar. Im Gegensatz zu linearen Normalisierungsverfahren leistet die dynamische Programmierung eine weit bessere Anpassung an den tatsächlichen zeitlichen Sprechverlauf, weil auch innerhalb eines Wortes Zeitschwankungen ausgeglichen werden. Erst nach dieser Manipulation des Parametersatzes kann klassifiziert werden.
Klassifikatoren sind Programme, die jeden angebotenen Parametersatz einer bestimmten Klasse zuordnen. Auf dem Gebiet der Spracherkennung gehört bei der Einzelworterkennung jedes Wort eines Vokabulars einer bestimmten Klasse an.
Das bedeutet, daß ein Erkennungsgerät für 600 unterschiedliche Worte einen Klassifikator benötigt, der 600 Klassen diskriminieren kann.
Ein generelles Problem der Klassifikatoren ist die Tatsache, daß bei großer Klassenanzahl die Geschwindigkeit sinkt und die Zahl der Fehlzuweisungen (Substitutionen) ansteigt. Der Geschwindigkeitsabnahme kann durch Anreicherung mit HW-Komponenten entgegengewirkt werden, dagegen bereiten die Substitutionen ernsthafte Schwierigkeiten.

Wenn es sich nicht um Systeme für Einzelworterkennung handelt, sondern zur Erkennung fließender Rede, so muß vor der Klassifikation noch eine Segmentierung des Parametersatzes z.B. nach Wortgrenzen vorgenommen werden.

Allgemein ist bei der Spracherkennung anzumerken, daß die Geräte vor dem Einsatz durch den Benutzer trainiert werden müssen. Es ist üblich, daß jedes Wort des Vokabulars in der Trainingsphase mehrfach vorgesprochen werden muß (z.B. 5 bis 10 mal). Die Maschine bildet aus allen Parametersätzen den Mittelwert, der dann vom Klassifikator übernommen wird.
Neuere Untersuchungen führten zu einer Verkürzung der Trainingsphasen, indem z.B. nur noch einige Worte gesprochen werden müssen und die Maschine dann einen Standard-Parametersatz in einen spezifischen Satz für den Benutzer transformiert.
Das führt zu einer weiteren Eigenschaft von Spracherkennungsgeräten, nämlich der Bezogenheit auf spezifische Benutzer. Das Gerät passt sich den Sprachspezifika des Benutzers an. Dieser Effekt ist für die Identifikation von Sprechern nützlich, bei der allgemeinen Spracherkennung jedoch unerwünscht. Deshalb hat in den Laboratorien die Lösung des Problems der Unabhängigkeit vom Sprecher eine besonders hohe Priorität.
Weitaus besser im Griff hat man heute das Problem der Unterdrükkung von Nebengeräuschen. Hier finden zum Teil inverse Filter Verwendung, doch genügt in den meisten Fällen ein geräuschlimitierendes Mikrofon. Ausgerüstet mit solchen Mikrofonen können diese Geräte in Räumen benutzt werden, in denen bis zu 90 dB Geräuschpegel herrschen. Voraussetzung ist dabei nur, daß die Geräte auch in der gleichen Umgebung trainiert werden.

4. Gliederung des Gebietes Sprachverarbeitung

Das Gebiet der Sprachverarbeitung gliedert sich in die Bereiche Spracheingabe und Sprachausgabe. Die Sprachausgabe ist an dieser Stelle nicht Gegenstand weiterer Betrachtungen. Es sei nur bemerkt, daß für die Ausgabe von Sprache Sprachsynthetisatoren (Vocoder) verwendet werden, die verschiedene Hersteller anbieten. Weiterhin spielen magnetisch aufgezeichnete Sprachkonserven z.B. bei telefonischen Ansagediensten der Post eine Rolle. Die Spracheingabe ist wiederum in zwei Teilbereiche gegliedert: Sprecheridentifikation und Sprecherverifikation haben das Ziel, zu erkennen, wer gesprochen hat; denn vergleichende Tests haben ergeben, daß, ähnlich der Identifikation durch Fingerabdrücke, die sprachspezifischen Merkmale eines Sprechers ganz individuelle Eigenschaften besitzen.

Sprecheridentifikation ist eine Disziplin der Kriminologie. Das bedeutet, daß der zu identifizierende Sprecher nicht kooperativ ist. Oft handelt es sich um Telefonaufzeichnungen, bestehend aus Sprachfetzen schlechter Qualität. Die Sprecherverifikation hingegen hat die Sprache eines kooperativen Sprechers zum Gegenstand. Erprobt werden solche Verfahren u.a. in Banken, wo neben der Unterschrift Sprachproben herangezogen werden, um zusätzliche Sicherheit bei der Identifikation zu gewinnen.
Ziel der Spracherkennung ist es, zu erkennen, was gesprochen wurde. Aufgrund langjähriger Erfahrung hat sich herausgestellt, daß die Zielprojektion "Universal-Maschine" nicht realistisch ist. Es ist vielmehr zweckmäßig, Geräte für bestimmte Aufgabengebiete zu entwickeln, die, eingesetzt in diesen Gebieten, optimale Leistungen und Ergebnisse erbringen. Die Geräte zur Spracherkennung sind somit gegliedert in Geräte zur Erkennung isoliert gesprochener Worte, in Geräte zur Erkennung fließender Rede und in Systeme zur Sprachinterpretation. Die Einzelworterkennung sowie die Erkennung fließender Rede unterliegen dabei folgenden Einschränkungen:

. Das Vokabular kann nicht beliebig groß sein (z.B. 600 Worte)
. Der Benutzer muß an das Gerät adaptiert werden.

Schließlich kommen die Systeme zur Sprachinterpretation der Beantwortung der Frage nahe, worüber gesprochen wurde. Diese Systeme verwenden zur Spracherkennung sog. Knowledge-Bases. Die Knowledge-Bases sind beschränkt auf bestimmte Aufgabengebiete und enthalten Informationen über Syntax, Semantik und Pragmatik des jeweiligen Aufgabengebietes.
Diese Systeme sind an große Rechnerkonfigurationen gekoppelt und existieren derzeit in Gestalt weniger Prototypen.

4.1 Einzelworterkennungssysteme

Spracherkennungssysteme arbeiten nach folgendem Prinzip:
Das vom Mikrofon empfangene Wort wird der Vorverarbeitung zugeführt. Es werden die Parameter des Sprachsignals errechnet, die eine möglichst redundanzfreie parametrische Repräsentation des gesprochenen Wortes darstellen. Diese parametrische Repräsentation wird fortan Muster genannt. Nach der Festlegung von Beginn und Ende aufgrund von Amplitudenschwellwerten erfolgt die Dyna-

mikkompression und die Unterdrückung von Störgeräuschen. Als Ergebnis erhält man ein Wortmuster.
Befindet sich die Maschine im Trainingsmodus, so wird das Wortmuster in die Liste der Referenzmuster aufgenommen. Andernfalls wird eine Zeitnormalisierung durchgeführt und anschließend klassifiziert. Das Ergebnis der Klassifikation ist die Nummer eines Referenzmusters, dessen Bedeutung angezeigt werden kann. Voraussetzung für gutes Funktionieren der Geräte ist kooperatives Verhalten des Sprechers.
Bei den Anwendungen dieser Art von Geräten wird man den Wortschatz untergliedern. Dazu ein Beispiel: Ein Spracherkennungs gerät wird bei Inventurarbeiten eingesetzt. Das Grundvokabular enthält Begriffe wie Artikelnummer, Artikelart, Hersteller, Preis etc. Sobald die Maschine z.B. Artikelnummer erkennt, wird ein Untervokabular geladen, das nur die zehn Ziffern enthält. Nach Eingabe der sechsstelligen Artikelnummer kehrt die Maschine zum Grundvokabular zurück. Der nächste Begriff soll Artikelart sein.

Daraufhin wird das Untervokabular Artikelart geladen, welches wiederum weitere Unterteilungen haben kann. Auf ein Schlüsselwort kehrt die Maschine wieder zum Grundvokabular zurück usw. Die Vorteile dieses Vorgehens sind evident, nämlich

. Der Wortschatz ist "beliebig" erweiterbar
. Es wird gleichzeitig ein Syntaxcheck durchgeführt
. Erkennungsgenauigkeit und -Geschwindigkeit bleiben bei optimalen Werten.

Viele der heute installierten Anwendungen gehen nach diesem Prinzip vor, da es die richtige Nutzung eines Einzelworterkennungsgerätes ermöglicht.

4.2 Systeme zur Erkennung fließender Rede

Komplizierter als die Erkennung einzeln gesprochener Worte, ist die Erkennung fließender Rede. Wenn, wie üblich, die Worte zusammenhängend gesprochen werden, lassen sich die Wortgrenzen nicht mehr mit Sicherheit feststellen. Die unbekannten Wortfolgen müssen von links nach rechts abgearbeitet werden, wobei probeweise Wortgrenzen angenommen werden. Die endgültige Festlegung der Wortgrenzen geschieht erst dann, wenn alle Worte sicher erkannt wurden.

Nach Abwicklung der Vorverarbeitung und Normalisierung liegt die Parameterrepräsentation der unbekannten Äußerung vor. Dann beginnt die Segmentierung und vorläufige Kennzeichnung der Segmente. Das Ergebnis ist ein phonetischer String, aus dem mittels zusätzlicher Syntax-Information die möglichen Worte der Äußerung selektiert werden. Der phonetische String und das Analyseergebnis aller möglichen Stellungen der Worte im Kontext werden einem Matchingprozeß zugeführt. Bei Analyse der Kombinationen verwendet man zusätzlich Grammatik- und Lexikoninformationen. Während des Matchingprozesses werden solange neue Wortsequenzen generiert, und nach bestimmten Kriterien bewertet, bis die passende Sequenz gefunden wurde. Die Bedeutung dieser Sequenz ist das Analyseergebnis.
Die Vorteile der Erkennung fließender Rede sind darin zu sehen, daß keine Pausen zwischen den Worten erforderlich sind und keine besonders akurate Sprechweise notwendig ist.
Prototypen solcher Geräte sind heute bereits in der Erprobung. Die Einschränkungen liegen im Umfang des Wortschatzes und der Länge und Struktur der zugelassenen Sätze.

4.3 Systeme zur Sprachinterpretation

Wie es der Name schon sagt, dienen Systeme zur Sprachinterpretation nicht nur zur Erkennung, was gesprochen wurde, sondern zusätzlich der Feststellung, worüber gesprochen wurde. Das ist nur dann möglich, wenn weitere Informationen beim Erkennungsprozeß herangezogen werden. Diese sind in den sog. Knowledge-Bases enthalten. Diese Informationen enthalten Angaben zur Grammatik und Syntax, d.h. welche Satzstrukturen möglich bzw. zugelasen sind, Angaben zur Semantik, d.h. zur Bedeutung der Worte im Kontext und Angaben zur Pragmatik, d.h. zur Aufgabe und Situation.
Zunächst wird Spracherkennung durch akustische Analyse durchgeführt. Allerdings sind die Anforderungen an die Erkennungssicherheit wesentlich geringer. Das Ergebnis der akustischen Analyse ist eine Lautfolge, die zur Wortidentifikation weitergeleitet wird. Mit Hilfe von Lexikoninformationen werden die einzelnen Worte identifiziert. Anschließend beginnt die Syntaxanalyse, zur Festlegung von Wortgrenzen und Prüfung auf gültige Wortfolgen im Satz. Schließlich dient die semantische Analyse der Feststellung, ob der Satz im Rahmen der gestellten Aufgabe sinnvoll ist. Die

einzelnen Funktionen beeinflussen sich in vielfacher Weise, d.h. daß z.B. die Wortgrenzen erst dann endgültig festgelegt werden, wenn syntaktische Richtigkeit vorliegt.
Systeme zur Sprachinterpretation sind an große Rechner gebunden, wo durch Informationssysteme die zusätzlichen Erkennungsinformationen bereitgestellt werden.

5. Anwendungsmöglichkeiten der Spracherkennung

Die Spracherkennung ist seit mehreren Jahren dem Laborstadium entwachsen, denn besonders Erkennungssysteme für isoliert gesprochene Worte sind nicht nur als Prototypen sondern als Serienfabrikate vielerorts heute im Einsatz. Die Anwendungen lassen sich drei Anwendungsklassen zuordnen, nämlich

1. "Dritter Arm" (beide Hände sind beschäftigt)
2. Dateneingabe und Abfrage von Datenbanken
3. Steuerung von Maschinen durch Kommandos

Zu den heute bekannten Anwendungen gehören die Inventuraufnahme, Qualitäts- und Fließbandkontrolle (z.B. in der Autoindustrie), Wareneingangskontrolle und Flugzeugcheck. Bei allen diesen Anwendungen wird hohe Mobilität des Benutzers gefordert, die dadurch erreicht wird, daß der Benutzer durch einen Sender drahtlos mit der Anlage verbunden ist.
Von großer Bedeutung sind auch Anwendungen bei der Paket- und Fluggepäcksortierung. Versuchsinstallationen gibt es bei der Bundespost.
Eine weitere Kategorie von Anwendungsfällen ist die Dateneingabe und Abfrage von Datenbanken. Hier gelangen sowohl Einzelworterkennungsgeräte als auch Geräte zur Sprachinterpretation zum Einsatz.
Ferner sind Anwendungen in Verbindung mit Rechnern zu nennen, sowohl für das Operating von Rechnern, als auch für die Programmierung, besonders die NC-Programmierung.
Die Phonodiktiermaschine (Voice Activated Typewriter) ist eine Schreibmaschine, deren Tastatur durch ein Mikrofon ersetzt ist. Als universelles Gerät, das beliebige Sprache von beliebigen Sprechern versteht, ist diese Maschine kaum realisierbar. Schränkt man jedoch Aufgaben und Wortschatz in sinnvoller Weise ein, so wird man solche Geräte in den nächsten Jahren kaufen können. Z.B. genügen für die normale Geschäftskorrespondenz ca.

2500 Worte allgemeiner und ca. 2000 Worte spezieller Wortschatz. Bei den großen Fortschritten in der Entwicklung solcher Geräte, sind derartige Bedingungen in Zukunft zu erfüllen.

6. Zusammenfassung und Ausblick

Die jahrelangen Grundlagenarbeiten und Experimente auf dem Gebiet der automatischen Spracherkennung haben einen technischen Stand erbracht, der auch unter dem Blickwinkel industrieller Belange ernst genommen werden muß.
Besonders die Fortschritte im Technologiebereich haben die Spracherkennung sehr attraktiv gemacht. Man kann Einzelworterkennungssysteme heute kaufen. Diese werden auf verschiedenen Gebieten schon längere Zeit erfolgreich eingesetzt.
Die noch erforderlichen Trainingsphasen werden durch neuere Verfahren mehr und mehr verkürzt und können bald gänzlich wegfallen. Die Systeme zur Erkennung fließender Rede befinden sich kurz vor der Marktreife. Systeme zur Sprachinterpretation sind heute noch an großen technischen Aufwand gebunden. Jedoch wird mit Prototypen heute schon erfolgreich gearbeitet.

Die schnelle Entwicklung auf dem Gebiet der Mikroprozessoren wird es in Zukunft ermöglichen, auch bei Spracherkennungsgeräten kompliziertere Verfahren zu verwenden, um Wortschätze von mehr als 1000 Worten mit wenigen Prozent Fehlerrate verarbeiten zu können. Dadurch wird es auch möglich sein, in nächster Zeit leistungsfähige Geräte preiswert (einige tausend Mark) auf den Markt zu bringen, um damit weitere Anwendungsgebiete zu erschliessen.
Die wesentlichen Forschungs- und Arbeitsziele aus heutiger Sicht sind:

- Eliminierung der Trainingsphasen
- Verbesserung der Klassifikatoren
- Erarbeitung zuverlässiger Segmentierungstechniken
- Erreichen einer weitgehenden Benutzerunabhängigkeit
- Forschungsarbeiten zur Akzeptanz von Erkennungsgeräten
- Ausloten neuer Anwendungsbereiche.

Literatur

J.L. Flanagan
Speech Analysis Synthesis and Perception
New York, Springer, 1972

G. Ruske
Mit Maschinen sprechen?
in Umschau in Wissenschaft und Technik, 1979

H. Mangold, D.S. Stall, R. Zelinski
Computer lernen hören und sprechen
Wiss. Berichte AEG-Telefunken 52, 1979

D.R. Reddy
Speech Recognition by Machine: A Review
Proc. IEEE, vol 64, No. 4, April 1976

E. Terhardt
Was ist automatische Spracherkennung?
Elektron. Rechenanlagen, 20. Jg. 1978, H.4

EINHEITLICHE KOMMUNIKATIONSSYSTEME ALS BASIS INFORMIERTER SORTIMENTSPOLITIK

G. WAGENER

Härtester Wettbewerb, stetig steigende Kosten und ausufernde Sortimente verlangen ständiges Agieren und Reagieren des Managements. Seine Entscheidungen greifen umso mehr, wenn sie auf fundiertem Wissen aller relevanten Faktoren gefällt werden konnten. Dies gilt insbesondere für solche Maßnahmen, die sortimentspolitischen Charakter haben. So geht es u.a. darum, aus der Fülle des Gesamtangebotes, aus hunderttausenden von Artikeln auszuwählen, d.h., nicht nur die Sortimentsbreite, sondern auch die Sortimentstiefe zu bestimmen. Weiterhin sind Plazierung und Präsentation der Warengruppen und Artikel aller Sortimentsbereiche in den Verkaufsstätten Aufgaben, die es ebenso im Bereich des Komplexes Sortimentspolitik zu lösen gilt, wie Disposition und Bestandssteuerung oder z.B. markt- sowie kostengerechte Kalkulation und schließlich die Erfolgskontrolle all dieser Maßnahmen. Voraussetzung einer gezielten Sortimentssteuerung und einer effektiven Kontrolle des Umsatzes und des Ertragseinflusses von Warenbereichen, Warengruppen, Artikelgruppen und Artikeln kann deshalb nur ein lückenloses Wissen um alle Warenbewegungen vom Wareneingang bis hin zum Ausgang, ein geschlossenes Warenwirtschaftssystem sein.

Artikelgenau erfassen

Es geht also darum, den in vielen Fällen bereits vorliegenden detaillierten Wareneingangsdaten ebenso exakte Warenausgangsinformationen hinzuzufügen, soll nicht Sortimentssteuerung im Verbrauchermarkt, SB-Warenhaus- oder C & C - Bereich weiterhin auf doch nur mehr oder weniger grob gegliederten Sortimentsgruppen fußen. Am Warenausgang die gewünschten Informationen über das, was sich wirklich und zwar artikelgenau tut, zu erfassen, bietet sich an. Im Einsatz hochmoderner Kassiersysteme, den Datenkassen, liegt die Lösung, wobei es durchaus mehrere Möglichkeiten gibt, zu "seinen" Daten zu kommen. Am "elegantesten" - von Systemkosten einmal abgesehen - wird einem dabei sicherlich von solchen Kassen das gewünschte Wissen geliefert, die nicht nur in der Lage sind, artikelgenaue Informationen wie Artikelnummer und Preis, wenn auch im Zweifel automatisch eingelesen, abzuspeichern, sondern ausschliesslich über die Eingabe einer reinen Identnummer in der Lage sind, aus einem angeschlossenen oder kassenimmanenten Speicher den ladenindividuellen Verkaufspreis abzurufen (Preis-Abruf-Verfahren oder PLU price look up). Dazu ist es notwendig, die einzugebenden bzw. einzulesenden Daten (Art.-Nr., Art.-Nr. + Preis etc) auf die Ware zu bringen. D.h. aber, daß jede einzelne Packung im Laden oder Lager (instore) mit einem entsprechenden Etikett ausgezeichnet werden muß.

Einheitliche Artikelnumerierung

Obwohl das gerade beschriebene Instrumentarium durchaus geeignet ist, artikelspezifische Daten zu liefern, ist es mit zwei wesentlichen Mängeln behaftet. Es belastet zum einen das Handelsunternehmen weiterhin mit hohen Auszeichnungskosten und birgt zum anderen immer noch alle Gefahren eines Systems in sich, die durch Falschauszeichnen hervorgerufen werden können, Fehler, die sich durch Vereinnahmung falscher Beträge, in den Beständen und somit auch Inventurdifferenzen niederschlagen.
Um hier Abhilfe zu schaffen, aber auch den Einsatz der Datenkassen so rentabel wie möglich zu gestatten, hat sich die europäische Konsumgüterwirtschaft (z.Z. 13 Länder) zusammen mit Australien und Japan in Anlehnung an das in den USA entwickelte UPC - Universal Product Code - System geeinigt, im Wege einer sog. Herstellerauszeichnung (source marking) die Artikelpackungen mit einem einheitlichen maschinenlesbaren Symbol zu kennzeichnen. Beim Bedrucken des jeweiligen Verpackungsmaterials wird also dieses Zeichen, das ein Strichcode ist, aufgebracht. Verschlüsselt wird dabei nur die zum Produkt gehörende Artikelnummer (EAN - europäische Artikelnummer). Diese Europäische Artikelnummer wird immer gebildet durch eine Kombination Hersteller/Lieferant + interne Artikelnummer des Lieferanten + Prüfziffer.

In der Bundesrepublik z.B. hat sie in ihrer 13stelligen Version den aus folgender Abbildung ersichtlichen Aufbau:

Struktur der 13stelligen EAN

Länderkennzeichen		Bundeseinheitliche Betriebsnummer „bbn"					individuelle Artikelnummer des Herstellers					Prüfziffer 1)
4	0	1	2	3	4	5	0	0	3	1	5	4
Centrale für Coorganis. für die Bundesrepublik Deutschland		FRANZ SCHUSTER KG Travestr. 20 2400 Lübeck					Lübecker Edelmarzipan Geschenkpackung 100 g					99% 2) Sicherheit

Einheitliches Lesesymbol

Auf die gerade beschriebene Weise wird jede Verkaufseinheit der Groß- und Einzelhandelsstufe eindeutig und unverwechselbar identifiziert, ihre Umsetzung in den EAN-Strichcode erlaubt somit auch das artikel- bzw. gebindespezifische Abrufen entsprechender unterschiedlicher Markt- (C & C) bzw. Ladenverkaufspreise.
Bei der Festlegung auf die maschinenlesbare Umsetzung der EAN wurde auf die Erfüllung folgender Vorgaben geachtet.

* Alle Druckverfahren, die im industriellen Verpackungsmitteldruck angewendet werden, müssen Verwendung finden.

* Den qualitativ unterschiedlichen Druckverfahren ist durch entsprechende Toleranzvorgaben Rechnung zu tragen (dies geschieht durch eine innerhalb bestimmter Eckwerte mögliche stufenlose Vergrößerung).

* Zur Darstellung des Codes müssen auch Farben möglich sein (denkbar sind als Hintergrund weiß, gelb, rot und als Balkenfarbe schwarz, blau, grün, braun).

* An der Kasse muß das Symbol nicht nur lage- und richtungsunabhängig, sondern auch in der Bewegung gelesen werden können, um einen möglichst schnellen Registrier- bzw. Kassiervorgang zu gewährleisten.

Das in dem UPC/EAN - Strichcode gefundene Zeichen erfüllt als einziges alle gestellten Voraussetzungen nicht nur in jedem einzelnen Punkt, sondern auch in Kombination. Es ist darüber hinaus kaum anfällig gegen Beschädigungen und Verschmutzungen und in seiner Kurzform auch in kleinvolumige Packungen integrierbar.

Strichcodebeispiele

4 011800 520007

EAN-13

4022 5036

EAN-8

Die Herstellerauszeichnung auf Basis eines solchen Symbols, das von den sog. Scannern bis zu einer Entfernung von etwa 10 cm und einer max. Geschwindigkeit von ca. 3,5 m/sec decodiert werden kann, bringt also neben den Leistungen, die Datenkassen ohnehin offerieren, weitere Vorteile im Bereich des Kassierens und der Warenauszeichnung. Vor allem können die Auswirkungen vermieden werden, die sich durch Falschauszeichnen im Lager oder Laden ergeben. Bei dem Teil des Sortiments, das bereits den EAN-Strichcode trägt, fallen die Auszeichnungskosten weg. An ihre Stelle tritt die Regalauszeichnung.

Kommunikation ebenfalls auf gemeinsamer Basis

Die EAN bzw. der EAN-Strichcode dienen aber nicht nur dem Einsatz automatischer Kassiersysteme, erleichtern nicht nur Wareneingangserfassung und Inventur mit Hilfe mobiler Datenerfassungsgeräte. Die EAN identifiziert im gesamten Waren- und Belegverkehr die gehandelte Ware. Handel und Industrie verwenden sie als alleinige Identnummer, als zwischenbetriebliches Kommunikationsinstrument, das zusätzliches (in der Regel manuelles) Codieren beim jeweiligen Informationsempfänger überflüssig macht.

Die in der EAN vorhandene Lieferanten- bzw. Herstelleridentifikation (bbn in der Bundesrepublik Deutschland) ist von wenigen Ausnahmen (Importe etc.) abgesehen dabei der Begriff, der den Lieferanten der Ware identifiziert.

Aufbau der bundeseinheitlichen Betriebsnummer (bbn) in der Bundesrepublik

Länderkennzeichen		Fortlaufende Zählnummer Vergabestelle für Deutschland: Centrale für Coorganisation					Prüfziffer
4	0	1	2	3	4	5	5
Centrale für Coorganisation für die Bundesrepublik Deutschland		Franz Schuster KG Travestr. 20 2400 Lübeck					99% Sicherheit 1)

Da auch Handelsbetriebe über eine solche bbn verfügen, stellt dieses Betriebsnummernsystem nichts anderes als ein einheitliches Lieferanten- und Kundennummersystem dar, das alle am Waren- und Zahlungsverkehr beteiligten Betriebe miteinbezieht. In Verbindung mit der EAN können somit alle artikel-, lieferanten- und kundenspezifischen Daten für welche Belange auch immer gezielt angesprochen bzw. abgerufen werden.

4.000 bbn - 50.000 Artikel - 17 Scannerbetriebe

Während man in den USA bei einer UPC - Auszeichnungsrate von über 90 Prozent und einer anhaltenden Scannerinstallationswelle (inzwischen sind rund 20.000 Scannerkassen in über 2.200 Betrieben installiert) inzwischen zur "Tagesordnung" übergegangen ist, muß sich EAN in Europa überwiegend noch bewähren. Seit Mitte 1977 wird EAN als Instrumentarium zur Verfügung gestellt, 15 Ländern, darunter Japan und Australien, befinden sich in der Einführungsphase. In der Bundesrepublik hat EAN, haben bbn und EAN ihre Probe bereits bestanden.

Fast 4000 Industrie- und Handelsunternehmen beteiligen sich am Kommunikationssystem (bbn/EAN). Über 50.000 Artikelpackungen des Food- und Nonfoodsortiments tragen bereits den EAN-Strichcode und 17 Handelsbetriebe können teilweise über 50 Prozent ihres Umsatzes über EAN-Strichcode erfassen. So weisen die Erhebungen von Nielsen aus, daß die Quote der EAN-Strichcodepackungen in einer Reihe ausgewählter Warengruppen mittlerweile (Stand Ende Juni 80) auf 49 Prozent gestiegen ist.

Möglichkeiten nutzen

Unter großen Anstrengungen und mit erheblichem finanziellen Aufwand ist das UPC/EAN Programm entwickelt worden. Es ist dabei so konzipiert, daß Rationalisierungsvorteile auf breiter Basis zu erzielen sind, im Bereich der Datenkommunikation, des Kassierens und des Informationsgewinns. Sie sollten genutzt werden.

COMPUTEROUTPUT ON MICROFILM IM MARKETINGBEREICH

M. BITTEL

- Einführung
  Informationsträger Mikrofilm für Handel, Großhandel und Wartung
- Informationssysteme der DV - für Marketing
- Selektieren der Informationen
- Bearbeitung der Informationen
- Grenzwert und Vollinformation
- COM - Ergänzung zum Dialog
- Bedeutung der Vollinformation - langfristig und das Verhalten der DV
- Einsatzgebiete für COM
- Vorteile für den Marketingbereich durch
- COM mit und ohne Verbindung zur DV
- COM Graphik für Statistik und Hochrechnung
- COM als Teil von DV-Datenbanksystemen
- Die Integration in der DV und am Arbeitsplatz

Gleichgültig wie der Begriff Marketing in einem Unternehmen definiert wird und welcher Aufgabenbereich dort angesiedelt ist, ist organisatorisch wichtig, daß dieser Bereich eine Vielzahl von Informationen erhält, die ein kurzfristiges Reagieren auf dem Markt zulassen, aber auch notwendig sind für Planungsaufgaben der verschiedensten Art in einem Unternehmen. Eine zweite wichtige Aufgabe ist die enge Zusammenarbeit mit dem Controlling insbesondere im Bereich des Soll-/Ist-Vergleichs, ebenfalls auf den unterschiedlichsten Gebieten.

Der Informationsträger Mikrofilm hat sich in Industrie, Handel und Großhandel in den vergangenen Jahren immer mehr ausgeweitet, weil gerade der Mikrofilm durch das einfache, schnelle und kostengünstige Erstellen von Kopien ein schnelles Reagieren zuläßt. So werden heute Preislisten, die meist in einer hohen Auflage erforderlich sind, in Mikrofilmform ausgegeben, da hierbei eine Aufbereitung für den Offset-Druck, Korrekturlesen und Druckzeiten entfallen und eine neue Preisinformation in vollem Umfang kurzfristig an den Markt gegeben werden kann. Aber auch andere Informationen haben sich in der Praxis in Mikrofilmform bewährt, so Explosionsdarstellungen, Reparaturanweisungen im technischen Wartungsbereich, Mischtabellen für Farben in Hobbymärkten und ähnliches mehr.

Dem Marketingbereich kommt jedoch zugute, daß die Datenverarbeitungsanlagen sich in den letzten Jahren immer mehr zu Informationssystemen entwickelt haben, so daß dieser Unternehmensbereich auf Informationen zurückgreifen kann, die nicht nur ausschließlich aus der eigentlichen betriebsinternen Datenverarbeitung kommen. Doch wo liegen hier die Besonderheiten? Wenn wir in den letzten Jahren in erster Linie Datenverarbeitung betrieben haben, so wurden diese Daten nach ihrer Verarbeitung meist vollständig ausgegeben oder für den Dialogverkehr abgespeichert und gewissermaßen als Abfallprodukt entstanden eine Vielzahl von Statistiken. Dies hat insbesondere bei dem Aufbau von Informationssystemen zu sehr umfangreichen Ausgaben geführt, die dann entweder gar nicht oder nur schwer zu bearbeiten waren. Für den Marketing-Bereich ist es jedoch notwendig, so viel Informationsdaten wie nur möglich, aber diese auch in kürzester Form zu erhalten; d.h. daß eine Menge an Informationen selektiert werden müssen.

Die Bearbeitung der Informationen muß so kurzfristig wie möglich geschehen, um auch so kurzfristig wie möglich dem momentanen Marktverhalten gerecht zu werden und auf Markttrends reagieren zu können. Hier entsteht die Schwierigkeit, daß einerseits Kurzinformationen vorhanden sein sollen, andererseits aber auch aus diesen selektierten Informationen heraus auf die Vollinformation zurückgegriffen werden kann. Ich will dies an einem Beispiel erläutern:

Ein Unternehmen hat mit Hunderten oder Tausenden von Kunden Abnahmevereinbarungen, die sich beispielsweise auch auf die Rabattgestaltung, Bonusvergabe usw. auswirken. Hier haben wir das typische Beispiel der Grenzwertausgabe. Richtig ist es, wenn in periodischen Abständen die Grenzwertinformation, d.h. Überschreitung oder Unterschreitung der Abnahmeverpflichtung von beispielsweise 10 % in einer Listung ausgedruckt wird, in welcher nur angegeben ist: Kundennummer, Absatzwege (Verkäufer) und der Abweichungsprozentsatz. Während die Vollinformation der Kunden, also die detaillierte Einzelkundenstatistik in Mikroficheform durch die Datenverarbeitung erstellt wird und nunmehr der Zugriff auf die Vollinformation durch die Grenzwertinformation wesentlich verkürzt wird, aber im Sekundenbereich ermöglicht ist.

Selbstverständlich könnte man diese Vollinformation bei entsprechender Auslegung der DV-Anlagen über den Dialogverkehr erreichen, jedoch ist es gerade im Marketingbereich oftmals notwendig, auch auf älteres Datenmaterial zuzugreifen, welches dann nicht mehr sofort im Dialogverkehr abrufbar ist. Der Computer Output Mikrofilm ermöglicht die unhandliche Papierinformation auf ein Minimum an Volumen zu beschränken oder gänzlich zu beseitigen und bringt eine hohe Menge an Daten als der dichteste Datenspeicher überhaupt an den Arbeitsplatz im Direktzugriff. So können sich bei sehr eleganter Ablage mit Mikrofiche in Hängemappen in einer einzigen Schreibtischschublade rund 500.000 Datenseiten DIN A 3 bei nur 42-facher Verkleinerung befinden (ca. 3 to oder 3 1/2 m Papier).

Wenn wir also Kurzfristinformationen über den Dialogverkehr abrufen und die Verwaltung der Informationen auf Mikrofilm in die Datenverarbeitung verlagern, so verringern sich einerseits die Zugriffe in die DV, es können eventuell vorhandene Warteschlangen abgebaut werden und die Speicherkapazitäten insbesondere für Langfristinformationen und statisch gewordene Informationen können wesentlich abgebaut werden, da sich die Vollinformation an den jeweiligen Arbeitsplätzen in Mikroficheform befindet, außerdem der Vorteil gegeben ist, daß diese Computer Output Mikrofilm Information mit anderen Informationen, graphischen Ausgaben oder technischen Zeichnungen usw. in gleicher Mikrofilmform ergänzt werden können.

Je umfangreicher die Informationssysteme werden, desto größer werden die zu pflegenden Datenarchive und desto häufiger werden die Zugriffe im Dialogverkehr oder aber die Ausgabe von notwendigen Spontaninformationen besonders im Marketingbereich auf Papier. Sind die Daten erst einmal im Datenarchiv gelagert, so bedeutet eine Spontanausgabe solcher Archivdaten immer eine Unterbrechung des normalen Verarbeitungslaufes und führt zu einer entsprechenden Verzögerung des Zugriffs auf eine oder mehrere Informationen, die nicht selten im Bereich von Tagen liegt. Die Ausgabe solch archivierter Daten auf Mikrofiche entlastet einerseits die Datenverarbeitung und ermöglicht andererseits den Zugriff auf die Information am Arbeitsplatz in einer Zeitspanne von 5 - 10 Sekunden je nach Ablageart.

Welche Einsatzgebiete bieten sich für COM an? Einmal haben wir die bereits erwähnte externe Ausgabe für z.B. Preislisten, Kundenstatistiken, Warenstatistiken, Lagerbestandsmeldungen sowie technische Informationen. Diese Informationen sind Steuerungsinstrument sowohl für den Außendienst als auch für Warenbewegung und andere Einsatzgebiete.

Wo liegen aber die besonderen Vorteile im Marketingbereich? Gerade die Marketingabteilung ist auf sehr große Informationsmengen angewiesen, wobei die Besonderheit besteht, daß dieser Bereich nicht ständig und im gleichen periodischen Verhalten auf Informationen zugreift, sondern neben gewissen periodischen Informationen bedingt durch seine Aufgabe immer wieder Spontanzugriffe hat, welche besonders in Zeiten schwankender Konjunktur wichtig sind, um dem Unternehmen ein elastisches Verhalten am Markt zu ermöglichen. Eine sinnvolle Verknüpfung zwischen der Informationsbereitstellung durch die Datenverarbeitung und einer Mikrofichedatenbank am Arbeitsplatz erlaubt das schnellste Reagieren. Dabei ist es nicht unbedingt erforderlich, daß sich Dialogverkehr im Einsatz befindet.

Die Computer Output Mikrofilm Systeme haben sich bekanntlich in den letzten Jahren technisch so entwickelt, daß eine besondere Aufbereitung der Daten für die Mikrofilmausgabe nicht mehr notwendig ist, sondern die für den Papier Output im Spool aufbereiteten Daten auch für die Mikrofilmausgabe verwendet werden können. Dazu gibt es eine ganze Reihe von Anlagen, welche auch graphische Darstellungen bringen können. Auch die meisten Servicefirmen, welche für den Marketingbereich Statistiken und Hochrechnungen erarbeiten, bieten ihre Datenausgabe in Mikroficheform an.

So ist Computer Output Mikrofilm nicht isoliert zu sehen, sondern als Teil von DV-Datenbanksystemen, wobei es gleichgültig bleibt, ob eine auf Mikrofiche ausgegebene Datenbank weiterhin durch den Aufbau von Indexdatenbanken verwaltet wird oder ob diese Mikrofiche-Datenbank als abgeschlossene Datenbank am Arbeitsplatz ist.

In den letzten Jahren war deutlich der Trend zu erkennen, daß nachziehend nach Geldinstituten und Versicherungen nunmehr auch die Industrie und der Handel immer stärker Mikrofilm in verschiedenen Formen einsetzt. Sei es zur Archivierung oder zur unmittelbaren Bearbeitung. Im Marketingbereich finden wir in immer stärkeren Maße beides. Hier vollzieht sich die echte Integration zwischen Datenverarbeitung und Informationssystemen mit Mikrofilm unmittelbar am Arbeitsplatz. Da jedoch genau wie ein Datenbanksystem der Datenverarbeitung auch eine Mikrofilmdatenbank ihre eigenen Besonderheiten hat, ist eine exakte Analyse für die Ausgabe und aus der Sicht des Arbeitsplatzes die richtige Titel- und Indexgestaltung zwingend notwendig. So gilt es für die Organisation die Besonderheiten des Mikrofilms zu beachten, um diesen auch wirkungsvoll im Unternehmen einsetzen zu können.

Die Integration der verschiedenen technischen Möglichkeiten an einem Arbeitsplatz heißt, die bestehende Aufgabe mit Mensch und Technik unter der größtmöglichen Wirtschaftlichkeit miteinander zu verbinden. Dies ist nicht nur Aufgabe des Organisators, sondern auch des Marketingbereiches, welcher letztlich für die Wirtschaftlichkeit eines Unternehmens auf allen unternehmerischen Gebieten eine hohe Verantwortung trägt.

AUTORENVERZEICHNIS

Becker, H.:	DbO-Systeme GmbH Am Graben 5, 4030 Ratingen 6
Becker, K.J.:	Taylorix Tymshare GmbH Lyoner Straße 44-48, 6000 Frankfurt 71
Birk, L.:	Taylorix Tymshare GmbH Lyoner Straße 44-48, 6000 Frankfurt 71
Bittel, M.:	M.A.O. - Mikrofilm u. ADV-Org. Barellistraße 9A, 8000 München 19
Broßmann, M.:	Erfurter Straße 9 6830 Schwetzingen
Feiereisen, L.:	Tandem Computers GmbH Berner Straße 34, 6000 Frankfurt 56
Gansera, H.:	Union Deutsche Lebensmittelwerke GmbH Dammtorwall 15, 2000 Hamburg 36
Heidötting, M.:	CMP - Heidötting und Reibnitz KG Wulffstraße 7, 1000 Berlin 41
Heinzelbecker, K.:	Brown, Boveri & Cie. AG Kallstadter Straße 1, 6800 Mannheim 1
Henning, G.:	Siemens AG Hofmannstraße 51, 8000 München 70
Kirschner, G.:	Universität Erlangen-Nürnberg Martenstraße 3, 8520 Erlangen
Klugmann, D.:	Siemens AG Otto-Hahn-Ring 6, 8000 München 83
König, W.:	Institut für Wirtschaftsinformatik Universität Frankfurt Mertonstraße 17, 6000 Frankfurt

Kretz, E.:	Honeywell Bull AG Frankfurter Straße 21-25, 6236 Eschborn 1
Linssen,D.:	Philips Data Systems GmbH Weidenauer Straße 211-213, 5900 Siegen 21
Morasch, U.:	Morasch & Partner Gaisbergstraße 2, 6900 Heidelberg 1
Renninger, W.:	Gesellschaft für Konsum-, Markt- und Absatzforschung, 8500 Nürnberg
Röske, W.:	Union Deutsche Lebensmittelwerke GmbH Dammtorwall 15, 2000 Hamburg 36
Schmidt, W.:	Der Bundesbeauftragte für Datenschutz Stephan-Lochner-Straße 2, 5300 Bonn
Schmidtmann, D.:	IBM Deutschland GmbH Pascalstraße 100, 7000 Stuttgart
Schütt, D.:	Siemens AG Otto-Hahn-Ring 6, 8000 München 83
Steffens, E.:	Universität Münster Am Stadtgraben 13-15,4400 Münster
Stockebrand, F.N.:	Deutsche BP Aktiengesellschaft Postfach 600340, 2000 Hamburg 60
Thiele, Th.:	IBM Deutschland GmbH Postfach 601140, 2000 Hamburg 60
Wagener, G.:	Centrale für Coorganisation mbH Spicherstraße 55, 5000 Köln 1
Wagner, H.:	Universität Münster Am Stadtgraben 13-15, 4400 Münster
Wenke, K.:	Am Eichenhof 13 2807 Achim 4 - Uesen
Wildgrube, E.:	Siemens AG Otto-Hahn-Ring 6, 8000 München